宮廷食材・ネットワーク・王権

イエメン・ラスール朝と一三世紀の世界

馬場多聞
Baba Tamon

九州大学出版会

口絵図 1　イエメン模式図

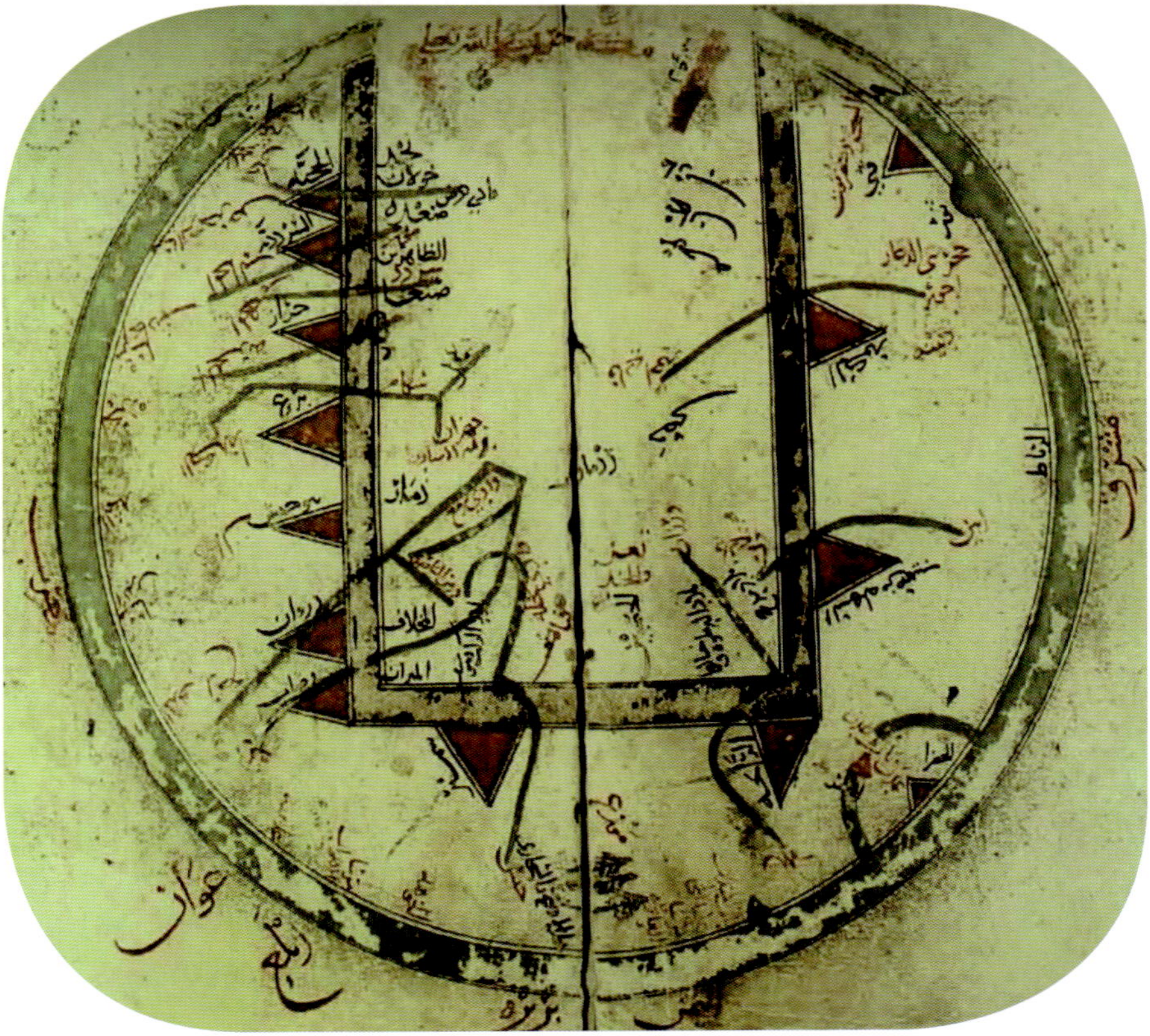

* Irtifā‘: 386.

口絵図 2　イエメン模式図（ヴァレ版）

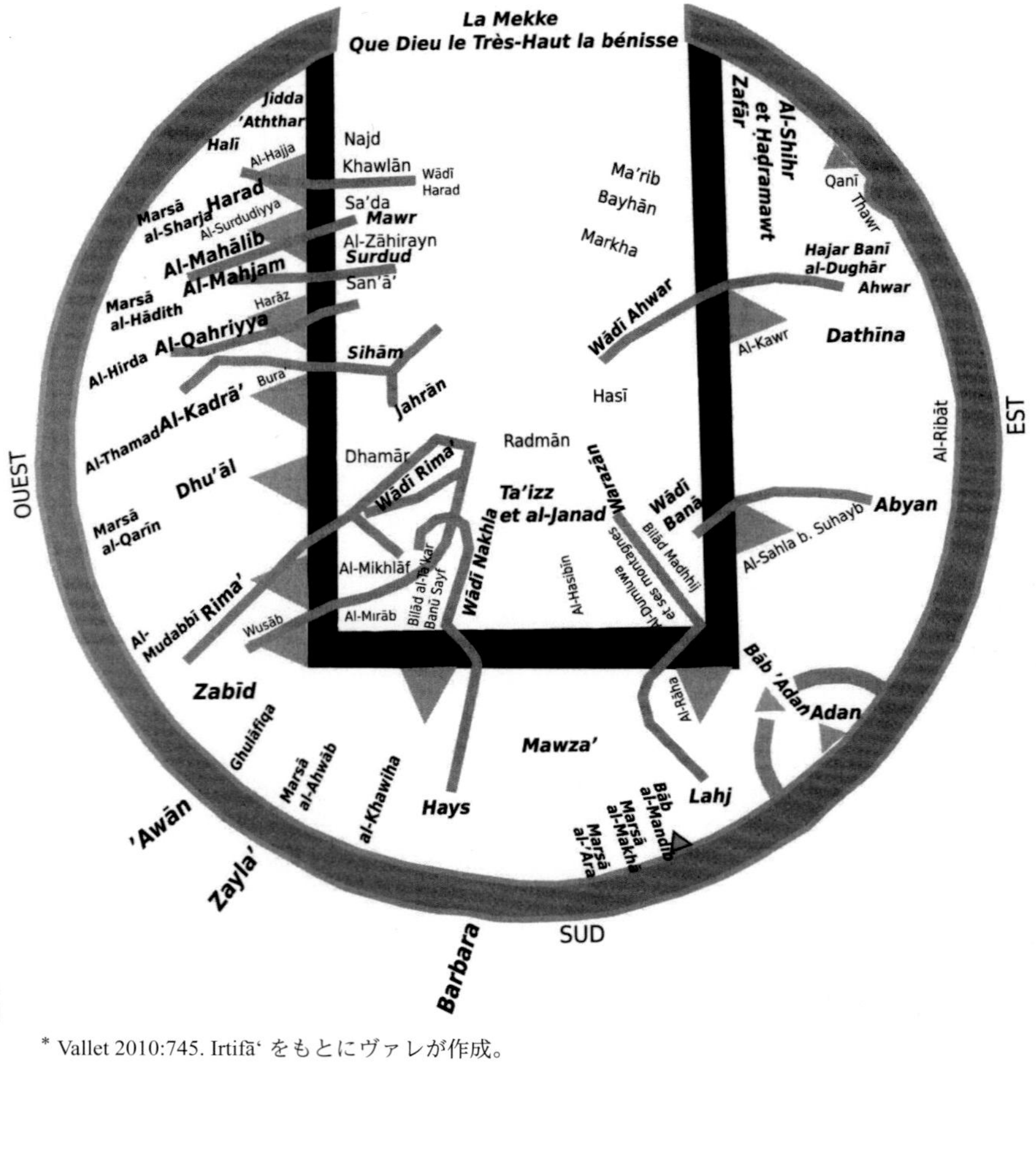

* Vallet 2010:745. Irtifā‘ をもとにヴァレが作成。

目次

第3部　王　権

凡例

一、年号については、原則としてヒジュラ暦／西暦のかたちで示す。年号の前の d. は没年を、r. は統治年を、それぞれ意味する。参考文献の出版年については、西暦で表記した。

一、アラビア文字のラテン文字転写およびカナ表記については、日本イスラム協会（編）『新イスラム事典』（平凡社、二〇〇二年）の方式に原則としてしたがった。ただし、thi と si と ṣi をスィ、dhi と zi と ẓi をズィと示した。また、語中の母音を伴わないハムザとアインをァとし、語尾の母音を伴わないハムザとアインをゥとしたが、慣用にしたがうこともある。

一、巻末の史料解題でラテン文字転写を示した史料著者名や史料名については、本文中ではカナ転写あるいは史料名の日本語略記を記すにとどめる。文献目録や注でラテン文字転写を行った研究者名については、本文中ではそのカナ転写のみ記載する。表中に記載される産物名のラテン文字転写については、表1（第1章）や表5（第3章）、索引でのみ行う。ただし特記する必要がある場合は、本文中でもラテン文字を転写する。

一、出典を述べる際には、工具類や一次史料、翻訳史料については、本書末の文献目録に掲げた略号によって示す。アラビア語史料目録や研究文献については、その著者名と出版年によって示す。

宮廷食材・ネットワーク・王権

——イエメン・ラスール朝と一三世紀の世界——

序章

1 本書の視座

(1) 一三世紀の世界と問題の所在

西暦一三世紀は、激動の時代であった。イスラーム世界を統べていたアッバース朝(132/750-656/1258)がモンゴル(Mughūl)の侵入によって崩壊し、アッバース朝カリフ(khalīfa)を頂点とする支配体制は大幅な修正を迫られることとなった。すでに一〇世紀以降のアッバース朝解体期には種々の王朝が各地に芽生えており、一三世紀に出現した諸王朝は、そうした前代の支配体制を継承することで繁栄を見せた。そのなかには、本書で取り上げるラスール朝(626/1229-858/1454)をはじめ、マムルーク朝(648/1250-923/1517)やイル・ハーン朝(654/1256-754/1336)、ナスル朝(629/1232-897/1492)、マリーン朝(614/1217-869/1465)、ザイヤーン朝(633/1236-962/1555)、ハフス朝(627/1229-982/1574)、クルト朝(643/1245-791/1389)、デリー・サルタナ朝(603/1206-932/1526)などがある。一三世紀から一五世紀にかけてイスラーム世界は世界帝国の断絶期に入るが、旧アッバース朝支配域においてはその間をつなぐかのように様々な王朝が成立し、二〇〇年を超えて存続するもののなかには見られたのである。そのひとつである一三世紀末にアナトリアに成立したオスマン君侯国は、イスラーム世界の広域を支配するオスマン朝（698/1299-1341/1922）として、「五〇〇年の平和」を生み出すこととなる。[1]

社会学者であるアブー＝ルゴドは、一三世紀を注目に値する時代とし、特にその後半には「各地で次々と文化や芸術の成果が花開いた。旧世界のこれほど多くの地域で、文化の成熟が同時期に達成されたことはなかったにちがいない」と述べている。[2] すなわち、ウォーラーステインが唱える「近代世界システム」[3] の成立に先立つこと三〇〇年ほど前の世界において、その後の世界が動き出すための基盤が誕生していたというのである。貨幣や信用取引の仕組み、資本蓄積やリスク分散のメカニズムが、すでにこの頃にある程度完成し、世界をつなげるネットワークもパクス・モンゴリカにおいて安定・発展を見せる。この時代には旧アッバース朝支配域を中心として様々な産物や人々、情報が東西を往来し、多様な文化・経済システムが存在した。数多くの共存する「中核」勢力が対立を通じて展開する「一三世紀世界システム」が、一三世紀半ばに起動して以降一五世紀末に瓦解するまで二世紀にわたって機能していたと、アブー＝ルゴドは考えた。

一三世紀世界システム論に多くの致命的な欠陥が見られることは、清水によって指摘されている。[4] 確かに、east と west というヨーロッパを中心とした枠組みを無自覚に一三世紀の世界にあてはめている点や、一三世紀に世界システムが存在したことを自明としている点は、批判されてしかるべきである。一方で、中世イスラーム世界について考察するに際しては、一三世紀を世界がつながる画期とみなしたアブー＝ルゴドの視座は重要な示唆を与えてくれる。世界帝国であるアッバース朝の滅亡とオスマン朝の誕生の狭間に興った諸王朝が、どのような相互関係の中で成立・展開し、時代をつなげたのかという点を考えるうえで、一三世紀システム論は議論の前提となる枠組みを提示することに成功したと言えるだろう。

一三－一四世紀に世界大のネットワークが存在したとする構想は、歴史学者である家島によっても示されている。[5] カーティンの「交易離散共同体（Trade Diaspora, Trading Diaspora）」論[6]をもとにして、陸域を超えたところに形成される歴史的世界である複数の「海域世界」の存在を規定し、それらが互いにつながることで一三―一四世紀に強固な世界大のネットワークが見られるようになったと家島は考えた。[7] 家島の「インド洋海域世界」の概念は、インド洋と地中海を結ぶ大海域世界という枠組みを設定することで水平線上に見えてくるアジア全体史とイスラーム世界史に関する新たな認識を得ることを目指すものであった。家島は、陸域の王権にのみ着目するのではなくネットワークに重きを置き、モザイク的な地域・王朝の寄せ集めの歴史を超えたところで全体史を描き出そうとしたのである。

複数の中核的なサブシステムによって構成される「一三世紀世界システム」や七つの小海域世界の連鎖によって成り立つ「インド洋海域世界」をもとに考えれば、往時の世界がネットワークによって相互につながっていたと理解することができる。しかし、ブローデルの『地中海』[8]をはじめとした同時代の地域同士を比べてその共通構造を探るというこうした比較研究には、通底した問題点が存在する。たとえばヴァレは、チョードリーによるインド洋交易史研究[9]においては、大きな港町や共同体をつなぐネットワークに着目するばかりに、インド洋周縁部に展開した様々な支配権力の状況については触れていないと述べている。[10]

一三世紀を起点とする一三世紀世界システムもインド洋海域世界も、同様の問題から免れない。ネットワークに着目した議論では、様々な結節点の結びつきが往々にして強調される。それぞれの結節点は各地の主要な経済都市によって代表され、その都市を含む地域のなかでどのようにネットワークが展開していたのか、支配権力はどのような状況にあったのかという点は十分に考慮されない傾向がある。往時の世界をより立体的に理解するためには、世界大のネットワークだけではなく地域内ネットワークや当地の王権にも合わせて目を配り、ネットワークと王権とが交錯するところで議論を展開する必要がある。

以上の問題意識のもと、本書では一三―一五世紀のイエメンを治めたラスール朝を取り上げる。同王朝は紅海とインド洋をつなぐ南西アラビアを支配下に置いたことで、往時の交易に大きな影響を与えていた。近年、一三世紀のラスール朝に関する新史料が刊行され（後述）、その史料に見られる宮廷食材に関する情報をもとに、ラスール朝を様々なネットワークと王権との関連において考察することができるようになっている。本書の第一のねらいは、宮廷食材の検討を通して、このような複合的な視座より一三世紀の世界の一端を描き出すことである。

(2) ラスール朝史研究と問題の所在

ラスール朝は、アッバース朝が終焉を迎える一三世紀にイエメンに成立した一王朝である。イエメンは、乾燥したアラビア半島においては稀有な降水量を誇り、農業生産性に優れていることで知られた。一〇世紀のイエメン生まれの地理学者であるハムダーニー（d. 334/945）は、特に南部山岳地域のことを「緑のイエメン（al-Yaman al-Khaḍrā'）」と呼んでいる。[11] また、紅海とインド洋をつなぐ地の利ゆえに、アラビア半島南西部には古来アデン（‘Adan）をはじめとした港が栄えた。ラスール朝の隆盛の根幹には、農業地帯からのハラージュ税（kharāj）（地租税）や諸

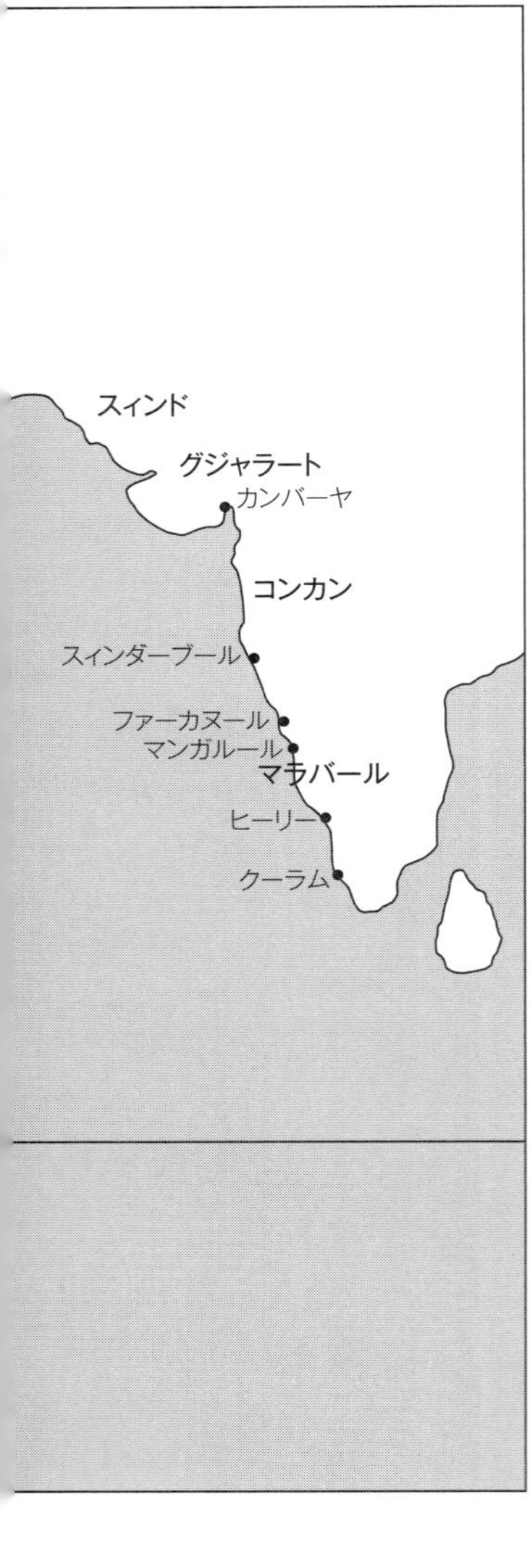

地図１　ラスール朝期のアラビア半島とインド洋西海域

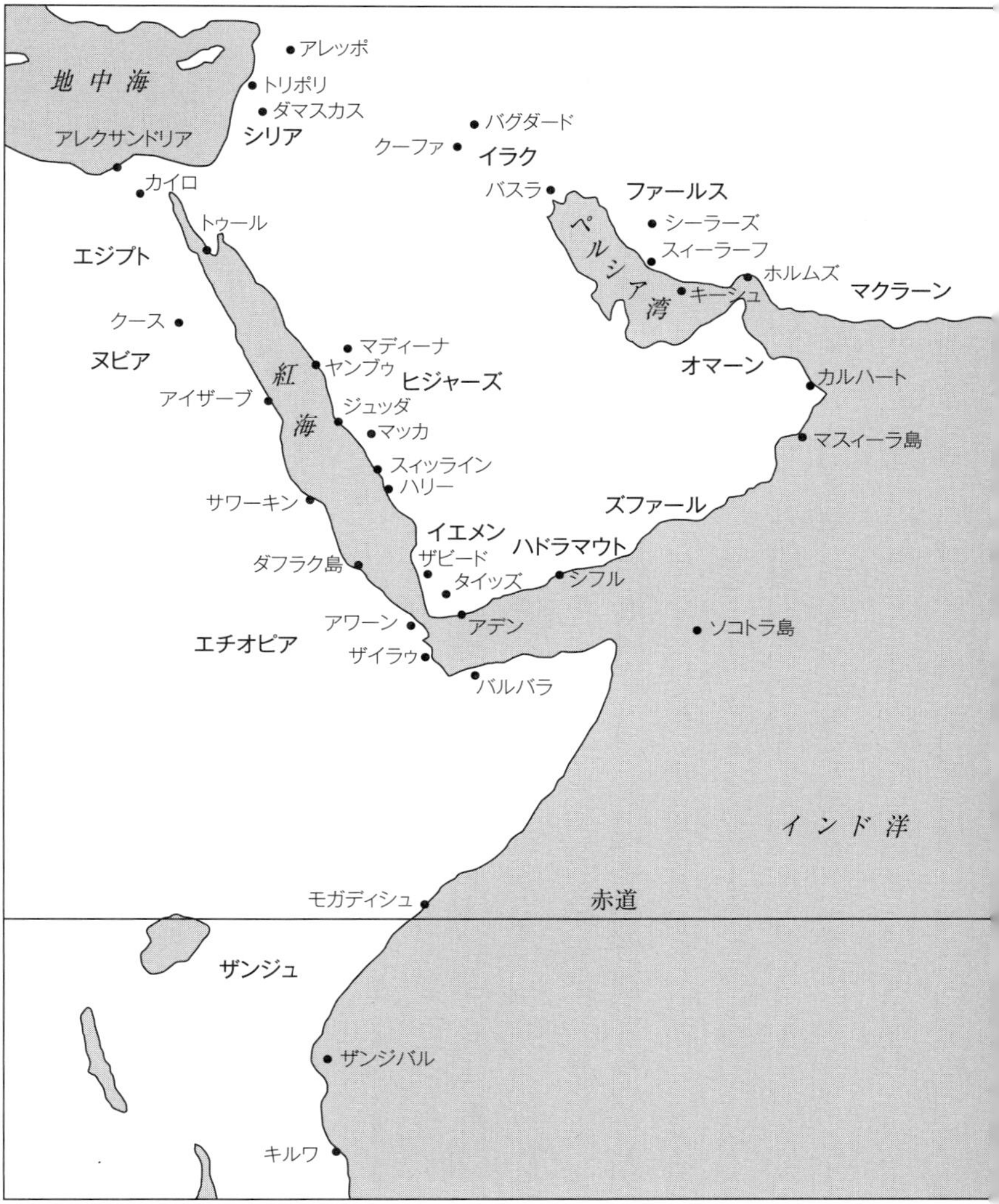

＊筆者作成。

港で徴収された様々な税があった。

ラスール朝史はこれまで、政治史や都市史、ウラマー史研究、建築史、貨幣史、科学史、農業史、商業史といった様々な側面の研究を通して明らかにされてきた。[12] 特に一九七〇年代以降には、サナア（Ṣanʿāʾ）やアデンに大学が創設され、サナアに所在するイエメン研究センター（Markaz al-Dirāsāt wa al-Buḥūth al-Yamanī）がイエメン史料の収集・校訂を行うなどして、史料環境が整っていった。一九九〇年代にはザイド派関連の史料も着目され、ラスール朝期においてもイエメン北部で優勢であったザイド派イマーム勢力（284/897-1382/1962）に関する研究が進展するようになった。二〇〇〇年代に入ると、イエメン・フランス研究所（Centre français d'archéologie et de sciences sociales）よりラスール朝行政文書集『知識の光』や『ムァイヤド帳簿』が刊行され、ラスール朝史研究の裾野は一気に拡大した。

こうした研究状況にあって、ラスール朝史研究の主軸はもっぱら商業史研究、それもアデンに着目したインド洋交易史研究に置かれてきた。その端緒は、カーエンとサージェントによる『書記官提要』の分析であり、それに続く種々の研究によって前ラスール朝期よりアデンが中継港として重要な役割を担っていたことが明らかとなっている。[13] 家島はラスール朝やアデンの機能や展開について鳥瞰的な視座より考察を加え、インド洋海域世界を構成する要素としてこれらを位置付けた。[14]『知識の光』が発見されて以降は、インド洋交易史研究の一環として、ますます様々な研究が現れてくる。シャムルーフや栗山は、『知識の光』所収のアデン港課税品目録を分析の中心に据えて、交易品について詳細な分析を行った。[15] またマルガリティは、『知識の光』をはじめとした諸史料やゲニザ文書（The Cairo Genizah）を駆使し、紅海・インド洋交易の中継地であるアデンを描出した。[16] アデン港における税関業務やアデンで活躍した商人に関する検討も、これらの研究者によって進んでいる。[17]

他方で、ラスール朝下イエメンにおける商業史・社会経済史研究に関しては、まず、ムンダイーによる、ラスール朝期のイエメン農業史研究が挙げられる。[18] その最大の特徴は、農産物や農業技術の検討にとどまらず、ラスール朝下の土地所有の一端を明らかにした点にある。特にラスール朝のイクター（iqṭāʿ）[19]制が軍事イクターではなく行政イクターによって成り立っており、マムルーク朝で見られたようなイクター制に依拠した体制はラスール朝においては見られなかったとの説は、発表から二〇年を超えた現在でもなお有効である。歴史人類学者であるヴァリスコは、現在イエメン北部の農業の様子を研究した後、ラスール朝下で著された農事暦や農書の研究を行うに至った。特に、スルタン（sulṭān）・アシュラフ一世（al-Malik al-Ashraf ʿUmar）（r. 694/1295-696/1296）がまとめた農事暦にもとづいた研究書は[20]、ラスール朝下における農業やその周期の状況を具に検討したものであり、以後のイエメン社会経済史研究を志す者にとって必読の書となった。既述したシャムルーフやマルガリティ、家島も、イエメン内の各種交通路に注意を払っており、イエメンにおける商業史研究を推し進めたが、インド洋交易との連関に主眼を置いている以上、その考察には限界が見られた。[21]

このように、ラスール朝における商業史研究は、アデンを中心としたインド洋交易史研究と、ラスール朝下イエメン内部の産物やその交易を叙述する研究の二つに大別される。そこでは依然として地域内ネットワークそのものや世界大のネットワークとの連関、王権との関連といった諸点の検討は希薄であった。

そうした状況のなかで、ヴァレは、大部な博士論文『ラスール朝下イエメンにおける権力と交易、商人』[22]をソルボンヌ大学（Université Paris-Sorbonne）へ提出した。同書は、ラスール朝の王権による支配域内外の交易への影響を重視し、ラスール朝の史料群に立脚してその実態を描き出すもので、先行研究において検討されていなかったラスール朝の新たな側面に光を当てた。ヴァレは、これまでのイエメン史研究や世界大のネットワークを取り扱った研究を十分に吟味したうえで、それらの手法を批判的に検討する。たとえば、サージェントが行ったような、過去の史料と現代の状況の対照にもとづく通時的アプローチでは、過去と現代の狭間を十分に検討することなく、両者に共通して見られる現象を硬直した伝統と考えがちとなる。また、ブローデルやチョードリーによる比較研究においては、同時代他地域との比較を通して、そこに見られる構造を明らかにしようとする。こうした研究では、既述したように、当該地域の状況――地域内ネットワークや王権――へ十分な関心を払うことが少ないという問題点が出てくる。ヴァレは、これらの手法をあえて放棄し、ラスール朝の史料群に確固として立脚することで、より実態に即したラスール朝の王権とインド洋交易との関わりを叙述しようとした。特に『知識の光』や『ムァイヤド帳簿』、『書記官提要』といった行政文書集を考察の中心に据えたうえで、イエメンにおける商品やその流通に留まらず、商人やネットワーク、周辺地域の交易状況について、複合的に考察を加えるのである。その後この博士論文は二〇一〇年、『商人のアラビア――イエメン・ラスール朝のスルタンのもとにおける国家と交易――』[23]として出版されることとなった。

ヴァレの主眼は、アデン港税関業務ならびに課税品目録の詳細な分析と、ラスール朝支配域におけるネットワークや市場の実態と王権との関わりの解明、イエメンとマッカ（Makka）、紅海沿岸部、エジプト（Miṣr）、インド（al-Hind）、東アフリカの間で行われた地域間交易の検討にあった。ヴァレの研究は、ラスール朝史研究や中世イスラーム世界の商業史研究において重要な史実や視点を提示した一方で、よって立つ視座が大きくテーマが多様に及んでいることもあって、テーマごとの連関や、ミクロな視座からの検討に緻密さを欠くという問題点を有している。

以上のラスール朝史研究の状況を踏まえて、本書の第二のねらいは、ラスール朝が様々なネットワークや王権が合わさるなかで生じたものであったことを示すところにある。ラスール朝の宮廷食材というミクロな事象に着目し、その広域的な交易のあり方だけでなく、食材の種類や料理、イエメンという一地域内での流通の様子、宮廷への食材供給を実際に行った組織や人々といった側面の考察を行うことで、ラスール朝という地方王朝の姿を具体的に提示する。

(3) 本書の目的ならびに構成

一三世紀の世界とラスール朝史に関する以上の問題意識のもと、本書では、『知識の光』所収の宮廷食材の記事に着目して、世界大のネットワークと地域内ネットワーク、王権の重なりのうえに、ラスール朝を描き出す。後述するようにこの史料は、一三世紀のラスール朝を統べた三人のスルタンのもとで作成された行政文書集の写しをまとめたもので、彼らの治世期に宮廷へ供給された食材や宮廷から分配された食材に関する記事を多く含む。本書では「宮廷」の語を、ラスール朝スルタンの公的・私的な空間に加えて、ラスール家（Banū Rasūl）[24]成員のもとで類似した性格を伴って再生産された公的・私的な空間をも意味するものとして用いる[25]。したがって本書の考察は、一三世紀のイエメンの支配者層であるラスール家に見られた食材をめぐるものである。

本書で検討するように、『知識の光』には多様な記事が含まれており、なかには様々な産物の価格や種類に関する記事が見られるが、宮廷食材についての情報は特に多い。こうした状況の理由としては、食材が人々の生存に必須のものであり、かつ、日々消費され続けたことがまず挙げられる。その結果、食材供給に関わる行政文書が豊富に作成、保存され、行政文書の写しから成る『知識の光』において宮廷食材関連の記事が比較的多く含まれるようになったと考えられる。第二の理由は、『知識の光』第一巻末の記事群や第二巻がそもそも、ラスール家成員へ送られた財や食材、あるいはそこで消費された食材や料理に関する情報をまとめたものと見られることである。これらの箇所では関連する記事が雑多ではあるが集中しており、編纂者が意識して配置を行ったことを示唆する。こうした史料状況は、宮廷食材に着目した研究の意義を浮き彫りにする。『知識の光』には、様々な食材が、様々な人々や機関によって、様々な場所から場所へ運ばれていたことが記されている。そのために『知識の光』にもとづくことで、往時の社会経済活動の一端を従前の研究では見られなかった詳細さをもって明らかにすることが可能になるのである。

そこで本書では、『知識の光』をもとに、一三世紀のラスール朝の宮廷食材について、世界大のネットワークと地域内ネットワーク、王権との関連に着目しつつ、多角的な考察を加える。どのような食材が、どこからどこへ運ばれていたのか、そこではどのような機関やどのような人々が関わっていたのか、どのようにして消費されたのか、そしてそうした状況は何を意味するのか。本書では、こうした諸点の検討を通して、一三世紀のイエメン・ラスール朝を取り巻く世界を再構築する。

本書は三部構成を採るが、各部はそれぞれ、宮廷食材・料理と世界大のネットワーク（第1部）、地域内ネットワーク（第2部）、王権（第3部）を主題としている。宮廷食材がこれらとどのように関わっていたのかという点を考えていくことで、一三世紀の世界とラスール朝のあり方について考察する。

第1部では、宮廷食材・料理の実態を示すとともに、ラスール朝支配域外のネットワークとの関係に着目する。第1章では、『知識の光』所収の宮廷食材の傾向を農事暦類などの周辺諸史料をもとに明らかにするとともに、アデン港課税品目録との比較を通して宮廷食材の供給元をイエメンとイエメン外とに二分したうえで、それらの供給元がエジプト以東のインド洋周縁部に点在していたことを示す。第2章では、宮廷料理と宴席（sumāṭ）について検討する。そこでは、西アジアにおいて展開していたイスラーム・ネットワークを通して、同時代他地域に見られる料理知識がラスール朝宮廷でも共有されていたことが、料理書との比較をもとに実証される。

第2部では、ラスール朝支配域内のネットワークと宮廷食材の関係に着目する。第3章では、供給元が判明する食材の一覧を作成したうえで、それらを数量的に分析し、傾向を見出す。続く第4章では、こうした地域内ネットワークが展開するイエメンをラスール朝官僚がどのように認識していたのかという点について、地図や軍の派遣費記事などをもとに検討する。

第3部では、ラスール朝の王権と宮廷食材の関係に着目する。第5章では、食材の供給に携わったラスール朝宮廷組織の実態へ迫るとともに、中央へ集積した食材がイエメン内外の個人や勢力へ再分配されることでラスール朝の王権の維持に寄与していたことを明らかにする。第6章では、宮廷食材の供給や分配に携わるとともに、それらを受け取っていたラスール家の家内奴隷について、出自や収入を中心に検討する。

本書は、ネットワークと王権を架橋し、それらの相互作用のうちに王朝の姿を提示するものである。アッバース朝とオスマン朝という二つの世界帝国の狭間において、一三世紀の世界がどのように展開しており、そのなかでラスール朝はどのように機能していたのか。宮廷食材をめぐる一連の考察により、一三世紀の世界の一部としてラスール朝は描き出される。

2　ラスール朝史概要[26]

(1)　ラスール朝成立以前

五六九／一一七三年、アイユーブ朝のトゥーラーン・シャー（Tūrānshāh b. Ayyūb）（r. 569/1174-571/1176）は、弟であるサラーフ・アッディーン（Ṣalāḥ al-Dīn Yūsuf b. Ayyūb）（r. 564/1169-589/1193）の命を受けてイエメンへ侵攻した。これによってイエメン――北方のザイド派イマーム勢力を除く――は、初期アッバース朝時代以来の政治的統一を強いられることとなった。ティハーマ（Tihāma）のザビード（Zabīd）を拠点としていたマフディー朝（554/1159-569/1174）や、アデンを中心に栄えたズライゥ朝（473/1080-569/1174）、サナアを抑えていたハムダーン朝（492/1099-570/1174）が、ことごとく滅亡し、イエメン・アイユーブ朝（569/1174-626/1229）が成立したのである。イエメン・

地図 2　ラスール朝期のイエメン

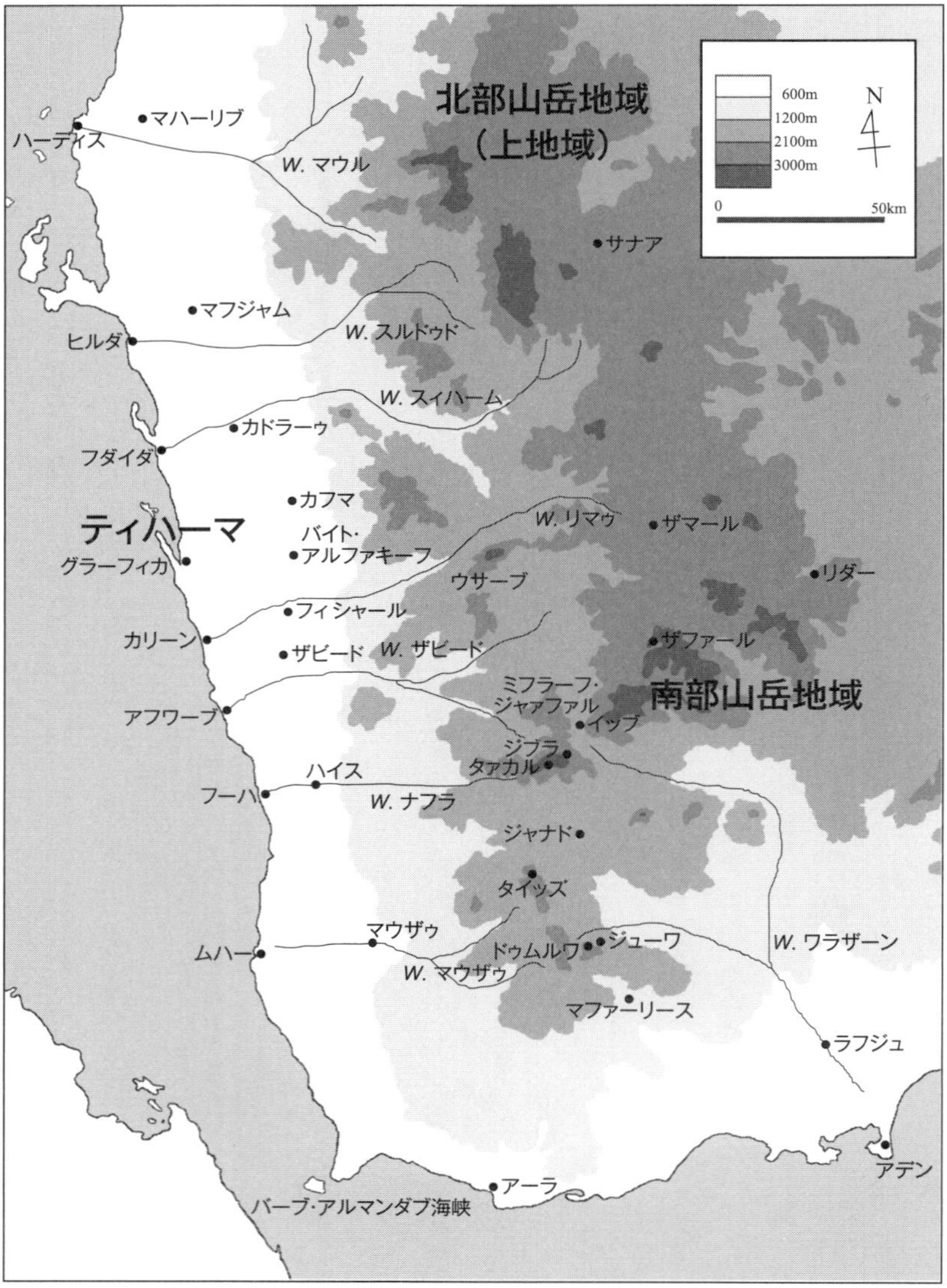

* Cornu 1985: Carte VIII. Circonscription du Yemen; Vallet 2010: 744 をもとに筆者作成。
* *W.* は枯れ谷をを意味する wādī の略号である。併せて，本書第 3 章注 19 を参照。

アイユーブ朝のスルタンはエジプトへの帰還を繰り返すなどしてイエメンに安住することはなかったものの、アイユーブ朝が過去より継承した行政制度と、土着の諸王朝が構築していた支配体制を組み合わせることで、トゥーラーン・シャー以降五〇年にわたって、イエメン・アイユーブ朝は南西アラビアを統治し続けるのである。

ラスール家がイエメンへ流入した時期については、史料において二つの説が見られる。一つ目が、トゥーラーン・シャーとともに五六九／一一七三年にイエメンへ侵攻したという説で、二つ目が、トゥグタキーン（Tughtakīn b. Ayyūb）(r. 579/1183-593/1197）とともに五七九／一一八三年にイエメンへやってきたという説である。いずれにせよ、西暦一二世紀後半に、ラスール（Rasūl）と呼ばれた始祖ムハンマド・ブン・ハールーン（Muḥammad b. Hārūn）の子であるシャムス・アッディーン（Shams al-Dīn ʻAlī）と、その四人の息子であるバドル・アッディーン（Badr al-Dīn al-Ḥasan）(d. 662/1263-4)、ファフル・アッディーン（Fakhr al-Dīn Abū Bakr）、シャラフ・アッディーン（Sharaf al-Dīn Mūsā）、そして後にラスール朝を建設するヌール・アッディーン（Nūr al-Dīn ʻUmar）が、アミール（amīr）[27]としてイエメンへ流入した。詩人でもあったシャラフ・アッディーンは、早くもこの頃に、以下の短詩を詠んでいる。

我らはイエメンの庇護者にしてイエメンを護る者
悪しき者たちがイエメンの美徳を喰らっている
アッラーフよ護り給え！我らが鞘から抜いてしまうまで
粉塵のうちに微笑みたる雷火に閃く刀剣を[28]

この詩を聞いたエジプトの人々は、「イエメンはアイユーブ家（Banī Ayyūb）の御手から離れてしまった」と話したと言われる。[29] 実際、彼らは、イエメンにおいてスルタンよりイクターを授与され、地位を確立していった。特に六〇九／一二一二年にティハーマ北方の要衝であるハラド（Ḥaraḍ）[30]とヒッリーヤ（al-Hillīya）をバドル・アッディーンが分与され、ファフル・アッディーンがウサーブ（Wuṣāb）におけるスルタンのナーイブ（nāʾib）[31]として任命されると、ラスール家の勢いはますます増すこととなった。

時代は緩やかに、イエメンの覇権をラスール家へ譲りつつあった。イエメン・アイユーブ朝の六代目のスルタン・マスウード（al-Masʿūd Yūsuf b. al-Kāmil）（r. 612/1215-626/1229）は、六一七／一二二〇年にマッカを制圧すると、同地をヌール・アッディーンへイクターとして授与した。この頃からマスウードは、ヌール・アッディーンを厚く信頼するようになる。六二〇／一二二三年、マスウードのエジプト帰還に際してヌール・アッディーンはイエメンへ戻るが、その頃にはすでに、マッカにて長子ユースフ（後のスルタン・ムザッファル一世）が生まれていた。マスウードのナーイブとしてイエメンに残ったアミール・フサーム・アッディーン（Ḥusām al-Dīn Luʾluʾ）とラスール家の間では、不和が生じていた。そのことを憂慮して六二四／一二二七年にイエメンへ戻ったマスウードは、アデンに滞在していたヌール・アッディーンを除いた三人の兄たちをジャナド（al-Janad）で捕え、エジプトへ送ってしまう。その後、マスウードの寵愛を受けていたヌール・アッディーンはウスタダール（ustādār）[32]に任命され、絶大な権力を有するに至るのである。

六二六／一二二九年、マスウードの再度の出奔に伴い、新しいスルタンがエジプトのアイユーブ家から来るまでの間、ヌール・アッディーンがナーイブを務めることとなった。マスウードが旅の途中にマッカで亡くなってもなお、ヌール・アッディーンは外向きにはアイユーブ家への恭順の意を示し続けたが、次の支配者がイエメンを訪れることはなかった。六三〇／一二三二年には貨幣を鋳造し、フトバ（khuṭba）[33]で自身の名前を唱えさせ、六三二／一二三五年にアッバース朝カリフ・ムスタンスィル（al-Mustanṣir al-Manṣūr）（r. 623/1226-640/1242）よりイエメン支配の承認を受けると、名実ともに、ラスール家はイエメンにおいて独立した。

（2）一三世紀のラスール朝

ヌール・アッディーンは、六二六／一二二九年にはマンスールを名乗るようになった。ラスール朝初代スルタン・マンスール一世（al-Malik al-Manṣūr ʻUmar）（r. 626/1229-647/1250）は、ティハーマや南部山岳地域のタイッズ（Taʻizz）を中心として、ザイド派イマーム勢力が支配的であったサナアに及ぶまで、その支配域を確立していく。六四七／一二五〇年にジャナドにおいてマムルークたちによって殺害された際には、ムザッファル一世（al-Malik al-Muẓaffar Yūsuf）（r. 647/1250-694/1295）をはじめとした三人の息子が残された。

ラスール家におけるスルタン位をめぐる争いや内紛は、すでにこの時期から見られる。マンスール一世没後、ムザッファル一世はまずもって異母弟たちとの戦いに勝利し、政権の基盤をザビードにて構築することに努めなければならなかった。その治世全体を通して、ザイド派イマーム勢力や諸部族[34]というラスール家外部の武装集団と戦い続けることとなるが、それに加えて、従兄のアサド・アッディーン（Asad al-Dīn Muḥammad）（d. 677/1279）との確執もまた政権運営に影を落としていた。

しかしながら、北はヒジャーズ（al-Ḥijāz）へ、東はハドラマウト（Ḥaḍramawt）へ至るまで支配域を拡大し、四五年にわたって存続したムザッファル一世期は、ラスール朝史における最盛期と評される。一四世紀以降に激化するラスール家内部での戦いを考えれば、ムザッファル一世期は政治的に安定した時代であったと言えるだろう。六五六／一二五八年にモンゴル軍によってアッバース朝カリフ・ムスタァスィム（al-Mustaʻṣim bi Allāh ʻAbd Allāh）（r. 640/1242-656/1258）が殺害されると、「我らが主スルタン・ムザッファル一世は、聖地（al-ḥaram）の事柄を治めるようになった。なぜなら彼は、カリフとなったからである（kāna ilā al-khalīfa）」という[35]。ムザッファル一世がカリフと称されるようになったことは、後述する『知識の光』の記述からも窺い知れる。もっとも、この場合のカリフは、

図1 ラスール家系譜

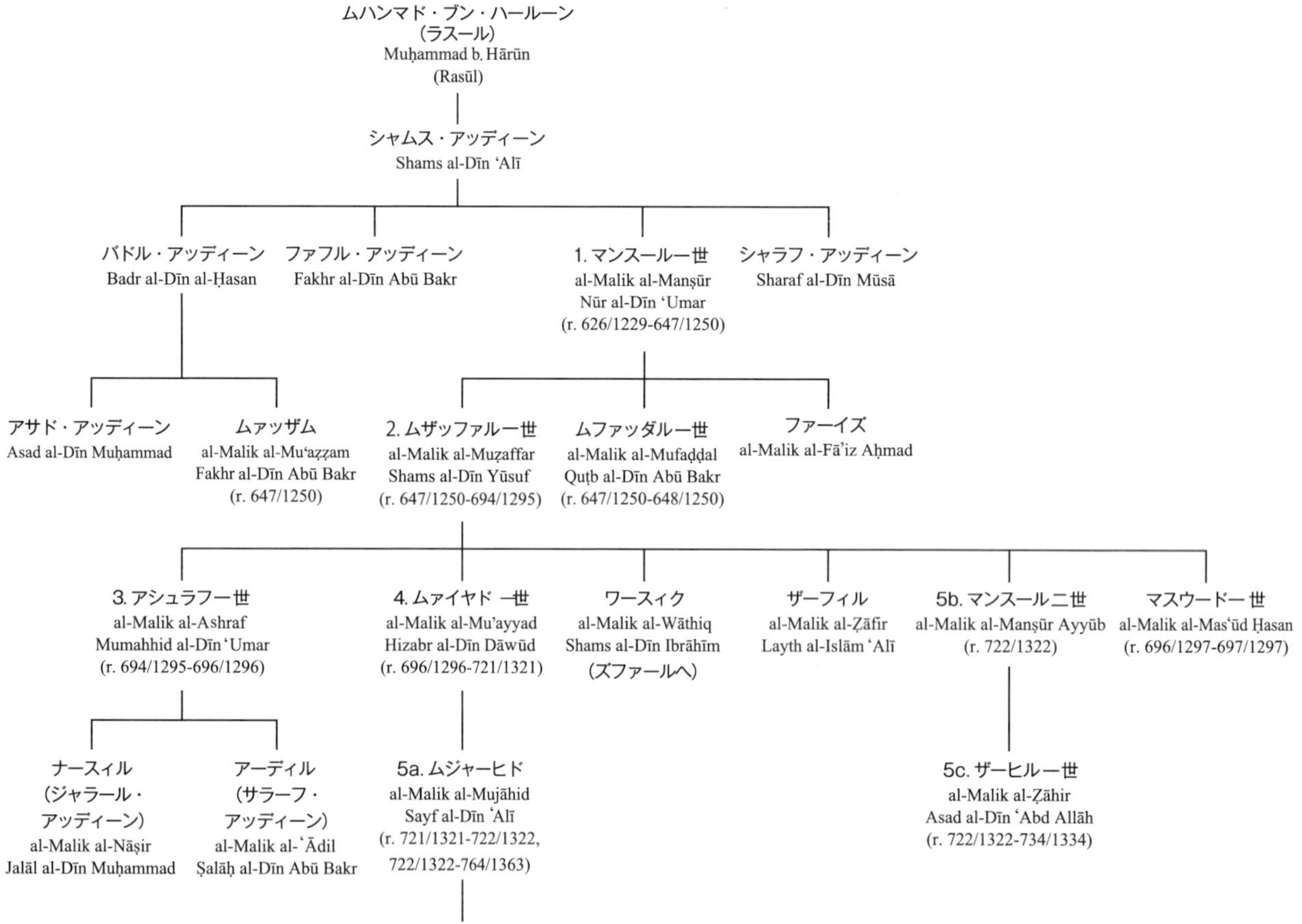
ムハンマド・ブン・ハールーン
(ラスール)
Muḥammad b. Hārūn
(Rasūl)
シャムス・アッディーン
Shams al-Dīn ʻAlī
バドル・アッディーン
Badr al-Dīn al-Ḥasan
ファフル・アッディーン
Fakhr al-Dīn Abū Bakr
1. マンスール一世
al-Malik al-Manṣūr
Nūr al-Dīn ʻUmar
(r. 626/1229-647/1250)
シャラフ・アッディーン
Sharaf al-Dīn Mūsā
アサド・アッディーン
Asad al-Dīn Muḥammad
ムアッザム
al-Malik al-Muʻaẓẓam
Fakhr al-Dīn Abū Bakr
(r. 647/1250)
2. ムザッファル一世
al-Malik al-Muẓaffar
Shams al-Dīn Yūsuf
(r. 647/1250-694/1295)
ムファッダル一世
al-Malik al-Mufaḍḍal
Quṭb al-Dīn Abū Bakr
(r. 647/1250-648/1250)
ファーイズ
al-Malik al-Fāʼiz Aḥmad
3. アシュラフ一世
al-Malik al-Ashraf
Mumahhid al-Dīn ʻUmar
(r. 694/1295-696/1296)
4. ムアイヤド 一世
al-Malik al-Muʼayyad
Hizabr al-Dīn Dāwūd
(r. 696/1296-721/1321)
ワースィク
al-Malik al-Wāthiq
Shams al-Dīn Ibrāhīm
(ズファールへ)
ザーフィル
al-Malik al-Ẓāfir
Layth al-Islām ʻAlī
5b. マンスール二世
al-Malik al-Manṣūr Ayyūb
(r. 722/1322)
マスウード一世
al-Malik al-Masʻūd Ḥasan
(r. 696/1297-697/1297)
ナースィル
(ジャラール・
アッディーン)
al-Malik al-Nāṣir
Jalāl al-Dīn Muḥammad
アーディル
(サラーフ・
アッディーン)
al-Malik al-ʻĀdil
Ṣalāḥ al-Dīn Abū Bakr
5a. ムジャーヒド
al-Malik al-Mujāhid
Sayf al-Dīn ʻAlī
(r. 721/1321-722/1322,
722/1322-764/1363)
5c. ザーヒル一世
al-Malik al-Ẓāhir
Asad al-Dīn ʻAbd Allāh
(r. 722/1322-734/1334)

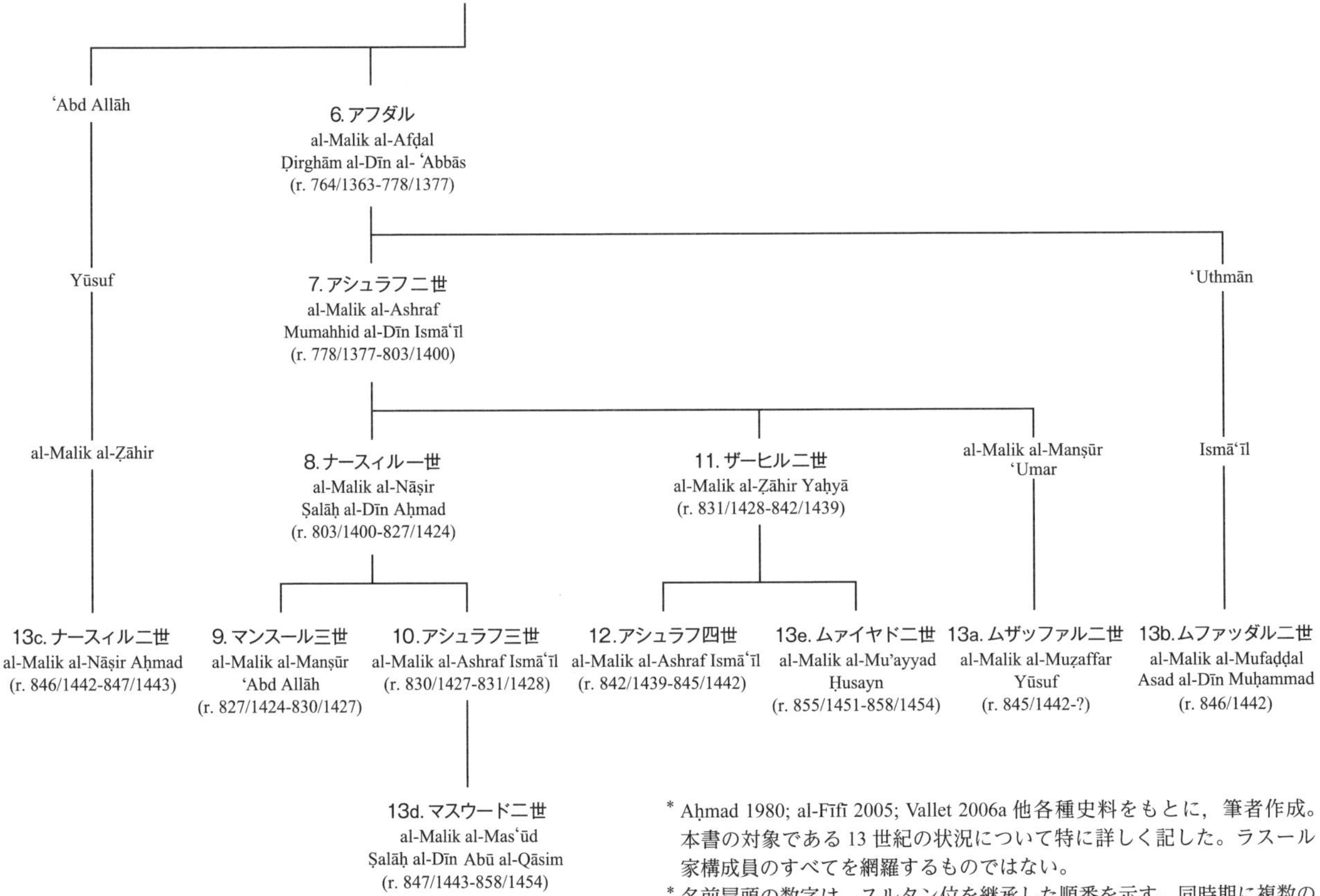

* Aḥmad 1980; al-Fīfī 2005; Vallet 2006a 他各種史料をもとに，筆者作成。本書の対象である 13 世紀の状況について特に詳しく記した。ラスール家構成員のすべてを網羅するものではない。

* 名前冒頭の数字は，スルタン位を継承した順番を示す。同時期に複数のスルタンが乱立する場合には，数字直後に a, b, c... と付す。

* スルタンと称された形跡がないものの，当時のスルタンとは別に統治を試みた者については，その統治年のみを記している。

全ムスリムの長である預言者ムハンマド（Muḥammad b. ʻAbd Allāh b. ʻAbd al-Muṭṭalib）(d. 11/632）の「代理人」ではなく、前代からのスルタン位の「継承者」を意図して用いられたものと見られるが、彼に続くスルタンたちがカリフ号を積極的に使用した形跡はない。ムザッファル一世の曾孫であるスルタン・アフダル（al-Malik al-Afḍal al-ʻAbbās）(r. 764/1363-778/1377）が著した『賜物』には、ムザッファル一世のフトバがマッカやエチオピア（al-Ḥabasha）、アイザーブ（ʻAydhāb）、ダフラク島（Dahlak）、さらにはホルムズ（Hurmuz）や中国（al-Ṣīn）に至る遠方の地域で唱えられたことが書かれている。[36] これをそのまま歴史的事実として受け止めることはできないものの、[37] イエメン史における黄金期がムザッファル一世の治世に出現したことで現代の研究者は意見の一致を見る。[38]

ムザッファル一世からアシュラフ一世（al-Malik al-Ashraf ʻUmar）(r. 694/1295-696/1296）へのスルタン位移譲は、ムザッファル一世の生前に速やかに行われた。[39] ムザッファル一世は、サナアよりタイッズへ戻ったアシュラフ一世へスルタン位を譲って後、タイッズにおいて逝去した。この時、アシュラフ一世の兄弟がはるか東方のシフル（al-Shiḥr）[40]へ派遣されていた。ここには、アシュラフ一世を後継者とし、兄弟間のスルタン位をめぐる争いを避けようとする意図がムザッファル一世のうちに働いたものと見られる。

しかしムザッファル一世の逝去を知ったムァイヤド一世（al-Malik al-Muaʼyyad Dāwūd）(r. 696/1296-721/1321）は、スルタン位を狙ってアシュラフ一世のもとへ進軍してきた。アシュラフ一世はこれを撃破すると、タイッズの監獄にムァイヤド一世を収監する。こうしてアシュラフ一世の治世も安定するように見えたが、六九六／一二九六年、アシュラフ一世は急逝した。この頃、アシュラフ一世の息子であるナースィル（ジャラール・アッディーン）(al-Malik al-Nāṣir Jalāl al-Dīn Muḥammad）(d. 725/1325）がカフマ（al-Qaḥma）に、アーディル（サラーフ・アッディーン）(al-Malik al-ʻĀdil Ṣalāḥ al-Dīn Abū Bakr）(d. 702/1302-3）がサナアにそれぞれ滞在していたため、タイッズの監獄に収監されていたムァイヤド一世が解放され、スルタン位に就いたと言われる。

ムァイヤド一世の治世期には、ザイド派イマーム勢力やクルド（Kurd）、ジャハーフィル族（al-Jaḥāfil）などの反乱が多発した。さらにムァイヤド一世は、兄弟であるマスウード一世（al-Malik al-Masʿūd Ḥasan）（r. 696/1297-697/1297）や、甥にあたるナースィル（ジャラール・アッディーン）による反逆に見舞われることとなった。政治的には混迷を極めるものの、ヴァレの研究によれば、ムァイヤド一世の治世期には、その後半になるほど税収が増えていった。[41] このことは、ムァイヤド一世期にはラスール朝下イエメンが経済面においては安定成長を続けていたことを示している。

ムァイヤド一世期以降、数多の内乱に悩まされつつも、基本的にはムァイヤド一世の直系子孫がイエメンを治めていくこととなる。途中にスルタン位の簒奪やスルタンの乱立、反乱勢力の抵抗が頻発し、その支配域は必ずしも一定しなかったが、およそサナア以南のイエメンがラスール朝下にあった。最終的にはその統治は二百年を超え、紅海とインド洋をつなぐ一帯に政治的経済的な影響力を有し続けたのである。

3　史　料[42]

(1)　主史料『知識の光』[43]

本書は、二〇〇三年と二〇〇五年にはじめて刊行された『壮麗なるムザッファル一世の時代におけるイエメンの統治と法律そして諸慣習に関する知識の光（*Nūr al-Maʿārif fī Nuẓum wa Qawānīn wa Aʿrāf al-Yaman fī al-ʿAhd al-Muẓaffarī al-Wārif*）』（本書では『知識の光』と略記）を考察の中心に据える。『知識の光』は、サナア旧市街に居住する匿名の個人よりイエメン・フランス研究所へ一九八〇年代にもたらされた二二四葉から成る写本を、同研究所のジャーズィムが校訂したものである。早くも一九八八年には、ラスール朝下の農書や農事暦とともに、ヴァリスコが同写本の紹介を行っている[44]。

この写本は、第一巻(1b-154b)と第二巻(155a-224a)から成る。*Nūr al-Ma'ārif*…の名称は校訂者ジャーズィムによって付されたもので、随所に見られる写本の欠落がために、もともとの書名や編纂者名、編纂目的などの一切が不明である。第一巻では、六九〇/一二九〇年付の記事が多く見られ、最も新しい記事は六九五/一二九五年のものとなっている。第一巻末には、「……ムザッファル一世の書が終わった[45]」と記され、この巻がスルタン・ムザッファル一世のために編纂されたものであったことを示唆する。また第一巻の末尾部にはさらに、「カリフ帳簿(al-daftar al-khalīfī)から引用される巻(第二巻)が、これ(第一巻)に続く[46]」の文言があることから、カリフと呼ばれたスルタン・ムザッファル一世用にまとめられた文書が別に存在し、第二巻はそれから引用されたものであると見られる。この点につきヴァレは、『知識の光』がイエメン・アイユーブ朝期からスルタン・アシュラフ一世期に作成された行政文書の写しより成る二から三の別の文書集をもとに作成されたものではないかと推測している。第二巻の最終部には、六九三/一二九四年に後のスルタン・アシュラフ一世とザイド派イマーム勢力との間で結ばれた和平に関する文書の写しがはさまれている。『知識の光』全体を筆者が今一度精査したところ、アシュラフ一世期以降にしか作成され得ない記事を四点確認することができた[47]。したがってその最終編纂年代は、早くともアシュラフ一世期であったと考えられる。

『知識の光』には、ラスール朝下の市場で扱われていた革製品や木製品、ガラス製品、楽器などの種類や価格に関わる記事、ラスール朝の軍や使節、ラクダ引き(jammāl)の都市間移動経費に関わる記事、度量衡一覧、マッカや東アフリカにおける商取引に関する記事など、多岐にわたる情報が含まれている。そのなかでも、第一巻に収められているアデン港税関業務記事やアデン港課税品目録は、早くよりインド洋交易史研究者によって用いられてきた。一方で、第一巻末に含まれるラスール家の構成員や家内集団に対する財や食材の分配の記事、第二巻に含まれるラスール朝宮廷における食材や料理に関わる記事については、校訂者ジャーズィムによる脚注を除いては未だ十分に検討されていない。本書では、『知識の光』のこれらの記事を中心に据えて、宮廷食材をめぐる考察を重ねる。

(2) ラスール朝行政文書集が有する史料上の問題

このように『知識の光』は、近年になって衆目を集めるようになったために、未だ検討されていない多くの情報を有する。他にもラスール朝行政文書集としては『ムァイヤド帳簿』や『アフダル文書集』、『書記官提要』が知られているが、いずれにしても利用に際しては多くの問題が存在する。以下、ヴァレによる議論を中心に、この点を確認しよう。[48]

まず、『知識の光』と『アフダル文書集』固有の問題として、史料全体の一貫性を欠いている点を挙げることができる。『知識の光』は、非常に雑多なジャンルの文書を寄せ集めたもので、さらに前書や途中に写本の欠落があるために、全体としての構成を見ることが難しくなっている。同様に、スルタン・アフダル自身による多くの雑多なメモを含む『アフダル文書集』もまた統一性に欠けており、その内容は広範にわたる。こうした状況ゆえに、これらの史料に含まれる情報を計量的に処理することは非常に難しい。この点、一三世紀のラスール朝下における地域ごとの歳入をまとめた『ムァイヤド帳簿』や、同じく各種歳入記事とアデン港税関業務の記録に特化した『書記官提要』とは、大きく異なっている。

これらの行政文書集はいずれもラスール朝の政治的経済的な様々な側面を伝えるものだが、現実をそのままに反映しているとみなすことはできない。すなわち、ラスール朝行政文書集は、文書行政に関わる一種の規範集あるいは財務術指南書であったに過ぎず、書かれてある産物名や数値が実際とは異なった可能性がある。この点につきヴァ[49]

レは、『知識の光』や『アファダル文書集』におけるスルドゥド（Surdud）の年間収益の記録[50]や『ムァイヤド帳簿』の一部を除いては日々や月々の勘定書が不在であることをもとに、ラスール朝行政文書集が文書行政に関わる規範集であり、編纂された時期の状況を反映したものではないことを示した。特に『知識の光』は、ラスール朝の官僚たちが閲覧するために編まれたものであるというよりはむしろ、彼らが参照していた行政文書の写しをもとに、スルタン個人が行政の状況を把握するために準備された書誌である可能性が高い。

本書が主として取り扱う宮廷食材に関する記事も、こうした問題を同様に有している。『知識の光』に収められるまで幾度もの写しを経ており、その間に恣意的な記事選択や情報の改竄が存在した可能性を否定することはできないのである。しかし閲覧用の規範集であった以上、もとの正確な情報がそのままに掲載される方が望ましいことを踏まえれば、行政文書からの写しであることに由来する一次性の高さを過少に評価する必要もないと筆者は考えている。

実際ヴァレは、以上の問題を踏まえたうえで、四つの行政文書集が単なる情報の寄せ集めではなくラスール朝における行政文化の輪郭を描き出すものと考え、情報の典拠としての意義を積極的に見いだしている。そこでは過去から継承されてきた情報とラスール朝期に新たに加えられた情報が混在しており、往時の状況が十分に反映されたものである以上、これにもとづいた議論の有効性を主張したのである。[51]

『知識の光』が有する一次性の高さは、ラスール朝宮廷料理に関する記事群によっても示される。中世イスラーム世界で書かれた料理書は、調理法も含めた料理に関する情報を読者へ伝えることを目的に執筆されたレシピ集であって、規範集としての側面を有しつつも[52]、実際に調理を行う人を読者として想定していた。しかしながら『知識の光』所収の料理関連記事は、料理名とその材料に言及するのみで——料理名が書かれないことも多くある——、調理法に関する情報を含まないのである。たとえば、『知識の光』第二巻冒頭には、以下の記事が見られる。

砂糖菓子用――皿（ṣuḥūn）：数は二〇四皿。デンプン：六、ゴマ油：六、白砂糖：二四〇ラトル（raṭl）[53]、蜂蜜：六ラトル、卵：二四〇、アーモンド：一ラトル。[54]

これは、直前に四〇頭も羊を用いる肉料理の材料に関する記事があること、「砂糖菓子用（bi rasm al-ḥalwā）」の一文よりはじまっていることから、とある宴席において供された砂糖菓子の調理に際して必要となった皿と食材の一覧であると理解される。しかしここでは、調理法はおろか、正確な料理名すらも記載されていない。[55] もととなった文書を読み解くことができたのは一定水準以上の教育を受けた識字者であったことを踏まえれば、この記事は財政的な面から食材の準備に携わる官僚を読者として想定して作成されたものと考えられる。料理人（ṭabbākh）によるこうした記事の参照は、あったとしても――できたとしても――、副次的なものにすぎなかったとみなす方が妥当であろう。『知識の光』所収の料理関連記事は、料理書のような目的をもって編纂されたものではなく、官僚によって実際に行われた実務の一端をそのままに反映しているのである。

このことを支持するかのように、『知識の光』中には、料理人のための規則が見当たらない代わりに、「宮廷への食材供給記録」や、食材の生産や税、食材の調達や保管、そして宴席の準備に関わった人々のための「典範（ḍarība）」や「慣習（ʻāda）」が散見する。[56] たとえば、パン（khubz）の一種であるルカーク（ruqāq）に関する「ルカークの典範」を取り上げてみよう。

ルカークの典範――小麦粉の一ザバディー・タイッズィー（al-zabadī al-daqīq al-ta‘izzī）[57] については、その重さは六ラトル・バグダーディーである。それから、大きめの六切れ（sitta dusūt kibār）がつくられる。最近ではこのように量られているのである。（かつて）アブー・バクル（Abū Bakr b. ʻUmar b. Ẓafar）は、以下のように語っていた。「一ザバディーは、(パンとなる前には) 七ラトルである。もし一切れが小さめであれば、七切れとなる」。さて、パン職人 (al-khabbāz) が一〇〇ラトル・バグダーディーの小麦粉を用いれば、パンになった時には二〇ラトル・バグダーディーの増加が見られる。なぜならば小麦粉一〇 (ラトル) は、ルカーク一二ラトルに相当するからである。すなわち、小麦粉一〇〇ラトルからルカーク一二〇ラトルがつくられ、それは六〇〇切れに相当するといった案配で、(パン職人は) 重さや数をもとにパンをつくるのである。[58]

ルカークの典範には、ルカークに関わる度量衡や、ルカークを作成するために必要な小麦粉の量のみが記載されており、その調理方法は書かれていない。他の慣習や典範についても同様であり、大本の写しの想定読者が食材供給に携わる人々であったことを示している。

このように『知識の光』所収の料理関連記事は、一三世紀のラスール朝宮廷において実践された事柄を機械的に書き留めたもので、一次性が高いと考えられる。大本の文書の作成者も写字生も自分たちの同僚を読者として想定していたため、情報の改竄が生じる可能性は低かった。もちろん個々の記事には編者による恣意的な選択などの問題が想定されるものの、他史料との比較のうえで総合的な検討を行うことによって、『知識の光』をもとに一三世紀のラスール朝宮廷の状況を概観することは可能である。

(3) ラスール朝史料[59]

以下では、『知識の光』以外のラスール朝関連史料について時系列に沿って説明する。本書の主題は『知識の光』が取り扱う時代の関係上一三世紀のラスール朝史にあるが、様々な情報を批判的に収集・検討する必要があるため、西暦一〇世紀から一七世紀にかけて著されたアラビア語史料を用いている。これらの仔細については、以下の説明に加えて、本書末の史料解題を参照されたい。援用した他の様々な史料に関しては、本文中で適宜解説を行った。なお、未だ多くの関連史料がイエメンの複数の私設図書館に写本状態で眠っているが[60]、それらの使用については今後の課題としたい。

まず、ラスール朝成立以前に著された史料のうちに、イエメンの政治史や地理に関して有益な情報を有しているものが散見する。前イスラーム期の古代南アラビア諸王国時代の伝承や系譜に詳しい『王冠の書』の著者であるハムダーニーは、また、『アラビア半島誌』を執筆している。同書は、アラビア半島、特にイエメンの地理や自然環境の記述を多く含んでいる。ラーズィー（d. 460/1068）の『サナア史』は、西暦一一世紀までのサナアの歴史を描いた地誌で、アイユーブ朝侵攻以前のイエメンの歴史を知るうえで有益な史料である。一八九二年にケイによって校訂、英訳が行われて以来よく知られるようになったウマーラ（d. 569/1174）の『イエメン史』は、ラスール朝以前の政治史に最も詳しい年代記であって、後代のラスール朝史家によってもしばしば引用された。同様に、イブン・サムラ（d. after 586/1190-1）による『イエメンのファキーフたちの伝記集』もまた後代のジャナディーらに多く引用されたが、主としてシャーフィイー派（al-Shāfiʿīya）のファキーフ（faqīh）[61]の生涯に詳しい。イエメンと特に縁があるわけではないものの、ヤークート（d. 626/1229）の『地名辞典』には、同時代の他の史料には見られないイエメンの地名の仔細が記録されており、有益である。アイユーブ朝下のイエメンを訪れたペルシア系のイブン・アルムジャーウィル（d. 690/1291）による『南アラビア地誌』は、一三世紀初頭の南西アラビアの地理や風俗を知るうえで第一級の史料的価値を有するもので、スミスによって詳細な研究がなされている。

六二六／一二二九年にラスール朝が成立すると、ラスール朝宮廷において様々な著作が現れはじめる[62]。スルタン・ムザッファル一世（d. 694/1295）が残した『信頼』は薬に関する書物であって、その多くの情報を先行する古代ギリシア時代以来の薬学知識によっているものの、新たにムザッファル一世自身が観察した情報をも有している。スルタン・アシュラフ一世（d. 696/1296）は、系譜書『傑作』において、ラスール家を南アラビアの系譜のうちに位置付けようとした。同書中には他にも、イエメンに由来する様々な部族やシャイフ（shaykh）の名が記録されている。[63]アシュラフ一世はまた、六七〇／一二七一―二年頃には、ラスール朝期最古となる農事暦『教示』をまとめあげた。イエメン外の地域の情報も紛れ込んでいるものの、ラスール朝下の農業の様子を窺い知ることができる史料となっている。また本書では間接的にしか扱わなかったが、農書『農業の知識に関する素晴らしき知恵』も農業史研究においては非常に著名な史料である。[64]そしてサナア周辺出身のイブン・ハーティム（d. after 702/1302）による『織糸』は、五六九／一一七三年のアイユーブ朝侵攻にはじまり、六九四／一二九五年のムザッファル一世の逝去によって終わる、ラスール朝期初の年代記として知られる。さらに一三世紀末には、アシュラフ一世期以降に最終的にまとめられたと思われる、既述した行政文書集『知識の光』が現れる。

おそらくはムァイヤド一世の統治期には、『ムァイヤド帳簿』が編纂された。ムザッファル一世期やアシュラフ一世期のものと見られる記録が多く収載されており、一三世紀末のラスール朝の国庫（khizāna）[65]収入について考える際に、欠かすことができない文書集である。ザイド派（al-Zaydīya）のシャリーフ（sharīf）[66]であったイドリース・アルハムズィー（d. 714/1314）は、ムァイヤド一世にアミールとして仕え、七一四／一三一四年に至るまでのイエメン史を『宝庫』にまとめた。一方、シリア（al-Shām）で活躍したディマシュキー（d. 727/1327）が著した『時流の厳選』は、カズヴィーニー（d. 682/1283）の『被造物の驚異』と類似した情報を有しており、情報の多くを先行する地理書によりつつも、同時代史料として、また独自情報を有する地理書として、今回参照した。同じくシリアにて生を受けたアブー・アルフィダーゥ（d. 732/1331）は、七三二／一三三一年、『地理学』を筆了した。プトレマイオスやイブン・サイード・アルマグリビーらの著作を表形式にしてまとめたもので、南西アラビアの地理にも詳しい。この時期、イエメンにおいては、ジャナディー（d. 732/1332）が『道程』を書き上げる。七三〇／一三三〇年のスルタン・ムジャーヒド（al-Malik al-Mujāhid ʻAlī）（r. 721/1321-722/1322, 722/1322-764/1363）期の記事をもって終わる『道程』には、預言者ムハンマドの時代より四／一〇世紀に至るイスラーム世界の通史に加えて、五／一一世紀から七／一三世紀にイエメンで活躍した様々な知識人の伝記や、五／一一世紀から八／一四世紀にイエメンを支配した王朝の政治史が含まれており、後代の歴史家によってしばしば引用された。

その少し後には、ムジャーヒド期の政治的混乱のなかに身を置き、後にイエメンを出奔することとなったイブン・アブド・アルマジード（d. 743/1343）による『絢爛』がおそらくはエジプトにて著された。同書は、著者がムァイヤド一世期にアデンでラスール朝に仕えていたため、ムァイヤド一世期の記述に詳しい年代記である。また、マムルーク朝下の百科事典家ウマリー（d. 749/1349）は、『諸地域道里一覧』において、ラスール朝下イエメン、特にムジャーヒド期の詳しい情報を記している。西暦一三三一年頃には、マグリブ（Maghrib）出身のイブン・バットゥータ（d. 770/1368-9）が、ムジャーヒドのもとを訪れている。往時のイエメンを扱った唯一の旅行記である『大旅行記』は、イブン・バットゥータが辿った行程など、他史料には見られない情報を有する。

ムジャーヒドの後を継いだアフダルは、イスラームの勃興から七七〇／一三六八年の間にイエメンで活躍した総勢九七二名の人々の伝記を『賜物』として著した。さらに、農学から兵器学に至るまで様々な分野の記事を収録する『アフダル文書集』がアフダルの治世期にまとめられた。正確な編纂年代は不明であるものの、同書中には七七七／一三七六年の年号とともに、アフダル直筆の書き込みが散見する。アフダルが著した農書『果樹や香草に関する農民たちの望み』の要約や農事暦、穀物課税簿など、貴重な情報が収められている。一方で、イエメン山岳地域に位置するウサーブ出身のウサービー（d. 782/1380-1）は、地方史人名録である『ウサーブ史』を残している。同書は、ラスール朝によるイエメン山岳地域の統治形態を探るうえで有益な情報を伝える。

アフダルの後を継いだアシュラフ二世（al-Malik al-Ashraf Ismāʻīl）（r. 778/1377-803/1400）の治世期には、多くの独自情報を有する『ウトユート史』が著されたと見られる。同書が有する特異性は、今後のラスール朝研究において考慮されていかねばならない。ハズラジー（d. 812/1410）の『真珠の首飾り』が著されるのは、この時代のことである。ラスール家のイエメン侵攻の記事にはじまり、アシュラフ二世の逝去（八〇三／一四〇〇年）で終わる『真珠の首飾り』は、ラスール朝政治史研究における基本史料として、レッドハウスによる英訳の発表以来、必須のものとなっている。ハズラジーによる別の年代記『黄金』のうち、イエメン史に関する写本のファクシミリ版も、今回参照した。ナースィル一世（al-Malik al-Nāṣir Aḥmad）（r. 803/1400-827/1424）の統治下の八〇八／一四〇五―六年には、ティハーマやタイッズ周辺における農事暦『出来事』がまとめられた。ユリウス暦やシリア暦、ペルシア暦も併記された同史料は、アシュラフ一世の農事暦と合わせて、ラスール朝農業史研究にとって重要な記録である。また、アデン港税関の業務をまとめた『書記官提要』が、フサイニー（d. 15.C.）によってまとめられた。もっともその記録内容の多くがムザッファル一世期からムァイヤド一世期にかけての状況を反映したものであると、ヴァレは述べる。他方、エジプトにおいてカルカシャンディー（d. 821/1418）の『黎明』が著されたのは、八一四／一四一一―一二年のことであった。

ラスール朝が終焉に向かうなか、八三二／一四二八―九年（あるいは八五一／一四四七―八年）、イブン・アルアフダル（d. 855/1451）が、『時代の贈物』を筆了した。この人名録は、ヒブシーによってジャナディーの『道程』やハズラジーの『真珠の首飾り』とともに、当代の三大史書として評価されている。また、八四〇年ラマダーン月／一四三七年三―四月から八四一年ムハッラム月／一四三七年七―八月にかけて著者不詳の『年代記』が著された。四三九／一〇四七―八年のスライヒー（ʻAlī b. Muḥammad al-Ṣulayḥī）（r. 439/1047-459/1067）によるイエメン統治から、八四〇年ジュマーダーI月一日／一四三六年一一月一一日に至るまでの南西アラビアにおける政治史を綴った同書は、ラスール朝末期の状況を今に伝える。

ラスール朝崩壊以降にも、ラスール朝と関連するいくつかの重要な史料が著された。人名録『ブライヒー史』は、ブライヒー（d. 904/1499）によって八六七／一四六二―三年に執筆された。ハズラジー没後のウラマーの記録を残している点が、校訂者ヒブシーによって評価されている。ムカシュキシュ（d. 904/1498）の『ザビード史』は、ラスール朝最後のスルタン・マスウード二世（al-Malik al-Masʿūd Abū al-Qāsim）（r. 847/1443-858/1454）のイエメン出港（八五七／一四五四年）の記事にはじまり、八八三／一四七九―八〇年の記事に終わる、ターヒル朝（858/1454-923/1517）年代記である。弟子であるイブン・アッダイバゥ（d. 944/1537）の著作より多くの情報を引きつつも、なかには独自の記事も含まれる。ターヒル朝史家として知られたイブン・アッダイバゥは、イスラームの勃興より九〇一／一四九五―六年に至るまでのザビードの歴史を描いた『有益なる望み』や、九〇一年ムハッラム月二日／一四九五年一〇月一日から九二四／一五一八―九年のザビードの政治史をまとめた『付加されたる報酬』、初期イスラーム時代から九二三／一五一七年のターヒル朝滅亡に至るイエメンの政治史を書いた『眼の慰み』の、三つの史書の作者である。同時代を生きたバー・マフラマ（d. 947/1540）は、『アデン史』において、アデンに縁がある人々の伝記をまとめた。そして今回用いる史料のうちで最も新しい『願いの極み』は、ザイド派の各種文献をもとにヤフヤー・ブン・フサイン（d. 1080/1689）が一一／一七世紀に執筆した年代記で、スンナ派史料には見られない独自の情報が含まれている。

一方で、本書では十分に活用できていないものの、この時代の北部山岳地域（上地域）を支配したザイド派イマーム勢力下において書かれた著作やイスマーイール派（al-Ismāʿīliya）の学者によって著された著作も参詳されなければならない[67]。それらの重要性については、一九八〇年代には早くもスミスやゴヘヌールによって指摘されており[68]、また一九七〇年代末にはヒブシーが著作の一覧を供している[69]。今回参照したラスール朝関連人名録は、もっぱらスンナ派、特にラスール朝が採用したシャーフィイー派のファキーフの伝記をまとめたものであり、そこに情報の偏りがあることは否めない。本書の主題がラスール朝宮廷料理である以上、導き出される結論にこうした情報の偏向が影響を与える可能性は低いと思われるが、ザイド派の関連文献が参照されるべき史料であることに変わりはない。その多くがイエメン内の数多の私設図書館に写本として眠っており[70]、今後のイエメン史研究においてますます使用されていくことだろう[71]。

さらには、ヴァレによれば、ラスール朝と同時代に執筆されたラスール朝に関するペルシア語史料も存在するものの、目録が整備されておらず、これまで十分に使用されていない[72]。これらは、ラスール朝を非アラブ世界から見つめたものであるから、従前に知られている史料とはまた異なる趣を呈するものと考える。ペルシア語文献の使用も、今後のラスール朝研究者の課題である。

第1部　食材・料理・宴席

第1章　食　材

はじめに

一三世紀末に編纂されたラスール朝行政文書集『知識の光』には、宮廷で用いられたと見られる食材への言及が散見する。そのうち、用途や年月日が明示されることが多い食材の調達命令書（istidʿāʾ, mustadʿāʾ）や消費記録などの「宮廷への食材供給記録」に記載された食材は、その他の記事群中の食材と比べて、実際に宮廷で用いられた可能性が相対的に高いものと考えられる。本章では「宮廷への食材供給記録」中の食材を一覧にして提示し、周辺史料との比較を通してその多様性や傾向、使用機会について検討する。さらには、複数のアデン港課税品目録をもとにインド洋交易による輸入品の確定を行い、各種地理書の記事と合わせて考えることで、アデンの「後背地」がインド洋周縁部に広く点在していたことを詳らかにする。

従前の研究を踏まえれば、ラスール朝の宮廷食材がインド洋交易の影響を直接的に受けたものであった可能性が想定される。ラスール朝がインド洋交易と密接につながっていたことは、一三－一四世紀の旅行家マルコ・ポーロ（Marco Polo）(d. 1324）が、アデンのスルタン（ラスール朝スルタン）を指して、「彼が世界で最も富裕な王者の一人であり得るのは、まさに右に述べた理由、すなわちその国にやってくる商人に賦課した重税のおかげなのである」[1]

と述べていることからも窺い知れる。この記述は、ラスール朝下イエメンがインド洋交易において重要な位置を占めており、西はモロッコから東は中国へ至る諸地域の産物が、支配下のアデン港を中継し、往来していたことを間接的に示す。[2] 当然のことながらこれらの産物はラスール朝下を素通りするだけでなく、イエメンにおいても輸入、使用されていたものと考えられる。しかしながら先行研究は、海上交易の形態や携わっていた商人、貿易ルート、アデン港における税関業務に着目するばかりで、交易品の実際の用途に対しては関心を払っていない。本章の考察は、ラスール朝の宮廷食材の多様性を描き出すと同時に、海を渡った産物がイエメンで実際に用いられていたこと、すなわちラスール朝が世界大のネットワークの一部であったことを、具体的に明らかにするものである。

1　「宮廷への食材供給記録」と宮廷食材の傾向

(1)「宮廷への食材供給記録」

『知識の光』中には、「宮廷への食材供給記録」とみなすことができる記事は約六〇点見られる。[3] 以下はその一例で、スルタンがある年のラマダーン月にタイッズ所在の迎賓館（dār al-ḍayf）で催した宴席において、下賜あるいは消費された食材の詳細を記録したものである。「宮廷への食材供給記録」は、多様な行政文書より構成されているため各記事間にいくらかの差異が見られるものの、おおむね左記引用のような体裁をとっている。

庇護されたるタイッズの城砦の迎賓館における聖なる宴席のために、ラマダーン月の日々において、いと高き幸運への賞賛に費されたものに関する諸紙片手当て（rātib）用に生じたところのもの――（中略）レンズマメ：一ザバディー、白砂糖：六ラトル、米：一十二分の一ザバディー、ヒヨコマメ：四分の一（中略）
砂糖菓子の館（bayt al-ḥalwā）用――白砂糖：一五、蜂蜜：一五、アーモンド：四ラトル、ヘイゼルナッツ：四ラトル、ゴマ油：一六（後略）[4]

このように、まず冒頭に、その記事の内容を表す題名ならびに状況説明文が書かれる。次に、記載される食材の用途が示され、その後に個々の食材名や量、価格が列挙されていく。

この「宮廷への食材供給記録」のうち、最も古い記事は六四四／一二四六－七年のものであり、最も新しい記事は六九四／一二九四－五年の状況を記したものであった。[5]したがって「宮廷への食材供給記録」には、一三世紀中頃から末における、宮廷食材の状況が反映されていると言うことができるだろう。

もっとも序章において既述したように、これらはその編者すら不明な断片的な記録の集成であって、記録間の相互性も薄い。また、宮廷で使用された食材を網羅的に記載しているというわけではなく、一種の規範として編纂されたものと見られる。しかし、周辺史料との比較を通じて、その記事内容を吟味・検討することで、十分な情報を提供する史料であると考える。

(2) 宮廷食材の傾向

「宮廷への食材供給記録」記載の食材の種類数は、九四点にのぼる。また同記録中には他にも、厨房（maṭbakh）や日常生活で使用されたと見られる雑貨類や用具類に関する記事も含まれる。これらの食材や雑貨類、用具類を、一五種類に分類・整理したものが、表1である。[6]

表1　宮廷食材や雑貨類，用具類

分類	イエメンで生産された産物	インド洋交易を通じて獲得された産物
肉類(6)	羊(ghanam: ‘arabīya, kasaba[1])，ヤギ(mā‘iz)，鶏(dajāj)，鳩(ḥamām)，牛(baqar, māshīya)，ラクダ(ibil)	バラービル羊(ghanam: barābir)
卵・乳製品類(7)	凝乳(qanbarīs)，卵(bayḍ)，混ぜ乳(qaṭīb)，ヨーグルト(laban)，ハキーン(ḥaqīn)，乳(ḥalīb)，チーズ(jubn)	
魚類(1)	ザイラーク魚(samak Ẓayrāk)	
穀物類(4)	小麦(burr: Quṣaybī, ḥalbā, ‘arabī, wasanī)，ソルガム(dhura: bayḍā’)，ゴマ(juljlān)	米(urz: kharajī, khāṣṣ, burūjī, hindī, tānshī)
豆類(6)	レンズマメ(‘adas)，黒キャラウェイ(ḥabba al-sawdā’)，ルピナス(tirmis)，ソラマメ(fūl)，グリーンピース(‘atar)	ヒヨコマメ(ḥummuṣ)
野菜類(14)	ニンニク(thawm)，カボチャ(yiqṭīn)，ナスビ(bādhinjān)，ネギ(baṣal akhḍar)，タマネギ(baṣal yābis)，ニンジン(jazar)，クルカース(qulqās)[2]，チャード(silq)，キュウリ(qithā’)，パセリ(baqdūnas)，バクル(baql)，カブ(lift)，ウリ(baṭṭīkh)，ブクールや青野菜(buqūlāt, khuḍra)	
果実類(4)	ザクロ(ḥabb rummān)，レモン(līm)，バナナ(mawz)，シトロン(uturuj)	
乾燥果実類(9)	クルミ(jawz)，ナツメヤシ(tamr: Makkī, thi‘l, farḍ)，タマリンド(ḥumar)，アーモンド(lawz)，ヘイゼルナッツ(bunduq)，ピスタチオ(fustuq)，干しブドウ(zabīb)	ナツメヤシ，タマリンド(thamara)，ビンロウジ(fūfal)
香料・香辛料類(29)	コリアンダー(kazbara)，ベニバナ(‘uṣfur)，ベニバナの種(qurṭum)，カラシ(khardal)，ショウガ(zanjabīl)，ケシ(khishkhāsh)，タイム(ṣa‘tar)，キャラウェイ(karāwayā)，ウイキョウ(shamār)，シュクル(shuqr)，ミント(na‘na‘)，カーズィー(kādhī)，リジュラ(rijla)，フルバの種(bizar ḥulba)	コショウ(filfil)，クミン(kammūn)，肉桂(qirfa)，配合香辛料(aṭrāf ṭīb)，メース(basbāsa)，マスチック(muṣṭakā)，サフラン(ṣa‘farān)，カンショウ(sunbul)，クローブ(qurunful)，クマール沈香の葉(waraq Qumārī)，アニス(yansūn)，カルダモン(hāl, hayl)，スンマーク(summāq)[3]，バジル(rayḥān)，ナツメグ(jawzā’)
調味料類(3)	塩(milḥ)，酢(khall)，ムッリー(murrī)	
甘味類(4)	蜂蜜(‘asal: ‘usqī)，砂糖(sukkar: abyaḍ, aḥmar, muṣaffā)，キターラ(qiṭāra)[4]，糖蜜(qand)	モガディシュ砂糖(sukkar: Maqdishī)
油脂類(6)	ゴマ油(salīṭ)，バター油脂(samn)，タヒーナ(ṭaḥīna)[5]，タサーキー(tasāqī)	動物性油脂(wadak)[6]，オリーブオイル(zayt)[7]，バター油脂[8]

分類	イエメンで生産された産物	インド洋交易を通じて獲得された産物
その他(1)	デンプン(nashā)	
雑貨類(11)	セッケン(ṣābūn), ロウ(sham'), ランタン(fawānīs)	セッケン, ロウ, 鉄(ḥadīd), 塩化アンモン石(nushādir), アンチモン(rāsikht), 没食子('afṣ), 炭酸カリウム(ushnān), 麝香(zabād), 乳香(lubān), アロエ(ṣabir)
用具類(59)	陶器(10), ナツメヤシ製品(10), 木製品(5), ガラス製品(3), 縄類(5), 石製品(3), その他(22)	中国陶磁器(Ṣīnī)

* 以下の文献をもとに，筆者作成。Nūr I: 127, 393, 407-408, 525-559, 571-581; Nūr II: 1-24, 70-101, 119-150。
* 品目名に付された下線は，「宮廷への食材供給記録」中においてその品目の供給元の確定が難しいことを示す。その場合，農事暦類などの周辺史料によって分類した。
*「用具類」については，その記載品目数が多く，しかし個々の品目の検討を本書では行わないことから，表が煩雑になるのを防ぐために，主たる原材料やその形状によって種類分けを行った。品目名に続く括弧のなかの数字は，その種類数を示す。
* 他，表中の注については以下の通り。

1) ジャーズィムによれば，カサバは雌の羊を指すイエメン方言である［Nūr II: 11 n. 3］。
2) ヴェーアによれば，クルカースはタロイモの一種である［Wehr］。
3) ヴェーアによれば，スンマークはウルシ科の一種である［Wehr］。乾燥させて後，タイムとともに調味料として用いる。『教示』において散見することから［Tabṣira/Varisco 1994b］，イエメンで広く産していたものと考えられる。
4) キターラは，原料となる糖から不純物を取り除いた液体で，砂糖の生成過程において生まれる。糖蜜などと日本語では呼ばれる。併せて，Varisco 1994b: 180-181 を参照。また，イスラーム世界の砂糖の歴史については，佐藤 2008 を参照。
5) タヒーナはゴマをペースト状に練ったもので，現在に至るまで中東全域で見られる。なお，ゴマ油は一般に salīṭ と呼ばれる。ラスール朝におけるゴマ（juljlān, simsim）については，al-Munda'ī 1992: 137-138, 210; Varisco 1994b: 195-196 を参照。
6) ジャーズィムによれば，wadak は油脂のうちでも特に動物性油脂を指す［Nūr I: 527 n. 3842］。
7) 本書でオリーブオイルと訳出した zayt は，単に油，特に植物性油脂を指す語である。イエメンにおいては，ゴマ油と同義で用いられることもある［Piamenta］。なお，イエメンでオリーブが生育していた記録は見られない［Varisco 1994b: 197-198］。併せて，本書第 1 章第 2 節第 2 項を参照。
8) ヴェーアによれば，samn は clarified butter や cooking butter を指す［Wehr］。本書ではこれを，バター油脂と訳出した。

この表を見ると明らかなように、ラスール朝宮廷食材の特徴として、多様な香料・香辛料類が使用されていたことがまず挙げられる。[7] 種類数の面では、香料・香辛料類が食材全体に占める割合は約三一パーセントとなっており、特にコショウやサフラン、クミン、マスチックが史料上に頻出している。

また野菜類・果実類[8]に関しては、表中には一四点の野菜類と四点の果実類が記載されているが、ラスール朝下でこれらのみが流通していたとは考え難い。ラスール朝下で生産された農産物の状況を見るために、ラスール朝期に編纂されたいくつかの農事暦類[9]に目を通すと、少なくとも三五点の野菜類と二七点の果実類を見つけることができた。[10] このように、「宮廷への食材供給記録」に記録された野菜類・果実類は、王朝下でつくられる産物のごく一部にすぎないのである。その理由として、以下の三点が想定される。第一は、本書において青野菜やブクールと訳出した単語（khuḍra, buqūl）が、諸々の野菜類・果実類を包括している可能性である。実際、ハズラジーの年代記には、スルタンの息子の割礼を祝うために準備されたもののなかに、「様々なブクール：ナツメヤシ、レモン、果実のすべて」と記述されている。[11] また、「宮廷への食材供給記録」中にも、「チャードとブクール」[12]にミントやパセリが含まれていることを示唆する記事を見つけることができる。[13] さらにヴァリスコによれば、スルタン・アシュラフ一世やスルタン・アフダルが著した農書では、野菜に関する章のなかに、諸々の野菜類の説明がなされているという。[14] 第二に、そもそも「宮廷への食材供給記録」が、遠方への調達命令書や、その結果獲得、消費した産物の記録によって主に成り立っているため、近場から供給される野菜・果実類などは記録されにくい傾向にあることが考えられる。[15] そして第三は、宮廷の食習慣が反映されている可能性である。たとえば豆類について見てみると、「宮廷への食材供給記録」（六点）と農事暦類（一三点）との間に、種類数の差が見られる。これを、宮廷の食習慣に沿うもののみを取捨選択した結果ととらえることもできよう。

魚類に至っては、マルーハート（al-malūḥāt）という料理の材料として、ザイラーク魚への言及が一例あるのみで、実際に使用されたことを示す記事は見られない。イブン・アルムジャーウィルは、ザビード外港のグラーフィカ（Ghulāfiqa）[16]から様々な魚がザビードへ輸送されていたこと、ティハーマの諸都市やハドラマウトにおいて魚食の習慣があったことを報告している。[17]さらに、おそらくはシフルなどの諸港から、塩漬け魚（ṣayd māliḥ, mumallaḥ）が海路あるいは陸路でアデン港へ運ばれていた。[18]このような状況にあったにもかかわらず、魚類に関する記事がほぼ見られない理由としては、上述の野菜類・果実類の事情と同様に、生鮮物であるがゆえに遠方への供給が不可能であったことがまず念頭に浮かぶ。しかし、海岸部や対岸の東アフリカでは塩漬け魚が生産・輸送されており、魚の保存、輸送手段が確立されていたことを考えれば、むしろ、羊肉を好んで食べる宮廷において魚食の習慣が薄かったことが記録不在の主因であろう。[19]

なお、米や小麦、ナツメヤシについては、他の産物と比べて、その細かな種類名が明記されることが多い。[20]たとえば米であれば、ハラジー（kharajī）やブルージー（burūjī）といったニスバ（nisba）[21]付きで記録されている。明記こそされていないものの、種類ごとに産地や品質が異なっていたと考えるのが妥当だろう。このことは、「宮廷への食料供給記録」の作成者にとって種類に関する情報が重要であったことを示している。今一歩踏み込んで言えば、宮廷の食の嗜好の一端が、ここに垣間見えているのである。

(3)　宮廷食材の機会差

さて、ここで確認しておかなければならないのは、以上の食材がどの程度の頻度で宮廷へ供給されていたのかという点である。『知識の光』においては、供給年月が明記されない史料が多い反面、イスラーム世界の二大祭[22]の時に供給された旨が書かれた記録も少なくない。以下では、『知識の光』所収のいくつかの記事を比較・検討することで、機会によって宮廷食材の種類数に差が生じていたのかどうか検討する。

表2　677年ムハッラム月～ラビーゥⅠ月/1278年5～8月に供給された羊やヤギ

月名	日付	総量	バラービル羊	アラビア羊	ヤギ	供給元
ムハッラム月	—	400頭	—	391頭	9頭	—
	15日	—	—	1900頭	141頭	諸地方
	25日	—	—	291頭	9頭	リマゥ
サファル月	—	363頭	—	349頭	14頭	—
	10日	—	—	20頭	—	サワー
	14日	—	—	15頭	—	1)
	15日	—	—	20頭	—	2)
	16日	—	—	100頭	14頭	リマゥ
	20日	—	—	150頭	—	リマゥ
	23日	—	—	15頭	—	3)
ラビーゥⅠ月	—	961頭	210頭	700頭	51頭	—
	5日	—	—	93頭	4頭	ジャナド
	—	—	—	83頭	11頭	—
	7日	—	—	15頭	—	3)
	9日	—	—	400頭	1頭	ミフラーフ
	12日	—	61頭	—	—	アデン
	18日	—	—	65頭	900頭	マファーリース
	27日	—	24頭	—	—	アデン

1)「ジュザリー（Iqbāl al-Juzarī）から」とある。ジャーズィムは，宦官であるタワーシー・ジュザリーのことではないかと推測している［Nūr II: 82 n.10］。

2)「サバーイー（Barāḥī ʻAlī Jabal al-Sabāʼī）から」とある。ジャーズィムは，冒頭のBarāḥīをNājīの誤りではないかと推測している［Nūr II: 82 n.12］。

3)「シュジャーゥ（al-Shujāʻ ʻUmar b. Makāʼil）から」とある。ジャーズィムが指摘するように［Nūr II: 83 n.2］，ムザッファル期に活躍したアミール・シュジャーゥ・アッディーン（Shujāʻ al-Dīn ʻUmar b. Mīkāl）のことであろう。

まず、六七七年ムハッラム月〜ラビーゥI月／一二七八年五〜八月に宮廷に仕え、食材を実際に供給する役職であるカンマート（qammāṭ）によって手配された羊やヤギの記録[23]を月ごとにまとめると、表2のようになる。この記録は、ラビーゥI月二七日の供給記事を最後に後半部の写本が欠損していることもあって、断片的な情報を提供するにとどまる。また、ところどころ総量の計算が合わないが、これは『知識の光』全般においてしばしば見られる傾向であり、基本的には書かれてある通りにしたがう他ない。ここでは具体的な供給先は明記されていないものの、スルタンの拠点、おそらくはタイッズを想定していたのではないかと思われる（本書第3章第2節第2

項）。イスラームの二大祭が開催されるシャッワール月もズー・アルヒッジャ月も挙がっていないことから、およそ平時における宮廷への食材供給の状況を示していると考えてよいだろう。

このなかでバラービル羊は、ラビーゥI月[24]（一二七八年七月二三日から八月二一日）にのみ、供給されている。供給月が限定されている理由としては、バラービル羊はそもそも、南西アラビア対岸の東アフリカ、特にザイラゥ（Zaylaʿ）[25]より輸入される産物であったことが念頭に浮かぶ（本書第1章第2節第2項）。そうなれば、アデンを取り巻いている航海条件が季節によって変化するという事情が食材の輸送に影響を与えた可能性を考慮に入れなければなるまい。[26]

アデンとザイラゥを結ぶ航路については、スルタン・アシュラフ一世がまとめた『教示』にのみ記述が見える。[27]それによれば、ユリウス暦ティシュリーンI（Tishrīn al-Awwal）月二一日／西暦一〇月二一日にアズヤブ風（azyab）が強くなり、ザイラゥ船がアデンから出港する。アズヤブ風とはインド洋において一〇月から五月にかけて吹く北東季節風で、バーブ・アルマンダブ海峡（Bāb al-Mandab）付近で南風に転じ、紅海を北上する。[28]アデンの南西に位置するザイラゥへは、このアズヤブ風を利用して移動したのである。インド洋より紅海へ吹き込むアズヤブ風によって、バルバラ（Barbara）からアーラ（al-ʿĀra）への航海も、アーラからザイラゥへの航海も可能であった。[29]

問題となるのは、ザイラゥからアデンへの航海時期である。アデンはザイラゥの北東に位置するため、インド方面から吹き込むアズヤブ風は逆風となり、一〇月から五月にかけての航海は不可能と思われる。陸伝いにザイラゥからバルバラへ、そしてアーラからアデンへの航海が可能であったならば、前述のようにアズヤブ風を用いてバルバラからアーラへ移動し、また、アーラからザイラゥへ戻ることもできただろう。しかし、史料上にこのことを明示する記事を見いだせないため、推測の域を出ない。一方で四月から九月にかけてカウス風（kaws）がインド洋で吹く時期には、紅海やアデン周辺では北西風が吹いた。エジプトを出立してイエメンを目指す船は、この風を用いて紅海を南下した。ザイラゥからアデンへも、この頃に航海できたものと考えられる。なお『教示』によれば、紅海で吹く北西風を用いることでアデンからバルバラへの航海が可能であったことが、ユリウス暦アイルール（Aylūl）月一三日／西暦九月一三日の項に書かれている。一方で、六月から八月にかけては風が強くなりすぎるために、インド洋周辺の諸港が閉鎖されたと言われる。[30] サージェントによれば、特に七月から八月にかけてはアデン周辺の海での航海は不可能であった。[31]

以上を踏まえれば、表2でバラービル羊が供給された六七七年ラビーゥI月、すなわち一二八七年七月二三日～八月二一日に、ザイラゥからアデンへ航海することは難しい。[32] それよりもむしろ、これらのバラービル羊は当該月以前にイエメンへ輸入、養育されており、この月に宮廷へ運び込まれたと考える方が自然ではないだろうか。いずれにせよ、表2におけるバラービル羊の供給時期の偏りを、航海条件の変化によるものと断定することは現段階ではできない。その他のアラビア羊やヤギについては、記録されている情報が三ヵ月間に限定されることもあって、供給時期の偏りは確認されない。したがってここでは、バラービル羊とアラビア羊、ヤギの供給時期が決まっていたと結論付けることは難しい。なお、年代記にはこの時期の詳細な記述が見られないため、[33] 政治的事件との関連も不明である。

さらに「宮廷への食材供給記録」より、他の複数の記事を抽出、比較してみよう。平時の様子を伝える①六四四年の二大祭およびラマダーン月「以外」の月における月間消費記録と、[34] 祝祭時の様子を伝える②六九四年のラマダーン月における月間消費記録ならびに[35]③六七五年の断食明けの祭りであるイード・アルフィトル（ʻīd al-fiṭr）における消費記録[36]をここでは取り上げる（表3）。これら三点の記事間においては、最も種類数の差が大きいのは香料・香辛料類である。①と②・③を比べれば、ケシやクミン、コリアンダー、カラシ、キャラウェイ、黒キャラウェイといった食材が②と③のみに見られるため、様々な香料・香辛料類が祭事において特に用いられていたかのような

表3　食材の使用の機会差

分類	平時	祝祭時	
	①	②	③
肉類	バラービル羊	(バラービル羊)	バラービル羊
	特別な肉		
	カサバ	カサバ	
	鶏		鶏
			鳩
			羊
卵・乳製品類	卵	卵	卵
	チーズ	チーズ	
		凝乳	凝乳
			ハキーン
穀物類	米	米	米
		(小麦(ḥalbā))	小麦
			ゴマ
			小麦粉
豆類	ルピナス	ルピナス	
		レンズマメ	レンズマメ
		ヒヨコマメ	ヒヨコマメ
野菜類	タマネギ	タマネギ	
	ナスビ	ナスビ	ナスビ
	カボチャ	(カボチャ)	カボチャ
	ニンジン	ニンジン	ニンジン
	クルカース	クルカース	クルカース
		ニンニク	
		チャードと青野菜	チャードと青野菜
		バクル	
果実類	ザクロ	ザクロ	ザクロ
		レモン	レモン
		バナナ	
乾燥果実類	ナツメヤシ	ナツメヤシ	ナツメヤシ
	クルミ	クルミ	クルミ
		(アーモンド)	アーモンド
			ヘイゼルナッツ
			ピスタチオ
			干しブドウ

分類	平時	祝祭時	
	①	②	③
香料・香辛料類	サフラン	サフラン	サフラン
	マスチック	マスチック	マスチック
	スンマーク	スンマーク	
	肉桂	肉桂	肉桂
	配合香辛料	配合香辛料	配合香辛料
	コショウ	(コショウ)	コショウ
	ショウガ	ショウガ	ショウガ
		ケシ	ケシ
		クミン	クミン
		シュクル	
		(コリアンダー)	コリアンダー
		(肉桂の葉)	
			ベニバナ
			カラシ
			キャラウェイ
			黒キャラウェイ
調味料類	塩	塩	塩
			酢
甘味類	蜂蜜	蜂蜜	蜂蜜
	キターラ	キターラ	キターラ
	白砂糖	白砂糖	白砂糖
油脂類	動物性油脂	動物性油脂	動物性油脂
	バター油脂	バター油脂	
	ゴマ油	ゴマ油	ゴマ油
	タヒーナ	タヒーナ	タヒーナ
		(オリーブオイル)	オリーブオイル
その他(食材)	デンプン	デンプン	デンプン
		(ナツメヤシの若枝)	

＊①～③の記事内容については，本書44頁を参照。

＊②は，迎賓館の宴席で用いられた食材の記録と，砂糖菓子の館などで用いられた食材の記録より成っている。表中で括弧を付して示した食材は，後者でのみ使用されたものである。

印象を受ける。しかしこれらの香料・香辛料類は「宮廷への食材供給記録」全体を通して頻繁に見られるものであって、祝祭時にしか供給されないことを支持する積極的な根拠を見いだせない。他の食材については、記事間に大きな違いが見られず、平時と祝祭時の間で質的な変化があったようには思われない。

それではより狭く、ラマダーン月とラマダーン月以外とでも、供給される食材に違いは生じないのだろうか。そこで、スルタンの厨房のために必要品館（ḥawāʾijkhānāh）（本書第5章第1節）のハワーイジュカーシュ（ḥawāʾijkāsh）[37]が購入したと思しき食材の一覧を見てみよう。[38]この記録では、「ラマダーン月」と「ラマダーン月以外（khārij-an ʿan shahr Ramaḍān）」における状況が、別々にまとめられている。両記録をここに記載するには頁数を要し過ぎるため、重要な点のみを抽出すれば、①「ラマダーン月以外」には日々の支出金額（al-ʿayn）が二ディーナール（dīnār）[39]であったのに対し「ラマダーン月」には七＋八分の一ディーナールとなっている、②購入食材の種類に大きな違いは見られないものの、[40]「ラマダーン月以外」には二五個であったナスビが「ラマダーン月」には一六〇個になっているなど、購入量の増加が「ラマダーン月」には見られる、の二点を挙げることができる。イスラーム教徒は、ラマダーン月の一ヵ月間にわたって日の出から日没までの間に断食を行う。日没後から日の出までの間に普段よりも大量に様々な食事をとるため、結果として食材消費量が増えると言われている。さらには、為政者は支配体制内外の様々な人々へ食材を分配するために、通常よりも多くの食材を消費することとなる。なお、断食によって消耗した体力を素早く回復させるために砂糖菓子を食する慣行が古くより存在し、為政者はラマダーン月に砂糖などを特別な手当てとして賜与していたとされる。[41]このことは、『知識の光』に含まれる、ラマダーン月に実施された食材供給や下賜関連の記録[42]の存在によっても示される。このようにラマダーン月は一ヵ月間にわたる祭事の側面を持つため、日常とは異なる食材購入を宮廷が必要としたものと考えられる。そのために、「ラマダーン月」と「ラマダーン月以外」の二つの時期における消費記録が、対比されるようなかたちでまとめられたのであろう。

最後に、ラスール家の成員への食材分配の機会差について考えてみよう。ここでは例として、タァカル（al-Ta'kar）[43]の城砦で暮らすタワーシー・イフティヤール・アッディーンの御方（jiha al-ṭawāshī Ikhtiyār al-Dīn Muḥsin al-Ashrafī）[44]の家族や使用人[45]（ḥāshiya）の給与（jāmikīya）や手当ての記録を取り上げる。[46]この「御方」ならびに宦官であるタワーシー・イフティヤール・アッディーンに関する情報は他史料に見られないが、al-Ashrafī というニスバより、タワーシー・イフティヤール・アッディーンはスルタン・アシュラフ一世に仕えた人物であったと考えられる。この記録には、表4に示すように、割り当てられた現金と穀物、羊が、月間・年間別に記されている。

この表から、タワーシー・イフティヤール・アッディーンの御方へ、年間を通して現金や穀物、羊が支給されていたことがわかる。手当ては食材をはじめとした生活用品の購入用と見られ、そのうち四三六＋四分の一ディーナールを費やしてマフジャム（al-Mahjam）から、残りを費やしてアデンから、それぞれ産物を取り寄せていた。また計上されている金額に加えて、一頭あたり一＋二分の一ディーナールの羊が三〇頭、手当てとして購入された。手当てや次に説明するターリー（ṭārī）として記載されない産物が必要となった場合は、給与を用いていたと考えられる。これらの給与は蓄財され、モスク（masjid, jāmiʿ）などの建築に充てられることもあっただろう。[47]

着目すべきは、ターリーのあり方である。ターリーについて『知識の光』の校訂者であるジャーズィムは、砂糖や水から成る飲料や、スルタンのために三番目に準備される宴席の名称と説明する[48]が、分配記事においては明らかに、現金や現物から成る特別な手当てを指している。[49]正確な支給時期はわからないものの、ターリーの名目で、薪（ḥaṭab）や青野菜、ロウ、鶏、乳が挙げられている。また特定の三ヵ月にはターリーとしてさらに、「家族のための砂糖菓子用（bi rasm al-ḥalwā li al-ʿiyāl）」などの用途のもと、赤砂糖やデンプン、乳、卵、ケシ、アーモンド、ゴマ油、薪、米といった産物が購入され、砂糖菓子職人（ḥalawānī）が雇われていた。加えて、羊や小麦もまた、別途に準備されていた。[50]シャァバーン月とラマダーン月、シャッワール月は、イスラーム世界においては重要な祭事が行わ

表4　タワーシー・イフティヤール・アッディーンの御方へ割り当てられた手当てや給与，ターリー

名目	現金[1]	穀物[2]	羊
予算[3]	（年間）1800	（年間）2000	—
手当て＋給与＋ターリー	（年間）1298	（年間）1480	46頭
手当て	月間　76 年間 846	月間　120 年間 1440	30頭[4]
給与	月間30，年間360	—	—
ターリー	92	40	16頭[5]
その他の月	薪や青野菜など[6]	—	8頭
シャァバーン月	14	—	—
ラマダーン月	21+1/2	35	4頭
ズー・アルヒッジャ月	56+1/2	5	4頭
余り	502	520	—

1）単位はディーナール。
2）単位はザバディー・タイッズィー。
3）記事中に「大量にある余りは，各年，現金にして502ディーナール，穀物にして520ザバディー・タイッズィーになった」との記述があること，手当てと給与，ターリー，余りを合計すると記事冒頭の金額と一致することから，ここで挙げられている金額は実際に支給されたものではなく，事前に設定された予算であったと見られる。
4）1頭あたり1+1/2ディーナールとある。
5）総数が46頭であること，手当て分が30頭であったこと，「ターリー：1ヵ月あたり1頭を1ディーナールで」との記述があること，ラマダーン月とズー・アルヒッジャ月にそれぞれ4頭が手当て分となっていること，記載がない2ヵ月間（ラマダーン月とズー・アルヒッジャ月の間）には羊の支給がなかったと見られることを合わせ考えれば，その他の8ヵ月間に1頭ずつ計8頭が購入され，結果としてターリーとして16頭の羊が支給されたと見られる。
6）これらのターリーは，ターリーの総額として書かれている92ディーナールには含まれない。

れる時期である。そのため、特別な支給を必要としたのであろう。この点に鑑みると、イード・アルフィトルが開催されるシャッワール月への言及が見られないことが奇異に映るが、シャッワール月の分は、先行するラマダーン月あるいは一ヵ月を挟んで続くズー・アルヒッジャ月の分にまとめられていたものと思われる。ここで気をつけなければならないのは、祝祭時にターリー名目で送られた食材はいずれもこの時期にしか見られない特別な食材ではない、ということである。あくまでもターリーは「量」を満たすものであって、食材の種類数に変化をもたらすものではなかった。

このように、宮廷食材の種類数の面では、平時と祝祭時の間で明らかな違いを認めることはできない。同様に、史料上においては、季節による変化も明確には見られない。一方でラマダーン月とそれ以外の月とでは、食材消費量が大きく異なる。このことは、祭事では大量の食材がラスール家内外へ振る舞われていたことを示している（本書第5章第2節）。いずれにせよ、本書で着目した宮廷食材は、その使用機会が時期によって限定されるものではなかったのである。

2　宮廷食材とインド洋交易

(1)　三種類のアデン港課税品目録の検討

本節では、アデン港を通してインド洋周縁部の各地から輸入された宮廷食材[51]の詳細とその獲得先の広域性について、アデン港税関で取り扱われた商品の目録との比較をもとに明らかにする。こうした目録については、これまで、一三－一五世紀に編纂された三種類の史料が知られている。一つ目は、イブン・アルムジャーウィルの地誌中の一二世紀の状況を伝える記事であり、三〇余点の商品が記録されている。[52]二つ目は、『知識の光』中の複数の記事で、近年、ヴァレや栗山によって詳しく検討されている。[53]そして三つ目は、フサイニーが八一五／一四一二年に編纂した『書記官提要』所収の目録で、四五〇点余りの商品の一覧である。[54]

これらのアデン港課税品目録がその編纂年代の状況を直接反映しているわけではないことは、すでにヴァレによって示されている。[55]それによれば、『知識の光』所収の二つの目録は、ともに一二世紀後半の状況を記したものであり、また別の目録はそれらを継承したうえで一三世紀半ばの状況を反映している。[56]一方で『書記官提要』所収の「インド洋から到来する商品」[57]には七二七／一三二六年と七三六／一三三六年の記載が、「ペルシア湾や東方から到来する商品」[58]には七五一／一三五二年の記載が見られることから、これらは早ければ一四世紀後半に執筆され、参照されたものと推測される。

こうした三種類のアデン港課税品目録の性質について、宮廷への食材供給との関連において確認してみよう。シャムルーフは、この三史料をもとに輸出入品と判断した産物を例にとり、それらの産物がイエメンで日常的に輸出入されていたかのように説明している。[59]マルガリティもまた、アデンの食材状況について、イブン・アルムジャーウィルの「エジプトから到着する商品」の記事に依拠し、「少なくともイブン・アルムジャーウィルの来訪時には、（アデンの）基本食材もまた海外から輸入されていた」と述べる。[60]しかし、「宮廷への食材供給記録」とこの三史料を比較すると、後者にもとづけば輸入品とみなし得る産物であるにもかかわらず、前者にアデンからの供給事例が見られない産物を八点確認できるのである。[61]すなわち、小麦やゴマ、タマリンド（humar）、[62]干しブドウ（zabīb）、ショウガ、砂糖、蜂蜜、ゴマ油については、アデン港課税品目録に輸入品として記載される一方で、アデン以外のイエメンの諸都市から宮廷へ供給されていたと見られる。[63]

以上のヴァレによる比較検討と、筆者による宮廷への食材供給との関連における検討を踏まえれば、これら三種類のアデン港課税品目録は、あくまでもアデン港において取り扱う機会のあった産物の記録であり、その記述をもとにただちに、当該産物の輸出入が絶えず行われていたかどうかを判断するのは難しい。また何より、アデン港に至った産物の多くは、港を経由して他港へ輸送されていたと考えるべきである。[64]

(2)　インド洋交易を通じて獲得された産物

表1の「インド洋交易を通じて獲得された産物」には、前述した三種類のアデン港課税品目録や周辺史料をもとに輸入品と判断することができ、なおかつ「宮廷への食材供給記録」にアデンからの供給事例を確認できる産物を

まとめた。[65]以下では、ここに挙げた産物をその供給元別に確認してみよう。

まず東アフリカから輸入された産物には、バラービル羊と、モガディシュ（Maqdishū）[66]からの砂糖がある。バラービル羊は、東アフリカのマイト（Mayṭ）[67]やマルガッワ（Marghawwīya）[68]、ザイラゥから輸入される羊であった。二大祭時には、王族やアミールへの下賜品としても使用された。[69]モガディシュからもたらされた砂糖も、一例だけではあるが、宮廷において用いられたことを確認できる。[70]ただしイエメン南部山岳地域にあるジブラ（Jibla）[71]では、砂糖の生産、供給が盛んに行われており、輸入した砂糖を使用する機会は少なかったものと考えられる。[72]また動物性油脂については、「宮廷への食材供給記録」中ではアデンのみがその供給元として記録されている。アデン港課税品目録に関連する記事を見つけることはできないものの、アディーラ（'adīla）[73]という容量単位で計られるものとしてザイラゥやダフラク島に由来する動物性油脂が『知識の光』中の別記事に挙げられている。[74]一三三一年頃に東アフリカを旅したイブン・バットゥータが、ザイラゥの動物性油脂が有名であったと報告していること[75]と合わせて考えれば、ザイラゥからアデン港へ輸送されていた可能性は高い。

エジプトからアデン港へ到来したと見られる産物には、米があった。米は、イエメンの自然環境下では十分に生産することが難しく、[76]外部からの輸入に頼らざるを得なかった。雑貨類のうち、塩化アンモン石やアンチモン、炭酸カリウム、没食子もまた、エジプトより輸入されていた。

インド・東南アジア方面からは、米や各種香料・香辛料類が運ばれてきていた。米の供給元として、既述したエジプト以外に、インド西海岸のマンガルール（Manjarūr）[77]やファーカヌール（Fākanūr）[78]、ヒーリー（Hīlī）[79]、マラバール（Mulaybār）[80]が『書記官提要』に挙げられている。[81]「宮廷への食材供給記録」にある二九点の香料・香辛料類のうち、一五点をアデンからの供給に依存していた。このうち、コショウやメース、クミン、マスチック、肉桂、カンショウ、クローブ、カルダモン、クマール沈香の葉、[82]ナツメグについてはアデン港課税品目録に記載があり、イ

地図3　宮廷への食材供給元としてのインド洋周縁部

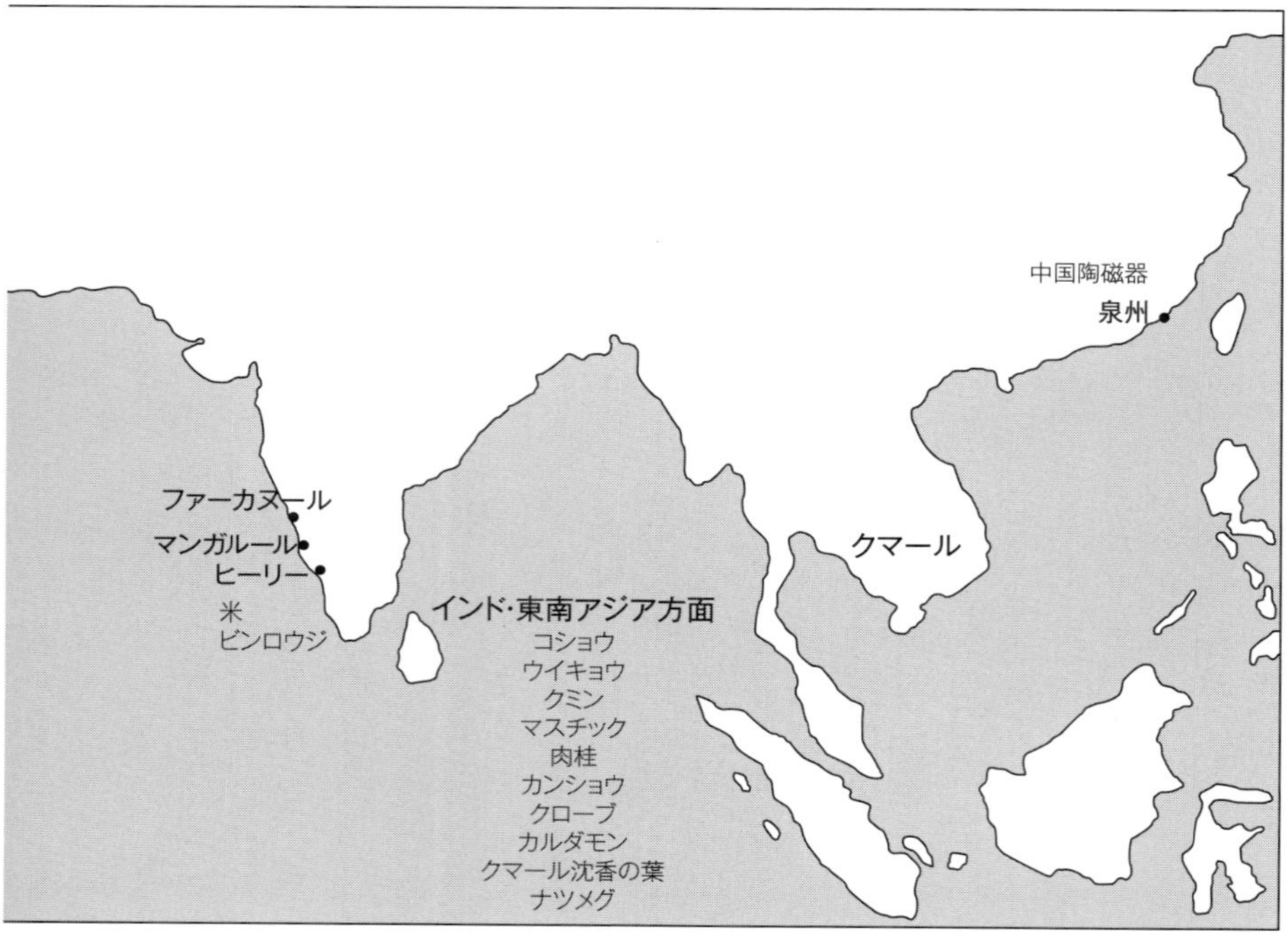

ンドや東南アジアからもたらされていたと見られる。また中国の泉州（Zaytūn）から積み出された中国陶磁器は、宴席や下賜において用いられた他[83]、各種香辛料や絹織物などとともに、マムルーク朝への贈物としても使用された[84]。

一方、ビンロウジに関しては、マラバールやモガディシュ、ズファール（Ẓufār）[85]、スィラー（Silā）[86]の港が積出地として記載されている。ビンロウジは、インド洋周縁部の広い範囲において、石灰（nūra）とキンマ（tanbūl）の葉とともに噛まれることで嗜好品として使用された[87]。また、タマリンド（thamara）[88]やサフランは、エジプトに加えて、キーシュ（Kīsh）[89]やマッカ[90]からも積み出されていた。

ところで、ヒヨコマメやオリーブオイル、香料・香辛料類四点（配合香辛料やアニス、スンマーク、バジル）は、積出地の記述が

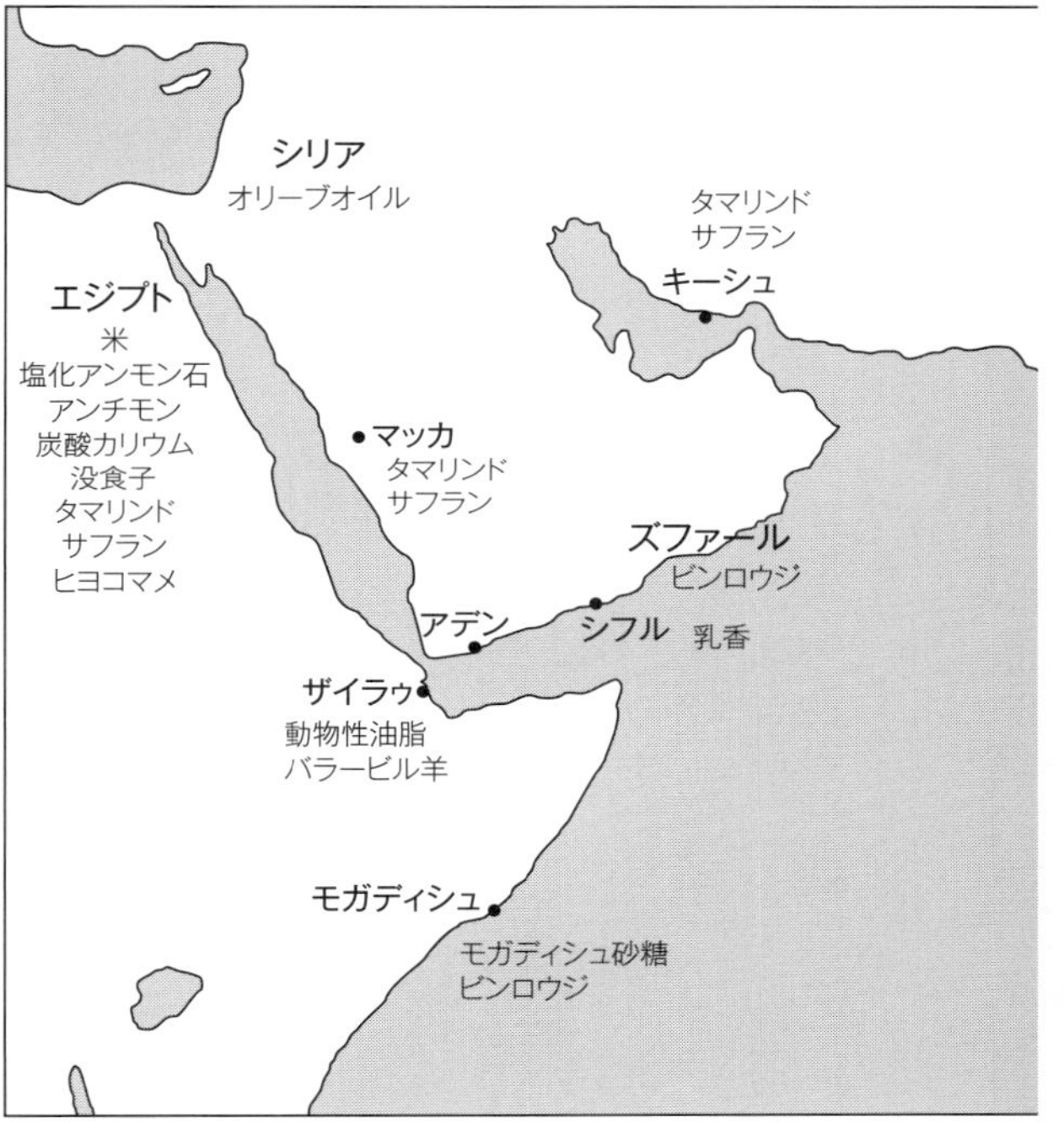

* 筆者作成。

見られない産物である。ヒヨコマメは、豆類のなかでは最も多く「宮廷への食材供給記録」に記載されているが、その供給元としてアデン以外の都市名が挙がることはない[91]。『知識の光』中のアデン港課税品目録においてはシャワーニー税（al-shawānī）[92]が課せられており、インド洋を経由して輸入されたと考えられるが、その一方で紅海での交易品目が記載されているクサイル文書（The Qusayr Documents）に言及があることから[93]、エジプトから輸送されていた可能性も残る。オリーブ（zaytūn）やオリーブオイルについては、ウマリーによる「そこ（イエメン）には、シリアから運ばれてくる以外に、オリーブオイルやオリーブはない[94]」との記事と、イブン・アルムジャーウィルによる言及[95]をもとにすれば、シリアより輸入されていたと考えられる。他、配合香辛料やアニス、スンマーク、バジルは、上述した三種類のアデン港課税品目録に記載こそされていないものの、「宮廷への食材供給記録」にはアデン以外の供給元への言及がなく、イエメンで生産された形跡も見られない。

こうした輸入品のうち、ナツメヤシやバター油脂、ロウ、セッケンについては、アデンからの供給事例とともにイエメンから供給された形跡を多く確認できる。[96] したがってこれら四点に関しては、必ずしもそのすべてを輸入に頼っていたと言うことはできない。[97] このように自給可能な産物を輸入する理由は、ウマリーによる「そこ（イエメン）では砂糖やセッケンが作られているが、エジプトやシリアにあるものとは異なる」[98] という記述をもとにして考えれば、自給品とは異なる価値や必要性を輸入品に見いだしていたところに求められるだろう。

以上のように、一三世紀のラスール朝宮廷は、イエメンでは生産できない様々な食材を、エジプトやマッカ、東アフリカ、キーシュ、インド、東南アジアから輸入していた。アデン港課税品目録に記載された各種取扱品目の産地や積出地が、インド洋周縁部以外にも地中海やイラン（Īrān）、イラク（al-ʻIrāq）、中央アジアにまでおよんでいることと比較すれば、[99] ラスール朝宮廷への食材供給圏はより狭く、エジプトを西端にして東方のインド洋方面へ向かって広がっていたことがわかる。この背景には、アデン港への直接の積出地がインド洋周縁部に位置しているという事情に加えて、香料・香辛料類などの宮廷の食卓に必須の食材がこの地域において生産されていたことが認められる。アデンは、インド洋と紅海を結ぶ中継交易港であったと同時に、インド洋西海域に限定される地方的流通港としての性格を有していたのである。

おわりに

本章では、新史料『知識の光』所収の「宮廷への食材供給記録」をもとに、一三世紀のラスール朝宮廷へ供給された食材を、インド洋交易との関わりに着目して検討した。

まず「宮廷への食材供給記録」より宮廷食材を抽出し、分析を行った結果、香料・香辛料類が種類数のうえでは全体の約三割を占めていることが明らかとなった。また米や小麦といった特定の産物に関しては、その詳しい種類名までもが必要な情報とみなされていた。これらの食材の種類数の面に関して言えば、使用機会による差は認められない。もっとも、祭事にあってはその消費量が増加していた。

さらに、これらの食材のうち、インド洋交易によってもたらされたと見られる産物の検討を行った。まずアデン港課税品目録と「宮廷への食材供給記録」とを比較し、宮廷が輸入していた食材を確定した。そして、各種香料・香辛料類や米、油脂類など、イエメンでは生産できない産物を、エジプト以東のインド洋周縁部からの輸入に宮廷が依存していたことが明らかとなった。

本章の考察によって、一三世紀のラスール朝宮廷食材が多様であったこと、ラスール朝が往時の世界と「宮廷食材」を通してつながっていたことを確認できた。従前の研究においてはインド洋交易で扱われた産物の水揚げ後の行方や具体的な用途までもが分析されることは少なかったことを踏まえれば、インド洋周縁部より運ばれた産物が実際にラスール朝宮廷で使用されていたことを指摘した本章の検討は、海上交易史研究に寄与する。また同時に、様々なネットワークが交差するイエメンを支配したラスール朝がインド洋交易による金銭面以外の恩恵を享受していたことが示された。これまで同王朝は、支配下にあったアデンなどにおける莫大な租税収入を得ていたことを特に語られてきた。しかし本章で見たように、ラスール朝は世界大のネットワークの一部としてインド洋周縁部で産出される多様な食材をも直接に獲得し、彩り豊かな食生活を宮廷に実現させていたのである。

第2章　料理・宴席

はじめに

第1章で検討したように、ラスール朝宮廷には、イエメン内外の様々な食材が集散していた。それらはそのまま宮廷内外へ分配されることもあったが（本書第5章第2節）、スルタンをはじめとしたラスール家王族のもとで「料理」へと変貌を遂げ、「宴席」において供されていた。

本章の目的は、宮廷食材の一つの帰結点である料理と宴席について考察するところにある。中世アラブ世界の宮廷料理については、近年、様々な研究が著されてきている。[1] これらの研究はいずれも、主として料理書や年代記、ヒスバ（hisba）の書[2]、文学作品を一次史料として用いているが、それらは実際の調理現場より遠く隔たったところで作成された史料であって、一次性が薄い点に難が残る。その点、宮廷の食事に関する行政文書という、従前の研究では用いられなかった史料をもとに宮廷料理の諸相を再構成する本章の試みには、新規性が認められよう。[3]『知識の光』をもとにすれば、アラブ圏であるイエメンを支配したテュルク（Turk）系のラスール朝宮廷では、どのような傾向を有した料理が見られたのだろうか。それらは、同時代他地域の宮廷料理と比較すれば、どのような特徴を有していたのだろうか。そして、様々な人々が集い、多様な料理に舌鼓を打つ場となった宴席は、どのような機能を果たしていたのだろうか。

これらの諸点について明らかにするために、本章ではまず、『知識の光』中の関連記事を整理し、料理名とみなし得るものを抽出する。そしてそれらの食材に着目することで、ラスール朝宮廷料理が有した傾向を指摘する。次いで、同時代他地域で編纂された二つの料理書との比較・検討を通して、ラスール朝宮廷料理の特徴を示す。さらに、これら料理が供された宴席の機能について、その参加者と規則を概観することで詳らかにする。このようにして、ラスール朝宮廷における料理や宴席を、世界大のネットワークや地域内ネットワーク、イエメンに立脚した強固な王権が重なるところに現れた一つの事象として位置付けたい。

1　宮廷料理の傾向

(1)『知識の光』に見る料理

『知識の光』に含まれる料理名へ言及した記事は、以下の三種類に大別できる。その第一は、「宮廷への食材供給記録」であり、主として遠方への食材供給命令書や、実際に宮廷へ供給された食材の一覧より成っている。[4] このなかには、本書において料理のうちに分類しなかったソーセージ（sujāq）などの輸送可能なものが含まれる。第二は、宴席で出席者へ供された料理や、手当てとして支給されたもの、宮廷組織へ分配されたものを記載した、食材分配記録である。[5] そこでは、下賜品として贈られた砂糖菓子や、種々の発酵飲料が、しばしば見られる。そして第三は、料理名と必要な食材、分量を記録した料理材料記録であり、[6] 主として以下の体裁をとっている。

サティート（safīṭ）――アラビア羊：一頭、ゴマ油：一＋二分の一ラトル、コショウ：八分の一、コリアンダー：八分の一、塩：八分の一、小麦粉：二ラトル[7]

この記事からは、料理の名前はサティートで、アラビア羊やゴマ油などを用いてつくられていたことがわかる。序章で既述したように、『知識の光』は食材供給に携わった書記（kātib）[8]などの官僚によって作成されたものである。そのため必要な食材とその分量が言及される一方で詳しい調理方法が書かれていない点が、特徴的である。

こうしたかたちで登場するもののうち、料理名とみなし得るものを数え上げると、数え方如何によって変動はあろうが、その総数は七六点となった[9]。それらを主材料ごとに分類すれば、肉料理（一九）[10]、米・小麦料理（八）、魚料理（一）、卵料理（一）、乳料理（五）、野菜料理（三）[11]、パン（一五）、砂糖菓子他（一四）、飲料・砂糖液（八）、不明（二）となる。肉料理や米・小麦料理、パン、砂糖菓子他の種類数が他と比較すると多いが、このことをもってラスール朝宮廷食文化の傾向を語ることはできない。『知識の光』はそもそも一貫性を欠いた文書群であり、すべての料理を網羅しようという意図を有さないためである[12]。ここに記された情報は、ある瞬間の現実を反映しているとは言えないものの[13]、ラスール朝宮廷において共有され、実際に調理され得た料理であった。

(2)　宮廷料理の実際

それではより具体的に、どのような料理がラスール朝宮廷において見られたのだろうか。次の記事は、史料上に頻出する焼き肉シャラーイフ（sharā'iḥ）の一種であるムマッラフ（mumarraḥ）の材料記録である。

シャラーイフ・ムマッラフ（sharā'iḥ mumarraḥ）――アラビア羊：一、蜂蜜：一ラトル、キターラ：四分の一、デンプン：四分の一、サフラン：二カフラ（qafla）[14]、酢：二分の一＋四分の一、卵：二〇個、動物性油脂：四分の一、チーズ：一＋二分の一ラトル、ゴマ油：一＋二分の一ラトル、コショウ：八分の一、コリアンダー：八分の一、肉桂：八分の一、配合香辛料：二分の一、塩：八分の一、バナナ：一〇、シュクル：一〇、小麦粉：三ラトル、凝乳：一＋二分の一ラトル、サンブーサク（sanbūsak）[15]：二ラトル[16]。

イエメンで生産されるアラビア羊をベースとして、サフランとコショウ、コリアンダー、肉桂、配合香辛料、シュクル、酢、塩といった香辛料や調味料が加えられていたことがわかる。もっともここに書かれてあるものすべてが当該料理に使用されていたわけではなく、バナナやサンブーサクは、この料理とともに供されたものであったように思われる。

このような様々な香辛料の使用は、他の料理でも見られた。たとえば、マルーハートと呼ばれた料理は、以下の食材を使用している。

マルーハート用――ザイラーク魚：四、カブ：三〇、チーズ：三〇、タマネギ：五ザバディー、ゴマ油：六ラトル、カラシ：一＋二分の一ラトル、キャラウェイ：三ラトル、タイム：一ザバディー、配合香辛料：二ウーキーヤ（ūqīya）[17]、乳：四ザバディー、オリーブオイル：二ラトル、白砂糖：二ラトル、クルミ：一〇〇個、コショウ：一ラトル、コリアンダー：二分の一、ニンニク：二分の一、ショウガ：二ラトル、サフラン：三分の一カフラ[18]。

これが、『知識の光』に記載された唯一の魚料理であり[19]、七種類もの香辛料が用いられている。この二つの引用した料理に用いられた香辛料のうち、コリアンダーとショウガ、シュクル、カラシ、キャラウェイ、タイムはイエメンで生産されたもので、コショウとサフラン、肉桂、配合香辛料は、アデンを通して輸入された産物であった（本書第1章第2節第2項）。

また、スィカーゥ（siqā'）やスービヤー（sūbiyā）、フッカーゥ（fuqqā'）、スィクジャビーン（sikjabīn）といったアルコール飲料（あるいは発酵飲料）も、ラスール朝宮廷においてしばしば見られた[20]。たとえばタイッズ近郊のサァバート（Tha'bāt）では、スィカーゥが手当てとして、ラスール家の女性成員やそこで働くハーディム（khādim）などへ分配されていた[21]。飲酒の習慣は中世イスラーム世界でしばしば見られるもので、イエメンでもラスール朝以前よりすでに存在した[22]。この点につきザイド派のヤフヤー・ブン・フサインは、一七世紀にしたためた『願いの極み』において、三人のラスール朝スルタンが飲酒癖を有していたことを記している[23]。たとえば、スルタン・マンスール一世は「飲酒することを公言しており、定期的に飲み会を招集したものであった」という。シャーフィイー派を奉じたラスール朝と対立するザイド派の人物が叙述したものである以上、これらの記事をそのままに受け取ることはできないものの、実際にマンスール一世は飲み会（majlis al-sharāb）を開催している[24]。『知識の光』における記述と合わせて考えれば、その程度の大小こそあれども飲酒の習慣がラスール朝宮廷にあったことは否定されないだろう。

そして、ペルシア語・トルコ語由来と見られる料理が散見する点についても、言及しておく。たとえばスジャークは、トルコ語[25]でソーセージを意味するスジュク（sucuk）に由来するものであり、カシュラマシュ（qashlamash）やサンブーサク、カラークーシュ（qarāqūsh）（カラームーシュ（qarāmūsh）か）[26]、ニザーフ・アルバサンドゥード（niẓāh al-basandūd）（パサンディード（pasandīd）はペルシア語で「快い」などを意味する）[27]、スィクジャビーン（スィクバージュ（sikbāj）か）[28]もまた、アラブ圏以外から輸入された名称であったと見られる。

ところで食材の仔細については第1章で扱っているが、主として食材供給に関する記事によったものであった。

以下、料理関連記事に着目することで、若干の傾向を指摘しておこう。

そのうちではまず、油脂類の種類の多様性が挙げられる。スミスは、一般にゴマ油を意味するsalīṭがオリーブオイルをも内包する語である可能性について述べているが、[29]料理関連記事においては両者が同一料理内で併記されていることから、やはり別々の産物を意味するものと考えられる。第1章で述べたように、イエメンではオリーブが生育していないという状況とあいまって、比較的近距離より手に入る動物性油脂がイエメン内で生産されるゴマ油とともに油脂類として盛んに用いられていたのである。[30]

一方で、東アフリカからやってくるバラービル羊やモガディシュ砂糖が実際に宮廷で使用されていた形跡はほとんど見られない。バラービル羊に関しては、カディード・アルアダス（qadīd al-ʿadas）とスフトゥール（suḥtūr）の一部として記録されているのみである。[31]また、モガディシュ砂糖を用いた料理は、『知識の光』のなかに明記されていない。『知識の光』が網羅的なものではないにせよ、この点については若干奇妙に映る。その理由としては、『知識の光』が有する史料的な問題以外にも（本書序章第3節第1項）、以下の二点を推測できる。第一は、『知識の光』中の料理関連記事においては、各食材の細かな種類まで言及されることがほとんどないためである（本書第1章第1節第2項）。すなわち、羊や砂糖が食材として記載される料理にあっては、実際にはバラービル羊やモガディシュ砂糖が使用されていた可能性がある。第二は、これらの産物が比較的高価であったがために、料理の食材としてよりもむしろ、下賜品として用いられる傾向にあった可能性である（本書第5章第2節）。たとえば、マイトやマルガッワ、ザイラゥから積み出されるバラービル羊は、アデン港税関輸入時には、一頭あたり四分の一ディーナールの関税（ʿushr）を課せられていた。[32]カンマートによって宮廷用に購入される際には、一頭あたり八ディーナールで取引された。[33]イエメン内で産出する羊の価格が一頭あたり一～五ディーナールであったことを踏まえれば、[34]バラービル羊は比較的高価な羊であったとみなせよう。[35]

2　宮廷料理の特徴

(1) 二つの料理書との比較

前節で見たような様々な食材からつくられていたラスール朝宮廷料理は、どのような特徴を有していたのだろうか。この点を明らかにするために、本節では同時代他地域でまとめられた二つの料理書を参照する。[36]

一つは、六二三／一二二六年にバグダード（Baghdād）において著された『料理書（*Kitāb al-Ṭabīkh*）』である。[37] この書は、バグダーディー（Muḥammad b. al-Ḥasan b. Muḥammad b. al-Karīm al-Baghdādī）（d. 637/1239）の手によるものと言われるが、彼の仔細については不明である。中世イスラーム世界を代表する料理書の一つとされ、遅くとも六七五／一二七六年までには、この書の拡大版にさらに約二六〇点の調理法を追加するかたちで、『一般的な料理の性質の書（*Kitāb Waṣf al-Aṭʻima al-Muʻtāda*）』が著された。この書のトプカプ宮殿博物館付属図書館写本（Topkapı Sarayı Müzesi Kütüphanesi, Ahmed III 2004）には、七七五／一三七三年の日付けが記されているという。[38]

今回参照した刊本は、著者直筆のアヤソフィア写本（Süleymaniye Kütüphanesi, Ayasofya 3710）をもとに、チェレビが校訂したものである。アヤソフィア写本には、六二三年ズー・アルヒッジャ月一二日／一二二六年に同写本がバグダードで書き終えられた旨が述べられている。[39] 本刊本は、全一〇章約一六〇点の調理法を収録する。[40] 他にも、六七点のレシピが追加された、オスマン朝下で筆写されたと思われるロンドン写本（The British Library, Or. 5099）が存在する。この写本には、オスマン朝のスルタン・メフメト三世（Mehmed III）（r. 1003/1595-1012/1603）の命を受けて書写された旨が書かれているという。この書は、都市の支配層や富裕層へ正しい料理知識を伝える意図をもって執筆されたものであることから、[41]一三世紀バグダードの富裕層が食することができた料理に関する知識が反映されているとみなすことができるだろう。本書ではペリーによる同書の英訳を併せて参照したが、これは、一九三九年刊行のアルベリーによる英訳[42]を検討したうえでチェレビ刊本に含まれていない記事を訳出したものである。[43]

もう一つは、アイユーブ朝下で一三世紀半ばに編纂された作者不明の『美味しい料理と香料の説明に関する友との絆（*Wuṣla ilā al-Ḥabīb fī Waṣf al-Ṭayyibāt wa al-Ṭīb*）』（本書では『友との絆』と略記）である。[44]収載する記事数にしても、現存するその写本数（一〇点）にしても、他のあらゆる中世アラビア語料理書を凌駕する作品と言える。

今回参照した刊本は、六点の写本をもとに、一九八六年と一九八八年にマフジューブとハティーブによってアレッポ（Ḥalab）で刊行されたものである。一九八六年に出版された第一巻は、マフジューブによる詳細なアラブの食文化の研究書である。[45]これは、アブド・アルアズィーズの研究書[46]とともに、中世アラブ世界の食文化研究における必読の書と言えよう。『友との絆』そのものは、一九八八年に出版された第二巻の四七九―七五七頁に相当し、[47]七五九―一〇七六頁には校訂者による詳細な索引が含まれている。特に、『友との絆』記載の食材に関する解説が非常に詳しく、そのラテン名同定も行われている。

写本ごとに様々な人名が著者として書かれているため、この書を特定の一人の人物に帰することは難しい。ブロッケルマン（C. Brockelmann）は、エジプト国立図書館写本（Dār al-Kutub al-Miṣrīya, Ṣināʻa 74）に記載された情報をもとに、作者をマムルーク朝スルタン・アシュラフ・ハリール（al-Malik al-Ashraf Khalīl）（r. 689/1290-693/1293）の甥とみなした。それに対してロダンソンは、他写本の情報をもとにブロッケルマンの説を否定し、アイユーブ朝下の様々な宮廷へ容易に出入りできた人物が作者であるとした。その候補として、ダマスカス（Dimashq）のスルタンとして君臨したムザッファル・アッディーン（Muẓaffar al-Dīn Mūsā）（r. 626/1229-635/1237）の甥、あるいは、アイユーブ朝宮廷にてワズィール[48]（wazīr）として活躍したイブン・アルアディーム（Ibn al-ʻAdīm）（d. 660/1262）、もしくはエジプトの詩人にして歴史家であるイブン・アルジャッザール（Ibn al-Jazzār）（d. 669/1270 or 679/1281）の三名を挙げている。[49] ロダンソンはさらに、写本の系統を示したうえで、①匿名の作者によって書かれた『友との絆』原本をもとにして、ムザッファル・アッディーンの甥とイブン・アルアディームが同時期に別々に料理書を執筆した、②ムザッファル・アッディーンの甥とイブン・アルアディームのどちらかが『友との絆』原本の作者であり、もう片方がそれを焼き増した、③上述人名が書かれていない別系統の写本の作者はイブン・アルジャッザールであった、の三つの可能性を提示している。いずれにせよ『友との絆』が、宮廷生活に慣れ親しんだ人物によってアイユーブ朝期に執筆されたことは確実とされる。校訂者であるマフジューブとハティーブは、『友との絆』の作者をイブン・アルアディームと断定しているが、[50] ロダンソンによる推測にも依然妥当性を認めることができる。そこで筆者は、『友との絆』の作者を不明とみなしたい。なお『友との絆』の執筆年代については、ブロッケルマンによって六九三／一二九四－七〇三／一三〇四年説が示されていたが、写本情報の厳密な検討をもとに、ロダンソンは新たに六五九／一二六一年以前に著されたと考えた。筆者もロダンソン説にしたがう。

『友との絆』は、著者が「繰り返し味わっていないもの、たくさん食べていないもの、自分で作ることができないもの、味わったり触ったりといった確認ができないものは入れていない」と前書きで語っていることからわかるように、[51] 同時代性が極めて高い史料であるという点で特徴的である。今回、『友との絆』所収の記事数を筆者が数え上げたところ、全一〇章に余白記載の記事も含めれば、その総点数は六一八となった。そのうち、四四点が非食材に関する記事、五七四点が調理法に関する記事である。[52]

この二つの料理書は、一〇世紀のワッラーク（Ibn Sayyār al-Warrāq）(d. 10.c）の『料理と食養生の書（*Kitāb al-Ṭabīkh wa Iṣlāḥ al-Aghdhiya al-Ma'kūlāt*）』とならんで、他の多くの料理書に強い影響を及ぼしたと言われている。[53] これらは、アラビア語の文法学や文学、詩、修辞学、哲学、政治学、音楽に関する書とともに、富裕層の人々が教養として学んでおくべき指南書とみなされていた[54]。したがって、地域性や時代性を超越しつつ、一〇世紀から一三世紀の間に蓄積された規範的な料理知識を掲載しているものと考えられる。

それでは、個々の料理について、二種類の料理書と『知識の光』を比較してみよう。既述の通り前者の史料群は詳しい調理法の情報を有するのに対して、『知識の光』中にはそうした記述は見られない。したがって、これらを比較する際には、料理名と食材の種類に着目する他ない。このようにして、『知識の光』所収の料理が二つの料理書に見られないかどうかを確認したところ、全七六点のうち二二点（本書では「食材」として扱ったムッリーと配合香辛料を含めれば、全七八点のうち二四点）の料理を見つけだすことができた。

一例を挙げてみよう。セッケン風（ṣābūnī, ṣābūnīya）と称された砂糖菓子は、『知識の光』と『料理書』、『友との絆』のすべてに記載が見られる料理である。まず『知識の光』には、その材料について以下のように書かれている。

セッケン風砂糖菓子のラーウクルド用（bi rasm lāwkurd ḥalwā ṣābūnī）[55]——白砂糖：九ラトル、蜂蜜：二＋四分の一ラトル、デンプン：二＋四分の一ラトル、ゴマ油：二＋四分の一ラトル、卵：七[56]。

そして『料理書』には下記の調理法が記載されている。

セッケン風——その作り方は以下のようである。砂糖を溶かし、（溶かした砂糖を）鍋から取り出して器へ入れる。そしてゴマ油（al-shīraj）を（鍋へ）入れる。（鍋を火にかけて後）沸騰したら、いくらかの砂糖液（al-jullāb）を入れる。また、砂糖一ラトルごとに蜂蜜一＋二分の一ウーキーヤを入れる。そしてかき混ぜる。固まってきたなら、デンプンを水で溶かしてなかへ入れ、かき混ぜる。それが固くなるまで、砂糖液の残りを流しこむ。

それから、皮をむいて粉々にしたアーモンドをふりかける。完全に固まったなら、皿に入れて引き延ばし、香料で風味付けした砂糖を粉々にしてふりかける。[57]

また、『友との絆』における記事は以下のようである。

セッケン風――砂糖を溶かして取り出すと、その半分を鍋へ入れる。デンプンを溶かしてそのなかへ入れ、かき混ぜ続ける。一ラトルごとに二ウーキーヤとなるように。そして、ゴマ油（shīraj）とともに、ぐるぐると混ぜる。砂糖液の残りを少しずつ流し込み、ぐるぐると混ぜる。その間に、蜂蜜（ʻasal naḥl）をデンプンと同量入れる。入れ終われば、一ラトルごとに準備しておいた二ウーキーヤのアーモンドあるいはピスタチオと、一ウーキーヤのバラ水（māward（māʼ ward））をふりかける。それを引き延ばし、砂糖を粉々にしてまぶす。[58]

この三つの記事を比較すれば、いずれもが蜂蜜やデンプン、ゴマ油を用いた砂糖菓子であったことがわかる。しかし、『知識の光』においては卵が、『料理書』においてはアーモンドが、『友との絆』においてはバラ水が用いられるように、その材料面では若干の違いが見られる。他にもたとえば、ザクロ風（rummānīya）と呼ばれる料理が『知識の光』と『料理書』の両方の史料に記載されている。この場合、ザクロ（rummān）を用いた肉料理であることは共通しているが、『料理書』[59]におけるザクロ風の方が様々な香料・香辛料類や野菜類を使用しており、両者は材料数の面で大きく異なる。しかし、料理名と主役となる食材に共通性が見いだせることから、これらの料理には大本が存在し、情報が伝播する過程で変化したものと考えられる。すなわち、一三世紀のラスール朝宮廷において見られた料理は完全に独自なものではなく、中世アラブ世界の他地域と共通する料理をも含んでいたのである。

また、これらの史料間で共通しない食材が存在するところに、ラスール朝宮廷料理の特徴を見いだすことも可能であろう。たとえば、バジル属の一種であるシュクルは、『知識の光』中の多くの肉料理に用いられている。[60] また、肉を中心に据えた砂糖菓子料理ハラーワ・ダジャージュ（ḥalāwa dajāj）で使用されたリジュラは、リジュナ（rijna）とも呼ばれる香草で、アデンやタイッズ、イッブ（Ibb）において現在でも見られる。[61] スルタン・ムザッファル一世もまた、薬種に関する著作においてリジュラについて言及しているが、[62] 現代の植物学の見地から見ればスベリヒユ属（Portulaca oleraceae）の一種であると考えられる。[63] これらはいずれも、『料理書』や『友との絆』にその使用例を確認することができない食材である。

一方で、『料理書』や『友との絆』において頻繁に用いられるバラ水への言及が、『知識の光』料理関連記事では一切見られない。アフサンによれば、バラ水はサフランとともに、富裕層の家庭料理においては一般的な香料であったという。[64] その主たる産地はファールス（Fārs）地方のジュール（Jūr）であり、アデン港へも、エジプトやマッカ、キーシュより積み出されたバラ水が到達していた。[65] 宮廷への産物輸送に関わる記事中にもバラ水が見当たらないものの、スルタン・ムザッファル一世が著した薬事書ではバラ水に関する記事が見られ、[66] また、一四世紀末に宮廷で開催された宴席では、香り付けのためにバラ水が用意されていた。[67] このような状況にあったにもかかわらず『知識の光』中にバラ水を用いた料理が見られないことは、一三世紀のラスール朝宮廷における料理の嗜好が影響している可能性を示唆する。[68]

以上、『知識の光』と同時代他地域で書かれた二種類の料理書の内容を比較した。史料中に情報の偏りがある以上断定はできないが、ラスール朝宮廷料理は、同時代他地域の料理知識と共通する情報を内包する一方で、共通しない情報をも有していた。こうした共通性と独自性は、ラスール朝宮廷料理の特徴の一端を示すものである。

（2）宮廷料理とイエメン

イエメンでは、前ラスール朝期より、様々な料理がつくられていた。ハムダーニーは『アラビア半島誌』において、イエメン、特にサナアの様々な食材や料理について言及しつつ、以下の記述を残している。

> 彼らにはこれら（既述した食材や料理）に加えて、様々な料理書へ至るまで影響を与える、各種の料理や砂糖菓子、飲料（al-sharba）がある。[69]

この記述は、ラスール朝の成立を遡ること二五〇年ほど前に、イスラーム世界の中心部で流通したであろう料理書に書かれるような様々な料理がすでにイエメンに存在していたことを示唆する。その後これらの料理あるいは関連する香料の情報は、時を経て、一三世紀に至るまで継承されていたと考えられる。すなわちアイユーブ朝宮廷料理に詳しい『友との絆』には、「イエメン風スービヤー（sūbiyā Yamanīya）」[70]や「イエメン風シャシュ（shash Yamanī）」[71]、「イエメン風焚香料（bukhūr Yamanī）」[72]の記述が見られるのである。

しかし、一三世紀のラスール朝宮廷において、これら「イエメン風」の料理がつくられていたことを明示する記事は見られない。既述したように情報量に限りがあることに加えて、地名ニスバなどの由来を示す情報の一切を有さないためである。先に比較した二種類の料理書に見られない料理のうちにイエメン風料理が含まれた可能性もある以上、このことをもってラスール朝宮廷がイエメンに由来する料理を有さなかったと言うことは早計である。実際、食材に関して言えば、その大半がイエメンで生産されたものであった。「宮廷への食材記録」中で確認される食材九五点のうち、七二・六パーセントにあたる六九点が、イエメン内の様々な都市から供給されていた（本書第

1章第1節、第3章）。そのうちには、前項で説明したシュクルやリジュナといった、ラスール朝宮廷のみにその使用を確認できる食材も含まれていた。また、今日のイエメンの郷土料理であるサルタ（salta）に欠かせないフェヌグリーク属のフルバ（hulba）が、『知識の光』所収の羊料理マァルーフ（ma'lūf）において用いられている。[73] フルバについては、一〇世紀のハムダーニーや一三世紀初頭にイエメンを旅したイブン・アルムジャーウィルが言及する一方で、[74] スルタン・ムザッファル一世も説明を行っている。[75] このように、『知識の光』にイエメン由来の料理を見つけることこそできないものの――そもそもイエメンで食される料理にイエメン由来であることが記される可能性は低い――、ラスール朝宮廷料理にはイエメンならではの食材もまた用いられていたのである。

ロダンソンは、中世アラブ世界の宮廷料理の特徴として地域由来の料理の存在を指摘している。[76] 実際、アッバース朝やアイユーブ朝の宮廷料理はコスモポリタンな性格を有しており、他地域由来の料理や、農夫や遊牧民由来の料理をも取り入れていた。今回検討した限りでは、一三世期のラスール朝宮廷料理に同様の特徴を見いだすことはできない。『知識の光』の情報が制約されたものであること、ラスール朝の支配域が陸域から隔たれたイエメンに限られていたことが、その主因であろうが、あるいは一三世紀のラスール朝宮廷料理は未だ発展途上にあって、その後さらに存続するなかで、様々な地域由来の料理を吸収していくのかもしれない。

3　宴席[77]

(1)　宴席の規則

『知識の光』の情報が限られていることもあって、祭事や宴席においてのみつくられていた特別な料理の存在を明確に見て取ることはできない。したがって、これまでに見てきた宮廷料理は、第1章で検討した宮廷食材と同じく、平時の食卓と宴席の別なくラスール朝スルタンが食することが「可能であった」料理群であるとみなされる。しかし同様の料理が供され得るとしても、多くの人々が列席する宴席は、スルタンにとってまた異なる意味を有していた。すなわち宴席は、主催者と参加者の双方がラスール朝の王権を確認し合うという点において重要な役割を担っていたと考えられるのである。

ラスール朝年代記に目を通すと、様々な場面で宴席が開催されたことを示す記事が散見する。[78]特に、イスラームにおける二大祭の時や、戦闘での祝勝時、客人の接待時、スルタン即位時、割礼時に設けられた宴席への言及が、多く見られる。たとえば、六四七年ズー・アルヒッジャ月一〇日／一二五〇年三月一六日、ティハーマを平定したスルタン・ムザッファル一世がザビードへ入ると、勝利を祝うための宴席が催された。

マムルークたちがムァッザム（al-Malik al-Muʿaẓẓam Abū Bakr）（r. 647/1250）を連れてスルタン・ムザッファル一世のもとへやってくると、スルタン・ムザッファル一世は彼らを褒め、大いに楽しませた。そして彼は、庇護されたるザビードを望むようになった。ムザッファル一世が盛大な行列とともにザビードへ入ったのは、

> 六四七年ズー・アルヒッジャ月一〇日／一二五〇年五月二三日のことであり、彼には壮麗なる王権と輝かしきスルタン位がもたらされた。彼が王の館（dār al-malik）に落ち着き、宴席に着座すると、詩人たちが王権を讃える頌詩（al-madāʾiḥ）を携えて立ち上がった。詩人たちは、多くの事柄を詠み上げた。出席者たちの一団のうちにいたファキーフ・イブン・ダッアース（Sirāj（al-Dīn）Abū Bakr b. Daʿʿās）（d. 667/1269）は、アッラーフが明らかにされた事柄をもって（bi mā fataḥa Allāh ʿalay-hi）、スルタンを喜ばせた。（後略。以下、詩が続く。[79]）

スルタン・マンスール一世が子飼いのマムルークたちによって殺害されると、その息子であるムザッファル一世と、ムザッファル一世の従兄弟にあたるムァッザムとの間でスルタン位を巡る争いが生じた。ムァッザムの捕縛に成功し、ティハーマの主邑であるザビードを平定したムザッファル一世は、「壮麗なる王権と輝かしきスルタン位」を得た。ムザッファル一世と宴席への参加者たちは、長きにわたる王権の確立をここで相互に確認し合ったと見られる。その後ムザッファル一世は、半世紀にわたってイエメンを統治し続けることとなる。

このように宴席は、主催者の威光を参加者へ示す機能を有した。だからこそ『知識の光』には、スルタンの御前で開かれた宴席のための食材に関する記事が多く含まれていると言えるだろう。序章で見たような『知識の光』の性質と照らし合わせて考えれば、これらの記事は将来に生ずる宴席に備えた規範であって、宴席の成功が重要視されていたことを示しているのである。それらのうち、いくつかの記事の冒頭の文章を挙げてみよう。

ラマダーン月において日々消費されたものに関する諸紙片――庇護されたるタイッズの城砦の迎賓館における聖なる宴席用[80]

聖なる宴席用に高貴なる館へ支出されたものの総計。これは、六九四年崇高なるラマダーン月／一二九五年において迎賓館へ日々もたらされたものであり、聖なる手当てとしてのターリーを除いたものである。[81]

『知識の光』は、ラスール朝下において見られた各種の慣習をまとめたものであると同時に、慣習をつくりだす機能をも有していた（本書序章第3節第2項）。これらの宴席関係記事で示された宴席のための食材供給に関する情報は、宴席の準備をより遅滞なく進めることに寄与したものと考えられる。

宴席の規則のなかには、おそらくは参加者の階層によって、食材あるいは料理の種類を定めるものも見られた。たとえば序章で検討した一連の典範記事に含まれる「カンマートの典範」は、宴席における食事が特別食と一般食に分けられていたことを示す。[82]そこでは、特別な肉（al-khāṣṣ）と一般の肉（al-kharājī）が分けられており、前者の量が一二ラトル・バグダーディーであったのに対して、後者の量は一八ラトル・バグダーディーであった。また「砂糖菓子典範」には、「特別（al-khāṣṣ）：これは我らが主スルタンのためにつくられるものである」との記述が見られる。[83]その後には、「中間（al-mutawassaṭ）」と称される砂糖菓子に関する文が書かれており、この「中間」が一般食を食した人々へ供された砂糖菓子であったと見られる。もっとも二つの砂糖菓子ともに、白砂糖と蜂蜜、ゴマ油、デンプンを使用したものであって、史料上ではその違いは分量が異なる点にしか求められない。「特別」の方では、一二ラトルの白砂糖に対して、蜂蜜とゴマ油、デンプンが、それぞれ三ラトルずつ準備される。「中間」の方では、九ラトルの白砂糖に対して、蜂蜜とゴマ油、デンプンが、それぞれ二・五ラトルずつ準備される。史料には書かれないつくり方やより細かな食材の種類に、両者の違いがあったのだろう。

宴席は、他にも様々な慣習を背景にして、スルタンの御前で展開していた。[84]たとえば、宴席で給される肉とパンであるルカークの割合は、肉を入れる容器の数とともに、あらかじめ定められていた。肉の量が六〇〇ラトルであれば、一五〇切れのパンを付け合わせることとなっていた。宴席の規模は必要となる肉の量で量られていたようで、出席者の数によって肉の量と付け合わされるパンの量を増減させることで対応した。また、「ハリース（harīs (min baqarī)）」という料理は、「宴席のハリーサ（harīsa al-sumāṭ）」とも呼ばれ、宴席のために屠殺された牛を用いることが必須となっていた。

宴席で用いられる陶磁器（fakhkhār）についても、その取り扱い方法が詳しく定められていた。[85] 陶磁器には「中国製（ṣīnī）」と「一般（kharajī）」の別があり（本書第5章第2節第1項）、その管理のために厳密な規則が設けられた。宴席で使用される容器類は、必要品館の倉庫に保管されることが一般的であった。そこでは、倉庫のハーディムやその代理人であるラフタワーン（rakhtawān）、書記、アブド（ʿabd）が働いていた。倉庫の鍵は書記の手元にあったが、倉庫のなかに入って実際に物の搬入出を行ったのは、ハーディムか、あるいはアブドを引き連れたラフタワーンであった。彼らが倉庫から出てくる際には、書記によって検査を受けた。スルタンの移動時や祝祭時には、特別に適用される規則が別に存在した。こうした陶磁器の管理や運搬に携わる職は、マラクダール（maraqdār）であった。また、祭事の宴席の際には使用する陶磁器の量を通常よりも増やすこととなっていた。[86]

一方、中国陶磁器だけは、必要品館に置かれることは基本的にはなく、もっぱら国庫に保管されていたと見られる。[87] 一般（kharajī）陶器がイエメン内部において生産される安価なものであったのに対し、[88] 泉州より積み出された中国陶磁器は希少かつ高価なものであったためであろう。アデン港課税品目録には、泉州積出陶磁器深皿（mathārid Zaytūnī）などの中国由来の陶磁器が幾点も見られる。[89] 栗山によれば、この時期のアデン港に輸入されていた中国陶磁器は、現在の浙江省の竜泉窯や越州窯において生産された後に泉州へ運び込まれ、そしてそこから西アジア方面へ向けて輸出されていたものと考えられるという。[90] こうした経緯を持つがためにその希少さが増した中国陶磁器は、特別な管理下に置かれ、宴席などの特別な機会においてのみ用いられていたのである。

このようにラスール朝宮廷の宴席は、用いられる食材や料理、容器に至るまで、様々な規則を背景として成立していた。このことは、ラスール朝において宴席が重要視されていたことを示す。宴席はスルタンの王権の存在を主催者と参加者の双方で確認し合ううえで重要な機能を果たしたと見られることを踏まえれば、これらの規則は必要不可欠なものであった。

(2) 宴席の様子

ラスール朝下における宴席の様子がもっとも克明に描かれた記事は、以下のハズラジーによるものだろう。時代は降るものの、スルタン・アシュラフ二世の息子たちの割礼式にあって催された宴席の状況が、ここでは克明に記されている。

> 祝福されたる割礼は、前述の月（七九四年ズー・アルカァダ月）の九日の木曜日／一三九二年一〇月五日に行われた。ワズィールたちやアミールたち、ムクターたち、ムシッドたち(al-mushiddīna)[91]、諸政庁の書記たち(kuttāb al-dawāwīn)、カーディーたち（al-quḍāt）[92]、ファキーフたち、時の有力者たち（kubarāʾahl al-waqt）といった様々な階層の人々が出席した。人々の一団が宴席へ入っていった時には、すでに宴席において料理が配置されており、また宴席は種類ごとに分けられていた。目撃者（al-raʾūna）は、これよりも壮大な宴席を見たことがなかった。というのも、諸王の賜衣（al-khilʿ al-mulūkīya）や金で装飾されたターバン（al-shāshāt al-mudhahhab）が王朝の主たる者たち(kubarāʾ al-dawla)へもたらされ、様々な立場の出席者たちにはスルタンのグラームたち(ghilmān al-sulṭān)から特別に賜衣が与えられたからである。人々はその後、宴席の場を出て砂糖菓子の場（majlis al-ḥalwā）へ向かった。彼らはそこで、欲しいだけのものを手に取った。そして、クルミやアーモンド、干しブ

ドウ、ブドウ（ʻinab）、スービーヤー、フッカーゥ、ピスタチオ、ヘイゼルナッツなどがたくさんある宴席へ向かった。さらには、香料の場（majlis al-ṭīb）へ向かった。彼らはそこで、焚香料（al-bukhūr）や麝香鹿香（al-musk）、バラ水、霊猫香（al-shind）、貴重な香料（al-ghāliya）をたくさん使った。この日は記念すべき日であって、似たような日はこの時代にはもうなかった。ハズラジーは、以下のように語る。「私はそこに出席し、様々なことを見た者のひとりであった。多くのアラビア語に優れた詩人たちが、素晴らしい短詩（al-qaṣāʼid）を携えて出席し、素晴らしい褒美をいただいていた。その詩人たちとは、ファキーフ・ナーシリー（Muwaffaq al-Dīn ʻAlī b. Muḥammad al-Nāshirī）とファキーフ・シャルジー（Sirāj al-Dīn ʻAbd al-Laṭīf b. Abī Bakr al-Sharjī）（d. 802/1400）、ファキーフ・ラディー・アッディーン（Raḍī al-Dīn Abū Bakr b. Fāris）、ファキーフ・アスバヒー（ʻAfīf al-Dīn ʻUthmān b. Abī al-Aṣbaḥī）、ファキーフ・ハマウィー（Nūr al-Dīn ʻAlī b. Iyās al-Ḥamawī）、ファキーフ・アズィーズィー（Burhān al-Dīn Ibrāhīm b. Abī Bakr al-ʻAzīzī）、ファキーフ・サブリー（Shihāb al-Dīn Aḥmad b. Abī Bakr al-Ṣabrī）、ファキーフ・ハッジャーフィー（Burhān al-Dīn al-Ḥajjāfī）、ファキーフ・ティーニー（Muwaffaq al-Dīn ʻAlī al-Ṭīnī）、ファキーフ・ヒジャーズィー（Badr al-Dīn Ḥasan b. ʻAlī al-Ḥijāzī）である。（今となっては）短詩を一つ一つ確認することはできないが、それらのうちには緻密なもの（taṭwīl）や取るに足らないもの（malal）も含まれていた。私はこの壮大なる楽しみのために、短詩を（詠み上げることを）とめられないことに気付いた。私もまた、この楽しみについて詠まずにはいられない人々のひとりであった。その時に私が詠んだ短詩を（以下に）示した。それが詠み上げられた他の詩より劣るものであることを私は知ってはいるが、そうせざるを得なかったのだ。それは、以下のようである。」（後略。以下、ハズラジーの詩が続く[93]。）

この記事には、著者であるハズラジー自身が参加した宴席の状況や参加者の様子が詳しく書かれている。「この日は記念すべき日であって、似たような日はこの時代にはもうなかった」や「この壮大なる楽しみ」の記述からは、この宴席がハズラジーが生きた時代において最大規模なもので、ハズラジー自身が大いにこの時間を楽しんでいたことが窺える。

この記事に見られるように、宴席には時の有力者をはじめとした様々な階層の人々が参加していた。ラスール朝宮廷で働いていた者たちに加えて、場合によっては周辺諸勢力も参加者のうちに含まれていたと考えられる（本書第5章第2節第1項）。彼らは、宴席で様々な料理を楽しんだ後、豪勢な衣類をスルタンより下賜された。そこでは宴席がその料理の種類ごとに分かれており、人々は砂糖菓子の場や乾燥果実類が置かれた場、香料の場を順々に移動し、諸々の味と香りを楽しんだのであった。『知識の光』には、宴席で用いられた香料に関して、「香り用（bi rasm al-mashmūm）――カーズィー[94]：一〇〇〇サブーラ（sabūla）[95]、シュクル：五〇アジャブ（ajab）[96]、種（ḥubūb）：五〇粒（ḥuzma）、シトロン（uturunj）：一五個[97]」の記述が見られるが、これらもまた「香料の場」へ供されたものであろう[98]。

ここで着目すべきは、様々な詩人、あるいは詩を詠まずにはいられない者たちが、スルタンの誉れや宴席の楽しさを詩のうちに詠み上げていた点であろう。そのほとんどがファキーフで、ハズラジーをも含めた知識人層が、眼前に現れたラスール朝の栄華を反映した詩を発表していたのである。一三世紀においても状況は同様であり、先に引用した六四七年ズー・アルヒッジャ月一〇日／一二五〇年三月一六日の記事では、イブン・ダッアースをはじめとする詩人たちが王権を讃える頌詩を詠んでいたことが記されていた。第5章で見るように、彼はスルタン・ムザッファル一世より特別に食材の分配を受けていた人物であった[99]。ハズラジーは、スルタン・ムザッファル一世を讃えた優れた詩人を三人列挙し、その二番目にイブン・ダッアースへ言及して、「彼はカリフ（スルタン・ムザッファル一世）の食卓仲間であり、特にカリフと親しかった[100]」と記している。言葉をもって王権を称賛する詩人は、宴席で必要不可欠なこともあり、スルタンの寵愛を受けるに至ったと見られる。また、ここでは言及されていないが、歌手（maghānī）や楽士（muṭrib）もまた宴席に参加し、場を盛り上げていた[101]。彼らは宮廷お抱えの職業人で、六九三年ズー・アルカァダ月／一二九四年七－八月には、楽士ムジャーヒド（Mujāhid）は二五ディーナールを、楽士サンジャル（Sanjar）は二〇ディーナールを、それぞれ給与として得ている[102]。この収入は、宮廷組織のアブドたちの給与が三～七ディーナールであったこと、宮廷で働いていたマムルークたちの給与が一三～二〇ディーナールであったことと比しても高額な部類に入り、彼らがスルタンの御前において重要視されていたことを示している（本書第6章第3節）。

ところで『真珠の首飾り』の記事のうち、「すでに宴席において料理が配置されており」の記述からは、人々が座る場所が予め定められていたように思われる。この点についてはより明瞭に、一三三一年頃にスルタン・ムジャーヒドのもとを訪れたマグリブ出身のイブン・バットゥータが詳しく言及している。

> この王の着座の流儀は、以下の通りである。王は、絹織物で飾られ、絨毯を敷き詰めた高壇のうえに座る。彼の左右には武人（ahl al-silāḥ）が、そして彼らに続いて剣や盾を持った人々（aṣḥāb al-suyūf wa al-daraq）が、その後には弓を持った人々（aṣḥāb al-qisī）が続く。彼らの左右の面前には、ハージブ（ḥājib）[103]や高官たち（arbāb al-dawla）、秘書官（kātib al-sirr）がいる。王の直近にはアミール・ジャーンダール（amīr jāndār）[104]がおり、ジャーンダールたちのうちに含まれるシャーウィシーヤ（al-shāwishīya）[105]が遠巻きに控えている。スルタンが着座すると、人々は「アッラーフの御名において」と一言叫ぶ。彼が立ち上がるときも、彼らは同様にする。御前（al-mashwar）にいる人々のすべてが、彼が立ち上がる時と座る時を知っているのである。彼が着座したならば、彼へ挨拶するという習慣がある。人々は挨拶をし、左右の定められたところに控える。着座を命じられた者以外は、誰一

> 人として各自の場所を超えたり着座したりはしない。スルタンは、アミール・ジャーンダールに「誰それへ座るよう命ぜよ」と言う。その座るようにとの命令を受けた者は、彼の場所から少し歩み出て、左右に立っている人々の前にある絨毯のうえに着座する。それから、食事が給される。それは、一般食（ṭaʿām al-ʿāmma）と特別食（ṭaʿām al-khāṣṣa）の二種類である。特別食に関して言えば、スルタンや大カーディーの他、シャリーフたちやファキーフたち、客人たちのうちの主たる者たちがそれを食す。一般食に関して言えば、シャリーフたちやファキーフたち、カーディーたち、シャイフたち、アミールたち、軍の上官たち（wujūh al-ajnād）のうちのその他の者たちが食する。それぞれの人が食事の際に座る場所は定められており、誰もそれを違えたり、誰かと争ったりはしない。（ラスール朝スルタンは）食事の際のインドの王の流儀と似た、こうした流儀に則っている。インドのスルタンたちがこれをイエメンのスルタンたちから学んだのか、それともイエメンのスルタンたちがインドのスルタンたちから学んだのか、私にはわからない。[106]

このようにスルタンの御前に臨席した人々は、着座の流儀に則った行動を求められた。その後に続く宴席においては座る場所が定められており、誰もそれを違えたり、誰かと争ったりはしなかったのである。またここでもやはり、ラスール朝支配者層の面々が出席していたこと、そしてすでに見た「特別食」と「一般食」の区別が実際に行われていたことを確認できる。それによれば、特別食はスルタンや大カーディー、主だったシャリーフやファキーフや客人に供された。一方で、一般食は、その他のカーディーやシャリーフ、ファキーフ、シャイフ、アミール、軍の上官たちへ供された。

　以上見たように宴席では、様々な人々が集い、様々な料理や香り、歌、詩を楽しんでいた。これらによって主催者であるスルタン側と参加者たちは、ラスール朝の王権の有効性を相互に確認し合っていた。宴席の規則は出席者に対しても適用されるものであって、彼らはそれぞれが属する社会階層ごとに定められた場所へ着座し、定められた食事を食べていた。こうした規則は宴席における無用の混乱を防ぐためばかりでなく、宴席の格式を上げることに寄与し、結果としてラスール朝の栄華を示すことにつながったものと考えられる。

おわりに

本章では、ラスール朝宮廷の料理と宴席について考察してきた。イエメン内で生産されたと見られる食材が多く使われている一方で、多様な香料・香辛料類を用いた料理が宮廷において給されていた。それらの生産地はインド・東南アジア方面であり、往時のラスール朝宮廷食生活がインド洋交易と結びついていたことを示している（本書第1章）。

また、ラスール朝宮廷料理は、同時代他地域の宮廷料理と完全に異なったものではなかった。実際、『知識の光』所収の料理七六点のうち二二点の料理を、同時代他地域で書かれた二つの料理書のうちに確認することができる。一方で、宮廷で用いられる食材の大半が支配下において生産されたものであったが、ハムダーニーが示したようなイエメン内に由来する料理の存在を『知識の光』中に明確に確認することはできない。このようにラスール朝宮廷料理は、中世アラブ世界にあってある程度の共通性と相違性の両方を有していたのである。もちろん、こうした特徴を、『知識の光』が有する史料上の問題――一貫性の欠如、写本の欠落、情報の限定、現実を反映していない可能性――に帰することは容易である。しかしここでは、世界大のネットワークに絡み取られつつ、ラスール朝宮廷料理が中世アラブ世界宮廷料理の一翼を担っていたことに着目すべきである。

ヴァレによれば、ラスール朝下で書かれた各種の行政文書集は往時のイエメンに存在した知識の集成であると同時に、イスラーム世界における知の伝達の存在を如実に示すものであった。[107] 実際、一四世紀後半に編纂された『アフダル文書集』には、七三四／一三三三年頃にイル・ハーン朝下で作成されたハラージュ収入に関連する記事[108]が見られ、この時代において様々な情報がイスラーム世界の各地を行き交っていたことを垣間見せる。ラスール朝宮廷料理に関する情報も、この文脈において語られる。他料理書にも見られる料理はイエメンへ「伝達された知(connaissance héritée)」の存在を、他料理書には見られない料理はイエメンにおける「新たな知(information nouvelle)」の出現を、それぞれ示唆する。

これらの料理の存在によってはじめて、王権を確認し合う場である宴席が成立した。第5章で検討する食材分配と同様、これも一つの富の再分配とみなされるものであって、ここでは主催者から参加者へ様々な下賜品や料理が供されていた。主催者であるスルタンならびにラスール朝宮廷は、料理の提供や詩人の招待、歌手の登用に加えて、諸々の規則を宴席の裏方表方に適用させることによって、ラスール朝の王権の有効性を宴席において示すことに成功した。参加者たちはこうした宴席へ出席することで、往時のイエメンの中枢がラスール朝宮廷に出現しているという事実を共有するとともに、スルタンへの親愛あるいは忠誠を示していたのである。

以上に見たような料理と宴席が一三世紀のラスール朝宮廷に生じるためには、各種食材や料理知識をイエメン内外から獲得できることが前提となる。すなわち、インド洋周縁部や他のイスラーム世界とのつながりに加えて、イエメンにおける地域内ネットワーク、宮廷への食材供給やイエメンの安定を担保する王権が、相互に影響を及ぼし合いながら存在していなければならない。本章で検討した「料理・宴席」は、様々なネットワークや王権が一三世紀のイエメンにおいて強固に機能していたことを物語る一つの事象と見なされるのである。

第2部　地域内ネットワーク

第3章　宮廷への食材供給元

はじめに

ラスール朝下イエメンの経済活動については、インド洋交易研究と比して、これまで十分に検討されてこなかった。[1]その背景には史料の制約の問題があったが、近年になって相次いで発見された『知識の光』と『ムァイヤド帳簿』によって、研究の裾野が急激に拡大した。ヴァレはこれらの史料を網羅的に用い、アカネの物流やタイッズのスルタンへの食材供給、都市間を往来するラクダ引きについて考察し、都市と都市を結ぶ交通網がラスール朝支配者層のために配備されたものであったことを明らかにした。[2]結果としてこの交通網は人々の生活に大いに寄与し、イエメンにおける富の還流（circulation des biens）を実現したのであった。しかしヴァレの考察では、「宮廷への食材供給元」の実態は十分に検討されていない。ヴァレが示した交通網において、実際にどのような産物がどこから宮廷へもたらされていたのか、供給元には何らかの偏りが存在したのか、存在したとすればその理由は何に求められるのか。

本章では、本書の主題である宮廷食材の供給元を探ると同時に、一三世紀のラスール朝下イエメンにおける地域内ネットワークの実態を食材の輸送という事象に即して明らかにする。ここでは、食材の産地と集散地、そして宮

地図 4　ラスール朝期イエメンの交通路

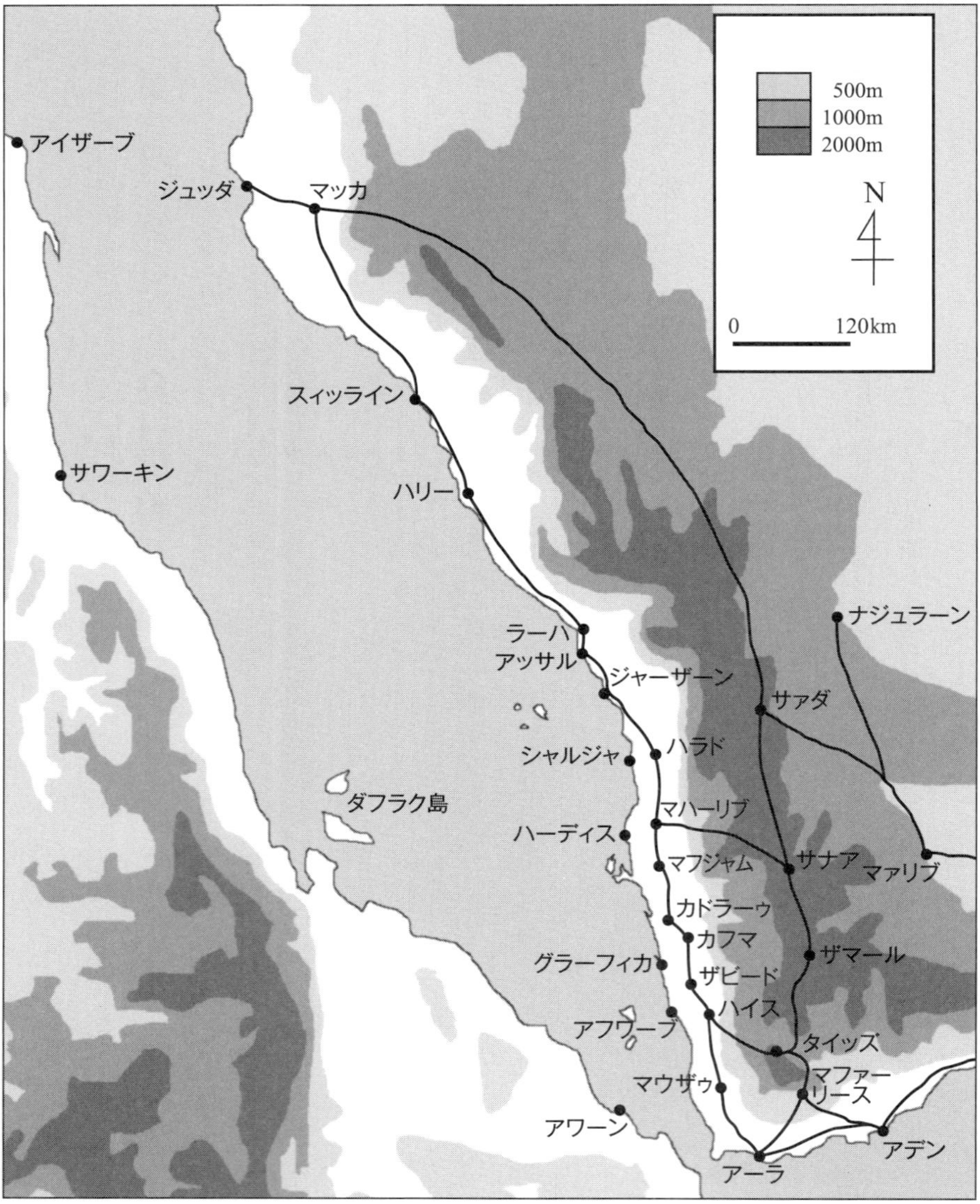

* Vallet 2010: 753 をもとに筆者作成。

廷とのつながりに着目し、連結の機能と関係のあり方を世界大のネットワークの分析と同様に検討するために、「地域内ネットワーク」の語を用いる。

すでに第1章において、様々な香料・香辛料類がインド洋周縁部から送られてきていたことを確認したが、宮廷食材の大半は、イエメンの様々な地域で生産されていた。このことを示すために本章ではまず、『知識の光』所収の宮廷への食材供給に関わる記事より各種食材の詳細情報を抽出し、供給元と品目数、供給先の三つに着目して分析する。次いで、四つに大別できる食材供給元について、供給された食材の詳細やその地理的な状況に関する検討を行う。宮廷への食材供給という事象を軸とし、数量的なデータにもとづいて叙述することで、一三世紀のラスール朝下イエメンにおける地域内ネットワークの特徴が、従来よりも詳らかに描かれることとなる。

1　「宮廷への食材供給記録」と供給元別宮廷食材

(1)「宮廷への食材供給記録」

本章で主として用いる史料は、第1章と同様に、『知識の光』所収の「宮廷への食材供給記録」約六〇点である。[3]この記録群は、遠方へ送られた布告書（marsūm）や調達命令書、手当て関連記事といった様々な文書の写しから成り立つ。そのため、記事ごとに書式に差異が見られるが、供給元が明記された記事はおおむね以下のような体裁をとっている。引用文中のコロンや囲み数字は、筆者が便宜上付したものである。

ドゥムルワ（al-Dumluwa）にいる、タワーシー・アズィーズ・アッダウラの御方（jiha al-ṭawāshī ʻAzīz al-Dawla

Rayhān al-Luqmānī[4]①

（中略）

家族（al-'iyāl）やハーディムたち、タワーシーの手当て②

ミフラーフ（Mikhlāf）[5]――アラビア小麦：七二一〇ザバディー

ザビード―― 一一種類。タマリンド（ḥumar）：一九五ラトル、ザクロ：三〇〇ラトル③（後略）[6]

これは、宮廷縁者の女性に対して行われた、手当ての支給に関わる記事である。まず記事冒頭の①によって、彼女の呼び名や居住地、すなわち食材の供給先を知ることができる。また②には、供給品目の用途、内訳が書かれている。③には、供給品目名やその供給元、分量が記されている。

(2) 供給元別宮廷食材や雑貨類、用具類

前項で引用した記事内容を整理すると、「供給元：ミフラーフ、供給品目：アラビア小麦、供給先：ドゥムルワ」、「供給元：ザビード、供給品目：タマリンド（ḥumar）、供給先：ドゥムルワ」、「供給元：ザビード、供給品目：ザクロ、供給先：ドゥムルワ」の情報を読み取ることができる。このようにして、供給元の地名を確認できる食材や雑貨類、用具類[7]を抽出し、その供給元ごとに分類したうえでまとめたものが、表５である。この表は、五つの列によって構成されている。左から、供給元の地名、分類[8]（供給品目を分類した名称）、供給品目名、供給先の地名、そしてそれらの情報の典拠、の順に書かれている。典拠が異なっていても、供給元と供給品目、供給先の三つの情報が一致した項目を一つとして数え挙げると、総項目数は四四五となる。次節では、この表にもとづいて、供給元と供給先に着目した分析を行う。

表 5　供給元別宮廷食材や雑貨類，用具類

供給元	分類	供給品目	供給先	典拠（Nūr）
ザビード	卵・乳製品類	凝乳	マファーリース？ ジブラ タイッズ	I: 527 I: 533 I: 571
	穀物類	ゴマ	不明	II: 7, 12
	果実類	ザクロ	マファーリース？ ドゥムルワ ジブラ 不明 タイッズ タイッズ経由アデン	I: 527 I: 530 I: 533 I : 552[1)]; II: 6, 12, 70 I: 571 II: 19
	乾燥果実類	スィウル・ナツメヤシ	不明 タイッズ経由アデン	II: 6, 7, 12 II: 19
		タマリンド	マファーリース？ ドゥムルワ ジブラ タイッズ 不明	I: 527 I: 530 I: 533 I: 571 II: 6, 12
	香料・香辛料類	ショウガ	マファーリース？ ドゥムルワ ジブラ	I: 527 I: 530 I: 533
	油脂類	ゴマ油	マファーリース？ ジブラ タイッズ 不明 タイッズ経由アデン	I: 527 I: 533 I: 571 II: 6, 7, 12, 70 II: 19
		バター油脂	マファーリース？ ジブラ 不明 タイッズ タイッズ経由アデン	I: 527 I: 533 I: 552[1)]; II: 6, 7, 12, 71 I: 571 II: 19
		タヒーナ	マファーリース？ ドゥムルワ ジブラ 不明 タイッズ経由アデン	I: 527 I: 530 I: 533 II: 6, 7, 12 II: 19
	その他（食材）	デンプン	マファーリース？	I: 527

供給元	分類	供給品目	供給先	典拠（**Nūr**）
ザビード	その他（食材）	デンプン	ドゥムルワ	I: 530
			不明	I: 552[1)]; II: 6, 7, 12
			タイッズ	I: 571
			タイッズ経由アデン	II: 19
	料理	クシュク	不明	I: 552[1)]; II：6, 12
			タイッズ経由アデン	II: 19
	雑貨類	セッケン	マファーリース？	I: 527
			ドゥムルワ	I: 530
			ジブラ	I: 533
			不明	I: 552[1)]
	用具類（陶器）	皿（ṣaḥn）	マファーリース？	I: 527
			ドゥムルワ	I: 530
			ジブラ	I: 533
			不明	II: 7, 12
			タイッズ経由アデン	II: 19
		ザバーディー（zabādī）	マファーリース？	I: 527
			ドゥムルワ	I: 530
			ジブラ	I: 533
			不明	I: 552[1)]; II: 7, 12
			タイッズ経由アデン	II: 19
		キーザーン（kīzān）	マファーリース？	I: 527
			ドゥムルワ	I: 530
			ジブラ	I: 533
		スクルジャ（sukruja）	不明	I: 552[1)]
	用具類（ナツメヤシ）	ヒドル（khidr）	ドゥムルワ	I: 530
			不明	I: 552[1)]; II: 7, 12
			タイッズ経由アデン	II: 19
		アジャブ	マファーリース？	I: 527
			ドゥムルワ	I: 530
			ジブラ	I: 533
			不明	I: 552[1)]; II: 7, 12
			タイッズ経由アデン	II: 19
		マンサフ（mansaf）	ドゥムルワ	I: 530
			ジブラ	I: 533
			不明	I: 552[1)]; II: 7, 12
		マンフル（mankhur）	マファーリース？	I: 527
			ジブラ	I: 533
			不明	I: 552[1)]; II: 7, 12

供給元	分類	供給品目	供給先	典拠（Nūr）
ザビード	用具類（ナツメヤシ）	マサーフィー（maṣāfī）	不明	I: 552[1)]; II: 7, 12
		マフジャン（mahjan）	マファーリース？ ドゥムルワ 不明	I: 527 I: 530 I: 552[1)]
		ギルバール（ghirbāl）	ジブラ	I: 533
	用具類（ナツメヤシ他）	マカッバ（makabba）	マファーリース？ ジブラ 不明 タイッズ経由アデン	I: 527 I: 533 I: 552[1)]; II: 7 II: 19
		フッル・イダム（ḥurr idam）	ドゥムルワ	I: 530
	用具類（縄）	アフマール（aḥmāl salab）	不明 タイッズ経由アデン	II: 7 II: 19
		フジャズ（ḥujaz salab）	不明 タイッズ経由アデン	I: 552[1)]; II: 7 II: 19
		シューバーンダート（shūbāndāt）	タイッズ経由アデン	II: 19
	用具類（木）	キルマ（qirma）	不明	II: 7
		マシュラブ	不明 タイッズ経由アデン	II: 7 II: 19
		カスア（qaṣʻa）	不明 タイッズ経由アデン	I: 552[1)]; II: 7 II: 19
	用具類（その他）	バッタ（baṭṭa）	不明 タイッズ経由アデン	II: 7 II: 19
		スフラ（sufra）	マファーリース？ ドゥムルワ 不明	I: 527 I: 530 I: 552[1)]; II: 7
		マンザフ（manẓaf）	不明	I: 552[1)]
		ギラーラ（ghirāra）	不明	I: 552[1)]
マフジャム	果実類	ザクロ	タァカル	I: 542
	乾燥果実類	ナツメヤシ	不明	I: 552[1)]
		マッカ・ナツメヤシ	タァカル	I: 542, 547
		タマリンド	タァカル 不明	I: 542, 548 I: 552[1)]

供給元	分類	供給品目	供給先	典拠（Nūr）
マフジャム	香料・香辛料類	ショウガ	タァカル 不明	I: 542, 548 I: 552[1)]
	甘味類	蜂蜜	タァカル 不明	I: 542 I: 552[1)]
	油脂類	ゴマ油	タァカル 不明	I: 541, 547 I: 552[1)]
		バター油脂	タァカル	I: 542, 547
		タヒーナ	タァカル 不明	I: 542, 547 I: 552[1)]
	その他（食材）	デンプン	タァカル	I: 547
	料理	クシュク	不明	I: 547-548
	雑貨類	セッケン	タァカル	I: 542, 548
	用具類（陶器）	キーザーン	タァカル	I: 542, 548
	用具類（木）	カスア	タァカル	I: 542
	用具類（ナツメヤシ）	ヒドル	タァカル	I: 542, 548
		アジャブ	タァカル	I: 542, 548
		マンサフ	タァカル	I: 548
		マンフル	タァカル	I: 542, 548
		マサーフィー	タァカル	I: 542
		マフジャン	タァカル	I: 542, 548
	用具類（ナツメヤシ他）	マカッバ	タァカル	I: 542, 548
		フッル・イダム	不明	I: 548
	用具類（縄）	フジャズ	タァカル	I: 548
		イドル（‘idl）	タァカル	I: 542
		シューバーンダート	タァカル	I: 548
	用具類（ガラス）	バラヒーヤ（balakhīya）	タァカル	I: 542
	用具類（その他）	マンザフ	タァカル	I: 542, 548
リマァ	肉類	アラビア羊	不明	II: 82-83
		ヤギ	不明	II: 82
ズワール	果実類	ザクロ	不明	II: 7
	乾燥果実類	タマリンド	不明	II: 7

供給元	分類	供給品目	供給先	典拠（Nūr）
カドラーゥ	油脂類	バター油脂	ドゥムルワ ザビード	I: 127 I: 127
タイッズ	肉類	羊	ジャナド？	II: 3
		牛	マファーリース？	I: 528[5)]
		ラクダ	マファーリース？	I: 528[5)]
	穀物類	小麦	不明	II: 71
		クサイバ小麦	マファーリース？	I: 527, 528
	甘味類	蜂蜜	マファーリース？	I: 528
		ウスキー蜂蜜	不明	II: 5[2)], 6, 12
クサイバ	穀物類	バイダー・ ソルガム	マファーリース？	I: 527[5)]
サワー	肉類	アラビア羊	不明	II: 82
ジブラ	甘味類	白砂糖	ドゥムルワ タイッズ 不明	I: 531 I: 571 II: 5, 6, 12, 70
		赤砂糖	タイッズ	I: 571
		キターラ	不明	II: 5, 6, 70
ジャナド	肉類	羊	ジャナド？ アデン	II: 3 II: 18
		アラビア羊	不明	II: 83
		ヤギ	不明	II: 83
	香料・ 香辛料類	コリアンダー	マファーリース？ ドゥムルワ ジブラ 不明 アデン	I: 528 I: 530 I: 532 II: 6 II: 18
		ベニバナ	不明 アデン	II: 6 II: 18
		ベニバナの種	マファーリース？ ドゥムルワ ジブラ 不明 アデン	I: 528 I: 530 I: 532 II: 6 II: 18
		カラシ	不明 アデン	II: 6 II: 18
	雑貨類	ロウ	アデン	II: 18, 71
		ランタン	アデン	II: 71

供給元	分類	供給品目	供給先	典拠（Nūr）
ジャナド	用具類（陶器）	ザバーディー	不明 アデン	II: 6 II: 18
ミフラーフ・ジャアファル	肉類	羊	アデン	II: 18
		アラビア羊	不明	II: 83
		ヤギ	不明	II: 83
		鶏	タイッズ？	II: 15, 16
	卵・乳製品類	卵	タイッズ？	II: 15, 16
	穀物類	ハルバー小麦	マファーリース？ 不明 アデン	I: 526 II: 7 II: 19
		アラビア小麦	マファーリース？ ドゥムルワ タイッズ？ アデン	I: 526 I: 530 II: 15, 16 II: 19
		ワサン小麦	ジブラ タイッズ？ アデン	I: 532 II: 15, 16 II: 19
		ソルガム	タイッズ	I: 571
	豆類	レンズマメ	マファーリース？ ドゥムルワ ジブラ 不明 アデン	I: 526 I: 530 I: 532 I: 552[3)]; II: 7 II: 19
	野菜類	ニンニク	アデン	II: 19
	乾燥果実類	クルミ	マファーリース？ ドゥムルワ ジブラ 不明	I: 526 I: 530 I: 532 I: 552; II: 7
		アーモンド	不明	I: 552[3)]
	香料・香辛料類	ベニバナの種	不明	I: 552[3)]
		ケシ	マファーリース？ ジブラ	I: 526 I: 532
			不明 アデン	I: 552[3)]; II: 7 II: 19
	調味料類	酢	不明	I: 552
	甘味類	蜂蜜	ジブラ 不明	I: 532, 533 I: 552[3)]

供給元	分類	供給品目	供給先	典拠（Nūr）
ミフラーフ・ジャァファル	甘味類	白砂糖	マファーリース？ ドゥムルワ ジブラ 不明	I: 526, 528 I: 530 I: 532, 533 I: 552
		赤砂糖	マファーリース？ ドゥムルワ ジブラ	I: 526 I: 530 I: 532
		ムサッファー砂糖	マファーリース？	I: 526
		キターラ	マファーリース？ ドゥムルワ ジブラ 不明	I: 526 I: 530 I: 532 I: 552
	油脂類	バター油脂	不明	II: 7
	料理	ソーセージ	不明	I: 551[4)]
	用具類（木）	カスア	不明	I: 552[4)]
	用具類（その他）	シマール	アデン	II: 19
ドゥムルワ	肉類	羊	アデン	II: 18
	穀物類	小麦	ドゥムルワ	I: 531
		バイダー・ソルガム	ドゥムルワ	I: 531
	調味料類	ワインビネガー（khall khamr）	ドゥムルワ	I: 530[5)]
	甘味類	蜂蜜	ドゥムルワ アデン	I: 530, 531 II: 18
	油脂類	ゴマ油	ドゥムルワ	I: 531
ズブハーン	肉類	羊	アデン	II: 18
マファーリース	肉類	羊	アデン	II: 18
		アラビア羊	不明	II: 83
		ヤギ	不明	II: 83
	用具類（石）	ハラダ	マファーリース？	I: 528
		カドル	マファーリース？	I: 528
		マクラー	マファーリース？	I: 528
アデン	肉類	バラービル羊	不明	II: 83
		鶏	アデン	II: 19
		鳩	アデン	II: 19

供給元	分類	供給品目	供給先	典拠（Nūr）
アデン	卵・乳製品類	卵	アデン	II: 19
		凝乳	アデン	II: 20
		混ぜ乳	アデン	II: 20
		乳	アデン	II: 20
	穀物類	小麦	アデン	II: 19
		米	タァカル タイッズ 不明	I: 542 I: 571 II: 5
		ハラジー米	不明	II: 6
		ハーッス米	アデン	II: 6, 19
		ブルージュ米	ドゥムルワ 不明	I: 530 II: 70
		インド米	タァカル 不明	I: 548 I: 551[4], 557
		ターンシュ米	マファーリース？ ジブラ	I: 527 I: 532
	豆類	黒キャラウェイ	マファーリース？ ドゥムルワ ジブラ タァカル 不明	I: 527 I: 530 I: 532 I: 543, 548 I: 551[4], 558; II: 6
		ヒヨコマメ	マファーリース？ ドゥムルワ ジブラ タァカル 不明 タイッズ	I: 527 I: 530 I: 532 I: 542 I: 551[4], 558 I: 571
	野菜類	ニンニク	アデン	II: 20
		ナスビ	アデン	II: 20
		チャードと青野菜	アデン	II: 20
		キュウリ	アデン	II: 20
		タマネギ	アデン	II: 20
	果実類	ザクロ	アデン	II: 19
		レモン	アデン	II: 20
		バナナ	アデン	II: 20

供給元	分類	供給品目	供給先	典拠（Nūr）
アデン	乾燥果実類	ナツメヤシ	タイッズ アデン	I: 571 II: 19
		ファルド・ナツメヤシ	マファーリース？ ドゥムルワ 不明	I: 527 I: 530 II: 5, 6
		タマリンド	タァカル 不明 アデン	I: 543, 548 I: 552[4)] II: 19
		ヘイゼルナッツ	不明 タイッズ	I: 551[4)] I: 571
		ピスタチオ	タァカル 不明 タイッズ	I: 543 I: 551[4)] I: 571
	香料・香辛料類	コリアンダー	アデン	II: 20
		ケシ	アデン	II: 19
		キャラウェイ	不明 マファーリース？ タァカル 不明	II: 5, 6 I: 527 I: 543 I: 551[4)]
		ウイキョウ	マファーリース？ ドゥムルワ タァカル 不明	I: 527 I: 530 I: 543, 548 I: 551[4)]; II: 6
		メース	マファーリース？ ジブラ タァカル 不明	I: 527 I: 533 I: 543, 548 I: 552[4)]; II: 6
		シュクル	アデン	II: 20
		フルバの種	アデン	II: 20
		コショウ	マファーリース？ ドゥムルワ ジブラ タァカル 不明 タイッズ アデン	I: 527 I: 530 I: 532 I: 542, 548 I: 551[4)], 558; II: 6 I: 571 II: 19
		クミン	マファーリース？ ドゥムルワ ジブラ	I: 527 I: 530 I: 532

供給元	分類	供給品目	供給先	典拠（Nūr）
アデン	香料・香辛料類	クミン	タァカル	I: 548
			不明	I: 551[4)], 558; II: 5, 6
			タイッズ	I: 571
			アデン	II: 19
		エジプトクミン	タァカル	I: 543
		肉桂	マファーリース？	I: 527
			ドゥムルワ	I: 530
			ジブラ	I: 532
			タァカル	I: 543, 548
			不明	I: 551[4)], 558; II: 5, 6
			タイッズ	I: 571
			アデン	II: 19
		肉桂の葉	不明	I: 551[4)]
		配合香辛料	マファーリース？	I: 527
			ドゥムルワ	I: 530
			ジブラ	I: 532
			タイッズ	I: 571
			不明	II: 5, 6
		マスチック	マファーリース？	I: 527
			ドゥムルワ	I: 530
			ジブラ	I: 532
			タァカル	I: 543, 548
			不明	I: 551[4)], 558; II: 5, 6
			アデン	II: 20
		サフラン	マファーリース？	I: 527
			ジブラ	I: 532
			タァカル	I: 542, 548
			不明	I: 551[4)], 558
			タイッズ	I: 571
			アデン	II: 19
		カンショウ	マファーリース？	I: 527
			ドゥムルワ	I: 530
			ジブラ	I: 533
			タァカル	I: 543, 548
			不明	I: 552[4)]; II: 6
		クローブ	マファーリース？	I: 527
			ドゥムルワ	I: 530
			ジブラ	I: 533
			タァカル	I: 543, 548
			不明	I: 552[4)]; II: 6

供給元	分類	供給品目	供給先	典拠（Nūr）
アデン	香料・ 香辛料類	クマール 沈香の葉	マファーリース？ ドゥムルワ ジブラ タァカル 不明	I: 527 I: 530 I: 532 I: 543, 548 I: 558; II: 6
		アニス	マファーリース？	I: 527
		カルダモン	マファーリース？ ドゥムルワ	I: 527 I: 530
		カルダモン	ジブラ タァカル 不明	I: 533 I: 543, 548 I: 551[4]; II: 6
		スンマーク	マファーリース？ ドゥムルワ ジブラ タァカル タイッズ	I: 527 I: 530 I: 532 I: 543 I: 571
		バジル	ドゥムルワ	I: 530
		ナツメグ	マファーリース？ ドゥムルワ ジブラ タァカル	I: 527 I: 530 I: 533 I: 548
	調味料類	塩	アデン	II: 20
		酢	アデン	II: 20
		ムッリー	タァカル 不明	I: 543 I: 551[4]
	甘味類	蜂蜜	アデン	II: 19
		モガディシュ 砂糖	アデン	II: 19
		キターラ	アデン	II: 19
	油脂類	ゴマ油	アデン	II: 19
		バター油脂	ジブラ アデン	I: 532 II: 19
		エジプト バター油脂	ドゥムルワ	I: 530
		タヒーナ	アデン	II: 19
		動物性油脂	マファーリース？ ジブラ タァカル	I: 527 I: 532 I: 543, 548

供給元	分類	供給品目	供給先	典拠（Nūr）
アデン	油脂類	動物性油脂	不明 タイッズ	I: 551[4)]; II: 5, 6 I: 571
		植物性油脂	マファーリース？ ドゥムルワ ジブラ タァカル 不明 タイッズ	I: 527 I: 530 I: 532 I: 543, 548 I: 551[4)]; II: 5, 6 I: 571
	その他（食材）	デンプン	アデン	II: 19
		米のデンプン	不明	II: 5
	料理	ハミール	アデン	II: 20
	雑貨類	セッケン	マファーリース？	I: 527
		ロウ	不明	I: 558
		塩化アンモン石	マファーリース？ タァカル 不明	I: 527 I: 543, 548 I: 552[4)]
		アンチモン	マファーリース？ タァカル 不明	I: 527 I: 543, 548 I: 552[4)]
		没食子	マファーリース？ タァカル 不明	I: 527 I: 543, 548 I: 552[4)]
		エジプト炭酸カリウム	マファーリース？ ドゥムルワ タァカル 不明	I: 527 I: 530 I: 543, 548 I: 551[4)], 558
		麝香	タァカル 不明	I: 543, 548 I: 552[4)]
		乳香	タァカル 不明	I: 543, 548 I: 552[4)]
		アロエ	タイッズ	I: 571
	用具類（陶器）	皿	タイッズ	I: 571
		ザバーディー	アデン	II: 20
		ダウフ（dawḥ）	アデン	II: 20
		カスリーヤ（qaṣrīya）	アデン	II: 20
		ミルカン（mirkan）	アデン	II: 20

供給元	分類	供給品目	供給先	典拠（Nūr）
アデン	用具類（陶器）	ジャッラ（jarra）	アデン	II: 20
		マターヒル（maṭāhir）	アデン	II: 20
	用具類（ナツメヤシ他）	タルバダ（ṭarbada）	アデン	II: 20
		クスール（quṣūr）	アデン	II: 20
		アジャブ	アデン	II: 20
	用具類（縄）	キンバール（qinbāl）	タァカル	I: 548
	用具類（その他）	亜麻布（thiyāb khām）	不明	II: 5
		スズ（qiṣdīr）	不明	II: 5
		針（sinat qanā）	不明	II: 6
		分銅（awzān ḥadīd）	不明	II: 6
		薪	アデン	II: 20
		スフラ	マファーリース？	I: 527
ラフジュ	油脂類	ゴマ油	ドゥムルワ	I: 530
北部山岳地域（上地域）	肉類	羊	不明	I: 580

* 典拠の I，II は，それぞれ Nūr I，Nūr II を意味する。
* 典拠欄に [1)]～[4)] と書かれた産物については，以下のように，史料中にその産物の供給元が２つ記されていることを示す。表中では，他の記述をもとに，供給元の可能性が高いと思われる地名の方に分類した。
  1）マフジャムとザビードが供給元として併記されている。
  2）ドゥムルワとタイッズが供給元として併記されている。
  3）ミフラーフ・ジャァファルとタイッズが供給元として併記されている。
  4）ミフラーフ・ジャァファルとアデンが供給元として併記されている。
* 典拠欄中の 5)は，史料中にその産物の供給元が明記されてはいないが，周辺状況より筆者が供給元を推定したものに付してある。

なおこの表に挙げられた宮廷食材は、『知識の光』に記載されたものの一部にすぎない。同史料中には他にも、供給元の明記のない食材が散見する。たとえば香料・香辛料類であるシュクルやミント、カーズィー、リジュラ、フルバの種の他に、卵・乳製品類や野菜類、果実類、調味料類の多くに、供給元に関する情報が見当たらない。アデン港課税品目録[9]に言及があれば、これらの産物がインド洋交易を通じて獲得されていたと推測できるが、それすらも見られないのである。既述のように「宮廷への食材供給記録」は、遠方への調達命令書や、その結果獲得された産物の記録によって主として成り立っている。したがって、強いて遠方から取り寄せる必要のない、供給先の近辺で獲得できる産物であれば、この記録中に記載されにくいと考えられる。[10]

2　供給元と供給先の分析

(1)　供給元の分析

表5より供給元の地名を抽出すると、その総数は一七件にのぼった。これらの供給元は、以下のように四つに大別して考えることができる。[11]

ティハーマ：ザビード、リマゥ（Rimaʿ）、ズアール（al-Dhuʿāl）、カドラーゥ（al-Kadrāʾ）、マフジャム

南部山岳地域：タイッズ、クサイバ（al-Quṣayba）、サワー（al-Sawā）[12]、ジブラ、ミフラーフ・ジャァファル（Mikhlāf Jaʿfar）、ジャナド、ドゥムルワ、ズブハーン（al-Dhubhān）、マファーリース（al-Mafālīs）

アデンとその周辺：アデン、ラフジュ（Lahj）

表６　供給元の割合

供給元	項目数	割合
ザビード	103	23.1
リマゥ	2	0.4
ズアール	2	0.4
カドラーゥ	2	0.4
マフジャム	32	7.2
タイッズ	7	1.6
クサイバ	1	0.2
サワー	1	0.2
ジブラ	5	1.1
ジャナド	22	4.9
ミフラーフ・ジャァファル	51	11.5
ドゥムルワ	7	1.6
ズブハーン	1	0.2
マファーリース	6	1.3
アデン	201	45.2
ラフジュ	1	0.2
北部山岳地域(上地域)	1	0.2
計	445	100

表７　供給元ごとの品目数

供給元	品目数
ザビード	36
リマゥ	2
ズアール	2
カドラーゥ	1
マフジャム	27
タイッズ	7
クサイバ	1
サワー	1
ジブラ	3
ジャナド	10
ミフラーフ・ジャァファル	25
ドゥムルワ	6
ズブハーン	1
マファーリース	6
アデン	93
ラフジュ	1
北部山岳地域(上地域)	1

北部山岳地域（上地域）(Bilād al-ʿUlyā)

このように、イエメンの様々な地名が供給元として挙がっているが、南部山岳地域の地名が特に多く見られ、その一方で北部山岳地域（上地域）が登場することは少ない。以下では、供給元の傾向を見るために、「供給元の割合」と「供給元ごとの品目数」を扱った二つの表を用いて分析を行う。

まず、表5における供給元の割合を示したものが表6である。この表からは、アデンやザビード、ミフラーフ・ジャァファルが供給元として頻繁に記録されていることがわかる。アデンだけで全体の約半数（四五・二パーセント）を占め、ザビード（二三・一パーセント）とミフラーフ・ジャァファル（一一・五パーセント）を合わせると、その割合は八割にも達する。各記事間で情報量の偏りがあることを踏まえると一概には言えないが、これらの地域が宮廷への食材供給元として活躍していたことがわかる。

続いて、表7を見てみよう。この表は、各供給元が宮廷へ供給していた産物の種類数をまとめたものである。アデンからの供給品目数は他のそれを圧倒しており（九三品目）、同地に様々な産物が集積していたことがわかる。その内訳を見ると、香料・香辛料類が多数を占め（二四品目）、ほとんどがインド洋交易によってもたらされていた（本書第1章第2節）。また、アデンに次いで、ザビード（三六品目）やマフジャム（二七品目）、ミフラーフ・ジャァファル（二五品目）からも、多様な品目が宮廷へ供給されている。特にザビードからは様々な用具類が運び出されており（二四品目）、これらはザビード周辺において盛んに生産されていた。

表8　供給先の割合

供給先	品目数	割合
不明	113	25.4
ザビード	1	0.2
タイッズ	28	6.3
タァカル	55	12.4
ドゥムルワ	51	11.5
ジブラ	45	10.1
ジャナド	2	0.4
マファーリース	64	14.4
アデン	86	19.3
計	445	100

以上の分析によって、特にアデンやザビードが、多くの品目を宮廷へ供給する都市として機能していたことが明らかとなった。インド洋中継港アデンとティハーマの主邑であるザビードは、多様な産物を宮廷へ供給できる、各種産物の一大集積地であった。

(2) 供給先の分析

次いで、供給先の傾向について考えてみよう。表に記載されたそれぞれの供給先の割合をまとめたものが、表8である。[13] 表6と比べればわかるように、供給先として史料に現れる地名は限られている。しかし、史料に記録されていない地域にいる宮廷関係者に対して、食材の供給が行われていなかったとは考えにくい。たとえばザビードを供給先とした項目は表中に一例しかないが、同地にはスルタンも頻繁に訪れており[14]、実際にはここへも様々な食材が供給されていたとみなすべきである。

また、供給先不明の項目が多数を占めている（二五・四パーセント）のは、「宮廷への食材供給記録」には供給先の所在地情報を欠いたものが多いため、厳密な供給先を知ることが難しいことに起因する。しかし供給先不明の産物は、以下の三つの理由により、タイッズへ運ばれていた可能性が高いと考える。

第一の理由は、スルタン・ムザッファル一世がその生涯のほとんどをタイッズ、特に近郊に位置するサァバートで過ごしていたことである[15]。ラスール朝スルタンは、同地に館や庭園をつくり、余暇を楽しんでいた[16]。

第二の理由は、食材供給元として、南部山岳地域の地名が特に詳しく挙がっている点である。鮮度が重要な食材をスルタンが食するためには、自身が所在する地の近辺より食材を取り寄せる必要がある。したがって、タイッズ近郊の地名が多く見られることは、スルタンの居地であるタイッズへこれらの食材が主として供給されていたことを示す。

そして第三の理由は、タイッズに由来する度量衡（raṭl al-Taʿizzī, mudd al-Taʿizzī）が、「宮廷への食材供給記録」ならびに『知識の光』中の諸記事に散見することである[17]。ラスール朝下では様々の種類の度量衡が共通して使用されていたが、都市や地域ごとに独立した単位もまた用いられていた[18]。そのような状況下でタイッズに由来する度量衡が多く登場することは、『知識の光』全体の傾向としてタイッズにおける商業活動の形跡を詳しく述べていることを表している。

3　宮廷への食材供給元の検討

(1)　ティハーマ

ティハーマとは、南西アラビアの紅海沿岸に広がる、平均幅三〇～六〇キロメートルほどの海岸砂漠地域である。ここでは、夏季の気温は四五度、相対湿度は七〇～九〇パーセントに達するものの、山岳地帯に端を発する様々なワーディー（wādī）[19]が存在し、肥沃な農業地帯として知られた。[20]紅海とインド洋をつなぐバーブ・アルマンダブ海峡の東側に位置するインド洋中継港アデンもこのティハーマに含まれ得るが、[21]本章では第3節において別に述べる。

ティハーマのうち、宮廷への食材供給元としてはザビード[22]が史料上に頻出する。ザビードは、特にスルタン・ムジャーヒドの治世期においてスルタンの冬の居所として、[23]またマッカ巡礼の際の起点として繁栄した（本書第4章第2節第2項）。ザビードから宮廷へ運ばれた食材には、凝乳やザクロ、スィウル・ナツメヤシ、タマリンド（humar）、ショウガ、蜂蜜、ゴマ油、バター油脂などがあった。他にも、ナツメヤシ製容器や陶器といった厨房用具類をも供給しており、[24]これらはザビードの特産物と見られる。[25]しかし、こうした産物のすべてがザビードの都市域で生産されていたとみなすよりはむしろ、ザビード周辺の生産物がザビードへ集積され、そこから各地へ輸送されていたと考えるべきである。たとえば、ザビードの北方一・五ファルサフ（farsakh）のところにあるリマゥや、[26]一日から二日のところに位置するズアール[27]が宮廷への食材供給元として記載されることは少ない。これらの地域で生産された産物が、常時はザビードへ輸送されて後に宮廷へ供給されていたためであろう。ザビードから五ファルサフIM[28]あるいは四〇ミールあるいは一五ミール[29]のところに位置するグラーフィカや、三ファルサフIMのところに位置するアフワーブ（al-Ahwāb）[30]の港に到来した海産物や遠方の品々もまた、ザビードへ集められていた。[31]

以上のことからザビードは、様々な農産物、厨房用具類の生産地を含んだ経済圏を形成していたととらえることができる。[32]その明確な地理範囲を規定することは難しいが、圏内で生産された産物はその中心であるザビードへ集積されていた。宮廷への食材供給元に関する記事に言及こそないものの、穀物課税簿[33]に名の挙がるティハーマ南部の地域、たとえばザビードの北方にあるフィシャール（Fishāl）やザビードの南方一晩行程のところにあるハイス（Ḥays）[34]、その南に位置するマウザゥ（Mawzaʿ）[35]もまたその立地を踏まえると、このザビードを中心とした経済圏に含まれていたとみなし得る。

ザビードから北へは、「スルタンの道（al-ṭarīq al-sulṭānī）」と呼ばれる街道が走っていた。[36]その途上、ザビードの北方三日のところに位置したマフジャムも、[37]ザビードと比してその登場回数こそ少ないものの、宮廷への食材供給元として史料に記載されている。その供給品目はザビードからのものと類似しているが、これは、同じティハーマにあって両者の生産環境が似通っていたためである。[38]マッカ巡礼道の宿駅として機能していたマフジャムを、ラスール朝スルタンは重要視していた。[39]マフジャムはすでにナジャーフ朝期において「大王の玉座（kursī malik kabīr）」と称されており[40]、ティハーマ北部の主邑として栄えていたことが推測される。しかし、イブン・アルムジャーウィルが訪れた六二〇／一二二〇年代には、外部からの襲撃によって城壁が破壊され、悲惨な様相を呈していたという。[41]その後マフジャムのムクターとなったスルタン・ムザッファル一世によって六五〇／一二五〇年代に会衆モスクが建設されると[42]、目覚ましい発展を遂げ、ムザッファル一世期以降ナースィル二世の治世に至るまで貨幣の鋳造地として栄えることとなる。[43]

マフジャムからの供給先は不明かタァカルに限られているが、南部山岳地域に位置するタァカルとマフジャムとでは地理的に離れており、両者の間に特別な供給関係があったとみなすのは難しい。それよりはむしろマフジャム周辺にはソルガム（dhura）やゴマの栽培地であるマハーリブ（al-Mahālib）や綿やナツメヤシが生産されていたカドラーゥなどの地域が散在しており、[44] こうした周辺地域の産物がマフジャムに集積され、タァカル以外にも様々な方面へ供給されていたものと見るべきである。[45]

以上のことから、ティハーマの北部ではマフジャムを中心とした経済圏が存在したと考えることができる。[46] ザビードから三日行程ほど離れているマフジャムは、この地における経済の中心地として機能していたのである。

(2) 南部山岳地域

ティハーマの東側には、アラビア半島西部を南北に縦断するサラート山脈（Jibāl al-Sarawāt）が走っている。この山脈では、乾燥したアラビア半島にあって稀有な降雨が見られ、古来農業が行われてきた。特にタイッズ周辺は、その豊かさを物語るかのように緑のイエメンと呼ばれた。本書では、およそこの「緑のイエメン」にあたる地域を南部山岳地域と称して分析を行う。

ラスール朝スルタンの拠点であるタイッズは、標高一四〇〇メートルのところに位置する。タイッズの周辺には、クサイバや、[47] 東方へ向けて広がる「緑の一帯（Hayyiz al-Akhdar）」と呼ばれた農業地帯が存在しており、[48] ここで生産された産物がタイッズへ集められていたことは想像に難くない。[49] 表中においてタイッズを供給元とする項目は比較的少ないが（七項目）、これは前述したように、タイッズが周辺食材の集まる供給先であったことと関係している。

タイッズの北東一日行程のところに位置するジブラからは、[50] 白砂糖や赤砂糖などの甘味類が供給された。ジブラにはスルタンが所有するサトウキビ圧搾所があり、周辺で生産されたサトウキビ（qaṣab al-sukkar）が集積、加工されていた。[51] ジブラは夏にも冬にも水が流れる二本の川の間、タァカルの城砦の麓に位置した。[52] その豊かさゆえに、スライフ朝の女王アルワー（Arwā）（r. 492/1099-532/1138）が拠点をサナアよりジブラへ移したことは広く知られている。そのために『イエメン史』においてジブラは、「ファーティマ家のダァワの拠点（maqarr al-daʿwa al-Fāṭimīya）」、「スライフ家の王座（kursī al-malik li Banī al-Ṣulayḥī）」と呼ばれたのである。[53] また、タイッズの北方半日行程のところに位置するジャナドからは、[54] 肉類や香料・香辛料類、用具類が供給された。特に、ベニバナやカラシ、コリアンダーの供給元としては、もっぱらジャナドの地名が挙げられることから、この三品目はジャナド周辺の特産物であった。

ところで宮廷への食材供給に関わる記事中には、ミフラーフの地名が供給元として頻出している。ラスール朝史料で単にミフラーフと言えばおよそイッブ付近のミフラーフ・ジャァファルのことを指すと考えられており、[55] 筆者もこの説にしたがった。ここから供給された品目は、肉類や穀物類、レンズマメ、クルミ、ケシ、ニンニク、ゴマ油など多岐にわたり、その厳密な生産地は不明な部分が大きいものの、この地方の農業生産性が高かったことを示している。[56] なお、前述のジブラやジャナドもまたミフラーフ・ジャァファルに含まれ得ることから、[57] これらの地域から供給された産物であっても、史料上ではミフラーフ・ジャァファルを供給元として記録されることがあったと考えられる。

このように南部山岳地域に関しては、タイッズ周辺の詳しい地名が供給元として多く挙がっている。都市ごとに得意とする産物が異なっており、それぞれが特徴的な性格を有していたことがうかがえる。

(3)　アデンとその周辺

アラビア半島の南端に位置するアデンからは、インド洋周縁部から集められた産物が宮廷へ供給されていた。東南アジアやインドから運ばれる香料・香辛料類は言うに及ばず、対岸の東アフリカからはバラービル羊が、エジプトからはバター油脂が、中国からは中国陶磁器が、アデンを中継してラスール朝宮廷へ運ばれていたのであった。

それらの仔細については、すでに本書第1章で検討している。

一方、アデンが周辺の陸域とも緊密なネットワークを保っていたことを軽視してはならない。[58] たとえば宮廷への食材供給に関わる記事中の食材のうち、キャラウェイやウイキョウ、黒キャラウェイ、ヘイゼルナッツ、ピスタチオについては、その供給元としてアデン以外の地名が挙がることはない。これらの産物は、アデン港課税品目録にその記事を見つけることができない一方で、ラスール朝下で著された農事暦類には言及があることから、[59] 周辺の陸域で生産された後にアデンへ運ばれ、そこから宮廷へ供給されていたものとみなし得る。[60]

このようにアデン周辺では、アデンを中心とした経済圏が存在していた。同圏の地理範囲は、アデンの後背地にある陸域の諸都市だけに限らず、遠くインド洋周縁部の各地にまで広がっていたととらえることも可能であり、様々な自然環境下で生産された多様な産物がアデンに集散していたのであった。

(4) 北部山岳地域（上地域）――ラスール朝下に見られる地理認識との関連において――

ラスール朝宮廷へサナア周辺の北部山岳地域（上地域）から食材の供給が行われたという事例は、極めて少ない。その理由を探るためには、往時の政治状況を勘案するとともに、ラスール朝下における地理認識の確認が必須である。すなわち、この時代に見られる、「イエメン」と「上地域」の区分について、掘り下げて考えておかなければならない。

そもそも一般にイエメン（al-Yaman）は、マッカ以南の南西アラビアを広く指す単語である。[61] 時代やよるべき史料によって変動があるものの、およそ現在のイエメン共和国の領域、あるいはそれからハドラマウトを除いた地域を指し示した。より詳細なイエメンの地理範囲については、ムンダイーが検討している。[62]

ラスール朝下を生きた史料著者たちは、イエメンの語をより狭義で用いる。すなわち、タイッズを中心とした南部山岳地域をイエメン（al-Yaman ≒ al-Yaman al-Akhḍar）と呼び、サナア周辺の北部山岳地域を示す上地域と明確に区別し、記録に残しているのである。[63]その理由としては、ザマール（Dhamār）以北の上地域の標高が南部山岳地域よりも高かったことが主因ではあろうが、[64]彼らは、ラスール朝スルタンのお膝元周辺をイエメンとし、シーア派の一分派であるザイド派イマーム勢力が支配的であった地域を上地域として記述したように見受けられる。[65]両者の境界はザマール、[66]あるいはハクル・カターブ（Ḥaql Qatāb）にあった。[67]上地域においてはサナアが中心的な役割を果たしていたが、このことは、六七四／一二七五―六年、サナアにいたアラム・アッディーン（'Alam al-Dīn Sanjar al-Sha'bī）（d. 682/1283）がザマールへハラージュを徴収しに向かったことからも窺い知れる。[68]この時期のザマールからのあがりは、ラスール朝スルタンの居地であるタイッズへ運ばれるのではなく、まずはより遠方のサナアに集積されていたと見られるのである。

一方で、サナアをイエメンのうちに含める記事は限られており、ラスール朝の体制の外で書かれた史料に比較的よく現れる。[69]たとえばハムダーニーはサナアを「イエメンの母（umm al-Yaman）」[70]と、アブー・アルフィダーゥはサナアを「かつてのイエメンの諸王の玉座（kursī mulūk al-Yaman fī al-qadīm）」[71]と、それぞれ呼んでおり、サナアがイエメンの中心であったことを示唆している。また一七世紀に編纂された『願いの極み』においては、ザマールより南方の山岳地域を単にイエメンと呼ぶ例はラスール朝期の記事に数点見られる程度である。[72]他ではもっぱら、ラスール朝期に関する記述においてもなお、ザマール以北を高地イエメン（al-Yaman al-A'lā）、ザマールより南を低地イエメン（al-Yaman al-Asfal）として、それぞれ記述しているのである。[73]

以上のラスール朝期の史料著者による地理認識――ザマール以北を上地域とみなし、ザマールより南の山岳地域をイエメンとみなす――は、おそらくはこの時代に独特のものであって、EI^2 の "AL-YAMAN" の項目においても、他時代にこうした区分があったことは書かれていない。もっとも、『願いの極み』で顕著なように、広義のイエメンの範疇では、様々な区分がなされていた。たとえば初期イスラーム時代には、イエメンはサナアを中心とした地域とジャナドを中心とした地域、南部山岳地域に所在するザファール（Ẓafār）を中心とした地域に分けられていた。[74]

ラスール朝期に狭義のイエメンの用法が出現した背景として、以下の三つの理由が考えられる。一つ目は、アッバース朝解体期以降政治的に様々に分裂していたザマール以南のイエメンが、アイユーブ朝の侵攻以来ラスール朝へ至るまでほぼ一つの勢力下にまとまっていたことである。序章で述べたように、トゥーラーン・シャーがイエメンへ到来した当時には、アデンにはズライゥ朝が、サナアにはハムダーン朝が、ザビードにはマフディー朝が、それぞれ乱立していた。アイユーブ朝はこれらを制圧し、ザイド派イマームの勢力圏より南の南西アラビアを統一したのである。このようにして成立したイエメン・アイユーブ朝は、アッバース朝初期以来の統一王朝として、ティハーマや南部山岳地域に支配の基盤を固めた。スンナ派の王朝であったアイユーブ朝は、領域的な面だけではなくイデオロギーの面においても、サァダ（Ṣaʻda）を拠点としたザイド派イマーム勢力と対峙することとなった。アイユーブ朝が先行する王朝より継承、構築した官僚機構とともに後にラスール朝へ受け渡されることとなるこの対立構造こそが、[75] 二つ目の理由である。このことは、『黄金』において「イエメン王国の大カーディー（al-quḍāt al-akbar fī al-mamlaka al-Yamanīya）」として、ラスール朝下のシャーフィイー派のカーディーたちが記録されることからも窺い知れる。[76] そして三つ目が、本書第四章で検討する、ザビードとタイッズ、アデンの三拠点に立脚した、ラスール朝の地理認識である。これは、前述した二つの政治状況の最中にあった人々の心性の表象として位置付けられる。これら三つの理由が相互に影響し合った結果、往時の人々の認識のうちに、ザマールより南の南部山岳地域「こそ」がイエメンである、という意識を生み出したのではなかったか。もちろんこの意識が史料著者、あるいは王族をも含めた宮廷関係者、あるいはスンナ派の知識人に限られるものだった可能性も否定できないが、現状以上の検討は、十分な史料が残存しないために難しい[77]。

ラスール朝宮廷への食材供給は、このような状況を背景に行われた。ザビードやタイッズ周辺、アデンから多くの食材が送られていたが、北部山岳地域（上地域）が供給元となった例は、今回の調査ではわずかに一項目にすぎない。しかし、スルタンがサナアへ移動する際には、サナア周辺の山岳地域やザマールへ羊の供給を依頼するようにとの記事が見られることから[78]、同地域の農業生産性が著しく低く、一切の供給活動ができなかったものとみなすことはできない[79]。この地域が宮廷への食材供給元として『知識の光』に記載されない直接的な理由としては、既述した地理認識とも緊密に絡んでくるものであるが、以下の二点が想定される。

一つ目は、同地がスルタンの二大拠点周辺より地理的に離れている点である。たとえば、サナアからタイッズへは八日を[80]、ザビード外港のグラーフィカへは五日を[81]、マフジャムへは六日を要した[82]。二つ目は、この地域が政治的に不安定であった点である[83]。既述のように北部山岳地域（上地域）は、ラスール朝の繁栄時期においても、ザイド派イマーム勢力が勢力を伸ばしていた地域であった。両者はたびたび軍事的な衝突を繰り返し、北部山岳地域（上地域）の要であるサナアの争奪戦が生じることもあった[84]。このような状況下にある地域に、宮廷食材の供給を頼ることはできなかったのである。

このことを、サナアの周辺地域が宮廷食材の供給元としては重要視されていなかった証左ととらえることもできよう[85]。すなわち、ティハーマや南部山岳地域、アデンからの供給のみで、宮廷の食生活は十分に満たされていたのである。そしてこうした状況は、本書第４章において検討する、ザビードとタイッズ、アデンを重視するというラスール朝宮廷の認識と、相互に反映し合うものであったと考えられる。

おわりに

以上本章では、『知識の光』をもとに、一三世紀のラスール朝宮廷への食材供給元に着目することによって、イエメン内の地域内ネットワークについて叙述した。

まず「宮廷への食材供給記録」中で供給元が明記されている産物を表にして提示し、供給元と供給先に関する分析を行った。その結果、特にアデンやザビードが、様々な産物が集まる供給元として機能していたことを明らかにした。また不明の供給先については、周辺情報によって南部山岳地域のタイッズである可能性が高いことを示した。

次いで、ラスール朝下イエメンの諸地域の、宮廷への食材供給元としての側面を検討した結果、以下のことが明らかとなった。ラスール朝は、紅海沿岸部であるティハーマと南部山岳地域という自然環境が大きく異なる二地域を支配下に入れていた。ティハーマでは、特にザビードとマフジャムが、ティハーマ特産の各種食材や用具類の集積地として機能していた。南部山岳地域では、タイッズ周辺の各地域がそれぞれの得意産物に特化した供給を行っていた。インド洋中継港アデンもまた、宮廷への食材供給元として重要な地位を占めていた。アデンは、陸域から隔離されたイエメンにあって、支配域外の産物をインド洋交易を通じて獲得できる重要な港町であった。インド洋海域世界の中継港として知られるアデンは、また同時に、ラスール朝下イエメンを他地域と連結させるための結節点としても機能していた。

そしてスルタンのお膝元より遠く離れた北部山岳地域（上地域）に関しては、同地域の地理的、政治的事情が影響していることもあり、宮廷への食材供給元としての重要性は見られない。ザマールより南を「イエメン」と呼ぶラスール朝期の特徴に代表されるように、この時代には、政治的宗教的な対立構造によって、ザイド派イマーム勢力が支配的であった北部山岳地域（上地域）は、ラスール朝宮廷への食材供給元としては機能し得なかった。この状況は同時に、ティハーマや南部山岳地域の農業生産性の高さや、アデンの産物収集能力が秀でていたことをも示しているのである。

第4章　地理認識

はじめに

本章では、イエメンを中心とした一三世紀の世界をラスール朝がどのように認識していたのかという点に着目する。イエメン内部の様々な地域とインド洋周縁部の諸港が宮廷への食材供給元として機能していたことが、第一章と第三章で確認された。世界大のネットワークと地域内ネットワークはイエメンで交錯し、多様な食材をラスール朝宮廷へもたらしたのである。こうしたネットワークにおいては、第五章と第六章で見るように、宮廷に仕えた多様な人々が食材の供給や分配に携わっていた。これらの検討によって、宮廷食材に関わる人々や交易路の状況が詳らかになるだろう。しかし、このような物理的な側面だけではなく、往時の人々の地理認識という心的な側面をも考察することが、宮廷食材をめぐる世界をより多角的に理解するうえで必要と考える。

そのためにまず、『知識の光』や『アフダル文書集』に含まれる軍や使節、ラクダ引きへの支払いに関する記事や『南アラビア地誌』所収のイエメン内部の諸都市間の行程に関する記事を出発点として、諸史料の記事と比較・検討を行うことで、マッカ巡礼道を中心とした南西アラビアの諸道の状況を詳らかにする。そして、都市間の移動に要した日数（行程日数）と軍やラクダ引きへ支払われた給与や賃料との間の相関関係の検討を通して、ラスール朝の官僚が行程日数の認識を有したうえで政治的自然的な条件を加味して支給額を決定していたことを示す。さらには、『ムァイヤド帳簿』所収の一七点の図のうちイエメン模式図[1]（口絵図１・２）と行程日数を比較し、ラスール朝の地理認識の限界を考察する。

本章の検討は、同時に、イスラーム地図学研究に一石を投ずるものとなる。これまでのイスラーム地図学研究では、古代ギリシア由来の地図やバルヒー学派（The Balkhī School）[2]の地図を収集・整理し、その情報の伝達の状況を探るといった、地図という物質そのものの検討が主であった。一方で、地図が何を表象しているのかという点については注意を払われてこなかった。[3]そうしたなかでピントは、近年、地図の向こう側に潜在的に横たわる情報の重要性を指摘し、ムカッダスィー（al-Muqaddasī）（d. after 380/990）やピリ・レイス（Pīrī Reis）（d. 961/1554）の地図などを対象に分析を重ねている。[4]しかし、地図と他の文字史料の情報を比較することで往時の地理認識を探るという視座は、未だ見られない。

1　史料と距離単位

(1)　史　料

本章において検討の要となる三つの史料について、特に説明を加えておく。

一つ目が、『知識の光』所収の、ラスール朝下の交通に関連する一四点の記事である。[5]これらの記事では、軍や使節、ラクダ引きが二都市間を移動する際に要する経費や、ラスール朝が所有する船を貸し出す際の賃料が提示されている。

二つ目が、『アフダル文書集』である。総計一四七点の記事のうち、イエメン内部の交通に関連する記事を二点見つけることができる。[6]このうち『マルハラと距離に関する覚え書（*Dhikr al-marāḥil wa al-masāfāt*）』[7]は、イエメンの諸地点間の距離をまとめたもので、ムァイヤド一世とムジャーヒド、アフダルの三人のスルタンが収集・実測した情報をもとにしていると見られる。[8]城門や広場、モスク、マドラサ（madrasa）を起点あるいは終点とする行程が多く挙げられている点が特徴的だが、都市間の距離を示したものは少なく、本書の目的からは逸れる。また Afḍal: 307-308 は、軍の移動経費記事と見られ、『知識の光』と多くの情報を共有しており、『アフダル文書集』が『知識の光』を踏まえて執筆されたものであったこと、すなわち、『知識の光』に含まれるような情報が時を超えてラスール朝宮廷において共有されていたことを示唆する。『アフダル文書集』には他にも、ラスール朝下の地理に関する記事が散見するが、[9]先行する地理書の要約であったり、地理座標に関する記事であったりと、本章における検討に直接用いられるものではない。なおいずれも、桁が大きい数字を表す際には、特殊な記号を用いている。読解に際しては、『知識の光』校訂者ジャーズィムが編集したアラビア数字との対応表を参照した。[10]

三つ目が、一三世紀初頭に南西アラビアを旅したイブン・アルムジャーウィルによる『南アラビア地誌』のうち、イエメンにおける様々な交通路の行程に関する記事である。[11]イブン・アルムジャーウィルは後述する独自のファルサフ（ファルサフＩＭと本書では略記）を用いて、都市間の距離を表している。

(2) 距離単位

これらの史料では、一時間の歩行距離を意味するファルサフやアラビア・マイルと呼ばれるミール（mīl）、マルハラ（marḥala）といった様々な単位が、都市間の距離あるいは移動に要する時間を示すために用いられている。ヒンツによれば、一ファルサフはおよそ三ミール、あるいは一〇〇〇バー（bāʿ）、あるいは六キロメートルに相当する[12]。そのため、一ミールは三分の一ファルサフ、すなわち二キロメートルとなる[13]。

他方、マルハラは、旅人がおそらくは徒歩で一日に進むことができる距離を示す。一般に、一マルハラは、実際の行路の状況如何に大きく左右されようが、六から七ファルサフに相当する[14]。もっとも、ここで注意すべきは、マルハラは実際に一日で進むことができる距離を直接的に表したものではないという点である。行程に要する時間は旅人の形態や政治・自然条件の変化によって変動するにもかかわらず、成立時期や成立場所が異なる複数の史料に共通したマルハラの数値が記録されている（後述）。このことは、イスラーム世界において「当該都市間はｘマルハラである」という地理認識が人々の間で共有されていたことを示唆する。

以上のマルハラとファルサフ、ミールの関係をまとめると、以下のようになる。

一マルハラ＝六～七ファルサフ＝一八～二一ミール＝三六～四二キロ　……式①

もっとも、イブン・アルムジャーウィルが用いたファルサフＩＭには、右の説明は当てはまらない。スミスの計算によれば、イブン・アルムジャーウィルが著した『南アラビア地誌』中の一ファルサフＩＭは、彼が一時間で歩くことができた距離、すなわち四・四二マイルに相当するという[15]。この場合は、以下の式を得る。

一ファルサフＩＭ＝四・四二マイル＝七・一一キロ　……式②

このように、都市間の距離を示す際には、様々な語が用いられ、また、それぞれの語が意味する距離は史料ごとに異なっていたが、これらの式を用いることでそれらを同じ土俵において取り扱うことができる。

本章では、式①と式②をもとに、様々な形態で書かれる都市間の距離を「マルハラ」に換算する。史料概念である「マルハラ」と区別するために、こうして算出される「マルハラ」を本章では「行程日数」と呼ぶ。この「行程日数」は、およそ、「一般に」人々が認識していた距離を示すものであって、最短距離を意味するものでもなければ、誰もがその行程日数通りに移動できるわけではなく、あくまでも都市間を移動する際の目安となるにすぎない。しかしながら、最大標高差が三〇〇〇メートルを超えるイエメンについて考える際は、ファルサフやミールで示される距離よりも、行程日数という単位で都市間の距離を示した方が、様々な情報を一括して扱いやすい。

ところで右の二つの式をもとに考えれば、『南アラビア地誌』中の都市間の距離が最短距離ではないことが明らかとなる。イブン・アルムジャーウィルは、ティハーマにおいてマハーリブからザビードへ向かう行程について言及する際、間に九の地名を挙げ、それぞれの間の距離をファルサフIMで示している。[16] それをもとに主要都市間の距離を確認すると、ザビード・カフマ間は一五・七五ファルサフIM＝二・八七行程日数、ザビード・カドラーゥ間は一七・二五ファルサフIM＝三・一四行程日数、ザビード・マフジャム間は二一・七五ファルサフIM＝三・九六行程日数であった。一方で、他の複数の史料によれば、ザビード・カフマ間は一行程日数、ザビード・カドラーゥ間は一・三行程日数、ザビード・マフジャム間は三行程日数であった（表12）。両者を比較すれば、『南アラビア地誌』にもとづく行程日数が相当に長いことがわかる。これらの都市はいずれも大きな標高差を有する地域ではないし、行程ごとに難易度が異なるわけでもない。複数史料に従って算出した行程日数の方がより信頼性が高いと考えられること、本章第3節で詳述する他の諸都市間の行程日数と比較のうえで口絵図1・2（後述）と合わせて考えれば『南アラビア地誌』記載の都市間の距離の数値が大きすぎることから、イブン・アルムジャーウィルが示した行程日数は最短で移動可能な旅程ではなく、彼自身あるいはインフォーマントが経験した、想定される行程の一例であるに過ぎない。『南アラビア地誌』の利用に際しては、こうした事情を十分に勘案したうえで、各種周辺史料との比較を行うことが必須となる。

一方でウマリーもまた、マッカ巡礼道に関する記事において都市間の移動に要する時間を示している。[17] しかしながらそこで提示される行程日数は、他史料と比べると遥かに大きい。たとえばタイッズからザビードへ至る際には、他史料であれば三日程度であることに対し、『諸地域道里一覧』では一二日としている。その理由は、史料上でのマルハラの語の用いられ方が異なるというよりもむしろ、想定した旅人の違いに求められるべきだろう。すなわちウマリーは、雑多な人々や駄獣から成る大部な巡礼隊を旅の主体としてこの記事をしたためているため、[18] 移動に要する日数が他史料より大きくなっていると考えられる。

2　南西アラビアの交通路

(1)　マッカ巡礼道とイエメン[19]

シリアとイエメンを結び、アラビア半島西部のヒジャーズを通過する道は、前イスラーム期より主要な交通路として機能していた。イスラームが誕生して後もその重要性は衰えず、マッカ巡礼道として、ますます多くの人々や物が行き交い続けた。[20] 一四世紀のウマリーによれば、マッカへ至る主たる巡礼道には、エジプトのフスタート（al-Fusṭāṭ）とカイロ（al-Qāhira）を出発点とするエジプト道、ダマスカスを出発点とするシリア道、バグダードを出発点とするイラク道、そしてイエメンを出発点とするイエメン道の四つが存在した。各地において巡礼隊が組織され、巡礼のアミール（amīr al-ḥajj）を隊長としてこれらの道を人々が行き交ったのである。巡礼隊が一日に移動する距離は約二〇〜二五キロメートルであり、いずれのルートにおいてもおよそ四五〜五〇日を要した。このうちイエメンは、東アフリカやインド、東南アジアからインド洋を超えてやって来た人々たちが集まる場でもあって、彼らはそこからザビードやタイッズに至り、マッカを目指した。[21]

一二世紀のウマーラは、前述のイエメン道を山岳道（ṭarīq al-jibāl）と海岸道（ṭarīq tihāma）に大別している。[22] 山岳道においては、アデンを出発して後、ジャナドやイッブ、ザマール、サナア、サァダを経由してマッカへ至る道が主要道であったと考えられる。[23] サナアからサァダを通ってマッカへ向かう道は高原道（al-ṭarīq al-ʿulyā）と呼ばれ、出発から到着までに二二日を必要とした。[24] サナアとサァダを結ぶ道について、『南アラビア地誌』には、ジャーヒリーヤ時代に整備されたもののイスラームが現れて後に廃れた古道への言及が見られる。[25] 他方、サナアから西へ向かって紅海沿岸に下れば、海岸道と合流することとなる。海岸道は、アデンを起点とすれば、バーブ・アルマンダブ海峡付近をぐるりと通って、紅海沿岸部をマッカへ向かうルートであった。[26] これはさらに、沿岸道（al-sāḥilīya）と中間道（al-wusṭā）の二つに分けられる。沿岸道は、ムハー（al-Mukhā）やアフワーブ、グラーフィカなどの港町を経由して紅海岸沿いに北上する道である。中間道は、紅海と山岳地帯の中間に位置するマウザゥやハイス、ザビード、フィシャール、カフマ、カドラーゥ、マフジャムの諸都市を通過した。[27]『イエメン史』における記事を総合すれば、ティハーマの海岸沿いを北上した場合、アデンからマッカまでは三五日を必要としたと見られる。[28] また、サナアからティハーマへ下り、海岸道に合流するルートも見られた。[29]

ティハーマの主要道は、沿岸道ではなく中間道であった。一〇世紀のハムダーニーは、ウマーラが述べる中間道と近い行程を説明する一方で、沿岸道については触れておらず、[30] 沿岸道の成立が比較的新しいものであることを示唆する。また何より、中間道は、ウマーラによって「スルタンの幹線路（al-jādd al-sulṭānīya）」と呼ばれた。[31] 両道のこうした関係を示すかのように、四七三／一〇八一年にスライフ朝に対して蜂起する際、サビードにいたナジャーフ朝軍は、スルタンの幹線路においてスライフ朝軍と衝突することを恐れてあえて沿岸道を用いているのである。[32]

第3章で詳述したようなラスール朝宮廷へ食材を供給したティハーマの都市はすべて、この中間道上に位置した。

以上の特徴を有するイエメンの主要な交通路は、一三世紀頃より大きな変化を見せる。アイユーブ朝の侵攻以降、ザビードとタイッズが発展したことに加えて、ラスール朝スルタンが両都市に拠点を置いたがために、これらを起点あるいは経由地とするルートが用いられるようになったのである。たとえば一四世紀のウマリーは、巡礼隊が通る巡礼道として、タイッズを出立してティハーマへ至り前述の中間道を通過してマッカへ赴く道を記録している。[33] 実際、スルタン・ムジャーヒドは、七四二／一三四二年のマッカ巡礼の際、往路においてタイッズを出立後ザビード、マフジャム、ハリー（Ḥalī b. Yaʻqūb）を経由してマッカへ向かった。[34] 復路においても彼はティハーマの道を用い、ハリーを経由後、ハラド、マハーリブ、マフジャム、カドラーゥ、フィシャールを通過してザビードに到着している。[35] このような陸路でのマッカ巡礼記事が見られる一方で、ウマリーはまた「イエメン道に関していえば、そこ（イエメン）から巡礼に赴く者の多くは、海路を用いる。陸路にて巡礼に赴く者は少ない」と述べている点にも注意が必要である。[36] この記述は、ラスール朝期において、上述のルートの発展に加えて海路の重要性が増していたことを示す。[37]

これらの道はいずれも、前イスラーム期に起源を求めることができる古道である。様々な人々や物が行き交うことで多少の変動はあろうとも長期にわたって存続し、イスラーム期に入って以降はムスリムにとってのマッカ巡礼道としての様相を呈することとなる。さらにイエメン・アイユーブ朝とラスール朝による支配を経てザビードとタイッズが発展して後は、この両都市を起点あるいは経由地とするルートの重要性が増した。このようにラスール朝期の南西アラビアで展開した主道は、イスラームの勃興やラスール朝の王権による影響に加えて、一千年を超える時の流れのうちで用いられてきたことそのものによって、生命を保ち続けていたのである。

(2) ラスール朝下の交通路――ザビードとタイッズ、アデンを中心に――

① 軍や使節、ラクダ引きの派遣元、派遣先一覧

ラスール朝期においては、特にザビードとタイッズ、アデンが交通の要衝となっていた。表9は、『知識の光』と『アフダル文書集』に収録された、軍や使節、ラクダ引きが二都市間を移動する際に要する経費に関する記事より、派遣元と派遣先の情報を抽出、整理したものである。このうち、派遣元に着目して作成した表10によれば、全一一二項目のうち、ザビードが五七項目（五〇・九パーセント）、タイッズが三三項目（二九・四パーセント）、アデンが一七項目（一五・二パーセント）、ジブラが三項目（二・七パーセント）、ハーディス(al-Ḥadīth)が二項目（一・八パーセント）となっている。ザビードとタイッズ、アデンだけで全体の九五パーセントを占めることは、史料の偏りがあることを十分に考慮したうえでもなお、一三世紀後半から一四世紀前半にかけてこれら三都市が軍や使節、ラクダ引きが移動する際の起点あるいは終点として機能していたことを示唆する。なおハーディスは、『アラビア半島誌』や『地名辞典』にはその記述が見られないことから、比較的新しくつくられた、紅海沿岸の交通の要所となる港町であったと考えられる。[38]

続いて、派遣先に着目した表11を見てみよう。ここに挙げられている地名は六五件にのぼるが、そのほとんどが、ラスール朝スルタンが鎮座したティハーマ（三二・三パーセント）や、南部山岳地域（二一・五パーセント）に集中している。他にも、アデン周辺（四・六パーセント）や、六七八／一二八〇年にスルタン・ムザッファル一世によって挙行された遠征後にラスール朝下に組み込まれたハドラマウト方面についても言及されており（四・六パーセント）、当時のラスール朝支配域の主要な都市名がおよそ網羅されていることがわかる。

一方で、北部山岳地域（上地域）に位置したサナアやザマール、サァダ、ヒジャーズに位置したマッカやマディー

表 9　軍や使節，ラクダ引きの派遣元，派遣先一覧

派遣元	派遣先分類	派遣先	典拠（Nūr I / Afḍal）
ザビード	ティハーマ	リマゥ	59, 73, 74 / ―
		マフジャム	59, 73-74, 110 / 308
		マハーリブ	59, 74, 110 / 308
		ハラド	60, 74 / 308
		ナフル（al-Nakhl）	60, 73 / ―
		海（al-baḥr）[1]	60, 73, 111 / ―
		ハイス	60 / 308
		フィシャール	110 / 308
		マウザゥ	60 / 308
		カフマ	59, 73, 74, 110, 111 / 308
		カドラーゥ	73, 74, 110 / 308
		カフリーヤ	73, 74 / ―
		ハーディス	73, 110 / 308
		シャルジャ	74 / ―
		ザフバーン（Dhahbān）	111 / ―
		ハリー	110 / 308
		ラーハ	110 / 308
		ヒルダ	110 / 308
		ザナーイブ（al-Dhanā'ib）	110, 111 / 308
		フーハ？（al-Khūkha）	― / 308
	南部山岳地域	タイッズ	59, 73, 74, 111 / 308
		サマダーン（al-Samadān）	― / 308
		ジャナド	59, 73, 74 / 308
		ジューア	59 / ―
		ドゥムルワ	61, 73, 74, 111 / 308
		ミフラーフ	59, 73, 74 / ―
		サナイマ（al-Ṣanayma）	111 / ―
		アバダーン（'Abadān）	― / 308
	アデン周辺	アデン	59, 73, 74, 110, 175 / 308
		アブヤン	― / 308
		ラフジュ	― / 308
	北部山岳地域（上地域）	ジャーヒリー（al-Jāhilī）/ジャーヒル（al-Jāhil）	110 / 308
		ザマール	111 / 308
		サナア	73, 74 / 308
		サァダ	― / 308
	ハドラマウト方面	ズファール・ハブーディー	― / 308

派遣元	派遣先分類	派遣先	典拠（Nūr I / Afḍal）
ザビード	ハドラマウト方面	シフル	ー / 308
		ハドラマウト	ー / 308
	ヒジャーズ	マッカ	71, 73, 108, 111, 175 / 307
		マディーナ	73, 109 / 308
		ジュッダ	ー / 307
	紅海沿岸	アイザーブ	73, 109 / ー
		アワーン	109 / 308
		スィッライン	109 / 308
		ヤンブゥ	109 / 307
		トゥール	109 / 307
		サワーキン	108 / ー
		ダフラク	109 / 308
	その他	エジプト	73, 108 / 307
		バグダード	108 / 307
		イラク	108, 109
		シーラーズ	109 / 307
		ダマスカス	108, 109 / 307
		イスマーイール地方	109 / ー
		インド	ー / 308
	不明	ジューヒーヤ（al-Jūhīya）	111 / ー
		ワサア（al-Wasa'a）	111 / ー
タイッズ	ティハーマ	ザビード	59, 72, 112 / ー
		ハイス	112 / ー
		フィシャール	112 / ー
		カフマ	112 / ー
		カドラーゥ	112 / ー
		マフジャム	112 / ー
		マハーリブ	112 / ー
		マウザゥ	115 / ー
		ハーディス	112 / ー
		ハラド	112 / ー
		ラーハ	112 / ー
	南部山岳地域	ジブラ	61 / ー
		ジャナド	72, 115 / ー
		ドゥムルワ	72, 112 / ー
		ナージー地方（Bilād Nājī）	115 / ー
		ミフラーフ	115 / ー
		バヌー・サバーイー地方（Bilād Banī al-Sabā'ī）	115 / ー
		ジューワ	112 / ー
		ズブハーン	112 / ー
		マファーリース	61, 112 / ー

派遣元	派遣先分類	派遣先	典拠（**Nūr I / Afḍal**）
タイッズ	アデン周辺	アデン	112-113 / －
		アブヤン	113 / －
		ラフジュ	113 / －
	上地域	ザマール	114 / －
		サナア	72, 114 / －
		ハッジャ（Ḥajja）	112 / －
		ジャウフ	114 / －
		マァリブ	114 / －
		サァダ	115 / －
	ハドラマウト方面	シフル	113 / －
		ハドラマウト	113-114 / －
		ズファール	114 / －
	その他	エジプト	112 / －
アデン	ティハーマ	ザビード	59, 170, 171, 175 / －
	南部山岳地域	タイッズ	170, 171, 175, 271 / －
		ジャナド	170, 171 / －
		ハッブ（Ḥabb）	170 / －
		マファーリース	170 / －
		ドゥムルワ	170, 171 / －
		ジューワ	170 / －
	アデン周辺	アブヤン	61 / －
		ラフジュ	61 / －
	上地域	サナア	176 / －
	ハドラマウト方面	シフル	171, 175 / －
		ズファール	171, 175 / －
	紅海沿岸	アイザーブ	175 / －
	その他	インド	171, 175 / －
		マァバル（al-Ma‘bar）	171 / －
		インドの他の地方	171 / －
		エジプト	175 / －
ジブラ	南部山岳地域	ジャナド	61 / －
	上地域	ザマール	61 / －
		サナア	61 / －
ハーディス	アデン周辺	アデン	175 / －
	ヒジャーズ	マッカ	108, 175 / －

* Nūr I: 107-108 の船の賃料の記事には，派遣元がわからない情報が見られた。また，Afḍal: 307-308 には，判読できない地名が４点見られた。これらについては表中に記載していない。また，Nūr I: 111 に見られた２点の派遣先地名については，同定できなかったため，その分類を「不明」とした。

1）ザビード西方のアフワーブ付近の海を指しているものと見られる［Nūr I: 60 n.481］。

表 10　軍や使節，ラクダ引きの派遣元

派遣元	項目数	割合
ザビード	57	50.9
タイッズ	33	29.4
アデン	17	15.2
ジブラ	3	2.7
ハーディス	2	1.8
計	112	100

表 11　軍や使節，ラクダ引きの派遣先

派遣先	項目数	割合
ティハーマ	21	32.3
南部山岳地域	14	21.5
アデン周辺	3	4.6
上地域	7	10.8
ハドラマウト方面	3	4.6
ヒジャーズ	3	4.6
紅海沿岸	7	10.8
その他	7	10.8
計	65	100

ナ（al-Madīna）の地名も、表９に見られる。これらは、ラスール朝とザイド派イマーム勢力、マッカ・シャリーフ政権、マムルーク朝の間で、様々な衝突が繰り返し生じた一帯であった。[39]

さらに着目すべきは、ラスール朝支配域より遠方の地名が、軍あるいは使節の派遣先として記録されている点である。たとえば、紅海沿岸のアイザーブは、一一世紀半ばから一四世紀半ばにかけて紅海交易の要衝として栄えた港町であった。[40] 一四世紀半ば以降になると、表９にも記載があるトゥール（al-Ṭūr）やサワーキン（al-Sawākin）、ダフラク島[41]などの諸港が新たに発展してきたために、アイザーブの重要性は薄れていった。もっともすでにサワーキンは、一三世紀の段階において、アイザーブと並んでカーリミー商人（Kārimī）が頻繁に利用する専用の港として知られていた。サワーキンやダフラク島の発展の背景には、一四世紀後半から一五世紀初頭にかけてラスール朝やマムルーク朝、マッカ・シャリーフ政権が自由な貿易活動を弾圧する動きを見せたがためにカーリミー商人がその拠点をエチオピアやインドに移した結果、エチオピア交易が活発化し、エチオピアの支配勢力による紅海貿易への進出が彼らの支援によって行われたという、政治・経済状況の急変があった。一三世紀から一四世紀の状況を反映する『知識の光』や『アフダル文書集』にアイザーブと並んでトゥールやサワーキン、ダフラク島の地名が見られることは、上述したように紅海情勢が変化していたこと、アイザーブと並んで他の諸港が台頭していたことを示している。

さらに遠方の派遣先のうちには、バグダードやイラク、シーラーズ（Shīrāz）、ダマスカス、インドの地名を確認することができる。しかしながら、マグリブや中央アジアといったより遠方のイスラーム圏の地名や、ヨーロッパや東アフリカなどの非イスラーム圏の地名は、ここには見られない。ヴァレが指摘するように、ラスール朝がインド洋西海域の主要な都市や交易港をこれらの地域より相対的に重要視していたとみなすことも可能だろう。[42] しかしここではさらに、本書第1章で見た、宮廷への食材供給圏との関連においてこの事柄をとらえたい。すなわち、ラスール朝宮廷への食材供給圏はエジプトを西端としてインド洋周縁部へ広がっており、ここで挙げられる派遣先はおよそその食材供給圏と重なっているのである。ラスール朝がこれらの地域を重んじたことと、これらの地域から宮廷へ様々な特産物が供給されていたことは、相互に影響し合っており、両事象の強化に拍車をかけたものと考えられる。

このようにザビードとタイッズ、アデンは、域内交通の要衝として、また、域外へ軍や使節を送る際の派遣元として機能していた。ラスール朝下イエメンの地域内ネットワークは、これらの三都市を中心として展開したのである。一方、海を隔てた諸都市へ向けても、これらを起点とした使者あるいは軍の派遣が想定のうちに含まれていた。その派遣先は、エジプトを西端に、シリアを北端にして東方へ広がっており、ラスール朝が認識する世界がこの範囲に限られていた可能性を示唆する。

②　ザビードとタイッズ、アデンを結ぶ行程

ラスール朝下において主要都市であったザビードとタイッズ、アデンを結ぶ行程について、詳しく見ていこう。

まず、ザビードとタイッズの間には二一の経由点が存在し、[43] 両都市間を移動する際にはおおむね三日程度を要し

た。[44]ザビードからタイッズへ向かう場合には、ザビードを南下後、ティハーマのハイス近郊のサラーマ（al-Salāma）からタイッズ方面へ向かうルートや、ハイスからタイッズの北側を走るワーディー・ナフラ（W. Nakhla）を通るルートが用いられていたものと見られる。[45]タイッズとザビード、さらにはジャナドの都市間において定期的に往来していたラクダ引きもまた、[46]こうしたルートを辿ったことだろう。なお、ラスール朝スルタンによる両都市間の移動は、遅くともスルタン・ムァイヤド一世期には慣例とみなされている。[47]もっとも、季節ごとにティハーマと南部山岳地域の間を移動する習慣は、すでにナジャーフ朝期のアラブ（ʻArab）に見られるものであって、[48]低緯度地域において海抜〇メートルのところに位置するティハーマと海抜一三〇〇メートルのところに位置する南部山岳地域との気候の差にその理由は求められよう。

タイッズからアデンへ降りる際には、およそ六日を要したものと考えられる。[49]両都市間を移動する際には少なくとも七地点を経由していたことが、アデンからタイッズ近郊のサァバートへの小舟の運搬に関わる記事より判明する。[50]タイッズから北東一日のところに位置するジブラからアデンへは、一八の経由点を通過して、二八ファルサフＩＭの道のりを行かなければならなかった。[51]ミフラーフ・ジャァファルやズィー・アッスファール（Dhī al-Sufāl）に産したアカネは、ジャナドやマファーリースを経由してアデンへ運搬され、イエメンの主要な輸出産物として取引された。[52]

ザビードとアデンの間を移動する際には、南部山岳地域を通るルートが存在した。[53]その場合、マファーリースやタイッズを経由したものと見られる。また、バーブ・アルマンダブ海峡付近の海岸伝いの道を用いることも可能であった。この道が遅くともナジャーフ朝期には機能していたことが、『イエメン史』の記録から判明する。[54]一三世紀前半に南西アラビアを訪れたイブン・アルムジャーウィルは、アーラを起点としてマファーリースやタイッズ、[55]アデンに至る行程を記録しており、[56]バーブ・アルマンダブ海峡近くの平野部における交通路の存在を示している。

なおイブン・アルムジャーウィルが訪れた六二〇／一二二三－四年のアーラでは、そこを通る各種交易品に対して課税がなされていた。[57]またスルタン・ムザッファル一世はザビード平定後、海岸伝いにアデンへ向かっており、この道がラスール朝下においても継続して使用されていたことがわかる。[58]

北部山岳地域（上地域）のサナアもまた、ラスール朝期にも同地域の交通の要衝として機能していた。サナアは、アデンからは六八ファルサフ[59]あるいは七八ファルサフ、[60]ティハーマ南端（おそらくはバーブ・アルマンダブ海峡からアデンへかけての地域）からは一〇日、[61]ジャナドからは八日あるいは四八ファルサフ、[62]ザビードからは四〇ファルサフ、[63][64]ザビード外港のグラーフィカからは五日の距離にあった。[65]ザビードへ降りる際には、ライマ（Rayma）とハラーズ（Ḥarāz）の間にあるワーディー・スィハーム（W. Sihām）が用いられたようである。[66]なお、ザイド派イマーム勢力の拠点であったサァダへサナアから向かう際には一〇日を、[67]ザマールへ向かう際には二日あるいは一六ファルサフを、[68]それぞれ要した。[69]

以上のようにラスール朝下では、古来使用され、変更を加えられてきたマッカ巡礼道を中心に、多様な交通路が張り巡らされていた。特に、スルタンの居地であるザビードやタイッズは、あらゆる街道の交差点あるいは起点として史料に記されており、ハブ都市として繁栄していたことを物語る。インド洋交易港であるアデンもまた、海陸双方の交通の結節点として重要な地位を占めていた。

3　ラスール朝の地理認識

(1) 分　析

前節で見たようなラスール朝下における交通路の状況を念頭に置いたうえで、本章の主題であるラスール朝の地理認識に関する分析に取り組む。ラスール朝下イエメンでは、ザビードとタイッズ、アデンが中心となって、様々な交通路が展開していた。それでは、ラスール朝下で生きた人々は、自分たちが住む地域をどのように認識していたのだろうか。彼らの認識と実際の間には、どのような歪みが見られるのだろうか。そしてその歪みは何に起因し、何を意味しているのだろうか。

この問いに答えるために、以下では表12と表13を用いて、行程日数と必要とされたディーナールの比較を行う。それぞれの表の「行程日数」の列には、史料中にマルハラとして記載されていた数値か、あるいは先に説明した二つの式をもとに算出した行程日数を記載した。たとえば、ザビード・タイッズ間については、史料中に要するマルハラに関する記述は見られない。しかし、『真珠の首飾り』には、スルタンやカーディーが両都市間を移動する際に出立した日付と到着した日付が散見し（前掲注44）、それらによれば両都市間の移動には二日から七日が必要であったと考えられる。この点につきクルーケンは、特に三日から四日で移動した記事が多い旨を述べている[70]。他方イブン・アルムジャーウィルは、二一ヵ所を経由し、計一六ファルサフＩＭを要する両都市を結ぶ行程を記録している[71]。式②にもとづけば、一六ファルサフＩＭは一一三・七六キロメートルに相当し、さらに式①にもとづけば、これは二・八〜三・一八行程日数に相当する。したがって、これらの情報をもとに、表中ではザビード・タイッズ

表 12　行程日数と軍の移動経費

行程	行程日数	経費(ディーナール)	行程日数の典拠
ザビード・タイッズ	3	1.5	al-Mujāwir: 233, 234, 235; cf. al-ʻAsjad: 454; al-ʻUqūd II: 65, 113, 147, 155, 156, 168, 178, 185, 187, 188, 194, 203, 217-218, 221, 236, 252
ザビード・ジャナド	4	2	al-Mujāwir: 61; Ṣubḥ V: 130; Taqwīm: 90-91
ザビード・ドゥムルワ	4	2.5	al-Mujāwir: 152, 155, 233-236; Ṣubḥ V: 21; Taqwīm: 90-91
ザビード・ミフラーフ	5	3	Ṣubḥ V: 13; Taqwīm: 90-91
ザビード・サナア	5	8	Ṣubḥ V: 13; Taqwīm: 90-91
ザビード・アデン	8.5	6	al-Hamdānī I: 188; Muʻjam V: 256; ʻUmāra: 9
ザビード・リマゥ	0.8	0.25	Muʻjam III: 78; al-Mujāwir: 63; al-ʻUqūd I: 68
ザビード・海	0.8	0.375	Taqwīm: 88
ザビード・ナフル	0.5	0.25	al-ʻUqūd II: 194, 226, 236
ザビード・カフマ	1	0.375	Muʻjam IV: 35
ザビード・カドラーゥ	1.3	1	Muʻjam IV: 353: al-Mujāwir: 58, 59, 62, 63, 90
ザビード・マフジャム	3	1.5	Muʻjam III: 236; Taqwīm: 90-91
ザビード・マハーリブ	3.5	2	Muʻjam III: 236; al-Mujāwir: 58-60, 90
ザビード・ハラド	7	5	ʻUmāra: 6; Wuṣāb: 34; cf. al-Ḥajarī 1984 I: 256; Thaghr II: 7
ザビード・シャルジャ	11.5	10	al-Hamdānī I: 188; Muʻjam V: 256; ʻUmāra: 9

間の行程日数を三とした。

　また、二都市間を移動する軍や使節に必要とされたディーナールを表中に併記した（本章では便宜上、ディーナールを小数表示で記す）。前述のように『知識の光』と『アフダル文書集』に含まれる関連する記事は、「A都市からB都市へ…Cディーナール」という項目の集合によって成り立っている。第2節で検討したように、「A都市」の箇所にはザビードとタイッズ、アデンがもっぱら記載される。賃料や給与の被支払者や挙げられている行程が同一記事内においてさえも多様であるため、記事同士の相互比較は困難である。[72] たとえばタイッズから各地へ派遣される軍に関する記事[73]では、ラッタービー (al-rattābī) とディーワーニー (al-

表 13　行程日数とラクダ引きの賃料

行程	行程日数	経費(ディーナール)	行程日数の典拠
ザビード・タイッズ	3	2	—
ザビード・ジャナド	4	3	—
ザビード・ジューワ	3.6	3.5	al-Mujāwir: 155
ザビード・ドゥムルワ	4	3.5	—
ザビード・ミフラーフ	5	4	—
ザビード・アデン	8.5	8	—
ザビード・リマゥ	0.8	0.5	—
ザビード・海	0.8	0.75	—
ザビード・ナフル	0.5	0.5	—
ザビード・カフマ	1	1	—
ザビード・マフジャム	3	1.5	—
ザビード・マハーリブ	3.5	3	—
ザビード・ハラド	7	5	—
ザビード・ハイス	0.5	0.5	Muʻjam II: 380; al-Mujāwir: 235; ʻUmāra: 16
ザビード・マウザゥ	3	2	ʻUmāra: 9
アデン・アブヤン	1.3	1.5	ʻUmāra: 9
アデン・ラフジュ	0.5	0.75	al-Mujāwir: 270
タイッズ・マファーリース	1.5	1.5	al-Mujāwir: 150-152, 155
タイッズ・ジブラ	0.8	1	Ṣubḥ V: 13; Taqwīm: 91
ジブラ・ジャナド	0.5	0.5	al-Mujāwir: 168
ジブラ・ザマール	3	2	al-Mujāwir: 175-179
ジブラ・サナア	5	4	al-Mujāwir: 175-179

dīwānī)、ジュンディー（al-jundī）、ナジャーブ（al-najāb）の四種類の職に対して、それぞれに異なる金額が設定されている。[74] タイッズからアデンへ移動する際には、ラッタービーには〇・五ディーナール、ディーワーニーには〇・七五ディーナール、ジュンディーとナジャーブには一・二五ディーナールが支給されることとなっていた。こうした金額の差は、職ごとに必要とされる経費が異なっていたこと、すなわち職務内容が多様であったことに起因する。これらを網羅的に比較することは難しいため、ここでは相対的に多くの地名へ言及している二つの記事を取り上げて、分析に用いる。

表12には、ザビードを起点として各地へ移動するナジャーブへ支給さ

れる経費を示した。[75] ナジャーブは、書簡や贈物の輸送に携わる職であったと考えられ、[76] エジプトなどの遠方へ送られる可能性もあった。この記事中には二二の派遣先が書かれており、うち一七件が南西アラビアに所在し、残る四件がマッカ、マディーナ、アイザーブ、エジプトである。しかしながら後者の四件やカフリーヤ（al-Qaḥrīya）、ハーディスについては、遠方にあるが故に距離に関する詳細な情報が少なく、行程日数の算出が難しかったため、表には記載していない。したがって表12には、一五の行程が含まれている。

表13には、二都市間を移動する際のラクダ引きの賃料を示した。[77] ヴァレは同記事や『知識の光』所収のスルタンのラクダの発着所の記述をもとに、[78] それらがラスール朝に仕える人々のために整備されたものであったと考えた。[79] いずれにせよ、ザビードやタイッズ、アデンなどを起点とした二九件の行程とその賃料に関する記事は（ラクダ…二四件、駄獣（al-dawābb）…五件）、筆者が算出できた行程日数や前述の「軍の移動経費」記事と類似する情報を有しており、比較材料として適当である。なおこの記事には、カドラーゥ・al-Ḥ/r/?間、al-Ḥ/r/?・マズハフ（al-Mazḥaf）間の移動に要する賃料も記載されているが、文字を判別できなかったため、分析対象より外した。また、ジャナドとマファーリースとアデン間でアカネを輸送する際に課された税に関する記事も含まれるが、これを他の都市間の賃料記事と比較することは難しいため本章では検討していない。[80] その結果表13には、二二の行程が含まれている。

図２と図３は、表12と表13をもとに、行程日数と経費・賃料を対応させて分布図に表したものである。また、行程日数の回帰直線を求めた。いずれにおいても相関係数は〇・八を超えており、行程日数と軍の経費、行程日数とラクダ引きの賃料には、それぞれ正の相関があることがわかる。このことは、軍の経費やラクダ引きの賃料が行程日数にもとづいて定められていたことを示す。すなわち、ラスール朝の官僚たちは、本章で算出したような行程日数の認識を有していたと考えられるのである。

次に、残差が相対的に大きい行程に着目する。行程日数は最短距離を必ずしも意味するものではなく、想定される旅行者の規模や肉体的条件、自然環境を反映している。軍の移動経費はその職務内容に左右されるであろうしラクダ引きの賃料もまた行程の難易度などの影響を受けることとなる。図２や図３に見える残差は、こうした諸条件によって生じたものと推測される。

図２　行程日数と軍の移動経費

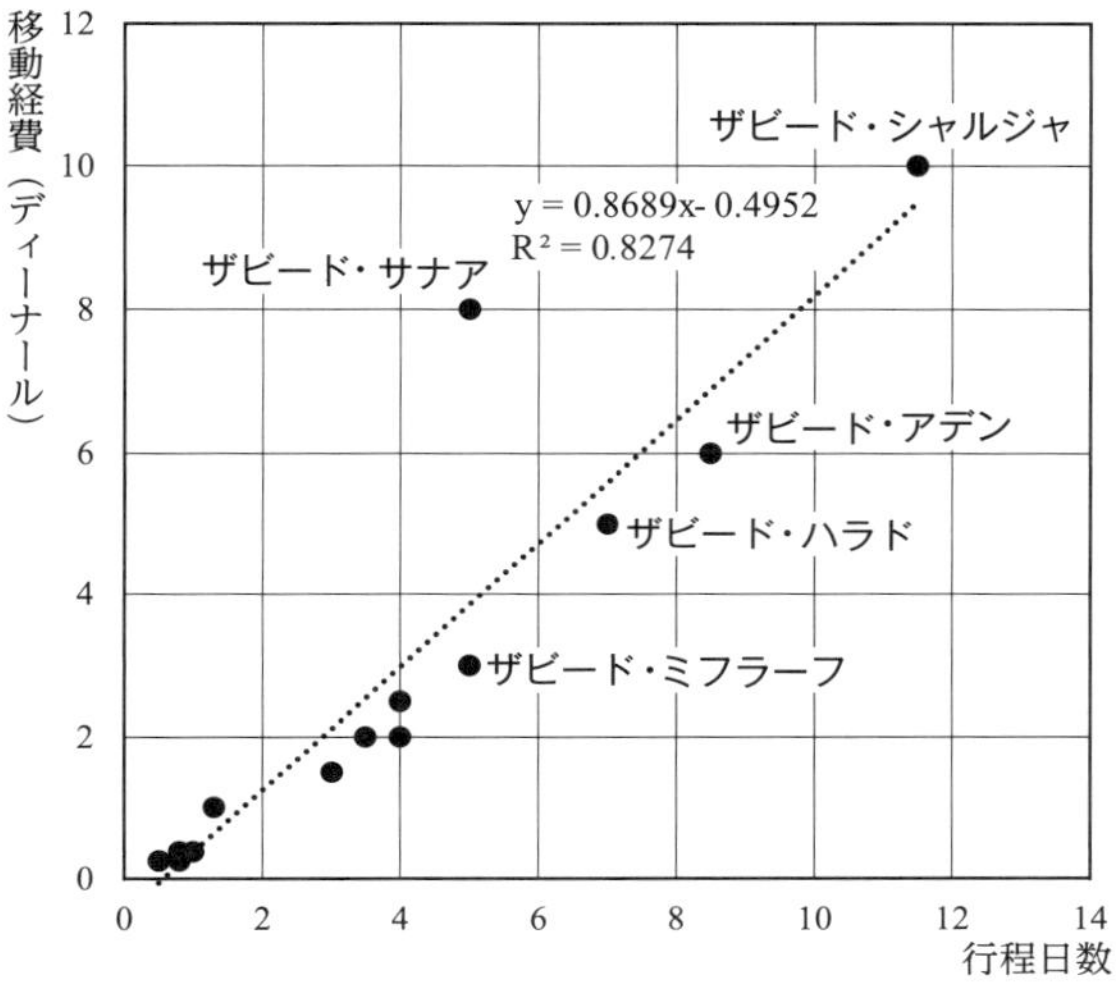

図３　行程日数とラクダ引きの賃料

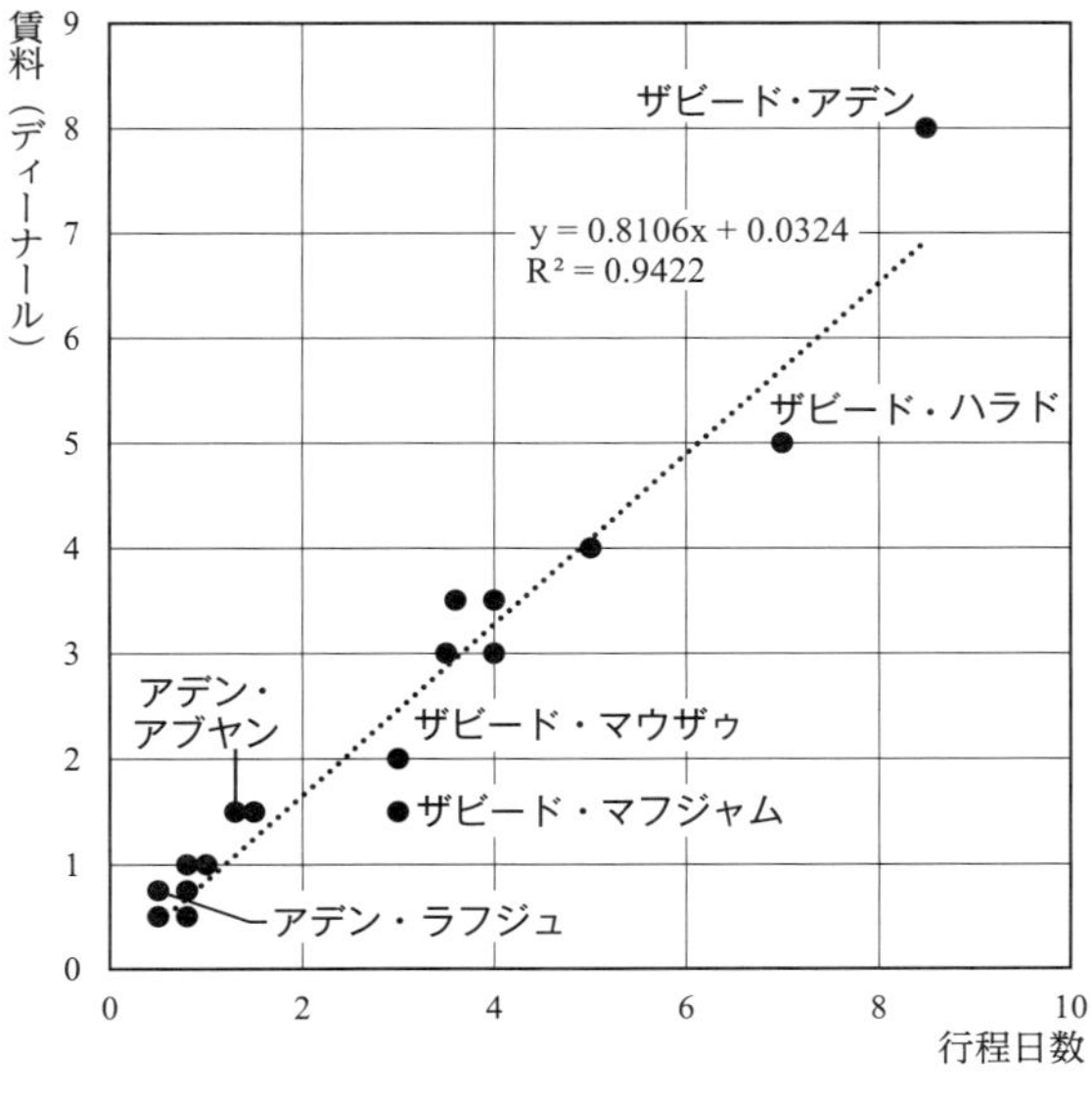

たとえば、ザビードとサナアを結ぶ行程を見てみよう。この行程において軍は、行程日数の割には高額の支払いを受けている。サナアを含む北部山岳地域（上地域）はザイド派イマーム勢力が優勢な一帯であり、ラスール朝との間で軍事衝突がしばしば生じていた（本書第3章第3節第4項）。それゆえに、ラスール朝の支配者層が用いたラクダ引きの賃料に関する記事では、サナアへ向かう行程がほとんど記録されない[81]。こうした状況にあった故に、ザビード・サナア間を移動する者は戦闘に巻き込まれる可能性が高く、他よりも高額の費用を支給されたと考えられる。

また、ザビード・アデン間の行程の残差は、軍の移動経費ではマイナスに、ラクダ引きの賃料ではプラスになっている。ザビード・ハラド間、ザビード・マウザゥ間、ザビード・マフジャム間など、ティハーマの諸都市間やティハーマと南部山岳地域を結ぶ行程の残差は、およそすべてマイナスである。その理由は、政治的な面においてはティハーマや南部山岳地域が安定していたことに求められるだろう。しかし、ザビードからバーブ・アルマンダブ海峡を経由してアデンへ向かう行程は、そうしたなかでも難易度が高いものであった。北緯一二度から一三度の低緯度地域にあって海沿いの海抜〇メートルを進むこの行程は、一年を通して高温多湿という自然環境下にあった。実際『年代記』は、七九三／一三九一年にこのルートを通っていたスルタンの一行のうち、多くの人々や駄獣、ラクダが疲れのために死んでしまったことを伝えている[82]。こうした状況がために、図3に見えるザビード・アデン間の行程の残差が大きくなったものと考えられる。

一方で、アデン・アブヤン（Abyan）間の行程やアデン・ラフジュ間の行程の残差は、若干ではあるがプラスに大きい。ラスール朝期には、北部山岳地域（上地域）と比すればアデン周辺は政治的に大きな混乱が生じない一帯であった。しかしアデン近郊に居住したジャハーフィル族のなかには、スルタン・ムザッファル一世に忠誠を誓う最大派閥アリー家（Āl ʻAlī）がいる反面、スルタン・アシュラフ一世によって「退廃の徒（ahl al-fasād）」と呼ばれ、アリー家と対立するウジュマーン家（Āl al-ʻUjmān）やヤフヤー家（Āl Yaḥyā）が含まれた。[83]『傑作』によれば、彼らはアデンやアブヤンからやって来る隊商（al-qawāfil）を襲撃し[84]、路上で強盗を働いていたのである。[85]アデンとその近郊を結ぶルートは農業生産性に乏しいアデンが成立するうえで必要不可欠なものであったし[86]、何よりアデン港からのあがりは近在のルートを通って南部山岳地域のドゥムルワへ運ばれていたため（本書第6章第2節第1項）、ラクダ引きの往来が途絶えることはなかった。これらを勘案すれば、ラクダ引きの賃料は潜在する危険を加味したうえで設定されたものと考えられる。

表12にはまた、ザビードからハラドやシャルジャ（al-Sharja）へ至る行程が見られる。シャルジャはワーディー・ハラド（W. Ḥaraḍ）の外港として知られ、時にはワーディー・ハラドと同一視されることもあった。[87]しかしここでのハラドは、シャルジャよりも内陸に位置していたように思われる。ハラドもシャルジャもマッカ巡礼道上に位置し、『イエメン史』によればアデンからシャルジャまでは二〇日[88]、シャルジャからハリーまでは五日[89]、そしてハリーからマッカまでは八日を要した。[90]また、ハリーからその北方に位置するスィッライン（al-Sirrayn）までは一九ファルサフ、スィッラインからマッカへは四日である。[91]表12に示したザビード・ハラド間とザビード・シャルジャ間の行程日数をもとに考えれば、ハラド・シャルジャ間は四・五行程日数を要したと考えられる。図2と図3に示された残差は、ハラドとシャルジャはザビードよりも遠方にあってあらゆる不安定要因を内包したであろうこと[92]、準備などにおいて近距離移動よりも手間が必要であったことを加味すれば、納得できるものである。

他方、マッカやマディーナ、アイザーブ、エジプトといった遠方の地域については、ラスール朝の官僚の地理認識は曖昧なものとなった。表14は、これらの地域へザビードより軍を派遣する際に支払われる移動経費と給与を一覧にしたものである。[93]イエメンの諸都市へ向かうのであれば滞在日数を考慮しなければ一ヵ月以内に往復することができるが、ザビードから片道三〇日はかかると見られるマッカより遠方となると移動だけで最短でも二ヵ月を要する。そのために、二カ月分の給与が別途記載されているのであろう。一方で移動経費に着目すれば、行程日数の測定が困難である以上細かにはわからないが、およそ実際の距離と比例して増額されていることを確認できる。

しかしここで意識すべきは、遠方への移動経費が切りがよい数字で書かれている点である。表12や表13に記載した南西アラビアの諸都市への移動経費と比べれば、金額に端数が見られない。このことは、これらの金額を設定したラスール朝官僚が、他地域については相対的に曖昧な地理認識を有していた――それで充分であった――ことを示していると考えられる。

表 14　遠方への軍の移動経費と給与(1)

行程	移動経費（ディーナール）	給与（ディーナール）
ザビード・シャルジャ	10	―
ザビード・マッカ	30	２ヵ月分
ザビード・マディーナ	40	２ヵ月分
ザビード・アイザーブ	50	２ヵ月分
ザビード・エジプト	100	２ヵ月分

表 15　遠方への軍の移動経費と給与(2)

行程	移動経費（ディーナール）	給与（ディーナール）
ザビード・マッカ	20	２ヵ月分
ザビード・ジュッダ	20	２ヵ月分
ザビード・サワーキン	20	２ヵ月分
ザビード・エジプト	100	２ヵ月分
ザビード・バグダード	200	２ヵ月分
ザビード・イラク	500	３ヵ月分
ザビード・ダマスカス	250	２ヵ月分
ザビード・イスマーイール地方[1)]	300	２ヵ月分
ザビード・シーラーズ	200	２ヵ月分
ザビード・マディーナ	50	２ヵ月分
ザビード・ヤンブゥ	50	２ヵ月分
ザビード・アイザーブ	30	２ヵ月分
ザビード・トゥール	40	２ヵ月分
ザビード・アワーン	10	半月分
ザビード・ダフラク島	12	１ヵ月分
ザビード・スィッライン	25	１ヵ月分
ザビード・ハリー	12	１ヵ月分

1）校訂者ジャーズィムによれば，シリアのタラーブルスを指す［Nūr I: 109 n. 875］。

このような曖昧さは、他記事においても確認される。たとえば、『知識の光』所収のまた別の軍の移動経費に関する記事の情報を表15にまとめた[94]。ここでは、ラスール朝支配域外の遠方の都市が多く列挙されている。移動経費の金額の背景を一つ一つ具に検討することは筆者の手に余るが、およそ移動距離と比例した設定となっている一方で、大雑把さを見てとることができる。たとえば、バグダードはイラクに含まれるものの、ザビード・バグダード間とザビード・イラク間とでは、軍の移動経費と給与の金額が大きく異なる。これは、漠然とした地理認識を有する官僚によって大雑把な金額が設定されたために生じた事態であると考えられるのである。

(2)　イエメン模式図の検討

口絵図１・２に示したイエメン模式図は、ラスール朝支配域の税収にかかわる文書の写しから成る『ムァイヤド帳簿』に付された一七点の図のひとつである。他の図と同様に、イエメンの状況を視覚的に概観するためにつくられたものと考えられる。作成者に関する情報は見当たらないが、おそらくは『ムァイヤド帳簿』の編纂に携わった人物であった。イエメン模式図が一〇世紀のハムダーニーの『アラビア半島誌』に見られる地理認識を反映していることは、すでにヴァレによって示されている[95]。しかし、この図がラスール朝期に描かれたことを踏まえればラスール朝史料との比較を通した検討が不可欠だが、これまでに十分になされているとは言い難い。ここでは、ラスール朝の地理認識の一端を解明するために、イエメン模式図における地名の書かれ方について分析を行う。

地図２と見比べればわかるように、イエメン模式図は実際の地形の様子をそのままに描いたものではない。イエメンは円形に歪められており、丸や三角形、四角形といった幾何学図形が用いられている。こうした地図は一〇世紀以降に盛んとなったバルヒー学派に見られるもので、たとえばムカッダスィーが一〇世紀に作成した南西アラビア図が類似した形状を持つ[96]。ラスール朝下においても古代ギリシア由来の数理天文学や経緯度の知識が導入されていたが、[97]イエメン模式図にそれらを使用した形跡は見られない。

イエメン模式図の円の最上部には「マッカ――崇高なるアッラーフが庇護し給いますよう――」と記されており、マッカを一二時の箇所に置いた円のうちにイエメンを描くという姿勢が示されている。円の右側には「東（mashriq）」が、下側には「南（al-yaman）」が、左側には「西（maghrib）」が、それぞれ赤字で書き込まれている。中央の長方形はサラート山脈であり、そこから突き出る赤い三角形は平地と山地の間に位置した城砦を意味する。サラート山脈からは、いくつかのワーディーが流れている。円形の陸地を取り囲むように青で描かれている帯は、紅海やインド洋を指す。海の向こうには、ザイラゥやアワーン（ʿAwān）といった東アフリカの港町が書かれている。

地名の書かれ方に着目すると、そこには何らかの規則があったことがわかる。黒字に関して言えば、以下の二つのうちのいずれかの規則に則っていると見られる。一つ目が、円の左上のハッジャ（al-Ḥajja）を起点とする規則である。そこから平野部を南下し、円の右上のハドラマウトに至って後、海岸沿いに港町を辿っていく。そうしてマウザゥ南方のナツメヤシ（nakhl）の記述に至ると、今度はサラート山脈の左上のナジュド（Najd）へ飛ぶ。そこから反時計回りにサラート山脈を南下し、最後は長方形のなかの右上、マァリブ（Maʾrib）で終わる。二つ目が、円の真上、サラート山脈上のナジュドを起点とする規則である。マァリブまで反時計回りに地名を書き入れた後、ハドラマウト方面のカニー（Qanī）よりマウザゥ南方のナツメヤシまで至り、サラート山脈左側のハッジャへ飛び、サラート山脈外側を反時計回りに南下し、ハドラマウト方面のカウル（al-Kawr）で終わる。

一方で赤字について言えば、以下の二つの規則のいずれかにもとづいているものと考える。一つ目が、円の右上、「シフルとハドラマウト」からはじまる規則である。そこから時計回りに平野部に地名を書き入れていき、ジュッダ（Judda）を目指す。そしてサラート山脈左上のマウル（Mawr）より、山脈内部を反時計回りに進み、ワーディー・アフワル（W. Aḥwar）へ至る。二つ目は、一つ目の順番を逆にしたものである。先にサラート山脈内部の地名を左上から反時計回りに書いて後、「シフルとハドラマウト」から平野部の地名を書いていく。

ラスール朝下イエメンにおける主要な三都市であるタイッズとザビード、アデンもまた、イエメン模式図に含まれている。タイッズはジャナドとともに、サラート山脈下方の真中に赤字で書き入れられている。ザビードは円の左下、アワーンの対岸付近に、赤字で記されている。そしてアデンは、円の右下に、アデン門と城壁とともに赤い三角として描かれている。ヴァレが指摘したように、イエメン模式図においては、タイッズとザビード、アデンが、円の真中下方で三角形の頂点を成しているのである。[98] ムカッダスィーの地図ではサナアとアデン、ザビードが三角形を、さらにはハドラマウトとともに四角形を、それぞれ形成していたが、[99]『ムァイヤド帳簿』所収のイエメン模式図ではサナアの代わりにタイッズが三角形の頂点を担っている。その理由としては、サナアが絶えずラスール朝下にあったわけではないこと、ラスール朝期においてタイッズが主要都市として発展していたことが挙げられる。

こうして現れる三角形は、意図されたものであっただろう。サラート山脈を挟んだ両側の地名、すなわちティハーマ北方のジュッダやハドラマウトがそれぞれザビードとアデンからおよそ二〇～三〇日のところに位置した[100]ことからも、このことは推測される。すなわち、模式図の地名は、これらの三都市の場所を予め定め、かつ、三角形の底辺を成す二つの点からの距離が二〇～三〇日となる都市――ラスール朝の支配が及び得る地域――を円内の両端に収めることを意識したうえで、先に示したいずれかの書き方に則って描かれたものと考えられる。したがって、イエメン模式図に記載されている地名はすべて作成者の計算のうちに含まれたものであって、書いている途上で余白がなくなり、無理矢理に地名を入れ込んだということはない。

このようにしてイエメン模式図が作成された理由のひとつとして、アッバース朝カリフ・ムスタァスィムがモンゴル軍によって殺害された結果、ラスール朝スルタン・ムザッファル一世が「カリフ」に達し、マッカを統治するようになったことが挙げられる。[101] ムザッファル一世の治世はラスール朝史における最盛期であって、その影響力はマッカを含むヒジャーズからハドラマウトにまで及んだ。このことを踏まえれば、ムザッファル一世没後に最終的に編纂されたと見られるイエメン模式図は、かつての「カリフ」・ムザッファル一世の支配域を現出させることを意図してバルヒー学派の方式をもって描かれた可能性が想定されるのである。

以上を念頭に置いたうえでイエメン模式図を眺めると、地名間の距離に違和感を覚える。表12や表13によれば、ザビード・タイッズ間は三行程日数、タイッズ・アデン間は六行程日数、アデン・ザビード間は八行程日数であった。イエメン模式図上では、これら三都市間の距離は等しく見える。しかしながら、ザビード・タイッズ間の移動に七日をかける事例もあること、タイッズ・アデン間を六行程日数とする根拠は史料中の一記述に過ぎないこと、何より行程日数と直線距離が直接には関係しないことを踏まえれば、イエメン模式図上における主要三都市間の距離はさほどの問題とならない。

着目すべきは、円の上半分に書かれている地名間の距離である。まず、円の左上に北から南にかけて、ジュッダとアッサル（ʻAththar）、ハリー、ハラド、スルドゥド、マハーリブを見つけることができるだろう。次に視点を下方へ転じてザビードを探し出したうえで、ザビードからこれらの諸都市への行程日数を確認しよう。ザビードからリマゥへは〇・八、ズアール――その中心地はカフマと呼ばれた――までは一、カドラーゥまでは一・三、マフジャムまでは三、マハーリブまでは三・五、ハラドまでは七、ハリーまでは一八・五であった[102]。しかしイエメン模式図におけるこれら地名の配置を見ると、ザビードから離れるほどに行程日数を反映しないかたちで書かれていることがわかる。ザビード・ハリー間は一一・五であるにもかかわらず、模式図上での両都市間の間隔は、〇・八しか離れていないザビード・リマゥ間の間隔よりも狭いのである。同様の状況は、サラート山脈北部においても生じている。行程日数について言えば、ザマール・サナア間は表13より二、サナア・サァダ間は一〇である。しかしイエメン模式図上では、サナア・サァダ間の間隔は、ザマール・サナア間の間隔の半分にも満たない。このようにイエメン模式図においては、主要三都市から離れるほど、行程日数を反映しないかたちで地名が配されるのである。

こうしたイエメン模式図における歪みの理由を、何に求めることができるだろうか。まず、イエメン模式図がバルヒー学派の流れを汲んでいることを踏まえれば、その目的が地名間のおよその位相関係を示すことにあった以上、実際の直線距離が地図のなかに反映されていないことも当然と言える。またそもそも、三次元の情報を二次元の地図へ落とし込む際に何らかの歪みが生じることは免れない。[103] しかしこれらだけでは、三拠点から離れるほどに都市間の間隔が曖昧になる傾向を説明することはできない。既述のようにイエメン模式図における地名の書かれ方には規則性が見られるため、作成途中で余白がなくなって地名を詰め込んだ可能性は高くない。また、図の作成者が実際の距離や行程日数を把握していなかった可能性は、宮廷官僚によって作成された軍の移動経費やラクダ引きの賃料と行程日数に相関関係が認められる以上、非常に低いものとなる。彼らは、ラスール朝下の諸都市間の行程日数については、充分な情報を有していたのである。

イエメン模式図において生じた地理認識の歪みは、ラスール朝史料において北部山岳地域（上地域）を除いた一帯こそを「イエメン」と称する習慣（本書第3章第3節第4項）と関係していると筆者は見ている。イエメン・アイユーブ朝によって統一されたザマール以南の南西アラビアを継承したラスール朝は、ザイド派イマーム勢力との接触を通して、「一体性」や「我々意識」を急速に獲得しつつあった。ラスール朝宮廷官僚やラスール家の王族は、ザビードとタイッズ、アデンの三拠点より、自分たちの支配域、そして世界を見つめていたのではないか。彼らにとって最も重要な地域は、政治的にも経済的にも――おそらくは精神的にも――これらの三都市であって、陸路でつながっていた都市であったとしても三都市から離れれば離れるほどその重要性は薄まった。自分たちの拠点を重視する地理認識は、ラスール朝下において醸成された「一体性」や「我々意識」の一端を発現したものであったのではないか。

おわりに

『ムァイヤド帳簿』所収のイエメン模式図は、行政文書集の作成に携わったラスール朝官僚の地理認識を反映したものである。彼らは「行程日数」の認識を明らかに有しており、それをもとに軍の移動経費やラクダ引きの賃料、使節の移動経費を設定していた。もちろんその際には、政治的自然的な条件も加味されていた。一方で、イエメンから遠く隔たった地については、相対的に曖昧な地理認識を有するにとどまった。このことは、イエメン模式図において、タイッズとザビード、アデンより遠方になればなるほど、地名間の間隔が適当なものになるという指摘によっても示された。

　こうした地理認識はラスール朝期に醸成されたものではないかと、筆者は推測した。ラスール朝はこれまでインド洋交易との関連のうえで論じられ、その「国際性」が強調されてきた。確かにラスール朝は海を隔てたエジプトやインド洋周縁部とつながりを有し続けたが、その視座はあくまでも主要三都市に立脚しており、外側よりも内側に向かっていたのではないか。スルタン・アフダルは、ムザッファル一世の権勢がホルムズや中国にまで届いたと誇張するが、[104]ラスール朝の支配域の拡大は限られたものであった。本章で検討した地理認識とラスール朝の支配域の限界は、相互に影響を与え合っていたように思われる。ラスール朝官僚は、イエメン模式図において、ラスール朝「カリフ」ムザッファル一世の支配域をバルヒー学派の手法を用いて現出させたものの、そのような広大な「王国」もその統治者たる「カリフ」も、ラスール朝史上二度と現れることはなかった。

　宮廷食材の供給に携わった官僚やそれらを供給された王族、実際にそれを手に取って輸送したり調理したりした人々は、大なり小なり、本章で検討したような地理認識を有していたことだろう。食材供給元の選定や地域内ネットワークの発展は、以上の地理認識と完全に分かたれるものではなく、相互に関連しつつ宮廷食材に影響を与えていたものと考えられる。

第3部 王権

第5章　宮廷組織と食材分配

はじめに

一三世紀のラスール朝宮廷における多様な食材の獲得は、イエメン内外のネットワークの発展と関連して生じた一事象としてとらえられた。ラスール朝は、紅海とインド洋をつなぐ南西アラビアを支配したことによって、そこを行き交う多種の産物や財の獲得に成功したのである。一方でこうした状況は、ネットワークに着目してのみ説明されるものではなく、合わせてラスール朝の「王権」も検討される必要がある。なぜならば王権は、支配域において政治的経済的な影響力を持つと同時に、ネットワークの形成と深化にも寄与するものとみなされるためである。したがって、ネットワークと王権がそれぞれの生成・維持・強化において相互に作用し合う関係にあった点が、より考察されなければならない。[1]

このことは、先行研究では着目されることがなかった、ラスール朝宮廷組織による食材分配に現れている。宮廷による富の再分配に関して言えば、中央へ集積した中国陶磁器や東南アジア産の香料・香辛料類、各種の織物、財が、給与や下賜、贈物のかたちをとって、ラスール家の男性成員や配下の者、アデンを訪れる商人、他王朝に対して分配されていたことが、先行研究にてすでに指摘されている。[2] 宮廷食材の分配に目を向けると、その分配先はより広く、ラスール家の家内集団や女性成員、支配域に近接する――あるいは内在する――諸勢力に至るまで多岐にわたっていたことがわかる。ラスール家内部で繰り返されたスルタン位をめぐる争いのなかでは、家内奴隷や女性成員が重要な役割を果たした。[3] また、南西アラビアには、北部山岳地域（上地域）を拠点としたザイド派イマーム勢力や、独立性を持った各種部族が乱立しており、ラスール朝による支配を難しいものとしていた。こうした状況下で多方面に対して行われた食材分配は、イエメン内外においてネットワークが機能していたこと、イエメンにおいてラスール朝王権による秩序が成立していたこと、それらをラスール朝が維持・強化しようとしていたことを示す、格好の事象である。

そこで本章では、一三世紀のラスール朝宮廷における食材分配を、その実施機関である宮廷組織と食材分配の実態に着目した考察によって、ネットワークや王権との関わりのなかに位置付けることを目的とする。ラスール朝宮廷への食材供給やそれに続く食材分配が、ネットワークと王権の相互作用のうちに生じた事象であると同時にそれらの創出に影響を与えるものであったことが、本章の分析を通して明らかとなるだろう。

1　宮廷組織の検討――ハーナを中心に――

(1)　ハーナ

『知識の光』に目を通すと、食材などの宮廷物資の調達や分配を主に担っていたのは「必要品館」であったこと、また、「飲料館（sharbkhānāh）」や「厨房」が宴席へ給される料理をつくっていたことがわかる。[4] これらはいずれもラスール朝の宮廷に設置されていた機関であるが、[5] その実態については未だ検討の余地が残っている。本節では、食材分配の主体者であった宮廷組織、特に物品の調達・管理に携わっていた機関である「ハーナ」について検討する。

本書でいうハーナとは、その名称中に、ペルシア語で「館」を意味する「ハーナ（khānāh/khāna）」の語を持った機関のことを指す。ラスール朝宮廷には複数のハーナが見られたが、それらは、飲料館（sharbkhānāh）のように、管理していた物品（飲料（sharb））に、「ハーナ（khānāh/khāna）」を付した名称を持っている点で共通する。本書では、史料から引用する場合を除いては、sharbkhānāh のように語尾を「khānāh」で統一して記述する。

『知識の光』中には、必要品館、乗物館（rakabkhānāh）、鎖帷子館（zaradkhānāh）、軍楽器館（ṭablkhānāh）、盥館（ṭashtakhānāh）、武器館（silāḥkhānāh）、飲料館、料理用具館（shanjarkhānāh）、衣装館（farshkhānāh）、応接館（mahmakhānāh）の、一〇種類のハーナが見られる。[6] 宮殿における諸事が遂行されるために必要な各種物品が、これらのハーナにて扱われていた。ハーナは時を超えて継承されていく制度として確立されているとともに、属人的な要素をも持ち合わせていたと考えられる。すなわち、「ムザッファル一世の必要品館（al-ḥawāʾijkhānāh al-Muẓaffarīya）」や、「アシュラフ一世に由来する特別な聖なる厨房（al-maṭbakh al-karīm al-khāṣṣ al-Ashrafī）」といったスルタン個人に属する機関も、史料中に記されているのである。[7]

ハーナでは、専門とする物品を調達・管理するために様々な人材が配置されていた。[8] たとえば各館の倉庫の管理者としてミフタール（miḥtār）が、従業員であるグラームやアブドとともに置かれていた。物品の詳細の記録や、物品の供給を要請する文書作成に従事したのは、書記である。[9]『知識の光』中に明記されないが、書類手続きに関する記事によれば、[10] ウスターダールがハーナを含む諸館（buyūt, buyūtāt）を統括していた。[11]

こうした制度のラスール朝への流入は、先行諸王朝の機構をラスール朝が継承したことによって起こったと見られる。しかし少なくとも、ウマーラが五六三／一一六七―八年に書き終えた『イエメン史』には、ハーナに関する記事は見られない。一方で、アイユーブ朝の行政組織に詳しいイブン・マンマーティー(Ibn Mammātī) (d. 606/1209)[12]の『諸政庁の諸規則（*Kitāb Qawānīn al-Dawāwīn*）』には、「諸館（al-buyūt）」と題された記事において、「諸館は、必要品館や、同様の方法が取られているものを指す」[13]との記述が見られる。現在まで伝わっている同書は原書の要約版であるため情報量に限りがあるが、ここでの「同様の方法が取られているもの」は、khānāh を名称中に有するハーナを含むと考えられる。したがって、ラスール朝のハーナは、アイユーブ朝のそれを受け継いだことによるものと考えて大過ないだろう。[14]

また、ラスール朝と同じくアイユーブ朝の支配体制を引き継いだマムルーク朝においても、同様の機関や職が見られた。実際、マムルーク朝下で書かれた諸史料では、ラスール朝のハーナと同じ名称を持った機関が散見する。[15]たとえばヌワイリー[16]（al-Nuwayrī）（d. 733/1333）は、その著書『願いの終わり』において、「スルタンの諸館（al-buyūtāt al-sulṭānīya）」として、飲料館や盥館、衣装館、武器館、必要品館を挙げている。[17]このように、ラスール朝宮廷のハーナとマムルーク朝宮廷のハーナは類似していたのである。

ここで、ラスール朝の宮廷組織がマムルーク朝のそれに先行して成立していた点を指摘しておきたい。『知識の光』においてこれら機関名が記された最も古い記事は、六四一／一二四三－四年のものである。[18]ここでは、盥館や飲料館、厨房、必要品館、軍楽器館、乗物館など宮廷内の諸館へのラクダ（jamal）の分配数が書かれている。一二四三－四年は初代スルタン・マンスール一世の治世期であり、また、マムルーク朝の成立前夜にあたる。その後、スルタン・ムジャーヒドの治世までにラスール朝の官僚機構がマムルーク朝の影響を受けて整備されると言われている[19]が、その一部を成し、かつ、基盤となる宮廷組織は、すでにマムルーク朝成立以前に完成していたのである。このことがムザッファル一世期の繁栄の礎となったことは、疑いない。

そしてまた、ラスール朝宮廷にのみ存在する組織も見られた。それは、応接館と呼ばれるハーナである。この名称を有した機関がアイユーブ朝やマムルーク朝では設けられておらず、ラスール朝独自のものであることは、すでに『知識の光』校訂者ジャーズィムによって指摘されている。[20] 応接館の書記やマフマンダール（mahmandār）が高貴なる御門（al-abwāb al-sharīfa）への訪問者を記録する仕事に従事していること、警備に携わるジャーンダールが配されていることから明らかなように、[21] この機関は物品を管理する他のハーナとは異なり、宮廷訪問者への対応を主たる職務としていた。ラスール朝は、アイユーブ朝の機構を継承しつつも、必要に応じて追加を行ったうえでこれを活用していた。

ところで、これらの諸機関と同様の働きをしていたと見られる職が、スルタン以外の王族のもとにおいても観察される。たとえば、鐙などを管理したラカブダール（rakabdār）や、盥などを管理したタシュタダール（ṭashtadār）が、スルタン・アシュラフ一世の息子たちのもとで働いていた。[22] また、ハワーイジュカーシュは、タワーシー・アンバルの御方（jiha al-ṭawāshī Shujāʿ al-Dīn ʿAnbar）やタワーシー・シャフィーゥ・アッドゥムルウィーの御方（jiha al-ṭawāshī Shafīʿ al-Dumluwī）のもとで、厨房で用いられる薪や野菜類の購入に従事していた。[23] このことをもって、ハーナが王族のもとでも設置されていたとみなすのは早計だろうが、似通った職が存在していたことは明らかである。

なお、これらの khānāh で終わる語は、単に物品を管理する機関を意味するばかりでなく、そこで保存された物品そのものや、それら物品を有した一団をも指した。その最たる例が tablkhānāh であって、この語は「軍楽器館」というよりもむしろ、「軍楽器」や「軍楽隊」を意味して使用されてきた。[24] 他にもたとえば、六三四／一二三六－七年、スルタン・マンスール一世は行軍に際して必要な物品を運ぼうとしたが、「その地が人跡未踏であるが故に、男たちの背中に乗るだけの farshkhāna や ḥawāʾijkhāna しか運ばれなかった。（そのために）我らが主シャヒード（al-Shahīd）（スルタン・マンスール一世）は、数え切れないほどの物を購入することに財を費やした」[25] という顚末をたどった。これらの「...khānāh」は、「～館」と訳出するよりもむしろ、衣装（farshkhānāh）や必要品（ḥawāʾijkhānāh）[26]

として訳出、理解すべき単語である。

(2) 食材分配に携わった機関――必要品館・厨房・飲料館――

本節では、食材分配に携わった諸機関について、具体的に確認していく。

まず必要品館は、宮廷で必要となった物品を調達・保存し、各所へ供給していた。その主たる対象品は、スルタンの厨房で用いられる香料・香辛料類や肉類、穀物類、陶磁器などである。[27] ここに集められた物品は、その後、宮廷の厨房や王族のもとへ送られることとなった。また後述するように、下賜品や贈物の管理を行っていたのも必要品館であった。

必要品館では、前節で見たミフタールやグラーム、アブドに加えて、より専門に特化した職が設けられた。[28] たとえばラスール家の女性成員のもとでも見られたハワーイジュカーシュは、必要な物品を実際に購入する役目に就いていた。[29] 彼は多額の金銭を扱うがゆえに、信頼の置ける人物でなければならなかった。[30] 他にもカンマートは、羊肉などを購入・管理する職であり[31]、北部山岳地域（上地域）へスルタンが向かう際には、数ディルハム（dirham）を持って同行し、地方部族のシャイフたちより羊を購入した。そしてマラクダールは、宴席で用いられる陶磁器などの準備に携わっていた。[32]

次いで、厨房について見てみよう。[33] ここでは、スルタンの食卓へ給するための料理が、必要品館や市場を通じてイエメン内外から集積された食材をもとに調理されていた。一口に厨房といっても、製パン所（makhbaz）や砂糖菓子の館など、調理する料理ごとに分化した厨房も見られた。[34] ラマダーン月には特別な厨房（al-maṭbakh al-khāṣṣ）と一般向け厨房（al-maṭbakh al-kharajī）が設置されており、スルタンたちへ供された料理と、それ以外へ給された料理が異なっていたことが示唆されている[35]（本書第2章第3節第1項）。

これらの厨房では、様々な職人が働いていた。料理人やそのハーディムたち（al-khuddām al-ṭabbākhīn）のうちには、給与が一ヵ月に二〇ディーナールに達する者もいた。[36] 他にもグラームやアブド、専門とする分野に特化したパン職人や漬物師（kamākhī）、砂糖菓子職人などが見られた。[37] 厨房では、他の諸館と比してより専門に特化した職人が必要とされていたことがわかる。

以上に見たような厨房の細分化は、スルタンとは居所を別にする縁者の女性（jiha）の館においても見られた。たとえば、タワーシー・アンバルの御方の館では、製パン所や砂糖菓子の館などが置かれていた。[38] これらの厨房では、やはりスルタンの厨房と同様に、粉挽き人（ṭaḥḥān）やパン切り人（qaṭṭāʿ）が働いていたものと考えられる。[39] ハワーイジュカーシュやカンマートもまた、用いられる食材の調達に従事していた。[40] このように、ラスール家の女性成員の館においても、スルタンの宮廷組織と類似した機構が存在していた。

最後に、飲料館について見てみよう。ここでは、前節で見た他の諸館と同様に、ミフタールとその配下のグラーム、アブドが働いており、[41] スィカーゥやスービヤー、フッカーゥといった飲料がつくられていた。一三世紀半ばに編纂された料理書『友との絆』では、スービヤーとフッカーゥを、それぞれ大麦（ḥinṭa）や小麦を発酵させた飲料として収載し、[42] また、『知識の光』校訂者ジャーズィムはフッカーゥを今日のビールと同一視している。[43]『友との絆』には「イエメン風スービーヤ」の詳しいレシピが記載されており、[44] その原材料は『知識の光』の記事情報とおよそ一致する。[45] したがって、ラスール朝宮廷においてこの「イエメン風スービーヤ」が飲まれていた可能性も否定されないだろう（本書第２章第２節第１項）。

2 食材分配の実態

前節で検討した宮廷組織において保存された物資や食材は、スルタンのために使用されるだけでなく、ラスール朝が成立せしめた社会秩序やネットワークを維持するためにも利用された。本章では、ラスール家内部や南西アラビアの諸勢力に対する富の再分配、特に食材分配を、「宴席や祭事において」と「手当てとして」の二つの型に大別したうえで、それぞれ描出する。すでに宴席の機能については本書第2章で述べているが、さらにこれらの検討によって、ラスール朝の王権が食材流通において重要な位置を占めていたこと、そして、食材分配を通して政治的なバランスをとろうとしていたことを示す。

(1) 宴席や祭事において

宮廷において宴席が催された際には、王族やアミールなど、王朝に仕える人々が列席し、厨房や飲料館から運ばれた様々な香料・香辛料類や甘味類、肉類を用いた料理に舌鼓を打った。[46] 列席する人々の席順はあらかじめ定められており、名士に属する者たちへは特別食が、それ以外の者たちへは一般食が供されていた。[47]

こうした宴席や祭時においては、砂糖菓子や犠牲獣（udḥīya, laḥm）の支給が行われた。[48] たとえば、スルタン・ムザッファル一世期のある年のシャァバーン月に行われたと考えられる砂糖菓子の支給記録は、その一例を提供する。[49] そこでは皿の数によって、分配される砂糖菓子の量が示されている。皿の種類が複数あり、また、機関や職名が分配先として記されているため、一概に比較はできないが、多い者で三〇皿分（タワーシー・アフマドの御方（jiha al-ṭawāshī Aḥmad b. Maysar））、少ない者で一皿分（軍楽器館のミフタールなど）の砂糖菓子を受け取っていた。この時の分配先の件数の総計は九八件に達しており、その約六割（五七件）を宮廷で働いていた人々が占めている。ここでは、個人名が記録されないような、前節で既述したハーナの従業員やミフタール、グラーム、アブドなど、宮廷の末端を構成する人々が列挙されている。他の下賜記事においても王族の女性や様々な宮廷職員が記録されており、体制内における下賜の対象が王族の男性や軍人に限らなかったこと、奴隷に至るまで隈なく広がっていたことを確認できる。

　ラスール朝はまた、体制の外の勢力や個人に対しても同様の施策をとっていた。すなわち、周辺支配者層は祝祭時にスルタンの高貴なる御門（al-bāb al-sharīf）に参上し、食材や産物を分配されていたのである。彼らは、スルタンのもとを訪れた際には、自分たちの滞在費用から駄獣の飼い葉に至るまで、諸々の世話を受けていたものと見られる。[50] 六七八／一二八〇年以前に行われたと思われる食材分配の記録[51]には、様々な参列者の名前が記録されている。そこでは、イエメンで生産される羊や小麦粉の他に、対岸の東アフリカから輸入したバラービル羊が、多い者で一五〇頭、少ない者で一〇頭、支給されていた。この記録において着目すべきは、ラスール朝と隣接した地域の支配層や、辺境地域の長、部族の長が、その名を連ねている点である。シャイフ・シャフワーン（Shahwān b. Manṣūr）は、北部山岳地域（上地域）のジャンブ（Janb）に由来するムニーフ家（Āl Munīf）を率いた人物であった。[52] 部族が割拠するイエメン山岳地域を支配するにあたっては、各部族の長を抑えなければならなかったのである。アミール・ジャマール・アッディーン（Jamāl al-Dīn ʻAlī b. ʻAbd Allāh）（d.699/1300）は、北部山岳地域（上地域）で支配的であったザイド派イマーム勢力のシャリーフだが、この後六八五／一二八六－七年にラスール朝の軍門に降り、ムァイヤド一世の治世に至るまでアミールとして活躍した。[53] また、ハドラマウトのシフルを支配していたアミール・フサーム・アッディーン（Ḥusām al-Dīn Rāshid b. Shujayʻa）や、ハブーディー朝（600/1203-678/1280）のスルタン・サーリム（Sālim b. Idrīs al-Ḥabūdī）（r. 670/1271-678/1279）の兄弟にあたるアミール・ムーサー（Mūsā b. Idrīs al-Ḥabūdī）も参上している。

彼らは、六七八／一二七九年のスルタン・ムザッファル一世によるハドラマウト遠征によって、彼の地における支配権を失うこととなる。[54]また、ティハーマに位置するハリーをラスール朝勃興前より支配していたアミール・キナーニー（Badr al-Dīn Ḥasan b. Mūsā al-Kinānī）とその一族もまた、この祭事にあってはるばる参上していた。ハリーは、低地におけるラスール朝支配域の北端にあって、マッカのシャリーフによる支配が及ぶこともある境域であった[55]（本書第4章第3節第2項）。彼はラスール朝初期の段階でスルタン・マンスール一世の軍門に降って以降、変わらずハリーを統治し続けていた。[56]そしてシャリーフ・バリーグ・アッディーン（Balīgh al-Dīn al-Hādī b. Rājiḥ）は、マッカの政権争いに加わっていたカターダ家（Banū Qatāda）の成員である。彼の父親のラージフ・ブン・カターダ（Rājiḥ b. Qatāda）（d. 654/1256-7）はラスール朝寄りの人物として知られ、スルタン・マンスール一世がマッカ支配を試みる際に活躍した。[57]

このように、下賜の場においては、ラスール朝支配域近隣の支配者層が参上した。[58]そこで行われた食材分配は、ラスール朝による懐柔政策の一環に位置付けられる。[59]視点を逆転させれば、参列者はラスール朝スルタンが催す宴席に参加し、下賜品を頂戴することで、スルタンに対して敵意を持たないことを示していたとみなせる。ラスール朝による食材分配は、分配者と被分配者の双方がラスール朝の王権の存在を確かめ、関係を深めるための一手段として機能していたのである。[60]

(2)　手当てとして

前項で検討した宴席における食事の提供や下賜は、世界各地で広く見られるものであった。[61]これらは普段の生活から離れた非日常的な場所や時間のなかで行われる、支配者による恩寵の表現手段とみなせる。一方で、公的、制度的な富の分配として、中央の財務機関が労働や奉仕に対して行う経済的支払いがある。これは被分配者が一つの

表 16　644/1246 年のある月の手当て

分類	内訳
肉類	バラービル羊：2[1)]，特別な肉（laḥm khāṣṣ）：100，バラービル雌羊（kusūb barābir）：2，鶏：4
卵・乳製品類	卵：75 個，チーズ：2＋1/2 ラトル
穀物類	米：3 ザバディー
豆類	ルピナス：5
野菜類	タマネギ：1＋1/2 ザバディー，ナスビ：250 個，カボチャ：10 個，ニンジン：37＋1/2，タロイモ：37＋1/2
果実類	ザクロの実：10 ラトル，レモン：250
乾燥果実類	ナツメヤシ：10，クルミ：250 個
香料・香辛料類	サフラン：10 キフラ，マスチック：10 キフラ，スンマーク：2＋1/2 ラトル，肉桂:1＋1/4 ラトル，配合香辛料:2＋1/2 ウキーヤ，コショウ：1＋1/4 ラトル，ショウガ：2＋1/2 ラトル
調味料類	塩：1＋1/4 ザバディー
甘味類	蜂蜜：10 ラトル[2)]，キターラ：10
油脂類	タヒーナ：2＋1/2 ラトル，動物性油脂あるいはバター油脂：15 ラトル，ゴマ油：10 ラトル（5 ラトル）[3)]
その他（食材）	デンプン：2＋1/2 ラトル

* Nūr II: 11 をもとに筆者が作成した。左側の分類については，本書第 1 章を参照。記事末に「厨房の薪の量 : 3, グラーム : 1/4（グラームが使用する薪の量か）とあるが，表中には記載しなかった。表中の注については，以下の通り。
1）2 頭を示す。他にも見られるように，数値の単位はしばしば明記されない。
2）記事末に，「人々は白砂糖を用いていたが，やめて，蜂蜜を代わりとした」と記録されている。
3）「慣習では 10 ラトルだったが，変更されて 5 ラトルとなった」と記録されている。

権利として受け取ることができるもので、現金あるいは現物で支給された。ラスール朝においては、手当てや給与と称されるものがそれに相当するだろう。

手当ては、時に必要品（ḥawā'ijkhānāh）と呼ばれていることからわかるように[62]、主に必要品館で管理されていたものと見られる[63]。そこでは、手当ての支給先の一覧が作成され、書記によって厳密に処理されていた。表16に示した六四四／一二四六年のある月に作成されたと見られる手当ての内訳記録は、その分配先や分配場所などの詳細は書かれていないものの、手当てとして用いられる産物が多様であったことを示している[64]。

本書第1章ならびに第3章で示したように、これら産物の供給元はイエメン内外の様々な地域にあった。すなわち宮廷は、必要品館に収集されたイエメン内の各種産物やアデンを通して輸入されたインド洋周縁部の産物を再分配していたのである。その分配先は、富の再分配に関する先行研究においてしばしば取り上げられる王朝の男性成員や軍人だけではなく、以下で検討するように多岐にわたっている。

まず、ラスール家の女性成員に対しては、給与や衣類代（kiswa）が、手当てとともに支給されていた。[65] いずれも現金としての他に、衣類代名目では衣類そのものが、手当て名目では穀物（ghilla）や諸品が、それぞれ現物で渡されていたと見られる。手当てのうちには、肉類や香料・香辛料類、果実類が含まれており、これらはミフラーフ・ジャァファルやアデン、ザビードといったイエメンの諸地方から届けられていた。[66] 他にもザビードでは、青物商より購入されたウリやナツメヤシが、タワーシーや女性成員へ手当てとして配られた。[67] また、山岳地域からティハーマへ必要品（khānāh）が運ばれてきた際には、周辺に住むタワーシーや王族の女性たちへその分配が行われた。[68] ラマダーン月には、夜明け前に食するスフトゥールなどが給されることもあった。[69] タワーシー・ラディー・アッディーンの御方（jiha al-ṭawāshī Raḍī al-Dīn Fakhr）に対する支給では、スースィー（Sūsī）と呼ばれる絹織物が記録されている。[70] これはフーズィスターン（Khūzistān）にあるスース（al-Sūs）に由来するもので、[71] 今回参照した限りにおいてはエジプトと紅海を経由してアデンより輸入されていた。[72]

手当ての支給は、他の王族に対しても行われた。たとえば、第6章で見るように、スルタン・アシュラフ一世の息子も同様のかたちで手当てを受け取っている。[73] また、少なくとも六七四／一二七五－六年から六七七／一二七八－九年にかけてタイッズの監獄に収監されていた三人の王族と一人のシャリーフへ、様々な食材がザビードやアデンから手当ての名目で四ヵ月ごとに送られてきていた。[74]

王族以外の配下の者たちへも、手当てや下賜のかたちで同様の産物が与えられていた。スルタン・ムザッファル一世の友人として、また詩人として知られたイブン・ダッアースは、四日ごとに米やバター油脂、蜂蜜、ザクロの実、コショウ、コリアンダー、ナスビ、卵を、そして毎晩砂糖のスィカーゥ（siqāʾ sukkar）を、手当てとしてそれぞれ受け取っていた[75]。また、ウスターダールであったアミール・イブン・アルフマーム（Shams al-Dīn ʿAlī b. al-Humām）は、六八六／一二八七―八年、スルタン・ムザッファル一世の命によって北部山岳地域（上地域）へ向かう際に、白砂糖や香料・香辛料類などを支給された[76]。他にも、カーディー・ハースィブ（Sharaf al-Dīn al-Ḥāsib）やタワーシー・シブル・アッダウラ（Shibl al-Dawla Kāfūr）、タワーシー・サービク・アッディーン（Sābiq al-Dīn b. al-Juzarī）へ、白砂糖や蜂蜜が年間を通して送られている[77]。もっとも、以上はいずれも、スルタン・ムザッファル一世に近しい人物かあるいは高位にあった人物と見られるため、そうではない人々へ同様の支給がなされていたのかどうかはわからない。

彼らの家族が結婚する際には、支度金とともに、種々の食材もまた支給されていたと見られる[78]。前述のイブン・ダッアースの娘が結婚する際には、一〇ディーナールの支度金の他に、白砂糖や蜂蜜などの食材が送られた。また、アミール・マルワズィー（al-Marwazī）の娘がアミール・シャムス・アッディーン（Shams al-Dīn Mughlṭāy al-Duwaydār）に嫁ぐ際にも、同様の食材が支給された。

他、一般の臣民に対するものとみなし得る手当ての支給例も、わずかに観察される[79]。たとえば、六九〇／一二九一年のシャァバーン月には、スルタン・ムザッファル一世が建設したと見られるタイッズのマドラサへ、三五ディーナール相当の手当てが送られた。これは、パンや砂糖、ゴマ油、デンプン、乳、薪、砂糖菓子職人の給与より成るものであった[80]。

手当てとして支給される物品には、飲料館でつくられた飲料や、厨房で調理された料理もあった。これらは、宮廷縁者の女性だけでなく、スルタンの宮廷で働いていたハーディムや、盥館や必要品館の従業員へも支給されていた[81]。前項で見た宴席や下賜による食材獲得と合わせて考えれば、彼らには、イエメン内外の多様な食材へ接近する機会が多くあったとみなされる。

おわりに

以上本章では、一三世紀ラスール朝における宮廷組織と食材分配の実態について、『知識の光』の記述をもとに具体的に検討してきた。

まず、食材分配に実際に関与した宮廷組織の一部であるハーナは、先行するイエメン・アイユーブ朝から受け継がれた機構とみなされ得る。これは、エジプトでマムルーク朝が成立する以前より、ラスール朝において機能していた。したがって、ラスール朝の宮廷組織は、マムルーク朝の宮廷組織を模倣したというよりもむしろ、アイユーブ朝のそれを継承したところに起源を求めるべきである。ラスール朝黎明期にこうした組織がすでに存在していたことは、官僚機構全般に関するますますの検討が必要ではあるものの、ラスール朝支配体制が当初より確立していたことを示唆する。スルタン・ムザッファル一世期におけるラスール朝繁栄の一因を、ここに見ることができよう。

イエメンやインド洋周縁部の産物は、これらの宮廷組織によって中央へ集積された。国庫に入れられた財や必要品館で管理されたイエメン内外の食材、厨房でつくられた料理、飲料館でつくられた飲料は、ラスール家の成員や周辺諸勢力に対して分配されていた。その分配先はラスール家の王族の男性や軍人に限らず、イエメンの各種部族の長や周辺王朝の王族、ザイド派イマーム勢力のシャリーフ、そしてラスール家の女性成員や文官、さらには宮廷組織で働く使用人や奴隷に至るまで、多岐にわたっている。彼らは、ラスール朝と懇意にすること、あるいはラスール朝に仕えることによって、貴重な砂糖菓子や舶来の食材を入手する機会を得ていたのである。

ラスール朝は、その内部において食材を分配することでラスール家の統合を図った。また、周辺諸勢力に対しても同様の施策をとり、南西アラビアに秩序を出現させることに努めた。一方で、海を隔てた外部勢力や来訪する商人たちと贈物の互酬を行うことで、彼らとの結びつきを強化しようとした。このように、「食材分配」を通してラスール朝という支配体制を見ると、ラスール朝が、ラスール家・陸続きの諸勢力や個人・海を隔てた諸勢力や商人との政治的・経済的な関係のうえで成立していた様が浮かび上がってくる。スルタン・ムザッファル一世期以降にラスール家内部における権力争いが激化したこと、反乱勢力がイエメンにおいて絶えず乱立していたこと[82]、マムルーク朝という強大な王朝の脅威をラスール朝が常に感じていたことを踏まえれば、本章で見た食材分配はこれらの潜在的危険を未然に防ぐための対策であったととらえることも可能であろう。

第6章　家内奴隷

はじめに

前章で見たように、宮廷への食材供給や宮廷からの食材分配においては、様々な組織や人々が活躍していた。そこでは、書記などの職に加えて、アブドやハーディム、ジャーリヤ、グラーム、タワーシーといった奴隷身分を指すと一般に言われる人々が働いていたことが、『知識の光』所収の関連記事より窺い知れる。ラスール朝宮廷において家内労働に従事した奴隷に関しては、他地域の家内奴隷の研究と同様に、軍事奴隷と比すればこれまで十分に検討されていない[1]。

そこで本章では、『知識の光』に見られる家内奴隷と思しき人々について、相対的に多くの情報が残されている出自や収入に着目して検討する。記事中で併記される軍事奴隷マムルークにも触れつつ、一三世紀のラスール朝宮廷食材に関わった人々の一端を叙述する。イスラーム世界の境域に位置したイエメンの家内奴隷に、他地域と比した場合にどのような一般性あるいは特殊性が見られるのだろうか。この分析は、ラスール朝の王権を支えた一要素を具体的に明らかにすると同時に、中世イスラーム世界における奴隷研究へひとつの事例を提供するものである。

なお、奴隷や自由人の社会的な実態としての区別は曖昧なもので、奴隷とは何か、誰が奴隷であったのかといっ

地図5　ラスール朝期の紅海沿岸部と東アフリカ

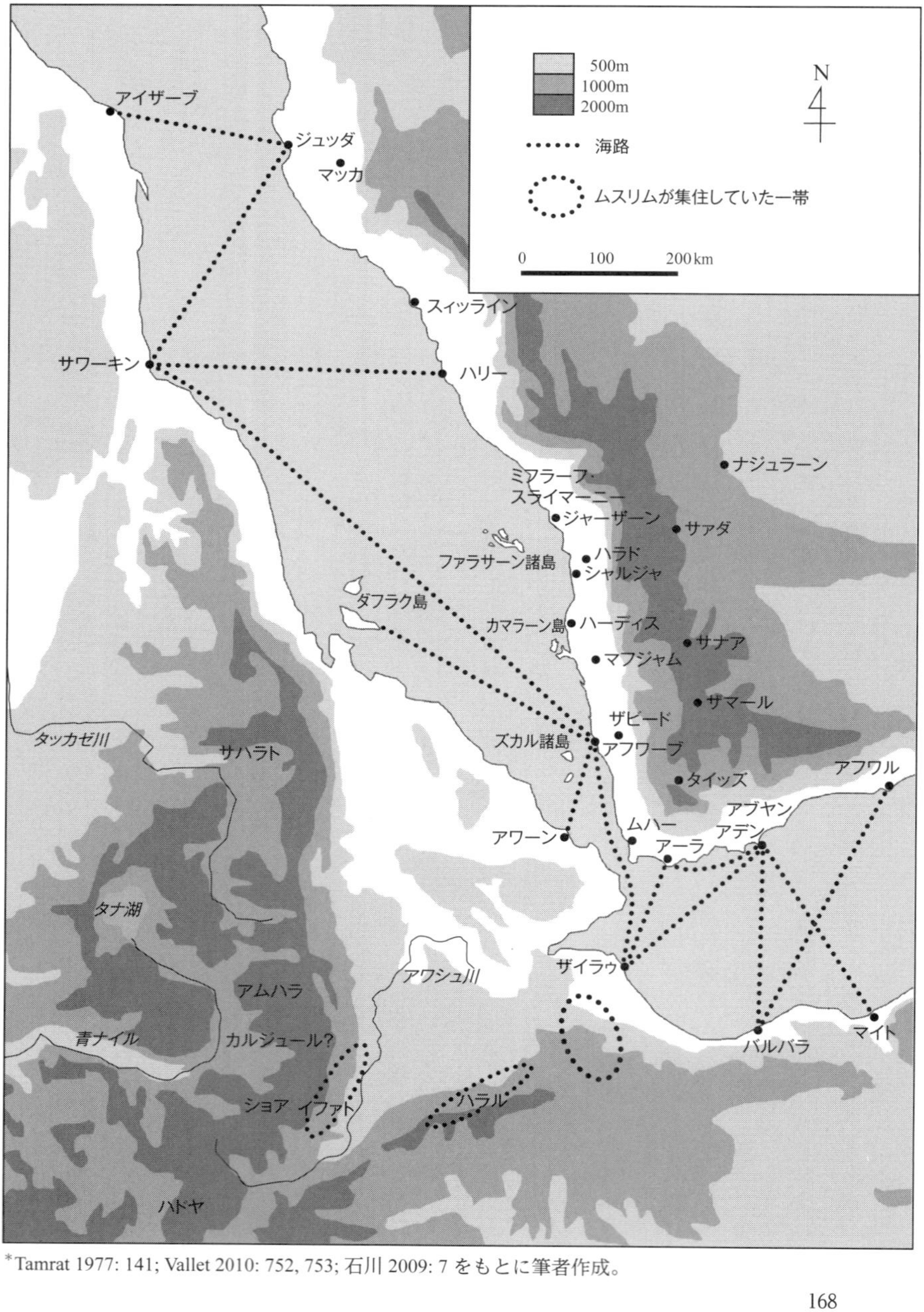

*Tamrat 1977: 141; Vallet 2010: 752, 753; 石川 2009: 7 をもとに筆者作成。

た点を厳密に定義することは、こうした曖昧さを切り捨てることにつながる。[2] 実際、第3節で見るように彼らは給与を得ており、解放奴隷、あるいは、有償解放契約を主人と交わして蓄財の自由などを得た奴隷であった可能性も否定されない。本章では、彼らの法的社会的身分について厳密に追求することは史料の制約上できないが、出自や収入の検討を行うことでその具体像に迫る。

1 東アフリカから流入する人々

(1) アデン港課税品目録に記載される人々――アブド・ハーディム・ジャーリヤ――

『知識の光』所収のアデン港業務関連記事のうち、イエメンの対岸の東アフリカにおける商業活動に関する断片的な記事は、アブドやジャーリヤ、ハーディムが、他の産物と同様に、銀の重量単位であるウキーヤでその価値を計られたうえで織物（bazz）との物々交換（muqāyaḍa）によって取引されていたことを伝える。[3] 彼らはいずれも加点法によって、[4] 最上級（ʿāl）と中間（wasaṭ）、最下級（dūn）に区分されていた。[5] アブドとジャーリヤの取引価値はほぼ等しく、最上級は二〇ウキーヤ、中間は一四～一六ウキーヤ、最下級は一〇～一二ウキーヤであった。それに対して、ハーディムの取引価値はアブドやジャーリヤの三倍から五倍に達しており、最上級は六〇～一〇〇ウキーヤ、中間は五〇～六〇ウキーヤ、最下級は四〇ウキーヤ以下程度であった。このうち「男であるアブドたち（al-ʿabīd al-fuḥūl）」については、ジズル族（al-Jizlī）やアムハラ族（al-Amḥarī）、サハラト族（al-Saḥaratī）出身の、純潔のエチオピアの若者（al-waṣīf[6] al-Ḥabashī al-ṣarīḥ）がよいとされた。[7]

ハーディムは、先に挙げたようにアブドについて説明する際にあえて「男である」の語が付されること、取引価格がアブドやジャーリヤより相当に高額であること、第3節で見るようにラスール家の女性成員のもとで彼らが大勢働いていたことを念頭に置けば、去勢されたアブド、すなわち、去勢者に他ならない。[8]彼らは東アフリカにおいてすでにハーディムであることから、イスラーム世界の境域であるアデン（thaghr ʻAdan）に入る以前に手術を施されていた。これは、「去勢手術の多くがイスラームの境域の外側で主として不信仰者によって行われていた」というアヤロンの指摘と[9]一致する。輸出港であるザイラゥがすでにイスラーム化していたことを[10]踏まえれば、実際の施術場所はザイラゥの後背地にあったと考えられる。

彼らはエチオピアやザンジュ（Zanj）よりザイラゥへ輸送されて後、ザイラゥから海路アラビア半島へ運ばれた。[11]エチオピアからザイラゥへ彼らを輸送するにあたっては、様々な関税や輸送料に加えて、肉やバター油脂などの彼らへの支給品が必要であった。なお、ヌビア（al-Nūba）出身の奴隷がイスラーム世界で活躍していたことはよく知られており、[12]『書記官提要』にも記載が見られるものの（後述）、他のラスール朝期の記事にその存在を確認することはできない。またこの時代には、さらに南に位置するモガディシュがインド洋交易港として繁栄しつつあり、[13]奴隷が盛んに積み出されていたとシャムルーフは述べるが、[14]このことを明示する記述はラスール朝史料に見当たらない。その理由としては、ヌビアやモガディシュからの奴隷供給がなかったというよりもむしろ、これらの地域を出立した人々があったとしてもエチオピアやザンジュ出身の人々とまとめて扱われたために史料上に明記されにくいと考える方が妥当だろう。

ザイラゥ以外にも、紅海に浮かぶダフラク島もまた、奴隷経由地として機能していた。その歴史は古く、二六六／八七九―八〇年頃にはダフラク島へ運ばれたヌビアやエチオピアの男女の若者五〇〇人ずつに対して課税が行われていたことが、『イエメン史』に記録されている。[15]ダフラク島の支配者（ṣāḥib）がラスール朝スルタンへジャーリヤやアブドを贈ったという記録[16]は、ラスール朝期にもダフラク島が奴隷経由地であり続けたことを示す。

アデン港税関においては、彼らには関税が課せられた。[17]『知識の光』中に散見するいくらかの記事を以下に示そう。単位が書かれていないものが多いが、数字の後にはディーナールが省略されていると考える。

エチオピア奴隷（raqīq al-Ḥabasha）：ハーディム——四、男であるアブド（al-ʻabd al-faḥl）やジャーリヤ——二、エチオピアからの男であるアブド——一。

ザンジュ奴隷（al-raqīq al-Zunūj）：アブドやジャーリヤ——二＋四分の一、ザンジュ・イルジュ（al-ʻulūj al-Zunūj）——一＋四分の一。[18]

ザンジュ奴隷：ハーディム——四、男（al-faḥl）やジャーリヤ——二、イルジュ——二分の一。

ザンジュ奴隷：一人頭——二＋四分の一ディーナール、イルジュ——一＋四分の一ディーナール。[19]

記事中に不明瞭な部分が残りはするものの、アブドやジャーリヤにかけられた関税は最大でハーディムのそれの半分程度であり、[20]イルジュであればさらにその額は下がった。イルジュがどのような人々を具体的に示すのか解釈の余地があるが、アブドより廉価であることや、イブン・マンズール（Ibn Manẓūr）(d. 731/1311) ならびにフィールーザーバーディー（al-Fīrūzābādī）(d. 817/1415) による指摘をもとにして、「不信仰者」あるいは「狂った者」など、求められる資質について何らかの点で劣っている者を示しているとここでは考えたい。[21]アデン港税関における奴隷取引に関する記事は、ズライゥ朝期の状況を反映する『南アラビア地誌』や、一四世紀の事情を記録する『書記官提要』所収の課税品目録においても見られる。[22]アデン以外の港でも奴隷交易が行われていたことは、『書記官提要』の記事によって示されている。すなわち、ズファールではインド出身の歌い手であるジャーリヤが、シフルではインド出身の踊り手であるジャーリヤが、アデンではハーディムが、ザビードに属するブクア（al-Buqʻa）ではアブドやジャーリヤ、エチオピアの若者が、ダフラク島ではヌビア出身のアブドが、ハリー付近のアーズィブ（ʻĀzib）では若い女性が、それぞれスルタンあるいは当地の政庁（dīwān）への贈物として別途取り扱われていた。[23]

アデンでは、ラスール朝の政庁によって奴隷の購入が行われた。特にハーディムの場合は、誠実な者が選ばれた。政庁に買い上げられると、衣類を与えられ、ハーディム筆頭（al-khādim al-muqaddam）へ渡された。[24] アデンを経由せずにザビードの外港より輸入されることもあったと考えられるが、[25] いずれにせよその道中においては、関税や輸送費、食費のために、アブドやジャーリヤであれば一〇ディーナール程度が、ハーディムであれば二〇ディーナール程度が、それぞれ必要とされた。[26] したがって政庁による奴隷の買い上げ価格は、東アフリカにおける織物による彼らの取引価値をディーナールに正確に換算する材料がないために容易に算出できないが、少なく見積もっても数十ディーナールに達した。

政庁に購入されて後、彼らがどのようにしてラスール朝宮廷に仕えるようになったのか、具体的にどのような職務に就いたのかという点については、『知識の光』所収の複数の記事が、アブドやハーディムがグラームとともに宮廷の諸館で働いていたことを伝える（本書第5章）。物品や食材を調達・管理するこれらの宮廷組織では、羊肉の購入を行うカンマートをはじめとした様々な職名が観察されるが、アブドやハーディム、グラームは単に「ハーディムたち」や「飲料館のアブドたち」、「必要品館のグラームたち」などと記録され、その具体的な職務内容がわかることは少ない。後述するようにハーディムやグラームのなかには役職に就く者も見られたが、アブドの経歴にそうした変遷を見出すことはできない。このことは翻せば、彼らが役職を持つ人物から与えられるような、比較的単純な作業に従事していたことを示唆する。特に後掲する表17や表18に見るようにアブドの給与額が低いことは、そのひとつの傍証となる。

ハーディムについては、やや詳細な情報を史料に見いだすことができる。スルタンのもとにはハーディムたちの教育者（sāʾis al-khuddām）が、ラスール家女性成員のもとには使用人としてハーディムたちの教師（muʿallim al-khuddām）がいることから、何らかの教育を受けたものと考えられる。[27] たとえば、女性成員であるタワーシー・ラディー・アッディーンの御方のもとで働くハーディムには、一ヵ月の給与が二ディーナールの者と三ディーナールの者、五ディーナールの者、二〇ディーナールの者がいた。[28] また本章第3節で見るように、スルタンのもとでジムダールを務めたハーディム・ディヤーゥ（Ḍiyāʾ）の一か月の給与は二〇ディーナールであった。これらの情報は、ハーディムには昇進する可能性があったことを示唆する。

ラスール朝史料において、アブドやハーディムが東アフリカ以外からやってきたことを明示する記事は確認されない。また、アッバース朝宮廷で見られたような、スラヴ人（Ṣaqāliba）などの北方出身の宦官が活躍した形跡はない。[29] この点、次節で検討するように、東アフリカに限らないジャーリヤの出自への言及が他のラスール朝史料にも見られることと対称的である。彼らが他の地域から流入していた可能性を排除することはできず、また、数量に関する検討は難しいものの、イエメンの立地条件を踏まえれば、ラスール朝宮廷におけるアブドやハーディムは主として東アフリカ出身者から成っていたと考えたい。

(2)　タワーシー

アデン港課税品目録中に商品として記載されてはいないものの、ラスール朝史において重要な役割を担ったタワーシーもまた、主として東アフリカから流入する人々であった。この点につきハズラジーは、以下の死亡記事を残している。

この年（六八七／一二八八–九年）、タワーシー・イフティハール・アッディーン（Iftikhār al-Dīn Yāqūt b. ʻAbd Allāh al-Muẓaffarī）が亡くなった。彼はハーディムであり、決然とし、賢く、理性的であった。[30]

この記事より、タワーシーがハーディムであったこと、すなわち去勢者であったことは自明である。その歴史は古く、遅くともアイユーブ朝の侵攻後にはイエメンにタワーシーが存在したものと考えられる。[31]『知識の光』校訂者のジャーズィムは、ザビーディー（al-Murtaḍā al-Zabīdī）(d.1205/1790）の『諸辞典の宝石たる花嫁の冠（*Tāj al-ʻArūs min Jawāhir al-Qāmūs*）』（本書では『花嫁の冠』と略記）をもとに、タワーシーを「宦官たち（al-khiṣyān）のうち大ハーディム（al-khuddām al-kibār）を指す語である」と考えた。[32] タワーシーと呼ばれるに至る過程こそ不明瞭なものの、前項で見たようにハーディムの経歴には段階があった。タワーシー・ムフタッス（Abū Rashīd Mukhtaṣṣ b. ʻAbd Allāh al-Mujāhidī）が『賜物』において「彼はムジャーヒドの王朝において成長した（nashaʼa）」[33]と記録されていることは、東アフリカからやってきた若年のハーディムがラスール朝の庇護下で成長し、タワーシーと呼ばれるようになったことを示唆する。[34]

一方でスミスは、アイユーブ朝やマムルーク朝に関するギブらの説をもとに、ラスール朝下のタワーシーが高位の騎兵を指していた点を強調する。[35] 確かに先行研究では、アイユーブ朝やマムルーク朝のタワーシーはカラグラーム（qaraghulām）より高位に位置する騎兵であったとされている。[36] しかし、スミスがその典拠として挙げる『織糸』の該当箇所を確認しても、[37]タワーシーが「宦官ではなく騎兵であった」旨が明記されているものは見られない。以上に見た『真珠の首飾り』所収の記事などと合わせて考えれば、軍事行動を行うこともあった宦官と考える方が妥当だろう。[38]

タワーシーは政治的軍事的に重要な職務をこなしており、史料中に関連する情報が多く見られる。たとえば、六五八／一二六〇年、タワーシー・サーリム・アッディーン（Ṣārim al-Dīn）は、スルタン・ムザッファル一世のナーイブをサナアで務めた。[39] スルタン・アシュラフ一世没後、その息子であるナースィル（ジャラール・アッディーン）とアーディル（サラーフ・アッディーン）を主としたタワーシー・ファーヒル（Fākhir al-Ashrafī）は、スルタン・アシュラフ一世の娘たち（khawātīna）や母方のおば、アシュラフ一世の遺産を納めたドゥムルワの城砦を保護・管理し、新たにスルタン位に就いたムァイヤド一世から守ろうとした。[40] また、ムァイヤド一世期にサナアを分与されたアミール・サイフ・アッディーン（Sayf al-Dīn al-Ṭughrīl）（d. 709/1309）は、スルタンの財の管理人（mutawallī al-amlāk al-sulṭānīya）であるタワーシー・ヤークート（Yāqūt）と衝突を起こしている。[41] さらには、マムルークから成るバフリーヤ軍の筆頭（muqaddam）は、マンスール一世期にはタワーシー・マスルール（Masrūr）であり、ムザッファル一世期にはタワーシー・ジャウハル（Jawhar）であった。[42] こうした宦官を重視するラスール朝の体制は、ウマリーやカルカシャンディーといったほぼ同時代の外部の史料著者によっても認識されていた。[43]

彼らはまた、ラスール家の成員の家内を監督するズィマーム（zimām）を務めることがあった。たとえば、スルタン・マンスール一世の奥方のズィマームはタワーシー・ニザーム・アッディーン（Niẓām al-Dīn al-Mukhtaṣṣ b. ʻAbd Allāh al-Muẓaffarī）（d. 666/1267-8）であり、[44] スルタン・ムザッファル一世の妹のズィマームはタワーシー・タージュ・アッディーン（Tāj al-Dīn Badr b. ʻAbd Allāh al-Muẓaffarī）（d. 654/1256）であった。[45] またムザッファル一世は、ハーディム・アンバル（ʻAnbar Abū Musk）（d. 670/1271-2）を、自身の妻のズィマームとした。[46] スルタン・ムァイヤド一世のズィマームはスィラーフ（Abū al-Suʻūd Shihāb al-Dīn Ṣilāḥ b. ʻAbd Allāh al-Muʼayyadī）（d. 723/1323）であったが、後にスルタン位を継ぐムジャーヒドの母親のズィマームに彼を任命し、その結果彼女は「スィラーフの御方」と呼ばれるに至った。[47] ラスール家の女性成員が時に「タワーシー某の御方」と呼ばれる理由は、タワーシー某が当該女性成員の家内を取り仕切ったからに他ならない。[48] なお、ズィマームに類する職務はマムルーク朝においても見られるもので、[49]両王朝の支配体制の類似性を想起させる。
タワーシーはこれらの重責と引き換えに、イクターを分与されたり、[50]後述するように国庫や私領地（milk）から多額の金銭を獲得する機会を得たりと、様々な恩恵を享受していた。さらに彼らは、数々の建築物をイエメン各地に建設し、ラスール家の王族と同様にイエメン社会への財還元機能をも担った。[51]
このようにタワーシーは、去勢者であるハーディムたちのうち、ラスール朝支配体制の高位へ至った者を指した。ラスール朝史料に残された情報を見る限りにおいては、アブドやハーディムと同様に、タワーシーもまた主として東アフリカから流入する人々から成り立っていたと考えられる。イエメンは東アフリカとバーブ・アルマンダブ海峡を挟んで近接しており、東アフリカ出奔者を受容しやすい立地にあった。一方でジャーリヤについては、東アフリカから輸入された者がある一方で、次節で見るように他の地域からもやってきていた点に注意が必要である。

2　東アフリカ以外から流入する人々

(1)　北方から流入する人々

東アフリカ以外からも、様々な人々がラスール朝下イエメンへ流入していた。[52]たとえばハズラジーは、スルタンへ贈られた奴隷について、以下の記述を残している。

ザビードへの贈物の到着は、前述の（八〇〇年）サファル月二四日／一三九七年一一月二日の木曜日のことであった。壮麗なる贈物のうちには、三〇人ほどのテュルクのマムルークや、鞍を付けられた一二頭のよい馬

（jiyād al-khayr）、綺麗な道具、ギリシアやアルメニアのジャーリヤ（jawār min al-Rūmīyāt wa al-Armanīyāt）、エジプトのユダヤ教徒（Yahūd Miṣr）である医師マーハル（Māhar）（d. 800/1397）があった。[53]

ここに出てくるマムルークとジャーリヤは、北方出身の奴隷を意味すると考えられる。ラスール朝史料においてアブドが東アフリカ出身の男性奴隷から主に成っていたことに対して、ジャーリヤは多様な出自の女性奴隷を内包した。なお、スルタン・ムァイヤド一世の母親は、父親であるムザッファル一世へ贈られたギリシア系の奴隷であったと目される。[54]

マムルークについて言えば、フィーフィーが指摘するように、贈物として運ばれてくるばかりではなくエジプトから購入された。[55]一方で、ラスール朝は非イスラーム世界との境域に位置するイエメンを統治したものの、いわゆるジハード（jihād）による戦争捕虜の獲得は史料上に確認されない。以上を踏まえれば、ラスール朝下のマムルークは、贈呈や購入によって遠く離れた北方よりイエメンへ運び込まれる奴隷であった。[56]

もっとも史料中では、マムルークという語が東アフリカ出身者をも含めて用いられている例が見られる。たとえば『イエメン史』には、エチオピア出身者が建設したナジャーフ朝下の話として、「（スライフ朝の創設者である）スライヒーが私たち（ナジャーフ朝君主ら）の出立を聞くと、彼の騎兵のうち五〇〇〇人のエチオピア出身の自由人（hurrīya）を送り出した。彼らの大半が私たち（ナジャーフ家）のマムルークであり、私たちの父方のおじの一族であった」[57]と記録されている。また一六世紀に没したイブン・アッダイバゥは、『有益なる望み』においてマムルークとアブドを対比して記述する一方で、[58]『眼の慰み』においてアブドであるマムルークがアミールを務めた旨の記事を残している。[59]しかしながら、これらの記述がいずれもラスール朝期のものではないこと、ラスール朝期のアデン港課税品目録に東アフリカ出身のアブドやジャーリヤ、ハーディムが記載されている一方でマムルークへの言及が見られないことを考慮に入れれば、本章が対象とするラスール朝下におけるマムルークは主として北方出身の奴隷を指したものと現段階では考えたい。

マムルークは、ラスール朝下で軍事集団を形成した。[60] この点、東アフリカ出身のアブドが軍事力として用いられた形跡がないことと明確に対比される。ナジャーフ朝やマフディー朝ではアブドが軍の主力を成したが、ラスール朝下でアブドが軍事に携わることは例外的であった。[61] マムルークたちへイクターが授与されることもあったものの、ラスール朝のイクター制は当該地の徴税権をムクターへ完全に与えるものではなかったために、マムルーク朝に見られたマムルーク体制はラスール朝においては出現しなかったと考えられる。[62]

ジャーリヤに関して言えば、彼女らはイエメン内部からも供給され得た。たとえば、七二五／一三二四－五年、タイッズ地方のウカーナ（'Uqāna）という村を襲ったマムルーク朝軍は、「そこの女性たち（ḥarīm-hā）を捕え、奴隷（al-raqīq）が売られるように売ってしまった」[63]。こうして売られた女性が奴隷としてラスール家に購入された可能性も、否定できない。

なお、一般に側妾とみなされるスッリーヤ（surrīya）については、『知識の光』所収の財の分配記録やアデン港課税品目録に明記が見られない。すでにラスール朝勃興以前のナジャーフ朝下やスライフ朝下では、各君主が多くのスッリーヤを有していたことが史料上で示唆されている。[64] 彼女らは、歌唱や料理、服飾、医療（'amal al-ṭayyib）の教育を受けていた。[65] イエメン・アイユーブ朝のマスウードは、エジプトへの帰還に際して、一〇〇〇の宦官（khaṣī）と四〇〇のスッリーヤを準備した。[66] そしてラスール朝期には、六九五／一二九六年、スルタン・アシュラフ一世がザビードを祭事のために離れた際、「彼とともに、三〇〇の輿が（ナツメヤシ園へ向かって）降りた。その一つ一つに、スッリーヤと、その女性奴隷がいた」[67]。他、ウマリーとカルカシャンディーは、ラスール朝スルタンが城砦にて女性奴隷や歌手（qiyān）と戯れている旨を記録している。[68] 第3節で見るように、ラスール家の男性成員のもとで再分配される財の記録では、女性たちが家族（ʿiyāl）という語で一括して書かれている。以上を踏まえれば、ラスール朝においてもスッリーヤに相当する者が存在したが、史料上においては家族や女性奴隷を意味するジャーリヤの語で総称されること、言いかえれば女性奴隷の一面を示すものに過ぎないことから、ますます明記され難いと考えられる。

(2)　グラーム

グラームは、自由身分の青年あるいは奴隷一般を指すと広く考えられている。この点につき、アッバース朝下の軍事グラーム集団の形成過程について詳細な検討を行った清水は、グラームを「主に奴隷身分の者によって担われる職能」とみなし、アッバース家（Banū ʿAbbās）という「イエ」の軍事化にともなってグラームの職務もまた軍事化したと考えた。[69] また、サファヴィー朝（907/1501-1148/1736）下においては、「王の奴隷」と訳され得るゴラーム（グラーム）集団が形成され、政治・軍事エリートとして活躍した。「辺境」よりやってくる彼らは、民族的・社会的出自にもとづく紐帯を保ちつつ、一元的中央集権体制への移行に際して大きな役割を果たした。[70]

しかしながらラスール朝下では、アッバース朝下やサファヴィー朝下で確認されたようなグラーム集団ならびに軍事活動に従事するグラームの形跡は見られない。ヴァレは、グラームを「衛兵、召使い（gardes, serviteurs）」などと考えるにとどめ、奴隷身分か否かという点には注意を払っていない。[71] また『知識の光』校訂者のジャーズィムは、「グラームたちのうちにはアブド（筆者注：この場合のアブドは奴隷一般を指すものと考える）に含まれるものがある」と述べつつも、[72] およそグラームを「青年の年齢に達するまでの人のことを指す」語であり、奴隷身分ではなく自由人であったとする。[73] ジャーズィムはさらに、典拠を示さないものの、グラームを「ムスリムであるイエメン人」あるいは「ユダヤ教徒であるイエメン人」と考えた。

実際、ラスール朝下のグラームに関する史料に目を通すと、彼らが奴隷身分であったことを明示する記事が見られない代わりに、[74]自由人であったことを示唆する記事が散見する。たとえば『知識の光』においては、グラームが、奴隷であるアブドやハーディムと明確に分かたれて書かれている。アデン港課税品目録では、イブン・アルムジャーウィルによって「インドから運ばれるグラームたち（ghilmān ḥawdar yujlabūna min al-Hind）」として記録されるのみで、[75]『知識の光』と『書記官提要』において商品として取り扱われた形跡はない。さらにハズラジーは、『真珠の首飾り』中に以下の死亡記事を残している。

この年（七七〇／一三六八―九年）、カーディー・ワジーフ・アッディーン（Wajīh al-Dīn ʻAbd al-Raḥmān b. Abī Bakr b. Muḥammad b. ʻUmar al-Yaḥyawī）が亡くなった。彼はムジャーヒドの王朝のグラームたちのうちのひとりであり、ムジャーヒドの治世期にジャナドのアミール位（imāra）を有した。[76]

「グラームは、奴隷身分から解放されたあともグラームと呼ばれる」ものの、[77]ワジーフ・アッディーンの系譜の長さや史料における状況を踏まえれば、彼を解放奴隷と考えるよりもむしろ、少年期から青年期にかけてスルタン・ムジャーヒドに仕えていた自由人であったとみなす方が自然であろう。

また、スルタン・ムザッファル一世期に、イエメン山岳地域に位置するウサーブのマドナン（Madnan）のワーリー（wālī）[78]として、また、ジャァル（Jaʻr）に駐留する軍の長であるナキーブ（naqīb）として活躍した人物の弟は、ムザッファル一世のグラームたちのうちの一人とされる。[79]彼らがイエメンに古くより存在するアスワド族（Banū al-Aswad）の成員であったことから、ここでいうグラームが奴隷身分を指していたとみなすことは難しい。同様に、スルタン・ムァイヤド一世に対して反旗を翻したウサーブのあるシャイフは、ムァイヤド一世より「お前が私たちのグラームであるならば、お前の父親の慣習と同様に私たちは取り決めよう」との書状を送られた[80]。ここに挙げた両記事ともに『ウサーブ史』に含まれるものであることを考慮すれば、後者の記述におけるグラームもまた、自由人である「協力者」程度の意味で用いられていると考えられる。

後代の出来事ではあるが、八一九年ズー・アルカァダ月／一四一六−七年、ラスール朝麾下のアミール・サーリム・アッディーン（Ṣārim al-Dīn Ibrāhīm b. ʻAbd Allāh al-Anf）のもとへ至ったシャイフ・アリー（ʻAlī b. Maʻlā）は、「自身の息子を我らが主スルタンのグラームとして人質に差し出し、服従した」[81]。人質として差し出すだけであれば、自身の息子をあえて奴隷身分とすることはないだろう。またイスラーム法上、母親が奴隷であればその子供も奴隷とされたが[82]、この記述からは父親であるシャイフ・アリーが息子を認知していることは確実であるため、その子がもともと奴隷身分にあったと考えることはできない。

もっとも、グラームが使用人と対比する存在として記録されている一方で[83]、使用人のうちに含まれて書かれていること[84]には注意が必要である。他にも、「剣持ちのアブドたち（ʻabīd al-silāḥ）」と併記されるかたちで「ロバ引きのグラームたち（ghilmān al-baghla）」と書かれる例も見られた[85]。この用法に従えば、グラームはアブドと対比される存在[86]、すなわち東アフリカ以外からもたらされた奴隷であった可能性も否定されない。このようにラスール朝史料におけるグラームは、自由人である青年をもっぱら意味すると同時に、文脈に応じてその指し示す範囲が変わる可能性を持つ語であった。

グラームの職務内容は、アブドとは異なり、細かに分化していた。『真珠の首飾り』によれば、七九四／一三九一−二年に行われた犠牲獣の肉の分配に際しては、サァバートにおいて「馬丁（al-suwās）や運搬人（al-ḥammāla）、ラッパ吹き（al-bawwāqīn）といったグラームたちや果樹園のグラームたち」が、肉を支給されていた[87]。また「ハーディムによる被雇用者（arbāb al-khuddām）」として、イスカーフ（Abū Bakr b. Karam al-Iskāf）が一ヵ月に一二ディーナールを支給される一方で、彼のグラームたちは総額で一七＋二分の一ディーナールを受け取っていた。同様に、国庫で働くグラームのうち、ムフリフ（Mufliḥ al-Shaddād）は七＋二分の一ディーナールを、ビラール（Bilāl）は三＋二分の一＋四分の一ディーナールを、それぞれ支給された。[88] 他、『知識の光』中では、市井において石灰石を取り扱う職人（al-ṣāniʿ al-munawwar）や船主のもとなどで働くグラーム、狩猟を手伝うグラームへの言及が散見する。[89] 以上を踏まえれば、グラームの語には宮廷内で役職に就く者から宮廷外で労働に勤しむ者まで様々な人々が含まれていた。

ここで、グラームが軍事に携わった事例が史料上ではほとんど見られない点を注記しておく。六七八／一二七九年に行われたハドラマウト遠征において投石機を動かすためにグラームが用いられたが、[90] 彼らが戦争に従軍することは稀であった。カーディー・カマール・アッディーン（Kamāl al-Dīn al-Nāhiḍ b. Aḥmad）は、スルタンのもとを訪れた際にグラームたちとマムルークたちを引き連れており、[91] 軍事奴隷であるマムルークと役割において違いがあったことが示唆される。その仔細を知るためには、マムルークをはじめとした各種の軍事集団の実態の分析が不可欠だが、いずれにせよ、アッバース朝やサファヴィー朝に見られたような軍事グラーム集団の存在をラスール朝において確認することはできない。

3　財の被分配者として

(1)　スルタンの御前に仕えた人々

『知識の光』は、スルタン・ムザッファル一世に仕えた人々に対して支払われた給与の記録三点を含んでいる。[92]

表17　スルタン・ムザッファルの王の御門において支払われた給与の内訳（690年ズー・アルカァダ月／1291年11-12月）

対象	給与(月額)	給与(年額)
ジムダールであるハーディム（6件）	114	1368
例：ディヤーゥ	20	240
マムルーク（50件）	768	9216
例：ラージーン	15	180
料理人のハーディム（8件）	47	564
例：シュクル（Shukr）	10	120
楽士（2件）	45	540
例：ムジャーヒド	25	300
諸館のアブド（19件）	75	900
例：サイード（Sa‘īd）	6	72
使用人（13件）	107+1/2	1290
例：スライマーンの母	10	120
アブー・バクル（Abū Bakr）	10	120
礼拝呼びかけ人ウマル	12	144
総計	1156+1/2	13878

*単位はいずれもディーナール。
*給与（年額）は，他の表との比較のために，筆者が給与（月額）をもとに推定したものである。

たとえば、六九〇年ズー・アルカァダ月／一二九一年一一－一二月の給与記録を見てみよう。[93]ここでは九八件の分配先が挙げられており、その総額は一一五六＋二分の一ディーナール[94]に達している。分配先の内訳を見ると、それらはスルタンの衣類を管理するジムダールであるハーディム（六件）とマムルーク（五〇件）、料理人のハーディム（al-khuddām al-ṭabbākhīna）（八件）、楽士（二件）、諸館[95]のアブド（一九件）、使用人（一三件）に大別される。[96]その一部を抽出してまとめたものが、表17である。

このうちもっとも給与が高い者は楽士ムジャーヒドであるが、彼は詩人や歌手とともに、スルタンの御前で開催された宴席で活躍したものと考えられる（本書第2章第3節）。ムジャーヒドに続いてジムダールであるハーディム・ディヤーゥや、同じくジムダールであるマムルーク・ラージーン（Lājīn）が、高い給与を得ている。[97]前節で見たように、ハーディムが東アフリカ出身の宦官であり、マムルークが北方出身の軍事奴隷であったことを踏まえれば、彼らの給与の高さはジムダールという職にあることに加えて、ハーディムとマムルークというそれぞれの特徴によるものであったと推測される。そして、諸館のアブドと使用人が、分類上も給与額上も明確に分かたれて書かれている点に注目したい[98]。使用人のうちには女性であるスライマーンの母（umm Sulaymān）や礼拝呼びかけ人（mu'adhdhin）であるウマル（'Umar）が含まれるが、彼らは別の記録（六九四年シャッワール月／一二九五年八－九月の給与分配記録）では、「ハーディムによる被雇用者（arbāb al-khuddām）」として記述される[99]。同記録中において、礼拝呼びかけ人であるファキーフ・アムラーン（'Amrān b. Riḍwān）がハーディムによる被雇用者に含まれており、一〇ディーナールを受給していることと合わせて考えれば、使用人は必ずしも奴隷身分によって担われるものではない。むしろ使用人の給与額はアブドの給与額の二倍強に達し、スライマーンの母にせよ礼拝呼びかけ人ウマルにせよ奴隷身分にはなかったことが推測される。

(2)　ラスール家に仕えた人々

スルタンのもとで見られた家内奴隷は、他のラスール家成員のもとでも観察される[100]。以下では、ラスール家の男性成員に仕えた人々と女性成員に仕えた人々について、それぞれの財の分配状況の一部を表として提示し、分析を試みる。

まず、ラスール家の男性成員の事例として、スルタン・アシュラフ一世の息子であるアーディル（サラーフ・アッディーン）を取り上げる。表18は、アーディル（サラーフ・アッディーン）のもとにいた人々へ支払われた給与記録の一部を抽出したものである[101]。六九〇／一二九一年、アーディル（サラーフ・アッディーン）に対して、現金（年間五三〇七＋三分の一＋七分の一ディーナール）や食材（年間約二五〇〇ディーナール相当）が、国庫より分配された。現金には、二八七一ディーナールの給与（年額）が含まれている。給与は、家族（八件）、ハーディム（五件）、マムルーク（三件）、アブド（二件）、グラーム（六件）、厩舎のグラームたち（ghilmān al-isṭabl）（一二件）に再分配された。

ここでの家族は、その内訳に女性名のみが記されていることから、アーディル（サラーフ・アッディーン）の私的な空間の構成員であったと考えられる。着目すべきは、王族以外の収入のあり方である。家族に含まれて記録されてはいるものの、女料理人（ṭabbākha）はその給与額が相対的に小さいため、家内奴隷であったと見られる。このことは、同じく奴隷身分と目されるアブドであるムフターフ（Muftāḥ）と給与が近しいことからも理解される。

表 18　アーディル（サラーフ・アッディーン）のもとへ送られた給与の内訳（690/1291 年）

対象	給与(年額)
家族（8 件）	674
例：マサーフの御方（jiha Maṣāf）	170
女料理人	51
ハーディム（5 件）	457
例：シャフィーゥ	107
マムルーク（3 件）	450
例：クンスル（Qunṣur）	150
アブド（2 件）	90
例：ムフターフ	48
グラーム（6 件）	468
例：タシュタダール	120
料理人	60
厩舎のグラームたち（12 件）	732
例：ラカブダール	90
総計	2871

*単位はいずれもディーナール。

一方で、ハーディム・シャフィーゥ（Shafīʿ）の給与は彼らの二倍近くに達した。グラームについて言えば、さらにその職務内容によって給与額が大きく異なる。料理人であれば一年間に六〇ディーナール程度とアブドの給与に近いが、アーディル（サラーフ・アッディーン）のタシュタダールやラカブダールとなれば、その給与はハーディムの給与に匹敵した。この事実は、グラームが携わり得る職は多岐に及んでおり、また、グラームがアッバース朝下やサファヴィー朝下で見られた奴隷軍人ではなかったことを意味する。

なおアーディル（サラーフ・アッディーン）などの王族や有力者には、こうした国庫からの分配金以外にも収入源が存在し得た点を注記しておく。すなわち『ムァイヤド帳

表19　タワーシー・アンバルの御方のもとへ送られた給与の内訳（691/1291-2年）

対象	給与（年額）
家族（7件）	5163
例：タワーシー・アンバルの御方	1200
ラシークの御方(jiha Rashīq)	360
タワーシーやハーディム（66件）	3120
例：タワーシー・アンバル	840
タワーシー・ムフスィン（Muḥsin）	300
ハーズィク（Ḥādhiq）	60
使用人（6件）：	534
例：仕立屋	120
ハーディムたちの教師	84
書記	120

*単位はいずれもディーナール。

簿』には、彼らの私領地やイクター、ワクフ（waqf）からの収入に関する記事が散見するのである。もっともアーディル（サラーフ・アッディーン）については、『ムァイヤド帳簿』中に私領地への言及は見られない。また彼は、六九六／一二九六年以前にスルタン・アシュラフ一世よりサナアを分与されたが、[102] それより前のイクター授与の状況については不明である。

次いで、ラスール家の女性成員の事例として、タワーシー・アンバルの御方に対して六九一／一二九一－二年に国庫より送られた給与や衣類代の再分配状況を示す表19を見てみよう。[103] 複数の記事が含まれており、記事間で個人名や総数などに異同があるものの、ここではタワーシー・アンバルの御方を含む家族（七件）、タワーシーやハーディム（六六件）、使用人（六件）に対する財の再分配記録の一部を示す。まず、タワーシー・アンバルの御方の給与（年額）が一二〇〇ディーナールであり、タワーシー・アンバル自身の給与も八四〇ディーナールである点が、目を引く。他の人々の給与と比較すると、相当の高額と言わざるを得ない。他の女性成員に関する記事においても、同様に高額の給与を得た御方やタワーシーが記録されている。こうした御方やタワーシーの給与額の大きさは、社会的影響力と相互に関連し合っていたと考えられる。彼女らは、ラスール朝下の各地にモスクやマドラサを建設するとともに、給水所を設けるなどして交通路の整備を行っていた。[104] またたとえばスルタン・ムザッファル一世の妹は、自身の財のすべてを甥であるムァイヤド一世へ寄贈し、ムァイヤド一世政権初期の基盤づくりに寄与した[105]。その背景には、国庫からの手厚い分配に加えて、前述したような私領地やワクフからの収入があったことだろう。なお、ここで働く使用人は、仕立屋にせよ書記にせよ、アーディル（サラーフ・アッディーン）に仕えたグラームと同程度の給与を得ている。彼らは、タワーシー・アンバルの御方のもとに限らず、他の女性成員のもとでも見られた[106]。これらの使用人を除けば、スルタン・ムザッファル一世やアーディル（サラーフ・アッディーン）のもとで働くアブドなどの男性が存在しないことに気付く。タワーシー・アンバルの御方とその家族である女性たちの身の回りの世話は、去勢者である大勢のハーディムたちにもっぱら委ねられていたのである。

おわりに

本章では、ラスール朝の王権を下支えした奴隷について、出自と収入に着目した分析を行った。その結果、一三世紀のラスール朝宮廷においては、アブドやジャーリヤ、ハーディム、タワーシー、グラーム、マムルークといった、中世イスラーム世界の他地域他王朝でも観察される人間集団が存在したことが確認された。彼らは、砂糖菓子や犠牲獣の肉を祝祭時に受け取るとともに（本書第5章第2節）、国庫より給与を得ていた。諸史料にもとづいてその出自を確認すると、対岸の東アフリカからはアブドやジャーリヤ、ハーディムといった奴隷が流入していた。男性器と引き換えにハーディムとなった人々のうちには、後にタワーシーとして政治的経済的に大きな影響力を有するに至る者もいた。北方からはマムルークやジャーリヤが運ばれてきており、中世イスラーム世界における人間集団の多様性と移動の広域性が、南端の境域に位置したイエメンにおいても確認された。一方で、グラームという語については、ラスール朝史料にもとづく限りでは、もっぱら自由人を指し示す傾向が見られた。

イスラーム・ネットワークが展開する中東地域と、紅海・インド洋交易の結節点であるイエメンは、イスラーム世界外から越境する奴隷を内側に取り込み、活用する構造を、近代に入るまで保持し続けた。[107] 特にイエメンは古来、対岸の東アフリカから流入する人々を受け入れやすいという、地理的条件に由来する特徴を備えていた。さらにラスール朝は、イエメン・アイユーブ朝より支配体制を継承し、ある程度洗練された宮廷組織を黎明期より有していた。こうした構造や性質、支配体制が交わるところに、本章で検討したラスール朝宮廷の家内奴隷は生きることとなったのである。

本書における宮廷組織や食材分配、家内奴隷に関する検討は、ラスール朝の王権の一部を解明したものにすぎない。今後は、軍事制度やイクター制、軍事集団の仔細についてイエメン・アイユーブ朝やマムルーク朝との比較を通して考察を行い、ラスール朝の王権のあり方を多角的に考察する必要がある。

結論

本書の考察は、一三世紀のイエメン・ラスール朝の宮廷食材をめぐる世界を再構成するものであった。以下では本書で行った議論を再提示し、世界大のネットワークと地域内ネットワーク、王権が重なるところにラスール朝を位置付ける。

まず、第1部で示した、ラスール朝宮廷へ供給された食材やそこでつくられた料理は、世界大のネットワークとの関連においてとらえられる。食材の種類は多岐にわたり、特に種々の香料・香辛料類が用いられていた。これらの食材の供給元は、イエメンはもちろんのこと、エジプトを西端としたインド洋周縁部に拡がっている。一三世紀の世界においてこうした諸地域を結ぶ交易がある程度恒常的に行われており、そのこと自体がイエメンに興った一王朝の食生活に直接の影響を及ぼすものであったことを、輸入食材の存在は示している。さらにはラスール朝宮廷料理には、アッバース朝下やアイユーブ朝下で執筆された料理書記載の情報と一致するものも見られた。中世イスラーム世界で展開していた知の伝達の影響が、一三世紀のイエメンにおいても確認されるのである。そして宮廷で催された宴席は、継承された規則と支配体制内外の人々、そして多様な料理によって構成されるものであって、王権の存在を確認し合う場として機能した。アブー＝ルゴドや家島は様々な地域の交流が一三世紀に活発に行われていたと考えたが、ラスール朝の宮廷食材や料理はその具体的な一例を示すものである。

しかしながらラスール朝宮廷食材は、そうした世界大のネットワークによるばかりで説明されるものではない。

第1章で見た宮廷食材の大半がイエメン産であったこと、第2章で見た宴席が王権の存在を前提として催されていたことは、地域内ネットワークと王権についてより詳細に検討する必要性を示す。

そこで第2部では、地域内ネットワークについて検討した。宮廷への食材供給元に関する情報を収集、分析した結果、ザビードやアデンといった諸都市に宮廷食材が集まっていたことが明らかとなった。これらの都市が政治や経済の中心であったことは、断片的な記述をもとに先行研究ですでに述べられてきているが、本検討によって、これらの都市が産物が集散する地点であったことが実際に確認された。イエメンでは、自然環境が大きく異なる各地域の特産物がそれぞれの中心都市に集められ、点在する支配者層のもとへ送り届けられたのである。その背景として、前イスラーム期より栄えてきたマッカを通る交易路が、ラスール朝期に入ってザビードやタイッズ、アデンを中心にますます機能していたことを確認した。こうした状況は、宮廷への食材供給に携わる官僚たちのうちにこれらの三都市を中心とした地理認識を芽生えさせることになったと考えられる。彼らは、現代の私たちが史料をもとに推測できる「行程日数」にもとづいて都市間の距離をとらえていた。しかし同時代に作成されたイエメン模式図ではそうした認識は見られず、ザビードやタイッズ、アデンを相対的に重視する姿勢が示されていた。これは、北部山岳地域（上地域）を拠点としたザイド派イマーム勢力との対峙のなかで生まれた、ラスール朝支配域の南部山岳地域こそを「イエメン」と呼ぶ習慣と、相互に影響を与え合ったことによるだろう。ラスール朝宮廷食材は、こうした地域内ネットワークと人々の地理認識を傍らにして、供給され続けていたのである。

そして第3部では、ラスール朝の王権について、宮廷組織と家内奴隷に着目した分析を行った。ラスール朝に設置された宮廷組織は、エジプト・マムルーク朝の宮廷組織と類似していた。これらはともに先行するアイユーブ朝の体制を引き継いだことに由来するもので、ラスール朝による周辺諸勢力に対する食材分配や宮廷への食材供給を担っていた。食材分配は、第1部で検討した宴席と同様に、ラスール朝の王権の存在を被分配者たちが確認・共有する機能を有した。王権を下支えした人々のうちには、宮廷食材の供給者兼被分配者である家内奴隷がいた。彼らは特に東アフリカより到来し、アデン港を通してラスール朝宮廷へもたらされていた。こうした構造は前ラスール朝期より見られるもので、イエメンの支配者を頂点としてイエメンや東アフリカの人々を登用する仕組みが存在していたことを示す。これらの宮廷組織や家内奴隷は、イクター制などの諸制度とともに王権を存続せしめる役割を果たした。ラスール朝は、先行する王朝より継承した構造や制度によって、創設後間もない時期に王権の確立に成功していた。

以上より、一三世紀のラスール朝の「宮廷食材」は、地域内ネットワークならびに王権によって支えられたラスール朝の殷賑、さらにはラスール朝下の諸港を中枢とした紅海・インド洋交易の隆盛を反映し、これらと互いに影響し合った一事象として理解される。宮廷食材の多様性はエジプト以西のインド洋周縁部とのつながりによってもたらされたものであり、宮廷料理はいわゆる中東地域で発展したイスラーム・ネットワークの影響を受けていた。一方で、宮廷食材の大半は肥沃な緑のイエメンで生産され、緊密な地域内ネットワークによって、イエメンに散在するラスール家の成員のもとへ輸送されていた。これらのネットワークとラスール朝の王権は不可分なものであって、相互作用によってネットワークと王権が創生・補強されていくなかで社会や交易活動の安全が実現し、「宮廷食材」が生じたと考えられる。

こうした宮廷食材の性質に鑑みるに、ラスール朝は、過去より継承され、さらに発展していく、地域内ネットワークや支配体制、世界大のネットワークが重なるところに出現したものと位置付けられる。イエメンは紅海とインド洋をつなぐ場であると同時に中世イスラーム世界の一部であって、その統治者であるラスール朝にインド洋周縁部とイスラーム世界の様々な人々や産物、情報を直接的に供給することを可能とした。ラスール朝は様々なネットワークの一部でありつつも、王権をもってしてその生成・維持・強化に寄与する、一三世紀の世界の一つの要素として機能していた。こうした側面はネットワークや王権のそれぞれを鳥瞰的に検討するだけで十分にとらえられるものではなく、両者が交錯するところに生じるミクロな事象を多角的に検討してはじめて確認される。宮廷食材に着目した本書の考察は、一三世紀の世界の一地方王朝であるラスール朝の性格を具体的に解き明かした。

一三世紀以降のイエメンでは政争や反乱が激化するものの、それでもなお一五世紀半ばまでラスール朝は存続する。ヴァレは、ラスール朝による二世紀を超えるイエメン支配を「ラスール朝の奇跡（Le Miracle Rasūlide）」と表現したが[1]、宮廷食材をめぐる本書の考察を踏まえれば、それは「約束された奇跡」であった。黎明期である一三世紀においてイエメンが世界と有機的に連関し、かつ、ネットワークと王権が互いに影響を与え続けるシステムが完成を見せていたことに、ラスール朝の繁栄の一因は求められる。

マンスール一世の躍進から二三〇年の後、ラスール朝は終焉を迎えた。ラスール朝が支配した一帯は、ターヒル朝とマムルーク朝による統治を経て、オスマン朝やザイド派イマーム勢力のうちに組み込まれる。イエメンを治めたラスール朝は、アッバース朝とオスマン朝という二つの世界帝国の狭間を駆け抜けることとなった。一三世紀の世界に生まれたラスール朝の盛衰は、あたかも、次代へ向けて動きはじめた世界の胎動を体現していたかのように思われるのである。

ここでは、本書において使用した史料のうち、主たるものについて解説を行う。主史料に据えた『知識の光』に関しては、序章で詳細に説明しているので割愛する。史料解題で解説していないその他の史料については、本文中で簡略な紹介を随時行っている。

『アラビア半島誌』

al-Hamdānī: al-Hamdānī (d. 334/945), *Kitāb Ṣifa Jazīra al-ʻArab* (*Islamic Geography*, 88-89), 2 vols, D. H. Müller (ed.), Leiden: E. J. Brill, 1993 (1884).[1]

著者は、Abū Muḥammad al-Ḥasan b. Aḥmad b. Yaʻqūb b. Yūsuf b. Dāwūd b. Sulaymān Dhī al-Dumayna al-Bakīlī al-Arḥabī。ハムダーニーとして知られる。古物学や系譜学、地理学、アラビア語文法学、詩に詳しく、その豊富な著作ゆえに「イエメンの舌（lisān al-Yaman）」と称された。

ハムダーニーは、二八〇／八九三年頃にサナアで生まれた。あらゆる方面の学問を修めつつ、イスラーム世界の各地を遍歴した。特にイラクには長い間滞在し、またマッカにおいてはイブン・ハーラワイフ（Ibn Khālawayh）（d. 370/980）などの著名な学者と交流を持った。もっとも彼が人生の大半を過ごした場所は、イエメン北部山岳地域（上地域）のライダ（Rayda）であった。サァダへ移って以降には、政治的ないざこざに巻き込まれ、二度にわたって監獄に収容されることとなった。三三四／九四五年、サナアの監獄でハムダーニーは亡くなった。

ハムダーニーの代表的な著作である、古代南アラビア諸王国時代の伝承や系譜、詩に詳しい『王冠の書（*Iklīl*）』は、先行する著作に加えて、ハムダーニー自身が聞き取った情報をもとに執筆された。全一〇巻のうち、一巻と二巻、八巻、一〇巻の写本のみが現存している。

本書で参照した『アラビア半島誌（*Kitāb Ṣifa Jazīra al-ʻArab*）』は、アラビア半島、特にイエメンに詳しい地誌である。往時の人々の生業や産物、現在では消失した地名や遺跡について、鮮明な記述を残している。今回参照した刊本は、一八八四年にブリル（E. J. Brill）より出版された *Islamic Geography* シリーズの一環として碩学ミュラーによって編まれたものの再版である。第一巻（*Islamic Geography*, 88）は本文そのものを、第二巻（*Islamic Geography*, 89）はミュラーによる詳細な注釈ならびに索引を、それぞれ含んでいる。ミュラーは、大英図書館写本（The British Liblary, Or. 1383）他四点の写本をもとに、同書の校訂を行った。

他にもハムダーニーは、宝石に関する書物『古来の二つの宝石（*al-Jawharatayn al-ʻAtīqatayn*）』や、天文学に関する『知恵の秘密（*Sarāʼir al-Ḥikma*）』を著したことでも知られる。『王冠の書』には、現存こそしないが、ハムダーニーの手によるまた別の六点の著作が挙げられているという。

『サナア史』

al-Rāzī: al-Rāzī (d. 460/1068), *Taʼrīkh Madīna Ṣanʻāʼ*, Ḥ. ʻA. al-ʻAmrī (ed.), Dimashq: Dār al-Fikr, 1989.[2]

著者は、Aḥmad b. ʻAbd Allāh al-Rāzī。ラーズィーとして知られる。出生年については定かではないが、サナアに生まれたとされる。ジャナディーによれば、ラーズィーは法学やハディース学に詳しく、スンナ派のイマームを務めるなどした。四六〇／一〇六八年、サナアにて逝去。西暦六世紀にヒムヤル王国を助けるためにイランからやってきたレイ（al-Rayy）を出自とする人々がその先祖であった可能性が、al-Rāzī のニスバをもとに指摘されている。

『サナア史（*Taʼrīkh Madīna Ṣanʻāʼ*）』は、著者が生きた西暦一一世紀までのサナアの歴史を扱っている。預言者ムハンマドに関連する記事や伝説的要素が多分に含まれる記事が多いものの、サナアに限らないジャナドなどの他の諸都市についても言及しており、アイユーブ朝侵攻以前の南西アラビアの歴史を知るうえで有益な史料である。後代になると、ジャナディーの『道程』などに引用された。

筆者は今回、アムリーによって校訂された『サナア史』の第三版を用いた。同書の初版が一九七四年に、第二版が一九八一年にそれぞれ刊行されている。七点の写本をもとに校訂されたアムリー版は、その序文においてラーズィーの経歴と彼が生きた時代の歴史を詳しく取り扱っており、参考に値する。また、脚注や索引が充実しており、サナアの初期史を知るうえで利用しやすい。

同書の末には、アルシャーニー（al-ʻArshānī）（d. 626/1229）による『サナア史補遺（*Kitāb al-Ikhtiṣāṣ: Dhayl Taʼrīkh Madīna Ṣanʻāʼ li al-Rāzī*）』も所収されている。ラーズィー没後に著された『サナア史補遺』にはサナアに関する詳しい記事が含まれているが、本書にとって必要な情報が見られなかったため今回は利用していない。

『イエメン史』[3]

ʻUmāra: ʻUmāra (d. 569/1174), *Kitāb Taʼrīkh al-Yaman* (*Yaman: Its Early Mediaeval History*), H. C. Kay (ed.), London: E. Arnold, 1968 (1892).

著者は、Najm al-Dīn Abū Ḥamza b. ʻAlī b. Aḥmad al-Ḥakamī。ウマーラとして知られる。シャーフィイー派の法学者、詩人として活動した。五一五／一一二一年、イエメンのムトラーン（Muṭrān）に誕生した。五三一／一一三六－七年にはザビードにおいてシャーフィイー派法学の学習をはじめる。その後、アデンとザビードを周遊しながら、教師や商人として働いた。ナジャーフ朝やアデンを統治していたシーア派のズライゥ朝、マフディー朝の支配者たちとも親交を持った。

マッカに向かって後、ファーティマ朝（297/909-567/1171）カリフ・ザーフィル（al-Ẓāfir Ismāʻīl）（r. 544/1149-549/1154）が殺害された直後である五四九／一一五五年に、カイロに到着した。そこで彼は、ファーティマ朝カリフやワズィール・タラーイゥ（Ṭalāʼiʻ b. Ruzzīk）（d. 556/1161）に対する頌詩を詠んでいる。代替わりして後も、ファーティマ朝宮廷にとどまり続けた。アイユーブ朝がエジプトで力を持つようになると、ウマーラはシールクーフ（Shīrkūh）（d. 564/1169）やサラーフ・アッディーンのもとで順応しようと試みたものの、詩によって成功を収めることはできなかった。そればかりか、ファーティマ朝の最後のカリフであるアディード（al-ʻAḍid ʻAbd Allāh）（r. 555/1160-567/1171）を追悼する詩は、サラーフ・アッディーンを怒らせることとなった。またある他の詩のために、ウラマーよりウマーラの不信仰を責める見解が出されたとも言われる。これらの事情が相まって、五六九／一一七四年、ウマーラはサラーフ・アッディーンによって磔に処された。一説によればウマーラは、反アイユーブ朝の動きに加担していた。また、トゥーラーン・シャーを説得して、イエメン遠征を実行せしめたとも言われる。その生涯については、彼が残した詩集や書簡、回想録『エジプトのワズィールたちの出来事に関する時代の逸話（*al-Nukat al-ʻAṣrīya fī Akhbār al-Wuzarāʼ al-Miṣrīya*）』[4]より窺い知れる。ウマーラによるこの回想録は、ファーティマ朝史研究においてしばしば用いられる。

『イエメン史（*Kitāb Ta'rīkh al-Yaman*）』は、後にアイユーブ朝スルタン・サラーフ・アッディーンに秘書長官として仕えることになるファーティマ朝のワズィールを務めたカーディー・ファーディル（al-Fāḍil ʻAbd al-Raḥīm）（d. 596/1200）に勧められて、ウマーラが五六三／一一六七－八年に執筆したものである。ウマーラの時代に至るまでのイエメンの歴史が記録されている。アイユーブ朝侵攻以前のイエメンの状況を知ることができる点において、貴重な史料とされている。

今回参照した刊本は、大英図書館所蔵の Or. 3265 の 85a-168a を一九世紀末にケイが校訂したものである。なお、Or. 3265 のうち 1a-84b はイブン・アッダイバゥの『有益なる望み』（後述）の写本であり、169b-221a は一二一五／一八〇〇年から一二五八／一八四二年のイエメンにおける出来事を記述している。

『イエメンのファキーフたちの伝記集』

Samra: Ibn Samra (d. after 586/1190-1), *Ṭabaqāt Fuqahāʼ al-Yaman*, F. Sayyid (ed.), Bayrūt: Dār al-Qalam, n.d.[5]

著者は、ʻUmar b. ʻAlī b. Samra b. al-Ḥusayn b. Samra b. Abī al-Haytham b. al-ʻAshīra al-Jaʻdī。イブン・サムラとして知られる。五四七／一一五二－三年、アワーディル（al-ʻAwādir）地方のウナーミル（Unāmir）という村で生まれた。様々な人々のもとで教育を受けて後、五八〇／一一八四－五年には、当時の大カーディーの勧めで、シャーフィイー派のカーディーとしてアブヤンで働くこととなった。ジャナディーによれば、イブン・サムラは五八六／一一九〇－一年以降にアブヤンで亡くなった。

『イエメンのファキーフたちの伝記集（*Ṭabaqāt Fuqahāʾ al-Yaman*）』は、五八六／一一九〇―一年に執筆されたと見られる、イエメンで活躍した人々の伝記集である。自伝に始まり、預言者ムハンマド以降の小史をイエメンとの関連において述べて後、ファキーフたちの伝記が配される。彼らの大半が、シャーフィイー派に属していると見られる。今では散逸した種々の文献をもとに編纂されており、ラスール朝以前の歴史史料が乏しい時代にあって稀有な情報を提示している。後世には、ジャナディーらによって引用された。なお、今回筆者が参照した校訂本では、アレクサンドリア図書館（al-Maktaba al-Iskandarīya）写本やイスタンブル（İstanbul）のアリー・エミリー（Ali Emiri）写本など、四点の写本が用いられている。

『地名辞典』

Muʿjam: Yāqūt al-Rūmī (d. 626/1229), *Muʿjam al-Buldān*, 7 vols., F. ʿA. al-Jundī (ed.), Bayrūt: Dār al-Kutub al-ʿIlmīya, 1990.[6]

著者は、Shihāb al-Dīn Abū ʿAbd Allāh Yaʿqūb b. ʿAbd Allāh al-Ḥamawī。ヤークートとして知られる。ヤークートは、五七四―五／一一七九年、ビザンツ帝国内において、非アラブの両親のもとに生を受けた。五歳か六歳の頃に奴隷としてバグダードへ連れて来られ、商人アスカル（ʿAskar b. al-Naṣr al-Ḥamawī）（d. 606/1209）によって購入された。アスカルはほとんど読み書きができなかったため、自身の商売に役に立つようクルアーンに関する教育をヤークートに施し、キーシュやシリアへ幾度もともに旅した。しかし五九六／一一九九―一二〇〇年、二人は仲違いを起こし、ヤークートは解放され、追放されることとなった。その後、五九六年から六〇三年にかけて、ヤークートは写字生として三〇〇点を超える書誌を筆写した。また、アレッポのイブン・アルキフティー（Ibn al-Qifṭī）（d. 646/1248）宅やメルヴ（Marw）のサムアーニー家（al-Samʿānī）などの図書館を訪れる旅を続けた。同時に、イスラーム世界の各地でアラビア語の文法や法学について学び、様々なウラマーと親交を持った。六二六／一二二九年、アレッポにて亡くなった。

ヤークートが地名辞典編纂の着想を得たのは、六一五／一二一八―九年、メルヴのサムアーニー家で学んでいる時のことであった。彼はそれまでに集めていた様々な情報をもとに、六二一／一二二四年、モスル（al-Mawṣil）あるいはアレッポで、草稿を書き上げる。そして六二五／一二二八年、パトロンであったイブン・アルキフティーの図書館のために、最終稿の作成に取りかかった。

今回使用する『地名辞典（*Muʻjam al-Buldān*）』は、こうした経緯を経て編纂されたものである。イスラーム世界の様々な地名や地政学的な情報、関連する人物の伝記や文学作品について言及しており、中世イスラーム世界を代表する地理書と呼んで差支えないだろう。ヤークートが長期間滞在したアレッポやメルヴ近郊の地名に特に詳しいという特徴が見られる。その序章のみ英訳されているが、[7] 筆者は未見である。

『南アラビア地誌』

al-Mujāwir: Ibn al-Mujāwir (d. 690/1291), *Ṣifa Bilād al-Yaman wa Makka wa Baʻḍ al-Ḥijāz al-musammāt Taʼrīkh al-Mustabṣir*, O. Löfgren (ed.), Leiden: E. J. Brill, 1951.[8]

著者は、Abū Bakr b. Muḥammad b. Masʻūd b. ʻAlī b. Aḥmad Ibn al-Mujāwir al-Baghdādī al-Nīsābūrī。[9] イブン・アルムジャーウィルとして知られる。六／一二世紀後半に出生した。ホラーサーン（Khurāsān）で生を受けたか、あるいは、ホラーサーンに住んだことがあったものと見られる。東方イスラーム世界に詳しく、おそらくはペルシア語話者であった。史料上の記述より、著者自身が商人か、商業に強い興味を持った人物と考えられる。

『イエメンやマッカ、ヒジャーズの一部の地方の性質（*Ṣifa Bilād al-Yaman wa Makka wa Baʻḍ al-Ḥijāz al-Musammāt Taʼrīkh al-Mustabṣir*）』（本書では『南アラビア地誌』と略記）は、一三世紀前半にアラビア半島各地を旅したイブン・アルムジャーウィルが著した旅行記兼地誌である。特に南西アラビアに関する記事が詳しく、地元の人々を情報源とした当地の風俗や習慣に関する記事など、他史料には見られない貴重な情報が含まれている。もっとも、それらがどの程度イブン・アルムジャーウィル自身の手によるものであるのか、あるいは、どの程度が又聞きの情報であるかという点については、確定できない。本文中には、六二〇／一二二〇年代の日付が散見し、最も新しい年号は六二七／一二二九－三〇年である。

彼は、六二〇／一二二〇年代に、クーファ（Kūfa）かバスラ（al-Baṣra）を通って巡礼と商業のためにマッカに到着した。

その後、ティハーマを南下してザビードへ至り、バーブ・アルマンダブ海峡を通過して後、アデンへ辿り着いた。山岳地帯へ向かったかどうかは定かではないものの、タイッズやジブラ、ザマール、サナア、サァダ、ナジュラーン（Najrān）について、詳しい記述を残している。帰路においては、アデンから東方へ陸路を通って向かい、ハドラマウトやズファール、ラァス・アルハッド（Ra's al-Ḥadd）へ至って後、ペルシア湾を北上し、故地へ戻った。

『南アラビア地誌』の写本については、以下の二点がよく知られている。一つ目が、現在はスレイマニエ図書館（Süleymaniye Kütüphanesi）に保存されているAyasofya 3080で、一六世紀後半に筆写されたものである。二つ目は、ライデン大学（Universiteit Leiden）に眠るOr. 5572（Ar. 2450）で、一九世紀後半に作成されたと見られる。他にも、ウプサラ大学図書館写本（Uppsala universitetsbibliotek, Landberg 69）が、後述するロフグレン版では用いられている。

なお二〇〇八年には、『南アラビア地誌』の英訳をスミスが出版した。[10] 碩学スミスによって詳しい解説が付された同書は、イブン・アルムジャーウィル研究の集大成である。

『信頼』

al-Mu'tamad: al-Muẓaffar (d. 694/1295), *al-Mu'tamad fī al-Adwiya al-Mufrada*, M. al-Safā (ed.), Bayrūt: Dār al-Qalam, n.d.[11]

著者は、al-Malik al-Muẓaffar Yūsuf b. 'Umar b. 'Alī b. Rasūl。ラスール朝スルタン・ムザッファル一世である。六一九／一二二二年、イエメン・アイユーブ朝旗下のヌール・アッディーン（後のマンスール一世）の長子として、マッカで出生した。マンスール一世がラスール朝を興して以降は、マフジャムをイクターとして与えられていた。六四七／一二五〇年、マンスール一世がジャナドにてマムルークたちによって殺害されると、弟たちとのスルタン位をめぐる争いに勝利し、第二代スルタンとしてイエメンを統治することとなった。アシュラフ一世にスルタン位を移譲後、六九四／一二九五年、タイッズで逝去。後世の歴史家によって、スルタン・ムザッファル一世期は領域面においても経済面においてもラスール朝の絶頂期であったと評されている。

『単味薬に関する信頼（*al-Mu'tamad fī al-Adwiya al-Mufrada*）』（本書では『信頼』と略記）は、先行するイブン・アルバイタール（Ibn al-Bayṭār）（d. 646/1248）らの著作によって、単味薬の様々な薬効をアラビア語のアルファベット順に説明したものである。その項目数は、筆者が数え上げたところ、一一四一に上った。そのうちにどれほどの固有の情報が含まれているものかどうか今後検討していく必要はあるものの、一三世紀のラスール朝下にあった薬学知識の片鱗を示しているという点で重要な作品である。

今回参照した刊本は、サファーによって校訂、出版された版を、二〇〇〇年以降に再出版したものである。一九〇七年に初版が、一九五一年に再版が、すでに出版されている。いずれも、エジプト国立図書館所蔵の二つの写本（130, 898）をもとに校訂されている。

なおスルタン・ムザッファル一世は他にも、いくつもの著作を残したと言われる。その多くが散逸しているが、現在まで残るラスール朝下イエメンにおける工芸に詳しい『様々な工芸品に関する発明（*al-Mukhtaraʿ fī Funūn min al-Ṣunʿ*）』は、校訂、出版されている。[12]

『傑作』

Ṭurfa: al-Ashraf (d. 696/1296), *Ṭurfa al-Aṣḥāb fī Maʻrifa al-Ansāb*, K. W. Zettersteen (ed.), Bayrūt: Dār Ṣādir, 1992 (1991).[13]

著者は、al-Malik al-Ashraf ʻUmar b. Yūsuf b. ʻUmar b. ʻAlī b. Rasūl。スルタン・ムザッファル一世の長子で、一三世紀末に南西アラビアを治めたラスール朝スルタン・アシュラフ一世である。マフジャムに次いでサナアを分与されて後、ムザッファル一世の生前にスルタン位の移譲を受けた。ムザッファル一世没後、シフルを分与されていた弟のムァイヤド一世の反乱を受けるが、六九五／一二九五年にこれを破り、幽閉する。しかしアシュラフ一世は、六九六／一二九六年、急逝する。その死因については、『ウトユート史』以外の史料では一切言及されていない。農業書や史書、アストロラーベの書、馬の書など、一〇を超える著作を残したことで知られるが、現存しないものが多い。なお、『傑作』によればアシュラフ一世には六人の息子と二人の娘がおり、二人の娘はムァイヤド一世の息子と結婚している。

『系譜の知識における諸侯の傑作（*Ṭurfa al-Aṣḥāb fī Maʻrifa al-Ansāb*）』（本書では『傑作』と略記）は、山岳地域の諸部族やザイド派イマーム、ラスール家王族の系譜に詳しい著作で、アシュラフ一世が別に著した系譜書の要約である。個々人の事跡よりは、その系譜の記述に重きを置いている。『傑作』においてラスール家が南アラブの祖カフターン（Qaḥṭān）に連なるとされているが、現代の研究者も同時代の幾人かの史料著者も、ラスール家がテュルク系であったという見解で一致を見る。このようなラスール家ならびにラスール朝宮廷史家による系譜操作については、すでにヴァレが詳しい検討を行っている。[14]『傑作』には、アシュラフ一世自身が体験した情報も含まれており、一三世紀のラスール朝下の状況を知るうえで有益である。

本書で用いる『傑作』は、ツェッタースティーンによる校訂本のリプリント版であり、三つの写本が用いられている。一つ目が、スウェーデンのウプサラに眠る、一三一五年ラジャブ月／一八九七年一一－一二月に筆写されたもので、ツェッタースティーンはこれを校訂の中心に据えた。残る二つはベルリン国立図書館（Staatsbibliothek zu Berlin）と大英図書館に所蔵されているとのことだが、いずれについても分類番号が書かれていない（おそらくは、それぞれ9381と6060を指す）。

『教示』

Tabṣira/Varisco 1994b: al-Ashraf (d. 696/1296), *al-Tabṣira fī 'Ilm al-Nujūm* (*Medieval Agriculture and Islamic Science: The Almanac of a Yemeni Sultan*), D. M. Varisco (ed.), Washington: University of Washington Press, 1994, 41-60.[15]

著者であるアシュラフ一世については、『傑作』の説明において詳述した。一三世紀末に南西アラビアを治めた、ラスール朝スルタンである。

『星々の知識に関する教示』（*al-Tabṣira fī 'Ilm al-Nujūm*）（本書では『教示』と略記）は、アシュラフ一世がスルタン位に就く以前の六七〇／一二七一－二年の一年間における農業や天文の様子を記した農事暦。ラスール朝下でまとめられた農事暦のなかで最も古く、最も詳細な記事を含んでいる。天文学に関する全五一章から成る史料群のうち、第三一章がこの『教示』にあたる。表形式になっており、ティシュリーンI月（tishrīn al-awwal）から始まる。農作物の生産時期や収穫時期、気候、アデンからの出港時期など、様々な情報が記載されている。イエメン方言で書かれている箇所では、一般のアラビア語辞書ではなくピアメンタが編纂した辞書が必要となった。[16]

今回使用したテキストは、ヴァリスコが一九九四年に校訂したものである。同書にはヴァリスコによる英訳と詳細な脚注が付されている。もとの写本は、オックスフォード大学（University of Oxford）のボドリアン図書館（The Bodleian Library）に眠っている（Hungtington 233 (Uri 905)）。

なおアシュラフ一世は他にも、『農業の知識に関する素晴らしき知恵（*Milḥ al-Malāḥa fī Maʻrifa al-Filāḥa*）』という農書を著している。全七章から成る同書では、農作物耕作時期や耕起、穀物類、果実類、灌漑、香草、野菜類、害虫などについて論じられている。校訂本が存在するが、本書では用いていない。[17]

『織糸』

Simṭ: Ibn Ḥātim (d. after 1302), *Kitāb al-Simṭ al-Ghālī al-Thaman fī Akhbār al-Mulūk min al-Ghuzz bi al-Yaman* (*The Ayyūbids and Early Rasūlids in the Yemen* (567-694/1173-1295), 1), G. R. Smith (ed.), London: Luzac for the Trustees of the E. J. W. Gibb Memorial, 1974.[18]

著者は、Badr al-Dīn Muḥammad b. Ḥātim al-Yāmī al-Hamdānī。イブン・ハーティムとして知られる。彼の生涯については、彼自身の著作である『イエメンにおけるグズの諸王の出来事に関する高価なる織糸（*Kitāb al-Simṭ al-Ghālī al-Thaman fī Akhbār al-Mulūk min al-Ghuzz bi al-Yaman*）』（本書では『織糸』と略記）以外によるべきまとまった史料はない。そのニスバから明らかなように、イブン・ハーティムは、イエメン・アイユーブ朝下イエメンのサナア近辺において政治的な勢力を保っていたハムダーン族（Banū Hamdān）のうちのハーティム族（Banū Ḥātim）のひとりであった。彼らはイスマーイール派に属し、今日に至るまで、北はナジュラーンに至る地域に居住している。

イブン・ハーティムは、六四七／一二四九年頃にスルタン・ムザッファル一世によって登用され、ラスール朝のアラム・アッディーンに仕えた。六五七／一二五八－九年に部族間の調停を任されて以降、部族やザイド派イマーム勢力との交渉役として、高位のアミールとして活躍した。七〇二／一三〇二－三年のハズラジーによる記録を最後に、イブン・ハーティムは史料上から姿を消す。

『織糸』は、五六九／一一七三年のアイユーブ朝のイエメン侵攻にはじまり、六九四／一二九五年のスルタン・ムザッファル一世の逝去で終わる年代記であり、特にムザッファル一世の治世に詳しい。ムザッファル一世をはじめとした王朝の高位の者たちや行政文書、ザイド派史料、自身の経験を情報源としており、第一級の史料的価値を持つ。もっとも自身が属するハーティム族を贔屓するなど、厳密な史料批判が必要な部分も散見する。他にも『著述家たるイエメンの諸王の出来事に関する高価なる首飾り（*al-ʿIqd al-Thamīn fī Akhbār Mulūk al-Yaman al-Mutaʾakhkhirīn*）』を著したとされるが、現存しない。[19]

『織糸』の写本については、すでにブロッケルマンによって三点の存在が指摘されており、スミスはこれらすべてをもとに本刊本を校訂した。それらの写本とは、①ロンドン写本（The British Library, MS. Add. 27541。一〇六二／一六五一－二年筆写了）、②エジプト国立図書館写本（MS. 2411 (taʾrīkh)。一〇七五／一六六四－五年筆写了）、③ライデン写本（MS. Or. 2699。筆写年次不明だが、①②より少し後とスミスは推定）である。

なお今回使用した刊本は、第一巻（= Simṭ）と、スミスによるイエメン史研究書である第二巻（= Smith 1974-1978 II）の二冊からなる。第二巻においてスミスは、『織糸』の注釈の他、用語や地名の解説を行っており、イエメン史を研究するうえで非常に有益な情報を提供する。

『宝庫』

Kanz: Idrīs al-Ḥamzī (d. 714/1314), *Taʾrīkh al-Yaman min Kitāb Kanz al-Akhyār fī Maʿrifa al-Siyar wa al-Akhbār*, ʿA. M. al-Madʿaj (ed.), al-Kuwayt: Muʾassasa al-Shirāʿ al-ʿArabī, 1992.[20]

著者は、ʿImād al-Dīn Idrīs b. ʿAlī b. ʿAbd Allāh al-Ḥamzī。イドリース・アルハムズィーとして知られる。ハサン系（al-Ḥasanī）のシャリーフであって、ザイド派のイマーム・マンスール（al-Manṣūr bi Allāh ʿAbd Allāh b. Ḥamza）（d. 614/1217）を輩出する一族に属した。祖父も父もザイド派イマーム勢力のアミールとしてラスール朝と対立していたが、六八五／一二八六－七年、父ジャマール・アッディーンがラスール朝の軍門に降る。六九九／一三〇〇年にジャマール・アッディーンが逝去すると、イドリース・アルハムズィーはその跡を継ぎ、ムァイヤド一世のもとでアミールとして活躍した。七一四／一三一四年、未婚のまま逝去。

『伝記や出来事の知識に関する幸福の宝庫（*Kanz al-Akhyār fī Maʻrifa al-Siyar wa al-Akhbār*）』（本書では『宝庫』と略記）は、イブン・アルアスィール（Ibn al-Athīr）（d. 633/1233）が著した『完史（*al-Kāmil fī al-Taʼrīkh*）』を要約し、それにイラクやエジプト、シリアに関する七一三／一三一四年に至るまでの情報と、イエメンに関する七一四年サファル月／一三一四年に至るまでの情報を追加したものである。四巻から成り、第三巻の一部と第四巻すべてがイエメンの記事に当てられている。この書は、イドリース・アルハムズィーの自伝的な側面を有しており、随所に彼の経歴を辿る記述が見られる。ムザッファル一世期以前の政治史に関する記述中に見るべきものは少ないが、ムァイヤド一世期の情報には独自性が認められる。また、ザイド派に所属したシャリーフがシャーフィイー派のラスール朝に仕えた軌跡を知ることができる事例でもある。

今回参照した刊本は、『宝庫』のイエメン史に関わる部分を校訂したものである。それは、大英図書館所蔵の Or. 4581 のうち 172a-192b に相当する。他にも校訂者マドァジュは、インド写本や、それを複写したカイロ写本の存在を伝えるが、イエメン史に関する記述はそれらには見られないという。筆者は、校訂者マドァジュが触れていない『宝庫』の別写本である大英図書館所蔵の Suppl. 469 のフォトコピーを有しており、今後 Or. 4581 との比較・検討を行う必要がある。

なおスルタン・アフダルが、『宝庫』を要約した『出来事の宝庫の要約に関する観察の楽しみ（*Nuzha al-Abṣār fī Ikhtiṣār Kanz al-Akhbār*）』を著したとされるが、現存しない。

『ムァイヤド帳簿』

Irtifāʻ: anon., *Irtifāʻ al-Dawla al-Muʼayyadīya: Jibāya Bilād al-Yaman fī ʻAhd al-Sulṭān al-Malik al-Muʼayyad Dāwūd b. Yūsuf al-Rasūlī al-Mutawaffī Sana 721 h. / 1321 m.*, M. ʻA. Jāzim (ed.), Ṣanʻāʼ: CEFAS, 2008.[21]

編纂者名、題名不詳のラスール朝行政文書集。校訂者ジャーズィムによって、『ムァイヤド一世の王朝の歳入（*Irtifāʻ al-Dawla al-Muʼayyadīya*）』（本書では『ムァイヤド帳簿』と略記）の題名が付された。

『ムァイヤド帳簿』の写本は、リヤド（al-Riyāḍ）のファフド王国立図書館（Maktaba al-Malik Fahd al-Waṭanīya）において、S. 183の番号を付されたうえで所蔵されている。全二〇五葉から成り、一七点の地図が含まれている。写本冒頭部や末尾部も含めて、ところどころに落丁や乱丁が見られる。校訂者ジャーズィムは、二〇〇六年に『ムァイヤド帳簿』の校正に着手し、二〇〇八年には出版に漕ぎ着けた。刊本には、『知識の光』と同様に詳細な脚注が付されており、また、いくつかの葉や全一七点の地図のカラーコピーが刊本末にまとめられている。

『知識の光』とは異なり、『ムァイヤド帳簿』は、全体としての一貫性を有し、ラスール朝支配域におけるハラージュなどの国庫への税収を地域ごとに一覧にしている。第一部はティハーマやアデン周辺について取り扱っており、ザビードやスルドゥド、マウル、ハラドなどがワーディーごとにまとめられている。また、イクターとしてムクターへ与えられていたカフリーヤやズアール、ワーディー・リマゥ（W. Rimaʿ）、ハイス、マウザゥ、マンスィキーヤ（al-Mansikīya）における収益情報が記載されている。第二部は、山岳地帯を取り扱っており、タイッズやジャナドなどの地域における歳入状況や、イクター、ラスール家王族の私領地に関する記述が散見する。このように『ムァイヤド帳簿』は、ラスール朝行政史、経済史研究にとって、非常に重要な情報を有している。

ヴァレによれば、『ムァイヤド帳簿』所収の記事のうち、山岳地帯に関するものは、およそ六九二／一二九三年から六九五／一二九六年の状況を反映している。ヴァレは『知識の光』や『アフダル文書集』との比較を通して、ラスール朝下における歳入状況について検討し、ラスール朝末期へ至るほどに相対的に港からの収入に依存する割合が増えたことを示した。[22]

『時流の厳選』

Nukhba: al-Dimashqī (d. 727/1327), *Kitāb Nukhba al-Dahr fī ʿAjāʾib al-Barr wa al-Baḥr* (*Islamic Geography*, 203), A. F. Mehren (ed.), Frankfurt am Main: Institute for the History of Arabic-Islamic Science at the Johann Wolfgang Goethe University, 1994.[23]

著者は、Shams al-Dīn Abū ʿAbd Allāh Muḥammad b. Abī Ṭālib al-Anṣārī al-Ṣūfī。ディマシュキー、あるいは、イブン・シャイ

フ・ヒッティーン（Ibn Shaykh Ḥiṭṭīn）として知られる。ダマスカス郊外のラブワ（al-Rabwa）にて、シャイフやイマームとして活動した。七二七／一三二七年、サファド（Ṣafad）で逝去。

『海陸の驚異に関する時流の厳選（*Kitāb Nukhba al-Dahr fī ʿAjāʾib al-Barr wa al-Baḥr*）』（本書では『時流の厳選』と略記）は、地理書である。カズヴィーニー（al-Qazwīnī）（d. 682/1283）が著した『被造物の驚異（*ʿAjāʾib al-Makhlūqāt*）』と類似した内容を有する。著者の姿勢は批判精神に欠けるものの、他では見られない多くの情報が含まれていると、ダンロップは指摘する。『時流の厳選』は、ラスール朝と同時代に書かれた数少ないアラビア語地理書である。

今回参照した刊本は、*Islamic Geography* シリーズの一環として、フランクフルト・アム・マイン（Frankfurt am Main）で出版された。これは、デンマーク王立図書館（Det Kongelige Bibliotek）所蔵写本（96）他三点の写本をもとにメフレンが校訂し、一八六五―六年にサンクトペテルブルク（St. Pétersbourg）で刊行されたもののリプリント版である。校訂者であるメフレンは、ディマシュキーの他の著作についても校訂を行っているが、[24] 筆者は未見である。

『地理学』

Taqwīm: Abū al-Fidāʾ (d. 732/1331), *Taqwīm al-Buldān (Géographie d'Aboulféda)*, M. Reinaud and W. M. de Slane (eds.), Bayrūt: Dār Ṣādir, n.d.[25]

著者は、al-Malik al-Muʾayad ʿImād al-Dīn Ismāʿīl b. ʿAlī b. Maḥmūd b. Muḥammad b. Taqī al-Dīn ʿUmar b. Shāhanshāh b. Ayyūb。アブー・アルフィダーゥとして知られる。エジプトを支配したアイユーブ家の一員である。六七二／一二七三年、ダマスカスで生まれる。六九八／一二九九年にハマー（Ḥamā）のアイユーブ家がマムルーク朝に降伏して以降は、マムルーク朝スルタン・ナースィル（al-Malik al-Nāṣir Muḥammad）（r. 693/1293-694/1294）に取り入りつつ、マムルーク朝に仕え続けた。七一〇／一三一〇年には、ハマーの支配者（ṣāḥib）に任ぜられた。七二〇／一三二〇年には、ムァイヤド（al-Malik al-Muʾayad）のラカブを与えられるとともに、シリア全域の支配を託された。七三二／一三三一年、ハマーにおいて逝去。

『地理学（*Taqwīm al-Buldān*）』は、七二一／一三二一年に完成したとされる地理書で、プトレマイオス（Ptolemy）（d.

about 170）やイブン・サイード・マグリビー（Ibn Saʻīd al-Maghribī）（d. 685/1286）らの著作が表形式でまとめられている。後代には、エジプトの百科事典家カルカシャンディーによって、多く引用された。筆者が今回使用した刊本は、フランス国立図書館（Bibliothèque Nationale de France）所蔵の Arabe. 587 を校訂したもので、一八四〇年にパリで出版された書籍のリプリント版であると見られる。

他、アブー・アルフィダーゥの著作としては、前イスラーム期から七二九／一三二九年に至るまでのイスラーム世界の歴史をまとめた『人類史概要（*Mukhtaṣar Taʼrīkh al-Bashar*）』がよく知られている。その前半部は、主としてイブン・アルアスィールの著作によっている。同書は同時代の知識人たちから評価を得ており、また、一八世紀の欧州の中東研究者は、『人類史概要』を歴史研究の主たる典拠として用いている。

『道程』

al-Sulūk: al-Janadī (d. 732/1332), *al-Sulūk fī Ṭabaqāt al-ʻUlamāʼ wa al-Mulūk*, 2 vols., M. ʻA. al-Akwaʻ (ed.), Ṣanʻāʼ: Maktaba al-Irshād, 1993-1995.[26]

著者は、Bahāʼ al-Dīn Abū ʻAbd Allāh ʻMuḥammad b. Yūsuf b. Yaʻqūb al-Janadī al-Saksakī al-Kindī。ジャナディーとして知られる。そのニスバが示すように、ジャナド周辺を拠点としたサカーサク族（Banū Sakāsak）に属する。ジャナドで生を受けて後、ウラマーであった父親に連れられて各地を旅し、父親や各地のシャイフたちより諸学問を教授された。イエメン南部山岳地域のザファールに彼の一族は居住したが、ジャナディー自身はシャーフィイー派のファキーフとして、ザビードで生涯の大半を過ごした。他、ジャナドやタイッズ、アデンなどのマドラサで教鞭をとっていたと見られる。七三二／一三三二年、ザビードにおいて逝去。

『ウラマーと諸王の伝記集に関する道程（*al-Sulūk fī Ṭabaqāt al-ʻUlamāʼ wa al-Mulūk*）』（本書では『道程』と略記）は、ジャナディーが著した著作のうちで唯一現存するものである。預言者ムハンマドの時代より四／一〇世紀に至るイスラーム世界の通史が述べられて後、五／一一世紀－七／一三世紀にイエメンにおいて活躍した様々な知識人の伝記が、彼らの出生地別あるいは死亡地別に所収される。その後五／一一世紀－八／一四世紀にイエメンを支配した王朝の政治史がほぼ年代順に記され、七三〇／一三三〇年のスルタン・ムジャーヒド期の記事をもって終わる。ハズラジーやバー・マフラマ、イブン・アルアフダルといった後世のイエメン史家によって、たびたび引用された。こうした人名録の形式は、ハズラジーの『イエメンの名士たちの伝記集に関する時代の旗幟の典型（*Ṭirāz A'lām al-Zaman fī Ṭabaqāt A'yān al-Yaman*）』やイブン・アルアフダルの『時代の贈物』においても見られるようになる。

今回筆者は、ムハンマド・アクワゥによって一九九三年と一九九五年に刊行された校訂本を使用した。ムハンマド・アクワゥは、以下の二種類の写本を用いて校正を行っている。一つ目は、八七七年ズー・アルヒッジャ月七日／一四七三年五月一四日に写し終えられたエジプト国立図書館写本で、イスタンブル写本の写しとムハンマド・アクワゥは述べるが、仔細については詳らかではない。二つ目は、八二〇年シャァバーン月九日／一四一七年九月三〇日に筆写が終了したフランス国立図書館写本（おそらくは 2127）である。

また、ムハンマド・アクワゥがしたためた序文は、ジャナディーの解説にとどまらず、南西アラビア史や史料についても詳しい解説を行っており、研究者にとって与するところ大である。

『絢爛』

Bahja 1: Ibn 'Abd al-Majīd (d.743/1343), *Bahja al-Zaman fī Ta'rīkh al-Yaman*, 'A. M. al-Ḥibshī (ed.), Ṣan'ā': Dār al-Ḥikma al-Yamanīya, 1988.[27]

著者は、Tāj al-Dīn Abū Muḥammad 'Abd al-Bāqī b. 'Abd al-Majīd b. 'Abd Allāh b. Abī al-Ma'ālī Muthannā b. Aḥmad b. Muḥammad b. 'Īsā b. Yūsuf al-Yamanī al-Makhzūmī。イブン・アブド・アルマジードとして知られる。六八〇／一二八一年、マッカあるいはアデンで生まれた。七〇四年にはラスール朝下アデンにおいて、高位の文書官を務めていたことが確認される。その後イエメンを離れて、エジプトやシリアにおいて活動した。七一七／一三一七－八年、[28]ラスール朝スルタン・ムァイヤド一世の求めに応じて、イエメンへ戻る。七二一／一三二一年にムァイヤド一世が亡くなると、ムァイヤド一世の息子であるムジャーヒドとムァイヤド一世の兄弟であるマンスール二世（al-Malik al-Manṣūr Ayyūb）（r. 722/1322）とその息子のザーヒル一世の間で、スルタン位をめぐる争いが勃発する。著者は後者に属さざるを得ず、ムジャーヒドの勝利とともにイエメンを立ち去った。エジプトやシリアにおいて、マドラサで教えるなどして生きた。七四〇／一三三九–四〇年、シリアで逝去。

『イエメン史に関する時代の絢爛（*Bahja al-Zaman fī Ta'rīkh al-Yaman*）』（本書では『絢爛』と略記）は、イスラーム成立前夜の簡略な記事に始まり、七二四／一三二四年の記事で終わる、ラスール朝年代記。著者自身がムァイヤド一世の旗下にあったため、特にムァイヤド一世期について具体性に富んだ情報を提供している。

『絢爛』の原本は失われたと考えられ、ヌワイリー（al-Nuwayrī）（d. 733/1333）の百科事典『諸アダブにおける願いの終わり（*Nihāya al-Arab fī al-Funūn al-Adab*）』（本書では『願いの終わり』と略記）中の引用が現存するのみとされていた。これをもとにヒジャーズィーは、別の刊本（Bahja 2）をすでに出版している。そのなかでヒジャーズィーは、ヌワイリーがイブン・アブド・アルマジードの文章をそのまま引用したと述べている。しかし、Bahja 1の校訂者であるヒブシーは、後述するパリ写本との比較をもとに、ヌワイリーの書中に引用されたいくつかの逸話が要約されたものであることを明らかにしている。また、『絢爛』の原本がヌワイリーのために書かれたものと言われてきたが、校訂者ヒブシーは、ラスール朝スルタン・ムジャーヒドに対抗したザーヒル一世のために執筆されたものとみなしている。

同書については、フランス国立図書館に一二三葉から成る一点の写本が確認されるのみである。筆者以外の匿名の者による書き足しがされているが、それらもヒブシーによって校訂されている。[29] ヒブシーは、その筆写年代がヒジュラ暦九世紀にまで遡るものと考えている。

イブン・アブド・アルマジードには、他にも少なくとも一〇点の著作がすでに確認されている。それらのうちラスール朝史研究に用いられるものがどの程度あるのかという点については、今後詳しく検討していく必要がある。

Bahja 2: Ibn ʻAbd al-Majīd (d.743/1343), *Ta'rīkh al-Yaman al-musammā Bahja al-Zaman fī Ta'rīkh al-Yaman*, M. Ḥijāzī (ed.), Ṣanʻā': Dār al-Kalima, 1985 (1965).[30]

Bahja 2は、既述したBahja 1に先行して出版された、『絢爛』の刊本である。校訂者ヒジャーズィーは、ヌワイリーの『願いの終わり』中にイブン・アブド・アルマジードの『絢爛』からの引用を見つけ、それが原本からそのまま持ってこられたものと考えた。そのため彼は、『願いの終わり』の二種類の写本をもとに、該当箇所を検討し、このBahja 2を刊行したのである。

それらの二つの写本は、ともにエジプト国立図書館に眠っている（549, 551）。549の方は一〇七葉から成り、ヒジャーズィーは校訂に際してこちらをもとにしている。551の方は二部構成をとり、第一部が一四二葉、第二部が一四四葉で、合わせて二八六葉から成っている。

ヒブシーがBahja 1の校訂者序文で述べたように、Bahja 1とBahja 2とでは、その内容や表現に差異が見られる。そのなかでも最も大きな違いは、Bahja 2の最後に記載されている、七二五年のスルタン・ムジャーヒドによるティハーマ再平定の記事が、Bahja 1においては完全に省略されている点である[31]。このことについてヒブシーは、Bahja 1の最後部に付け足しを行った者が、該当箇所を削ったのではないかと推測している[32]。いずれにせよこれらの異同については未だ正確に検討されておらず、今後写本にもとづいた詳細な比較が必要である。

『諸地域道里一覧』

Masālik 1: Ibn Faḍl Allāh al-ʿUmarī (d. 749/1349), *Masālik al-Abṣār fī Mamālik al-Amṣār: Mamālik Miṣr wa al-Shām wa al-Ḥijāz wa al-Yaman*, A. F. Sayyid (ed.), al-Qāhira: Institut français d'archéologie orientale, 1985.

Masālik 2: Ibn Faḍl Allāh al-ʿUmarī (d. 749/1349), *Masālik al-Abṣār fī Mamālik al-Amṣār*, 2, F. Sezgin (ed.), Frankfurt am Main: Institute for the History of Arabic-Islamic Science at the Johann Wolfgang Goethe University, 1988.[33]

著者は、Shihāb al-Dīn Abū al-ʿAbbās Aḥmad b. Yaḥyā Ibn Faḍl Allāh al-Qurashī al-ʿAdawī al-ʿUmarī。ウマリー、あるいはイブン・ファドル・アッラーフ・ウマリーとして知られる。七〇〇／一三〇一年、ダマスカスにて、マムルーク朝に仕えるシャーフィイー派の家系に生まれる。七二九／一三二九年、カイロで勤務する父親の補佐として働きはじめるが、人間関係の不和により追放される。七三八／一三三七年に父親が亡くなると、その職を継いだのはウマリーの兄弟であった。その後、スルタンから不評を買って収監されていたが、七四〇／一三三九年に解放され、翌年よりダマスカスにて秘書官を務めた。七四三／一三四二年に兄弟に職を取って代わられて以降は、七四九／一三四九年に逝去するまで隠遁生活を送った。彼の作品の多くは、この時期に書かれたものと見られている。

本書で用いる『諸地域道里一覧（*Masālik al-Abṣār fī Mamālik al-Amṣār*）』は、文学や歴史、地理、宗教など、様々な分野を網羅した百科事典である。同書故にウマリーは、カルカシャンディーやヌワイリーとともにマムルーク朝期の三大百科事典家と称される。後には、カルカシャンディーによって引用された。ウマリーは一方で、『高貴なる用語の解説（*al-Taʻrīf bi al-Muṣṭalaḥ al-Sharīf*）』を著している。これは、マムルーク朝が対外勢力へ向けて作成する文書の様式集であって、『諸地域道里一覧』とともに、宮廷官僚の指南書としてつくられたものと考えられている。

本書では、『諸地域道里一覧』の二種類の刊本を用いた。サイードによるMasālik 1は、イスタンブルのトプカプ宮殿博物館付属図書館所蔵のAhmed III 2797/1をもとに、南西アラビアの箇所を校訂したものである。一方、セズギンによるMasālik 2は、『諸地域道里一覧』の諸写本のファクシミリ版となっている。筆者が参照した第二巻は、スレイマニエ図書館所蔵写本（Yazma Bağışlar, MS. 2227）を写したものである。

『大旅行記』

Riḥla: Ibn Baṭṭūṭa (d. 770/1368-9), *Riḥla Ibn Baṭṭūṭa*, 5 vols., ʻA al-Tāzī (ed.), al-Ribāṭ: Akādīmīya al-Mamlaka al-Maghribīya, 1997.[34]

著者は、Shams al-Dīn Abū ʻAbd Allāh Muḥammad b. ʻAbd Allāh b. Muḥammad b. Ibrāhīm b. Muḥammad b. Ibrāhīm b. Yūsuf al-Lawātī al-Ṭanjī。イブン・バットゥータとして知られる。七〇三／一三〇四年、タンジェ（Ṭanja）に生まれた。七二五／一三二五年に故郷を出発し、北アフリカやエジプト、シリアを経て、七二六／一三二六年にマッカ巡礼を果たした。その後も、マッカを出立すると、イラクやイラン、南アラビア、東アフリカ、小アジア、中央アジア、インド、モルディブ諸島、スリランカ、東アジアなどへ五回の大旅行を敢行した。七五〇／一三四九年にマグリブへ戻った後も西アフリカの諸都市を訪れ、七五四／一三五三年にファース（Fās）に帰還した。

『諸都市の新奇さと旅の驚異に関する観察者たちへの贈物（*Tuḥfa al-Nuẓẓār fī Gharā'ib al-Amṣār wa'Ajā'ib al-Asfār*）』（本書では『大旅行記』と略記）は、マリーン朝スルタン・アブー・イナーン（Abū 'Inān Fāris）（r. 749/1348-759/1358）の求めに応じて作成されたものである。イブン・バットゥータは、自身の旅の記録を書記に口述筆記させ、七五六／一三五五年にその草稿を完成させた。イブン・ジュザイィ（Ibn Juzayy）（d.758/1356）は、この草稿の内容に詩句を引用したりスルタンを賛美する美文調の文章を随所に挿入したりと様々な編纂を加え、巡礼紀行文学としての体裁を整え、七五七／一三五六年にその筆写を終えた。『大旅行記』には史実や地理に一部誤りが含まれており、また他旅行記からの借用が見られるが、当時の社会や文化に関する貴重な情報を現在に伝えている。

イブン・バットゥータは、西暦一三三一年頃にイエメンを訪れている。彼はマッカ巡礼大祭に参加して後、ジュッダより海路、対岸のサワーキンへ向かった。そこからティハーマ北端のハリーへ渡り、船でアフワーブより上陸後、ザビードを目指した。そして、ガッサーナ（Ghassāna）、ジブラを経由し、タイッズにおいて、スルタン・ムジャーヒドへ謁見を果たした。その後北上してサナアを訪問し、アデンへ向かった。アデンから四日をかけてザイラゥへ到着して後は、東アフリカを船で南下し、キルワ（Kilwa）にまで至った。そしてズファール地方へ向かって北上し、アラビア半島南岸を東へ進んだ。イブン・バットゥータは以上の諸都市の風俗について詳しい記事を残しており、それらは他史料とも一致する内容も含んでいる。そのためラスール朝史研究において、欠かすことのできない第一級の史料的価値を有する。なお同史料には、二〇〇二年に完成した家島彦一による邦訳がある。

『アフダル文書集』

Afḍal: anon., *The Manuscript of al-Malik al-Afḍal al-'Abbās b. 'Alī b. Dā'ūd b. Yūsuf b. 'Umar b. 'Alī Ibn Rasūl: A Medieval Arabic Anthology from the Yemen,* D. M. Varisco and G. R. Smith (eds.), Warminster: E. J. W. Gibb Memorial Trust, 1998.[35]

一九七八年、イエメンに所在するアフジュル（al-Ahjur）にて、ヴァリスコは、ラスール朝スルタン・アフダルに帰せられると思しき一つの写本を発見し、撮影した。その後、キングやサージェントとの検討によって、すでにマフムード・グール（Maḥmūd al-Ghūl）によってマイクロフィルム化されていたことが判明した。スルタン・アフダル自身による手稿も含むこの文書集の史的重要性に鑑みてファクシミリ版としてヴァリスコとスミスによって出版されたものが、今回参照した『アフダル文書集（*The Manuscript of al-Malik al-Afḍal*）』である。ヴァリスコやナスィーフ、ゴールデンらによってその一部が校訂されている[36]。

編纂者は、おそらくは al-Malik al-Afḍal al-ʻAbbās b. ʻAlī b. Dāwūd。ラスール朝スルタン・アフダルとして知られる。父親であるスルタン・ムジャーヒドの没後に、スルタン位を継承した。ティハーマをはじめとした諸地域において激しい抵抗を受けつつも、一〇余年にわたってイエメンを統治した。法学書や農書など様々な書物を著しており、他のラスール朝スルタンと同様、高い学識を有していたと見られる。

『アフダル文書集』には頁番号が振られており、それによれば五四二頁から成る。冒頭部を欠いているため、本来の書名などは不明である。導入部においては、ラスール朝崩壊以降にこの写本を所有したと見られるカースィム（Muḥammad b. Ḥasan b. Yaḥyā Qāsim）なる人物による書き込みがなされている。若干の例外を除いて同一の写字生によってナスヒー体で書写され、一頁あたり四五から四六行を含んでいる。欄外にアフダル直筆の書き込みが見られる文書も含まれており、その多くには七七七／一三七六年の年号が付される。農学や占星術、天文学、人名録、系譜学、地理学、アラビア語文法学、医学、薬学、詩学、政治学、兵器学など、実に様々な分野の記事が所収されている。もっともなかにはムァイヤド一世期の歳入に関する記事が三点見られるなど、過去の記録を多く収録しており、その内容をそのままアフダルの時代のものと考えることはできない。

本書では特に、農事ならびに地理に関する記事を参照した。そのうち、アフダル自身によって執筆された『果樹や香草に関する農民たちの望み（*Bughya al-Fallāḥīn fī al-Ashjār al-Muthmira wa al-Rayḥān*）』[37]の要約は、穀物に関する部分のみ、サージェントによって英訳されている[38]。また、七七三／一三七一－二年にアフダルによって編纂された、ティハーマや南部山岳地域の作物への課税時期をまとめた『庇護されたるイエメンにおける播種時期の知識に関する一章（*Faṣl fī Maʻrifa al-*

Matānīm wa al-Asiqā fī al-Yaman al-Maḥrūsa)』[39]は、ヴァリスコによって英訳されている。[40]そして『アンワーや播種、収穫に関する諸章（*Fuṣūl Majmūʻa fī al-Anwāʻ wa al-Zurūʻ wa al-Ḥiṣād*)』は、ヴァリスコによって校訂されたうえで、英訳されている。[41]ヴァリスコによれば、アシュラフ一世による農事暦[42]に依拠しつつも、新たな情報が付加されているという。他にも、仔細不明の農書の一部[43]や、ザビード近辺の農事暦[44]が含まれる。デュセーヌの研究は、このうち地理情報に関する記事[45]を校訂・仏訳するとともに、他地理書と比較検討したものである。[46]なお、おそらくはムァイヤド一世の宮廷へ送られた産物の記録[47]も含まれている。

『賜物』

al-ʻAṭāyā: al-Afḍal (d. 778/1377), *Kitāb al-ʻAṭāyā al-Sanīya wa al-Mawāhib al-Hanīya fī al-Manāqib al-Yamanīya*, ʻA. ʻA. A. al-Khāmirī (ed.), Ṣanʻā': Iṣdārāt Wizāra al-Thaqāfa wa al-Siyāḥa, 2004.[48]

著者であるラスール朝スルタン・アフダルについては、『アフダル文書集』の説明において既述した。本書は、このアフダルの手によってまとめられたと考えられる史料である。

『イエメンの美徳に関する壮麗なる進物と絶佳なる賜物（*Kitāb al-ʻAṭāyā al-Sanīya wa al-Mawāhib al-Hanīya fī al-Manāqib al-Yamanīya*)』（本書では『賜物』と略記）は、イスラームの勃興から著者の時代である七七〇／一三六八年に至る八世紀の間にイエメンで活躍した、王やウラマー、ファキーフ、アミールなど様々な階層の総勢九七二名の人々の伝記を蒐集した人名録。アフダルは、本書を七七〇年ラビーゥI月上旬／一三六八年一〇月に書きはじめ、七七〇年ラビーゥII月二三日／一三六八年一一月一三日に筆了した。それぞれの人名はクンヤによって冒頭表記されたうえで、各々のイスム順に配されている。ジャナディーやイブン・サムラに多くの情報をよった『賜物』は、後に、ハズラジーによって引用されることとなる。

『賜物』の写本については、三点が知られている。一つ目が、エジプト国立図書館写本（Ta'rīkh 351）であり、二つ目がアラブ連盟写本研究所写本（Maʻhad al-Makhṭūṭāt al-ʻArabīya, Ta'rīkh 332）、そして三つ目がイスマーイール・アクワゥ（Ismāʻīl b. ʻAlī al-Akwaʻ）写本である。エジプト国立図書館写本は九〇四／一四九八－九年に原本から直接筆写されたものであると、校訂者ハーミリーは考えている。[49] アラブ連盟写本研究所写本は、エジプト国立図書館写本から写された、内容的にもこれと差異のない写本である。イスマーイール・アクワゥ写本については、その筆写経歴や状況に不明瞭な箇所が見られるために、ハーミリーはその真正に疑問を呈している。いずれにせよ、エジプト国立図書館写本をもとにして後代に写されたものか、あるいは、エジプト国立図書館写本と同一の原本を有するものと考えられる。

今回使用した刊本は、序文[50]が配された後、第一部の研究編[51]と第二部の校訂編[52]から成る。第一部の研究編では、著者であるアフダルの個人史ならびに一四世紀のラスール朝政治史、文化史に関する概説を行うとともに、関連写本について緻密に検討している。第二部の校訂編では、立項された人名冒頭に番号が振られたうえで、校訂者による詳細な脚注が付されている。

『ウサーブ史』

Wuṣāb: al-Wuṣābī (d.782/1380-1), *Ta’rīkh Wuṣāb al-musammā al-I‘tibār fī al-Tawārīkh wa al-Āthār*, ‘A. M. al-Ḥibshī (ed.), Ṣan‘ā’: Maktaba al-Irshād, 2006.[53]

著者は、Wajīh al-Dīn ‘Abd al-Raḥmān b. Muḥammad b. ‘Abd al-Raḥmān b. ‘Umar b. Muḥammad al-Ḥubayshī al-Wuṣābī。ウサービーあるいはフバイシーとして知られる。七三四／一三三三―四年、ウサーブの村々の一つであるハルフ（al-Ḥarf）に生を受ける。特に父や祖父によって、様々な教育を施された。ウサーブ一帯に伝染病が蔓延した年である七八二／一三八〇―一年、逝去。ウサービーの著作としては、今回参照する『歴史と古跡に関する名誉と呼ばれるウサーブ史（*Ta’rīkh Wuṣāb al-musammā al-I‘tibār fī al-Tawārīkh wa al-Āthār*）』（本書では『ウサーブ史』と略記）が知られるのみである。

『ウサーブ史』は、著者ウサービーが生まれ育ったウサーブの歴史を綴った史書で、特にウサーブ出身の著名人の伝記を集めたものである。ザビードとザマールの間の山岳部に位置するウサーブでは、ラスール朝期にはウサーブ出身のアミールを間においた間接統治が行われていた。[54] 今後、ラスール朝下におけるイエメン山岳地帯の統治形態を探るうえで、第一級の史料的価値を有すると筆者は考えている。

今回筆者が使用した刊本は、ヒブシーが三つの写本によって校訂したものである。一つ目が、サナア大学（Jāmi‘a Ṣan‘ā’）

に所蔵されている一〇四一／一六三一－二年に筆写されたもので、ラキーヒー（Aḥmad ʻAbd al-Razzāq al-Raqīḥī）なる学者が持ち込んだとされる。二つ目が、サナアの大モスク付設図書館（al-Maktaba al-Gharbīya bi al-Jāmiʻ al-Kabīr）所蔵の写本（7）で、一一四三／一七三〇－一年に筆写されている。そして三つ目が、エジプト国立図書館所蔵の写本で、リバーイー（Muḥammad ʻAbd al-Raḥmān al-Ribāʻī）が所有していたそのフォトコピーをヒブシーは参照している。

『ウサーブ史』の編纂課程について、ヒブシーは以下のように推理している。著者ウサービーは、『ウサーブ史』の草稿を残して七八二／一三八〇－一年に逝去した。その後、彼の子孫あるいは彼の父方のおじの子孫が、それに加筆と改訂を加え、八一二／一四〇九－一〇年以降に現在のかたちが整った。

『ウトユート史』

Wutyūt: al-Wutyūt (d. 801/1398-9), *Kitāb Taʼrīkh al-Muʻallim Wutyūt*, MS., Ṣanʻāʼ: al-Maktaba al-Gharbīya bi al-Jāmiʻ al-Kabīr, Taʼrīkh 173.[55]

著者は、Ḥusayn b. Ismāʻīl al-Bajalī。ウトユートとして知られる。その生涯についてはほとんど何もわかっていないが、一説によれば八〇一／一三九八－九年に亡くなった。後述するようにこの没年については、今後再検討される必要がある。

『ウトユート史（*Taʼrīkh al-Muʻallim Wutyūt*）』は、ティハーマのワーディー・スィハームで活動した著名なウラマーの伝記を集めた人名録で、記載された人々のほとんどがスーフィーである。今回筆者は、サナアの大モスク付設図書館に所蔵されている写本（Taʼrīkh 173）のフォトコピーを参照した。一三三三年ラジャブ月一七日／一九一五年五月三一日に、筆写が終了している。[56] おそらくは後代の人物によって、フォリオナンバーに加えて頁数が振られているが、それぞれが途中でずれているうえに写本中に欠落が見られるため、非常に用い難い。

同書が他史料にない独自の情報を有することは、すでにジャーズィムによって指摘されている。[57] たとえば、スルタン・アシュラフ一世の急逝につき、各種史料はその死因について一切の言及を行っていないが、唯一『ウトユート史』は、アシュラフ一世がムァイヤド一世によって毒殺されたという記述を残しているのである。[58] アシュラフ一世没後には、その兄弟でありアシュラフ一世によって幽閉されていたムァイヤド一世がスルタン位に就く。そしてラスール朝末期に至るまで、数多の反乱はあれども、ムァイヤド一世の直系子孫がラスール朝を統治していく。こうした歴史的事実を鑑みれば、ハズラジーなどの宮廷史家と異なる在野の知識人であったウトユートは、その真実性如何は別としても、彼らには書くことができない記述をその著作に残したとみなすことができよう。

同書には、先に挙げたサナア写本に加えて二種類の写本が存在する。一つ目は、エジプト国立図書館に収蔵されている、サナア写本の写し（Ta'rīkh Ukhrā 161）である。[59] 二つ目は、リヤドのマリク・サウード大学図書館（Maktaba Jāmi'a al-Malik al-Sa'ūd）に所蔵されている(7709)。[60] リヤド写本は一三二葉からなるもので、一三二七／一九〇九－一〇年に筆写されている。[61] 今回参照したサナア写本には、スルタン・マスウード二世に関連する記事などウトユートが没したとされる八〇一／一三九八－九年以降の情報が散見する。[62] 今後これら三つの写本を比較、検討していく必要がある。

『出来事』

Tawqī'āt/Varisco 1985: anon., *al-Tawqī'āt fī Taqwīm* ("al-Tawqī'āṭ fī Taqwīm al-Zirā'a al-Majhūl min Aṣl Mulūk Banī Rasūl [Details from an Anonymous Agricultural Almanac of the Rasulid Period]", *Dirāsāt Yamaniya*, 20, 192-222), D. M. Varisco (ed.), Ṣan'ā': Markaz al-Dirāsāt al-Buḥūth al-Yamanī, 1985.[63]

『表形式の出来事（*al-Tawqī'āt fī Taqwīm*）』（本書では『出来事』と略記）は、ティハーマやタイッズ周辺における、八〇八／一四〇五－六年の一年間の農事サイクルを記録した、著者（編者）不詳の農事暦。表形式で、天文学や占星術に関する情報も記載されている。ヒジュラ暦に沿って各季節の農事が記録されているが、ユリウス暦やシリア暦、ペルシア暦も併記される。『アフダル文書集』所収の農事暦と類似した内容を有する。

『出来事』の写本としては、エジプト国立図書館所蔵の Taymūr Riyāḍīya 274, 102-125 が知られている。今回筆者は、ヴァリスコが校訂したテキストを使用した。ヴァリスコは、この校訂の誤りを訂正して英訳したものも発表している。[64]

なお tawqī'at の語は、一般に「記録」などを意味する。しかしヴァリスコは、この語は天文学の表においてしばしば見られるものであって、「日々の出来事」を意味するという。実際、『出来事』の内容は、八〇八年の一日一日の農事を天体の動きと絡めて表形式に記録したものと考えられる。

『真珠の首飾り』

al-ʻUqūd: al-Khazrajī (d. 812/1410), *al-ʻUqūd al-Lu'lu'īya fī Ta'rīkh al-Dawla al-Rasūlīya*, 2 vols., M. B. ʻAsal (ed.), Bayrūt: Dār al-Ādāb, 1983 (1911-1914).[65]

著者は、Muwaffaq al-Dīn Abū al-Ḥasan ʻAlī b. al-Ḥasan al-Khazrajī al-Zabīdī。ハズラジーとして知られる。スルタン・アフダル期からアシュラフ二世期、ナースィル一世期にかけて生きた。八一二／一四一〇年に逝去。サデの論考によれば、ハズラジーは建築物の塗装工として働くとともに、ザビード近隣のモスクでクルアーンを教えていたという。

『ラスール朝に関する真珠の首飾り（*al-ʻUqūd al-Lu'lu'īya fī Ta'rīkh al-Dawla al-Rasūlīya*）』（本書では『真珠の首飾り』と略記）は、ラスール家のイエメン到着の記事に始まり、スルタン・アシュラフ二世の逝去（八〇三／一四〇〇）をもって終わる、ラスール朝を代表する年代記。各年の記事の終わりに、その年に死亡した著名人の死亡録が収録されている。これは、イスラーム期にイエメンを統治した諸王朝の政治史を扱った年代記である『イスラーム期においてイエメンを統治しそこに住んだ者に関する適正と情報（*Kifāya wa al-Iʻlām fī man waliya al-Yaman wa sakana-hu fī al-Islām*）』（本書では『適正と情報』と略記）のうち、ラスール朝史の箇所を別に抽出したものと考えられている。ヒブシーはさらに、『適正と情報』のイエメン史の箇所は、ハズラジーによる別の年代記『黄金』（後述）より引かれたものではないかと推測した。

今回使用する『真珠の首飾り』校定本（ベイルート版）では、第一章～第五章（ラスール家のイエメン流入の章からスルタン・ムァイヤド一世の章まで）が第一巻に、第六章～第八章（スルタン・ムジャーヒドの章からスルタン・アシュラフ二世の章まで）が第二巻に収められている。すでに二〇世紀初頭にレッドハウスによって、『真珠の首飾り』の政治史の箇所（各年の死亡記事を除いた箇所）の校訂ならびに英訳、詳細な注釈がなされている。[66]ベイルート版校訂者のアサルは、ロンドンのインド事務所図書館（The India Office Library）所蔵の写本（710）をもとにしたレッドハウス手稿本（Cambridge University,

Add. 2937-2941）を中心に、校訂を行った。

ハズラジーは他にも、『イエメンの名士たちの伝記集に関する時代の旗幟の典型』や『イエメンの名士たちの伝記集に関する美しく壮麗なる首飾り（*al-ʻIqd al-Fākhir al-Ḥasan fī Ṭabaqāt Akābir Ahl al-Yaman*）』を執筆した。また、スルタン・アシュラフ二世[67]に帰せられる年代記『イエメンを統治した者の出来事に関する時代の果実（*Fākiha al-Zaman fī Akhbār man waliya min al-Yaman*）』は、『適正と情報』と同一の内容を有しているが、どちらが先に執筆されたのか不明である。

『黄金』

al-ʻAsjad: al-Khazrajī (d. 812/1410), *al-ʻAsjad al-Masbūk fī man waliya al-Yaman min al-Mulūk*, Ṣanʻāʼ: Wizāra al-Aʻlām wa al-Thaqāfa, 1981.[68]

著者のハズラジーについては、『真珠の首飾り』の説明において既述した。ラスール朝末期のイエメンを代表する史家である。

『イエメンを統治した諸王に関するつくられたる黄金（*al-ʻAsjad al-Masbūk fī man waliya al-Yaman min al-Mulūk*）』（本書では『黄金』[69]と略記）は、『カリフたちや諸王の出来事に関するつくられたる黄金（*al-ʻAsjad al-Masbūk fī Akhbār al-Khulafāʼ wa al-Mulūk*）』という年代記のうち、第二部第四章と第五章のイエメン史に関する記事に与えられた名称である。大本の年代記は、預言者ムハンマドの事績からアッバース朝史へ至る第一部と、それ以降の諸地域、特にイエメンの政治史を描いた第二部から成っている。

今回筆者は、『黄金』のうちイエメン史に関する部分のファクシミリ版を参照した。写本の所蔵情報が序文に見受けられないが、ザビードのシャイフ・ナースィル（Muḥammad Nāṣir）の名において五一八頁（校訂者によって頁番号が付されている）から成るもので、一一〇二年シャァバーン月五日／一六九一年五月四日に書き終えられた旨が写本末尾に書かれている[70]。この写本では、ハズラジーの没後の加筆が見られ、ラスール朝スルタン・マスウード二世のアデン出港の記述で終わる。具体的な加筆の形跡としては、ハズラジーの没後に著されたイブン・アッダイバゥの『有益なる望み』（後述）への言及[71]に加えて、「*al-Kifāya wa al-A‘lām fī man waliya al-Yaman fī al-Islām* と呼ばれる、al-Shihāb al-Muḥālībī の要約から引用された箇所」[72]の文の存在が挙げられる。後者の文言については、ハズラジーが著した『適正と情報』とほぼ同名の書誌からの引用であることを示しているようだが、「al-Shihāb al-Muḥālībī」が何者なのか詳らかではない。なお『適正と情報』と『黄金』を同一の書誌と考える向きも、現代の研究者に見られる。

『黄金』の著者をハズラジーであるとする説と、スルタン・アシュラフ二世であるとする説がかつては併存したが、現在ではおよそハズラジーに帰することで決着がついている。[73] しかしながら『黄金』に目を通すと、「ハズラジーが私に伝えた」[74]、「ハズラジー――アッラーフが彼の魂を救い給いますよう――」[75]といった文言が、ハズラジーが没する以前の記事において見られる。

『黎明』

Ṣubḥ: al-Qalqashandī (d. 821/1418), *Ṣubḥ al-A‘shā Sinā‘a al-Inshā’*, 15 vols., M. Ḥ. Shams al-Dīn (ed.), Bayrūt: Dār al-Kutub al-‘Ilmīya, 1987-1989.[76]

著者は、Shihāb al-Dīn Abū al-‘Abbās Aḥmad b. ‘Alī (‘Abd Allāh) b. Aḥmad b. ‘Abd Allāh al-Fazārī al-Shāfi‘ī。カルカシャンディーとして知られる。ヌワイリーやウマリーとともに、マムルーク朝下の三大百科事典家とみなされている。七五六／一三五五年、エジプトのカイロ近くのカルカシャンダ（Qalqashanda）において、ウラマーの家系に生まれた。そのニスバからカルカシャンディーの一族は、初期イスラーム期に下エジプトへ流入した、北アラブのバドル族（Banū Badr）に由来すると考えられる。シャーフィイー派のカーディーとなるべく、アレクサンドリア（al-Iskandarīya）において教育を受け、七九一／一三八九年、カイロのマムルーク朝文書庁に書記として仕えるようになった。八二一／一四一八年、逝去。

『黎明たる書記術（*Ṣubḥ al-A‘shā Sinā‘a al-Inshā*）』（本書では『黎明』と略記）は、八一四／一四一二年に完成した、書記に必要な知識を集成した百科事典である。所収されている情報は書記術に限らず、地理学や自然科学に及ぶまで多岐にわたる。初期イスラーム期に遡る様々な行政文書が収録されており、歴史研究における史料的価値は非常に高いとされる。

今回使用した刊本は、シャムス・アッディーンによって校訂された一五巻本のベイルート版である。同書の校訂本としては、他にも、二〇世紀初頭に出版されたカイロ版がよく知られているが、[77]筆者は未見である。本書では特に、ベイルート版第四巻所収のマムルーク朝宮廷組織に関する記述と第五巻所収の南西アラビアの地理に関する記述を用いた。

『書記官提要』

Mulakhkhaṣ: al-Ḥusaynī (d. after 815/1412), *Mulakhkhaṣ al-Fiṭan (A Medieval Administrative and Fiscal Treatise from the Yemen: The Rasulid Mulakhkhaṣ al-Fiṭan by al-Ḥasan b. ʻAlī al-Ḥusaynī (Journal of Semitic Studies Supplement, 20))*, G. R. Smith (ed.), Oxford: Oxford University Press, 2006.[78]

著者は、al-Ḥasan b. ʻAlī al-Ḥusaynī。フサイニーとして知られる。ラスール朝スルタン・ナースィル一世のもとで、アデン港業務に携わった。フサイニーについては、彼が著した『書記官提要』以外によるべき史料がないため不明な部分が多いものの、フサイン系（al-Ḥusaynī）のシャリーフであったと見られている。シャーフィイー派を奉ずるラスール朝がシーア派の人物を雇用する例は、イブン・ハーティムやイドリース・アルハムズィーの事例にすでに見られる。

『書記官提要』（*Mulakhkhaṣ al-Fiṭan*）は、一四一二年に編纂された、アデン港に関する業務をまとめた規則集。記録内容の多くがムザッファル一世期からムァイヤド一世期のものであって、アデンにおけるラスール朝行政官とその権限、アデン港湾の保安や貿易管理、関税目録や関税率について、詳細な情報を伝えている。その写本については、一点がミラノ（Milano）のアンブロジアーナ図書館（Biblioteca Ambrosiana）に所蔵されているのみである（MS. H130）。これは全二五葉から成り、紙片の欠落や混在が見られる。先行研究ではこの写本が筆者直筆のものと見なされていたが、スミスはそれを否定し、少なくとも二人以上の第三者によるものと考えている。

その重要性についてははやくもカーエンとサージェントが着目し、校訂を試みたが、両名の逝去によって達成されることはなかった。時を経て二〇〇六年に出版されたSmith 2006は、『書記官提要』のファクシミリ版と英訳を含むものであって、筆者は今回これを用いた。もっともヴァレが示したように、そこに含まれる情報の多くは西暦一三世紀半ばから一四世紀にかけてのもので、[79]編纂当時の状況をそのままに反映しているととらえることはできない。
なおフサイニーは、すでにスルタン・アシュラフ二世の治世に『書記官提要』と同種の書物を別にまとめたと言うが、現存していない。

『年代記』

Ta'rīkh: anon., *Ta'rīkh al-Yaman fī al-Dawla al-Rasūlīya*, H. Yajima (ed.), Tokyo: Institute for the Study of Languages and Cultures of Asia and Africa, 1976.[80]

著者、題名、ともに不詳。四三九／一〇四七―八年のスライヒーによるイエメン統治から、ラスール朝スルタン・ザーヒル二世（al-Malik al-Ẓāhir Yaḥyā）（r. 831/1428-842/1439）の治世の途中である八四〇年ジュマーダーI月一日／一四三六年一一月一一日に至るまでの南西アラビアの政治史を綴った年代記。その記述内容から、著者はスルタン・アシュラフ二世の治世からスルタン・ザーヒル二世の治世に生き、特にザーヒル二世のもとに仕えた書記であったと考えられる。執筆年代は、八四〇年ラマダーン月／一四三七年三―四月から八四一年ムハッラム月／一四三七年七―八月の間と推定される。

『ラスール朝下におけるイエメン年代記（*Ta'rīkh al-Yaman fī al-Dawla al-Rasūlīya*）』（本書では『年代記』と略記）は、日本人研究者・家島彦一によって、その存在がはじめて確認されたものである。一九七〇年から一九七一年にかけてフランス国立図書館所蔵のアラビア語写本の調査を行っていた家島は、目録において「雑部」として分類されている写本（Ms. fonds Arabe no. 4609）のうちに、一〇四〇／一六三〇―一年の天文表および占星学に関する数種の図表とともに収められた『年代記』を発見した。この「パリ写本」は、一二〇葉から成っている。他にも家島は、カイロのエジプト国立図書館において、タイムール文庫本を確認している。両写本ともに、①人類の祖アダムの誕生に始まる世界の歴史の記録やアッバース朝史、②スライフ朝からラスール朝に至るイエメン史、③太陽や月、惑星の運行、月の満ち欠け、黄道十二宮、暦、天体が人間に与える影響などを示す様々な図表の三種を含んでいる。②中に天体と異常気象の因果関係に関する記事が散見することから、もともと著者は、これら三種類の記録をまとめて一書となるように編纂したと考えられる。いずれもイエメン・ナスタァリーク体で書かれており、一六世紀初頭に同一の写字生によって筆写されたものと家島は考えている。

今回筆者が参照した『年代記』は、上述の分類のうち、②にあたる箇所を家島が校訂、出版したものである。『年代記』は、ハズラジーの『真珠の首飾り』以後の時代、すなわち、八〇三年ラビーゥI月／一四〇〇年一一月以降の歴史に詳しく、従前の研究で言われていた「記録史料の空白期」を補う史料的価値を有する。

『時代の贈物』

Tuḥfa: Ibn al-Ahdal (d. 855/1451), *Tuḥfat al-Zamān fī Taʼrīkh al-Yaman*, ʻA. M. al-Ḥibshī (ed.), Bayrūt: Manshūrāt al-Madīna, 1986.

著者は、Badr al-Dīn al-Ḥusayn b. ʻAbd al-Raḥmān b. Muḥammad b. Abī Bakr b. ʻAlī al-Ahdal。イブン・アルアフダルとして知られる。七七九／一三七七－八年頃、カフリーヤにおいて生を受ける。同地で成長し、学究のためにムラーウィア(al-Murāwiʻa)へ移る。長じて後、アブヤート・アルフサイン（Abyāt al-Ḥusayn）へ向かい、そこやザビードの様々なウラマーのもとで学習を続けた。また、七年間ほどマッカに滞在し、多くの知己を得た。八五五／一四五一年、アブヤート・アルフサインにおいて逝去。『イエメン史における時代の贈物（*Tuḥfa al-Zamān fī Taʼrīkh al-Yaman*）』（本書では『時代の贈物』と略記）を含めて、少なくとも一七点の、ハディース学や人名録などに関する著作を残した。

『時代の贈物』は、西暦一一－一五世紀に活躍した、イエメンの有徳の人（faḍāʼil）の事績を記した人名録である。八二六／一四二二－三年に執筆がはじまり、八三二／一四二八－九年に筆了した旨が、同書中に書かれている。もっとも実際には、イブン・アルアフダル自身によって八五一／一四四七－八年の記事が挿入されている。ジャナディーの『道程』より多くの情報を引用しつつも、イブン・アルアフダル独自の情報を追加している。校訂者ヒブシーは、その史料的価値を高く評価し、ジャナディーの『道程』やハズラジーの『真珠の首飾り』とともに、当代の三大史書とみなしている。

今回筆者が参照した校訂本において、校訂者ヒブシーは、六種類の写本に言及している。一つ目が、原書の第二巻をもとにヒジュラ暦一〇世紀につくられた大英図書館所蔵の写本で（1345）、ヒブシーはこれを校訂作業の中心に据えた。二つ目が、原書の第一巻の写本で、インドのホダーバフシュ・バトナ(Khudābakhsh Batnah)図書館に所蔵されている。三つ目が、ワシュリー（al-Washlī）（d. 1356/1937-8）なる学者によって筆写された二巻本で、その子孫が保管していた写本のフォトコピーをヒブシーは参照している。四つ目が、ヒジュラ暦一四世紀に筆写され、サナア大学に所蔵されている写本である（55）。三〇三葉と大部ではあるものの、原書の第一巻のみを扱っており、また、大きな欠落があるという。五つ目もまたサナア大学所蔵の写本であるが、その写字生は十分な教育を受けていなかったと見られ、多くの文法的な誤りが散見する。他、ヒブシーは、校訂には用いていないようであるが、アズハル大学（Jāmiʻa al-Azhar）に眠っている八六四／一四五九–六〇年に筆写された五二葉の小片（914）にも言及している。

『ザビード史』

al-Mukashkish: al-Mukashkish (d. 904/1498), *Taʼrīkh Madīna Zabīd* (in Bughya), ʻA. M. al-Ḥibshī (ed.), Ṣanʻāʼ: Maktaba al-Irshād, 2006.[82]

著者は、Kamāl al-Dīn Mūsā b. Aḥmad al-Dhuʼālī al-Zabīdī。ムカシュキシュの名で知られる。八三六年ラマダーン月／一四三三年、ザビード近郊のバイト・アルファキーフ（Bayt al-Faqīh）にて生まれた。成長して後マッカへ向かい、著名なサハーウィー（al-Sakhāwī）（d. 902/1497）のもとで様々な学問を修めた。イエメンに戻って以降は、イブン・アッダイバゥの師の一人であったことが確認されている。九〇四／一四九八年、時のスルタンより贈物を賜るためにタイッズへ上った際に逝去。

今回使用した『ザビード史（*Taʼrīkh Madīna Zabīd*）』は、後述する『有益なる望み』とともにヒブシーによって校訂されたもので、筆者が用いた『有益なる望み』（Bughya）中に収められている。ドイツのテュービンゲン（Tübingen）に眠っていたザビード史に関する写本（1640）に含まれる二五葉にも満たない小紙片を、ヒブシーが発見、校訂した。ラスール朝最後のスルタン・マスウード二世のアデン出港（八五七／一四五四年）の記事にはじまり、八八三／一四七九–八〇年の記事の途中で終わる、ターヒル朝年代記。もっとも史料中には「九〇三年ムハッラム月一五日[83]」との記述があり、最終編纂年代は著者ムカシュキシュの死亡直前であると考えられる。これまでよく知られていたイブン・アッダイバゥの著作に情報の多くをよっているものの、ムカシュキシュ独自の記述も見られることから、ヒブシーはその史料的価値を高く評価している。

この写本は、弟子であるイブン・アッダイバゥによって筆写されたものであり、イブン・アッダイバゥの『有益なる望み』を参照して書かれた旨が表紙に記されている。しかしながら『有益なる望み』はムカシュキシュが亡くなった二年後に完成しており、若干の矛盾が生じる。この点につき校訂者ヒブシーは、『有益なる望み』の第一稿はすでにヒジュラ暦九〇〇年前後に完成しており、ムカシュキシュはこれをもとに執筆を行ったのではないかと推測している。

『ブライヒー史』

al-Burayhī: al-Burayhī (d. 904/1499), *Ṭabaqāt Ṣulaḥā’ al-Yaman*, ‘A. M. al-Ḥibshī (ed.), Bayrūt: Dār al-Kutub, 1983.[84]

著者は、‘Abd al-Wahhāb b. ‘Abd al-Raḥmān al-Burayhī al-Saksakī al-Yamanī。ブライヒーとして知られる。出生地については不明であるが、八二五／一四二一–二二年に生まれたとヒブシーは推定している。八二八／一四二四–五年にザビードへ至り、当地の様々な学者のもとでクルアーンをはじめとする諸学問を学んだ。イッブやタイッズへ幾度も訪問し、研鑽を重ねた。九〇四／一四九九年、逝去。

八六七／一四六二–三年に執筆された『イエメンの公正なる人々の伝記集（*Ṭabaqāt Ṣulaḥā’ al-Yaman*）』（本書では『ブライヒー史』と略記）は、イエメンのウラマーの事績を地域別にまとめた伝記集である。同時代に編纂されたバー・マフラマの『アデン史』と同様に、先行するジャナディーやハズラジーの著作へ新たな情報を付加している。ハズラジー没後のウラマーの記録を残している点を、ヒブシーは高く評価している。

今回筆者が参照した刊本は、三つの写本にもとづいてヒブシーが校訂したものである。一つ目が、ハッダール（Muḥammad b. ‘Abd Allāh al-Haddār）なる大学者によってヒブシーのもとに持ちこまれたもので、第一巻に数葉の欠落があるものの、校訂に際しては基本に置かれている。二つ目が、一一七四／一七六〇–一年に写されたもののフォトコピーである。一つ目の写本に比べると、多くの欠落が見られる。三つ目が比較的新しく筆写されたもので、グッズィー（Muḥammad b. ‘Abd al-Jalīl al-Ghuzzī）（d. 1400/1979-80）なる人物による書き込みがある。他にも、ハドラマウトに別写本があるという。いずれの写本についても、ヒブシーはその現在の所在地や葉数といった基本情報を記していない。なお、現存するこれらの写本には、著者名と書誌名は書き込まれていない。

『有益なる望み』

Bughya: Ibn al-Dayba‘ (d. 944/1537), *Bughya al-Mustafīd fī Ta’rīkh Madīna Zabīd*, ‘A. M. al-Ḥibshī (ed.), Ṣan‘ā’: Maktaba al-Irshād, 2006.[85]

著者は、‘Abd al-Raḥmān b. ‘Alī b. Muḥammad b. ‘Umar b. al-Dayba‘ al-Zabīdī al-Yamanī。イブン・アッダイバゥとして知られる。八六六／一四六一年、ザビードに生まれる。当時、父親はインドに滞在中で、そのまま同地で客死した。そのために彼は、母方の祖父をはじめとした様々な大学者のもとでシャーフィイー派法学やハディース学などを学んだ。八九七／一四九一年には、サハーウィーの教えを受けている。ターヒル朝に仕え、第四代スルタン・ザーフィル二世（al-Ẓāfir ‘Āmir）（r. 894/1489-923/1517）の依頼により『ターヒル朝の歴史に関する光輝く首飾り（*al-‘Iqd al-Bāhir fī Ta’rīkh Dawla Banī Ṭāhir*）』を著した（現在は散逸）。スルタン・ザーフィル二世がザビードに建設した会衆モスクにてハディース学の教鞭を執るなどして生活し、マムルーク朝軍によるザビード侵攻とターヒル朝崩壊（九二三／一五一七年）を目の当たりにしたものと見られる。九四四／一五三七年、ザビードにて亡くなった。

『ザビード史に関する有益なる望み（*Bughya al-Mustafīd fī Ta’rīkh Madīna Zabīd*）』（本書では『有益なる望み』と略記）は、イスラームの勃興より九〇一／一四九五―六年に至るまでのザビードの歴史を描いた年代記。政治史にとどまらず、その文化や自然環境についても紙幅を割いている。ジャナディーやハズラジー、ウマーラ、イブン・アブド・アルマジードらの著作より多くの記事を引用しているものの、特にターヒル朝期に関しては独自の情報を有している。イブン・アッダイバゥ自身の自伝的様相を呈しており、彼に関する情報はおよそ同書によるものである。

『有益なる望み』の校訂本は、早くも一九七九年に、ヒブシーによって出版されている。今回筆者が参照した刊本は、ヒブシーが三つの写本をもとに新たに校訂を行った別本である。一つ目が、校訂者ヒブシーの友人であるアミール（Muḥammad ʻAbd al-Khāliq al-Amīr）が所有している、ヒジュラ暦一一世紀に筆写されたものである。二つ目が、サナアに居住していたザッバーラ（Ṣafī al-Islām Aḥmad b. ʻAlī Zabbāra）が所有する写本で、ザビード居住の現代の学者によって筆写されたと序文においてヒブシーは述べる。それらに加えて、ドイツのテュービンゲンに眠る著者直筆の一八葉の写本（1640）を参照している。なお『有益なる望み』には他の多くの写本が存在するが、序文において言及されていない。こうしたヒブシー版がはらむ問題についてはすでにスミスによって指摘されており[86]、今後の写本研究によって補完されねばならない。

『付加されたる報酬』

al-Faḍl: Ibn al-Daybaʻ (d. 944/1537), *al-Faḍl al-Mazīd ʻalā Bughya al-Mustafīd fī Akhbār Madīna Zabīd*, ʻA. M. al-Ḥibshī (ed.), Ṣanʻāʼ: Maktaba al-Irshād, 2007.[87]

著者のイブン・アッダイバゥについては、『有益なる望み』の説明において既述した。ターヒル朝期のイエメンを代表する知識人である。

『ザビードの出来事に関する有益なる望みへ付加されたる報酬』（*al-Faḍl al-Mazīd ʻalā Bughya al-Mustafīd fī Akhbār Madīna Zabīd*）（本書では『付加されたる報酬』と略記）は、前述した『有益なる望み』の補遺として編纂された、ザビードに関する年代記である。『有益なる望み』が九〇一年の記事とともに終わるため、『付加されたる報酬』はその後のザビードにおいて起こった政治的事件、すなわち、九〇一年ムハッラム月二日／一四九五年一〇月一日から九二四／一五一八－九年の出来事を描いている。イブン・アッダイバゥがターヒル朝に対して抱いていた親近感が、随所に見られると言われる。

『付加されたる報酬』に関しては、少なくとも四種類の写本が確認されている。それらをもとに、すでに一九八二年に、サーリヒーヤが『付加されたる報酬』の校訂本をクウェートにて出版している[88]。サーリヒーヤは同書において、イブン・アッダイバゥとその著作について詳細な検討を行っており、大変に有益である。また筆者は未見であるが、一九八三年には、サナアにおいてシェルホドによる校訂本が出版されている[89]。

今回筆者は、二〇〇七年にヒブシーによって校訂された刊本を使用した。同書においてヒブシーは、新たに確認されたドイツのテュービンゲンに眠る写本（164）を中心に据えて校訂を行っている。同書には、シェルホド版所収のロシア科学アカデミー（Rossiiskaya Akademiya Nauk）の写本からもたらされたという匿名の写字生によって書かれた補遺（九二四年から九三一年のザビードにおける出来事）も、合わせて収録されている。[90] しかしながらヒブシーの校訂本は、先行する二つの校訂本との比較こそ行えど、各種の写本の検討をなさないままにテュービンゲン写本を校訂したものにすぎない。また、参照した文献の情報が十分に提示されていない。

『眼の慰み』

Qurra: Ibn al-Daybaʿ (d. 944/1537), *Kitāb Qurra al-ʿUyūn fī Akhbār al-Yaman al-Maymūn*, M. ʿA. al-Akwaʿ (ed.), Ṣanʿāʾ: Maktaba al-Irshād, 2006.[91]

著者のイブン・アッダイバゥについては、『有益なる望み』の説明において既述した。ターヒル朝期のイエメンを代表する知識人である。

前述した『有益なる望み』と『付加されたる報酬』がザビード誌であったことに対して、『幸福なるイエメンの出来事に関する眼の慰み』(*Qurra al-ʿUyūn fī Akhbār al-Yaman al-Maymūn*)（本書では『眼の慰み』と略記）はイエメン全体の歴史を扱っている。初期イスラーム時代から九二三／一五一七年のターヒル朝滅亡に至るまでの政治史が、ハズラジーらの著作に多くをよりつつ描かれている。ラスール朝前史とラスール朝史、ターヒル朝史の三部に大別され、イブン・アッダイバゥ自身が生きたターヒル朝の記述においては、様々な独自の情報が見られる。たとえば、鄭和の大遠征の際の分遣隊がアデンに来航した記事や、ポルトガルによるアデン攻撃に関する記述は、往時の世界史について考えるうえで非常に貴重なものである。

今回筆者は、ムハンマド・アクワゥによる校訂本の第三版を用いた。初版の出版年は一九七七年であり、二〇〇六年に刊行された本書は、ムハンマド・アクワゥが亡くなった一四一九／一九八八年に新たに出版されたものの再版である。すでにスミスが指摘しているように、[92] この校訂本はいくつもの問題を有する。用いられた写本に関する情報が序文において見られず、校訂方法も不明瞭である。また、その脚注は詳細を極め、多くの有益な情報が含まれるが、典拠ならびに書誌情報の提示が不十分である。『眼の慰み』に関する写本を収集し、比較検討することが、今後の南西アラビア史研究において必要不可欠となっている。

『アデン史』

Thaghr: Bā Makhrama (d. 947/1540), *Ta'rīkh Thaghr 'Adan* (*Arabische texte zur kenntnis der stadt Adem im mittelalter*), 2 vols., O. Löfgren (ed.), al-Qāhira: Maktaba Madbūlī, 1991.[93]

著者は、Abū Muḥammad al-Ṭayyib b. 'Abd Allāh Aḥmad al-'Adanī。九／一五世紀から一〇／一六世紀にかけてハドラマウトやアデンに居住し、シャーフィイー派のファキーフやスーフィーを輩出したマフラマ家（Bā Makhrama）の成員である。そのために、バー・マフラマやタイイブ・バー・マフラマと先行研究においては呼ばれている。八七〇／一四六五年、アデンのカーディーも務めたアフィーフ・アッディーン（'Afīf al-Dīn Abū al-Ṭayyib 'Abd Allāh）（d. 903/1497）の息子として生を受ける。父親をはじめとしたウラマーのもとで研鑽を積み、ファキーフとしてバー・カッダーム（Muḥammad b. 'Umar Bā Qaḍḍām）（d. 951/1544）とともに名声を得るに至った。九四七／一五四〇年、『アデン史（*Ta'rīkh Thaghr 'Adan*）』や『時代の名士たちの逝去に関する胸元の首飾り（*Qilāda al-Naḥr fī Wafayāt A'yān al-Dahr*）』（本書では『胸元の首飾り』と略記[94]）の執筆途中に、病のために亡くなった。

『アデン史』は、アデンの簡略な歴史ならびに地誌[95]、アデンに縁のある三二一名（後世の人による補遺を含めれば三五七名）の人物の伝記を集めた史書である。その多くを人物の逸話部分に割いており、いわゆる地方史人名録の形態を有する。ウラマーや公正な人々（ṣulaḥā'）、諸王、アミール、商人、ワズィールと、その射程範囲は広い。

今回参照した刊本は、ロフグレンによって一九三六年から一九五〇年にかけてライデンで出版されたもののリプリント版で、一九九一年にカイロにおいて[97]刊行されている。全二巻より成り、第一巻は[98]『アデン史』の地誌部分[96]とイブン・アルムジャーウィルの『南アラビア地誌』の抄訳を、第二巻は『アデン史』の人名録部分に加えて、ジャナディーの『道程』とイブン・

アルアフダルの『時代の贈物』の一部を、それぞれ所収する。[99]『アデン史』の校訂においては、ベルリン国立図書館写本（Preussischer Kulturbesitz, Or. oct. 1441）をはじめとした五点の写本が用いられている。

バー・マフラマの著作のうち、また別の人名録である『胸元の首飾り』や、アデン周辺の地名に詳しい『地名ニスバの書（*al-Nisba ilā al-Mawāḍiʻ wa al-Buldān*）』[100]なども、ラスール朝史研究においては重要である。

『願いの極み』

Ghāya: Yaḥyā b. al-Ḥusayn (d. 1080/1689), *Ghāya al-Amānī fī Akhbār al-Qaṭr al-Yamānī*, 2 vols., S. ʻA. ʻĀshūr (ed.), al-Qāhira: Dār al-Kutub al-ʻArabī li al-Ṭibāʻa wa al-Nashr, 1968.[101]

著者は、Yaḥyā b. al-Ḥusayn b. al-Qāsim b. Muḥammad b. ʻAlī。特定のニスバが知られていないため、ヤフヤー・ブン・アルフサインと呼ばれることが多い。一〇三五／一六二五年頃に生まれ、一〇八〇／一六八九年に没したとされる。サナアを中心に様々な学者のもとで研鑽を積み、四〇を超える著作を残した。そのなかには、『イエメン史に関する時代の情報（*Anbāʼ al-Zaman fī Taʼrīkh al-Yaman*）』や『ヒジュラ暦一一世紀におけるサナア日誌（*Yawmīyāt Ṣanʻāʼ fī al-Qarn al-Ḥādī ʻAshar*）』など、イエメン史研究にとって重要な著作も含まれている。

『イエメン地方の出来事に関する願いの極み（*Ghāya al-Amānī fī Akhbār al-Qaṭr al-Yamānī*）』（本書では『願いの極み』と略記）は、預言者ムハンマドの時代から一〇四五／一六三五年までのイエメンの政治史を綴った年代記である。アーシュールは、同書を『イエメン史に関する時代の情報』の要約版と考えたが、スミスはそれに反駁し、著者そのものがヤフヤー・ブン・フサインではない可能性を示す。『願いの極み』は、その情報の多くをハズラジーやイブン・アッダイバゥなどの先行する歴史家による著作によりつつも、独自の情報を有する。ヤフヤー・ブン・フサイン自身がザイド派のウラマーであったため、ザイド派イマーム伝など、ザイド派関連史料を多く用いているのである。他、カート（qāt）やコーヒー（qahwa）の木のイエメンへの流入について触れるなど、近現代史を考えるうえで貴重な記事が含まれる。

今回筆者が参照したものは、アーシュールによって一九六八年に出版された、二つの写本をもとに校訂された刊本である。

一つ目は、イスタンブルのアリー・エミリー写本（2375）のマイクロフィルムで、カイロのアラブ連盟写本研究所に保管されている（742）。二つ目が、ハダー・バフシー（Khadā Bakhshī）写本（2315）のマイクロフィルムで、こちらもカイロのアラブ連盟写本研究所に眠る（1142）。一つ目の写本は、一一七九／一七二五年にハッビー（Muḥsin b. Mahdī b. Ḥusayn al-Ḥabbī）によって筆写されたものであり、二つ目の写本は、一一九六／一七八二年にハーッジュ（Muqbil al-Ḥājj）によって筆写されたものである。アーシュールは、欠落が少ない一つ目の写本を、校訂の基礎に置いている。本書は二巻より成っているが、ページ番号が連続している。そこで本書において『願いの極み』を提示する際には、一巻と二巻の別なく、ページ番号のみを記載している。

あとがき

本書は、九州大学大学院人文科学府へ二〇一五年に提出した博士論文『初期ラスール朝史研究――宮廷食材をめぐる一考察――』に、加筆修正を行ったものである。博士論文を審査してくださった清水和裕先生、岡崎敦先生、小笠原弘幸先生、舩田善之先生に、感謝の念を申し述べる。

清水和裕先生には、修士課程以降、非常に多くのご支援を賜った。小笠原弘幸先生の叱咤激励がなければ、本書の出版に至ることはなかった。本書は、ひとえにお二方のご指導の賜物である。

学部以降博士後期課程の途中まで、清水宏祐先生のご指導を仰いだ。また、修士課程までは大稔哲也先生にアラビア語文献の読み方をご教示いただいた。甚だ不真面目かつ不出来な学生であり、大変なご迷惑をおかけした。二一世紀COEプログラム「東アジアと日本：交流と変容」のもとで開かれた領域横断ゼミでは、佐伯弘次先生や中島楽章先生、森平雅彦先生、四日市康博先生の教えを乞う機会を得た。本書第4章の執筆にあたっては、今里悟之先生が地理学の見地よりご意見をくださった。所属研究室で助教を務められた西村淳一氏や石黒大岳氏には、公私ともにお世話になった。九州大学文学部の先生方の学恩に、深く感謝申し上げる。

蔀勇造先生とお会いしなければ、私が南アラビア史を専攻することはなかった。古代から現代に至る南アラビア史に関する書誌を、先生のご厚意で閲覧することができた。本書で取り扱った『知識の光』を紹介してくださったのも、蔀先生である。また石川博樹氏からは、イエメンの対岸に位置する東アフリカの歴史や研究に関して、様々なご助言をいただいた。インド洋における航海時期や季節風については、栗山保之先生にご教示いただいた。ここに記して、心よりお礼申し上げる。

二〇〇九年から二〇一一年にかけて滞在したイエメンにおいては、様々な知己を得た。フランス研究所では、『知識の光』校訂者であるジャーズィム先生とお会いした。現在の私の研究姿勢は、先生よりお教えいただいたものである。またルグール氏は、学術雑誌 *Chroniques du manuscrit au Yémen* へ私を誘うなど、絶えず気にかけてくださった。独立行政法人国際協力機構長期専門家の野村真利香氏には、研究者としてのあり方を示していただいた。本書で引用したいくつかの重要な文献は、在イエメン日本国大使館派遣員の洲鎌かおり氏のご協力によって手に入れたものである。日本国大使館の撤退に伴ってイエメンから退避した際には、ボックスマン夫妻がアムステルダムのご自宅に三週間にわたって私を泊めてくださった。雅量に富むご夫妻のお陰で、ライデン大学で写本調査を行うとともに、それまでの研究をまとめることができた。イエメンで出会った方々すべてにここで言及することは叶わないが、深い感謝の意を表する。

本書の刊行に際してお世話になった九州大学出版会の永山俊二氏と九州大学大学院人文科学府の辻大地氏にも、深謝申し上げたい。

いわゆるアラブの春以降、イエメンでは渾沌が続いている。かつてのような「幸福のアラビア」が再び現れることを、願ってやまない。

二〇一六年一二月　九州大学箱崎キャンパス旧工学部本館にて

馬場多聞

追記

本書に収めた各章の研究を進めるにあたり、九州大学文学部同窓会や三島海雲記念財団、平和中島財団より、奨学金を得た。また、九州大学ベンチャー・ビジネス・ラボラトリーや嗜好品文化研究会、小林フェローシップ、日本学術振興会科学研究費補助金（研究活動スタート支援）15H06464による研究助成を受けた。その結果、本書のもととなった博士論文は、二〇一五年度九州大学大学院人文科学府長賞大賞を受賞した。本書の刊行に際しては、日本学術振興会科学研究費助成事業研究成果公開促進費 16HP5108 を得た。関係各位に厚くお礼申し上げる。

初出一覧

本書の各章に関わる既発表論考の初出は、以下の通りである。いずれについても、大幅に加筆修正を行った。

序　章　Baba 2015
第一章　馬場 2013
第三章　馬場 2011（Baba 2014（英語改訂版）；馬場 2016（日本語改訂版））
第五章　馬場 2014

95 イブン・アルムジャーウィルの地誌に多くをよりつつも，特に井戸などの建造物やアデン周辺の地名に詳しい。マルガリティによるアデン研究［Margariti 2007: 34-67］も併せて参照。

96 Thaghr I: 1-23.

97 Thaghr I: 24-70.

98 Thaghr II: 1-240.

99 Thaghr II: 241-260.

100 同書については，以下の刊本が存在する。Bā Makhrama, *al-Nisba ilā al-Mawāḍiʻ wa al-Buldān*, Abū Ẓabī: Markaz al-Wathā'iq wa al-Buḥūth, 2004.

101 ヤフヤー・ブン・フサインならびにその著作については，以下の文献を参照。Ghāya: 3-11; al-Ḥibshī 2004: 517; Sayyid 1974: 246-249; Smith 1984: 148-150.

76 カルカシャンディーならびにその著作については，以下の文献を参照。Ṣubḥ I: 3-28; C. E. Bosworth, “AL-ḲALḲASHANDĪ”, *EI²*; Sayyid 1974: 168-169.

77 al-Qalqashandī, *Ṣubḥ al-A‘shā fī Sinā‘a al-Inshā’*, 14 vols., M. ‘A. Ibrāhīm (ed.), al-Qāhira: Dār al-Kutub al-Khadīwīya, 1913-1920.

78 フサイニーならびにその著作については以下の文献を参照。Cahen and Serjeant 1957; al-Ḥibshī 2004: 563; Sayyid 1974: 165-167; Smith 2005; Smith 2006a: 8-13; Smith 2006b; 家島 2006: 325-326.

79 Vallet 2010: 462-463.

80 『年代記』については，家島 2006: 729-753 を参照。

81 イブン・アルアフダルならびにその著作については，以下の文献を参照。al-Ḍaw’ II: 135-137; Tuḥfa: 5-13; al-Ḥibshī 2004: 494; Sayyid 1974: 178-180.

82 ムカシュキシュならびにその著作については，以下の文献を参照。al-Ḍaw’ V: 178; al-Mukashkish: 228-235; al-Ḥibshī 2004: 499.

83 al-Mukashkish: 241.

84 ブライヒーならびにその著作については，以下の文献を参照。al-Burayhī: 5-13; al-Ḥibshī 2004: 495-496; Sayyid 1974: 186-187.

85 イブン・アッダイバゥならびにその著作については，以下の文献を参照。Bughya: 5-8; al-Faḍl: 5-21; C. van Arendonk [G. Rents], “IBN AL-DAYBA‘”, *EI²*; al-Ḥibshī 2004: 500-501; Sayyid 1974: 200-205; Smith 1984: 147.

86 Smith 1984: 147. たとえば，大英図書館所蔵の Or. 3265 や Add. 27540 がよく知られている。

87 『付加されたる報酬』については，以下の文献を参照。Bughya: 5-8; al-Faḍl: 5-21; al-Ḥibshī 2004: 501; Ṣāliḥīya 1982: 9-87; Smith 1984: 147-148.

88 Ibn al-Dayba‘, *al-Faḍl al-Mazīd ‘alā Bughya al-Mustafīd fī Akhbār Zabīd*, M. ‘I. Ṣāliḥīya (ed.), al-Kuwayt: al-Majlis al-Waṭanī li al-Thaqāfa wa al-Funūn wa al-Ādāb, 1982.

89 Ibn al-Dayba‘, *al-Faḍl al-Mazīd ‘alā Bughya al-Mustafīd fī Akhbār Madīna Zabīd*, J. Chelhod (ed.), Ṣan‘ā’: Markaz al-Dirāsāt al-Yamanīya, 1983.

90 al-Faḍl: 241-248.

91 『眼の慰み』については以下の文献を参照。al-Faḍl: 5-21; Qurra: 9-35; al-Ḥibshī 2004: 501; Smith 1984: 146.

92 Smith 1984: 146. たとえば，大英図書館所蔵の Or. 3022 や Add. 25111 がよく知られている。

93 バー・マフラマならびにその著作については，以下の文献を参照。Thaghr I: Deutscher text; O. Löfgren, “MAKHRAMA”, *EI²*; al-Ḥibshī 2004: 502; Sayyid 1974: 205-208; Serjeant 1950: 301; Serjeant 1958: 258-275.

94 同書については，以下の二つの刊本が存在する。Bā Makhrama, *Qilāda al-Naḥr fī Wafayāt A‘yān al-Dahr* (in *Political History of the Yemen at the Beginnning of the 16th Century, Abu Makhrama’s Account of the Years 906-927 H. (1500-1521 A.D.)*), L. O. Schumnan (ed. and trans.), Groningen: Druk V. R. B., 1960; Bā Makhrama, *Qilāda al-Naḥr fī Wafayāt A‘yān al-Dahr*, 3 vols., M. ‘A. al-Nūr (ed.), Ṣan‘ā’: Wizāra al-Thaqāfa, 2004.

48 『賜物』については，以下の文献を参照。al-‘Aṭāyā: 25-135; al-Ḥibshī 2004: 655; Sayyid 1974: 148.
49 al-‘Aṭāyā: 693.
50 al-‘Aṭāyā: 11-24.
51 al-‘Aṭāyā: 25-135.
52 al-‘Aṭāyā: 137-694.
53 ウサービーならびにその著作については，以下の文献を参照。Wuṣāb: 5-8; al-Ḥibshī 2004: 490; Sayyid 1974: 152-153.
54 たとえば，Wuṣāb: 150, 168 を参照。
55 ウトユートならびにその著作については，以下の文献を参照。al-Ḥibshī 2004: 498; Sayyid 1974: 187.
56 Wuṭyūṭ: 81b.
57 Irtifā‘: ‘ayn.
58 Wuṭyūṭ: 43b.
59 al-Ḥibshī 2004: 498.
60 http: //makhtota.ksu.edu.sa/makhtota/8378/2#.VBVAPRYkmUk（accessed 31 DEC 2016）.
61 Wuṭyūṭ: 29b.
62 Wuṭyūṭ: 47b, 63a, 64b, 65a, 66a.
63 『出来事』については，以下の文献を参照。Varisco 1985b; Varisco 1993a.
64 Varisco 1993a.
65 ハズラジーならびにその著作については，以下の文献を参照。al-‘Uqūd I: 9-11; *The Pearl Strings*; C. E. Bosworth, “AL-KHAZRADJĪ”, *EI*^{2}; al-Ḥibshī 2004: 489-490; Sadek 1997; Sayyid 1974: 161-165.
66 *The Pearl Strings*.
67 スルタン・アシュラフ二世ならびにその著作については，以下の文献を参照。al-Ḥibshī 1979: 90-92; al-Ḥibshī 2004: 659-661; Sayyid 1974: 157-158, 397.
68 『黄金』については，以下の文献を参照。C. E. Bosworth, “AL-KHAZRADJĪ”, *EI*^{2}; al-Ḥibshī 1979: 91; al-Ḥibshī 2004: 489; Sadek 1997; Sayyid 1974: 158, 162.
69 現在では散逸している。他にも，『カリフたちや諸王の伝記集に関するつくられたる黄金と磨かれたる宝石（*al-‘Asjad al-Masbūk wa al-Jawhar al-Maḥkūk fī Ṭabaqāt al-Khulafā’ wa al-Mulūk*）』や『カリフたちや諸王の出来事に関するつくられたる黄金と結ばれたる宝石と磨かれたる緑石（*al-‘Asjad al-Masbūk wa al-Jawhar al-Maḥbūk wa al-Zabarjad al-Maḥkūk fī Akhbār al-Khulafā’ wa al-Mulūk*）』の題名が知られている。
70 al-‘Asjad: 521.
71 al-‘Asjad: 440.
72 al-‘Asjad: 497-498.
73 Croken 1990: 17-18.
74 al-‘Asjad: 355, 464.
75 al-‘Asjad: 464, 466, 467.

Copenhagen: Imprimerie de Bianco Lumo, 1874.

25 アブー・アルフィダーゥならびにその著作については，以下の文献を参照。Taqwīm: VII-XLVII; H. A. R. Gibb, “ABU ’L-FIDĀ”, EI^2; Sayyid 1974: 141-142.

26 ジャナディーならびにその著作については，以下の文献を参照。Sulūk I: 11-55; C. L. Geddes, “AL-DJANADĪ”, EI^2; al-Ḥibshī 2004: 484; Sayyid 1974: 139-141. 特にジャナディーの生涯については，al-Sulūk I: 49-55 を参照。

27 イブン・アブド・アルマジードならびにその著作については，以下の文献を参照。Bahja 1: 5-12; al-Ḥibshī 2004: 485; Sayyid 1974: 143-144.

28 校訂者ヒブシーは，イブン・アブド・アルマジードのイエメン再訪を 718 年のこととするが［Bahja 1: 6］，正しくは 717 年のことである［Bahja 1: 281; Bahja 2: 126］。

29 Bahja 1: 297-301.

30 Bahja 2 については，Bahja 2: 9-15 を参照。

31 Bahja 2: 138-140.

32 Bahja 1: 296.

33 ウマリーならびにその著作については，以下の文献を参照。K. S. Salibi, “IBN FAḌL ALLĀH AL-‘UMARĪ”, EI^2; Sayyid 1974: 144-146.

34 イブン・バットゥータならびにその著作については，以下の文献を参照。Riḥla I: 7-93; 家島訳 I: 354-403; A. Miquel, “IBN BAṬṬŪṬA”, EI^2; Sayyid 1974: 150-151.

35 『アフダル文書集』については，以下の文献を参照。Afḍal: 5-26; Vallet 2010: 89-94. また，スルタン・アフダルならびに関連著作については，以下の文献を参照。al-‘Aṭāyā: 25-92; al-Ḥibshī 1979: 82-84; al-Ḥibshī 2004: 653-655; Sayyid 1974: 148-150, 397.

36 Bulakh and Kogan 2013; Bulakh and Kogan 2014; Bulakh and Kogan 2015; Bulakh and Kogan 2016; Golden (ed.) 2000; Varisco 1994a. ゴールデンらが翻訳した個所は，Afḍal: 186-206, 211 に，ブラフとコーガンが翻訳した箇所は Afḍal: 217-219 に相当する。筆者は未見であるが，ナスィーフが以下の修士論文において一部訳を試みている。A. S. al-Naseef, *A Treatise on Warfare by the Rasulid Sultan al-Malik al-Afḍal (764-778/1363-1377), an Edition, Summary and Introduction*, Manchester: University of Manchester, 1993. (Master Thesis)

37 Afḍal: 206-211.

38 Serjeant 1984.

39 Afḍal: 25-27.

40 Varisco 1991.

41 Fuṣūl/Varisco 1994a.

42 Tabṣira/Varisco 1994b.

43 Afḍal: 127-130.

44 Afḍal: 277.

45 Afḍal: 157-169, 295-304.

46 Ducène 2011; Ducène 2013.

47 Afḍal: 144-148.

Smith 1990a; Smith 1993; Smith 1995a; Smith 1996b; Smith 2008: 1-28.

9 従前の研究においては，その著者を Yūsuf b. Ya‘qūb b. Muḥammad Ibn al-Mujāwir al-Shaybānī al-Dimashqī (d. 690/1291) とみなしていたが，スミスはそれに反駁する［Smith 2008: 1-3］。筆者はスミスによる検討に妥当性を認めるため，スミス説にしたがう。

10 Smith 2008.

11 スルタン・ムザッファル一世ならびにその著作については，以下の文献を参照。al-‘Aṭāyā: 68-70, 396; al-Mu‘tamad: 5-12; al-Ḥibshī 1979: 54-56; al-Ḥibshī 2004: 633-635; Sayyid 1974. ヒブシーは2004年に刊行された書誌において，『信頼』の著者をスルタン・アシュラフ一世としているが［al-Ḥibshī 2004: 637］，本書では校定者サファーの意見に従い，ムザッファル一世の著作とみなした。

12 al-Muẓaffar, *al-Mukhtara‘ fī Funūn min al-Ṣuna‘*, M. ‘Ī. Ṣāliḥīya (ed.), al-Kuwayt: Manshūrāt Mu’assasa al-Shirā‘ al-‘Arabī, 1989.

13 スルタン・アシュラフ一世ならびにその著作については，以下の文献を参照。al-‘Aṭāyā: 70-71; Ṭurfa: 3-40; al-Ḥibshī 1979: 56-59; al-Ḥibshī 2004: 635-638; Sayyid 1974: 131-132, 396; Varisco 1994b: 12-16.

14 Vallet 2010: 64-68.

15 『教示』については，以下の文献を参照。al-Ḥibshī 2004: 636; Varisco 1989: 152; Varisco 1994b: 15, 16-19.

16 Piamenta.

17 Varisco 1989: 151; Varisco 1994a を参照。

18 イブン・ハーティムならびにその著作については，以下の文献を参照。al-Ḥibshī 2004: 482; Sayyid 1974: 136-138; Smith 1969; Smith 1974-1978 II: 1-16; Smith 1978.

19 ケイは，ハズラジーの二つの著作のうちに引用されている『著述家たるイエメンの諸王の出来事に関する高価なる首飾り』の記事と『織糸』の比較を行い，両書がもともとは同一の書誌であるとした［Kay 1968: xv-xvi］。しかしスミスは，それぞれが含む情報の違いに着目し，両書が別物であることを明らかにした［Smith 1969; Smith 1974-1978 II: 3-4］。

20 イドリース・アルハムズィーならびにその著作については，以下の文献を参照。Kanz: 7-22; al-Ḥibshī 2004: 482-483; Sayyid 1974: 138-139.

21 スルタン・ムァイヤド一世ならびに関連史料については，以下の文献を参照。al-‘Aṭāyā: 71-72; al-Ḥibshī 1979: 61-63; al-Ḥibshī 2004: 639-641; Sayyid 1974: 396. 『ムァイヤド帳簿』の仔細については，以下の文献を参照。Irtifā‘: hā’ṣād; Jāzim 2013; Jāzim and Vallet 2006; Vallet 2010: 72-75.

22 Vallet 2010: 90-94.

23 ディマシュキーならびにその著作については，以下の文献を参照。Nukhba: v-xi; D. M. Dunlop, “AL-DIMASHḲĪ”, *EI*^{2}.

24 al-Dimashqī, *Cosmographie de Chems-ed-Din Abou Abdallah Mohammed ed-Dimichqui*, C. M. Fraehn and A. F. Mehren (eds.), St. Petersburg: Académie impériale des sciences, 1866; al-Dimashqī, *Manuel de la Cosmographie du Moyen Age*, A. F. Mehren (ed.),

100 Nūr I: 525-533, 539-559, 571-576, 579-580.

101 Nūr I: 556-559. 表に示した厩舎のグラームの給与（年額）の総計は，筆者が計算したものである。なお，この記事冒頭には，アーディル（サラーフ・アッディーン）とその従業員に充てられたロウなどの生活雑貨費の仔細も含まれている。支払い時期こそわからないものの，おそらくは年間 1814 ディーナールが，アーディル（サラーフ・アッディーン）のもとへ送られていた。ロウや衣類の費用に加えて，ハーディムなどへの給与もここから支給されている。本文で検討した 690 年の給与記事との関係は，不明である。

102 al-'Asjad: 282; Bahja 1: 176; Ghāya: 477-478; Qurra: 411-412; al-'Uqūd I: 253.

103 Nūr I: 543-550.

104 al-Fīfī 2005: 313-321; Giunta 1997; Sadek 1989; Sadek 1990; Sadek 1993; Vallet 2010: 143 n.167, 316; 栗山 2012: 229-267.

105 al-Ḥibshī 1988: 72-73.

106 Nūr I: 525-533, 540-553.

107 前ラスール朝期のイエメンにおける奴隷の伝統の一事例として，たとえばイブン・アルムジャーウィルは，615/1218-9 年，アカネの価格の高騰に伴ってイエメンの「ハーディムたちもジャーリヤたちも女性たちもシャイフたちも富める者までも，それ（アカネ）を耕作した」と述べる［al-Mujāwir: 173-175; Smith 2008: 186］。

結論

1 Vallet 2010: 17.

史料解題

1 ハムダーニーならびにその著作については，以下の文献を参照。al-Hamdānī II: v-xi; al-Ḥibshī 2004: 473-474; O. Löfgren, "AL-HAMDĀNĪ", *EI*^{2}; Sayyid 1974: 68-72.

2 ラーズィーならびにその著作については，以下の文献を参照。al-Rāzī: 15-59; al-Ḥibshī 2004: 474-475; R. G. Khoury, "AL-RĀZĪ", *EI*^{2}; Sayyid 1974: 104-105.

3 ウマーラならびにその著作については，以下の文献を参照。al-Ḥibshī 2004: 476-477; Kay 1968; Sayyid 1974: 108-111; Smith 1974-1978 II: 33-34; P. Smoor, "'UMĀRA AL-YAMANĪ", *EI*^{2}.

4 同書については，以下の刊本が存在する。'Umāra al-Yamanī, *al-Nukat al-'Aṣrīya fī Akhbār al-Wuzarā' al-Miṣrīya*, H. Derenbourg (ed.), Paris: Maṭba' Marsaw, 1897.

5 イブン・サムラならびにその著作については，以下の文献を参照。Samra: hā'-'ayn; al-Ḥibshī 2004: 477; Sayyid 1974: 111-112.

6 ヤークートならびにその著作については，以下の文献を参照。Mu'jam I: 7-17; Cl. Gilliot, "YĀḲŪT AL-RŪMĪ", *EI*^{2}.

7 W. Jwaideh, *The Introductory Chapters of Yāqūt's Mu'jam al-Buldān*, Leiden: E. J. Brill, 1959.

8 イブン・アルムジャーウィルならびにその著作については，以下の文献を参照。G. Rents, "IBN AL-MUDJĀWIR", *EI*^{2}; Sayyid 1974: 123-124; Smith 1985; Smith 1988b;

Saḥratī）（d. 527/1132-3 or 529/1134-5）に関する逸話の中には，「彼は奉仕用に，エチオピアの若者を購入した。彼は彼を解放し（haraba），(その若者は）ワズィール・ムフリフのグラームたちに属する（ta‘allaqa）こととなった」［Bahja 1: 108; cf. al-‘Asjad: 122-123; Bughya: 56; Qurra: 301; ‘Umāra: 82］とある。ここでは，グラームとは呼ばれていなかったエチオピア系の男が，解放後にグラームたちに属した旨が書かれている。なお，奉仕と訳出したヒドマ（khidma）については，本書第5章注60を参照。

78 ワーリーは，一般に総督と訳される。ラスール朝下のワーリーについては，al-Fīfī 2005: 232-237を参照。

79 Wuṣāb: 164-165.

80 Wuṣāb: 182.

81 Ta’rīkh: 101.

82 佐藤 1991: 4-5.

83 Bahja 1: 204, 221; Bahja 2: 101; Qurra: 461; Simṭ: 186.

84 Nūr I: 122, 128, 133.

85 al-‘Asjad: 383, 384, 418; al-‘Uqūd II: 73, 200. 併せて，al-‘Asjad: 394; Ghāya: 528を参照。

86 たとえば，Ghāya: 575; Qurra: 451を参照。

87 al-‘Uqūd II: 196. cf. al-‘Asjad: 471.

88 Nūr I: 570.

89 Nūr I: 111, 126, 175-176, 189, 294, 353-354, 493, 504-506.

90 Simṭ: 511.

91 Nūr I: 128, 129.

92 Nūr I: 560-570.

93 Nūr I: 565-566.

94 記事冒頭には総額1150+1/2ディーナールと書かれているが，筆者が実際に数え上げたところ，総額は1156+1/2ディーナールとなった。ここでは，筆者による計算結果を挙げる。

95 諸館は，宮廷に設置された飲料館などの組織の総称である。本書第5章第1節を参照。

96 この記事だけでスルタンに直接仕えた人々のすべてを網羅しているわけではないことは，他の同様の関連記事と比較した場合に件数や総額，分配先に相違があることより明らかである。したがってこの記事は，実際の一端を示したものにすぎない。

97 第6章第1節第1項に見るように，宦官であることのみで，給与額が跳ね上がるわけではなかった。ハーディムとしてラスール家に仕えることになっても，彼らが経済的に豊かになるためには，様々な知識や教養を身に付け，実績を積む必要があったと考えられる。

98 使用人とアブドの対比は，『イエメン史』のスライフ朝関連の記事においても見られる［‘Umāra: 62］。

99 Nūr I: 570.

政文書集を十分に用いていないため，未だ研究余地が残る。

63 al-Sulūk II: 594. 併せて，al-ʻAsjad: 357; Ghāya: 503; Qurra: 430; al-Sulūk II: 611-612; al-ʻUqūd II: 37-38; al-ʻAmrī 1987: 154 を参照。同様の事態は，ターヒル朝期にも生じている。871 年ラビーゥ I 月 / 1466 年 10-11 月，ジャハーフィル族に含まれるアイユーブ家（Āl Ayyūb）は，ラフジュの村々を襲撃し，人々を殺害すると同時に，女性たちを捕えた［Bughya: 136; Qurra: 506; cf. Ṭurfa: 36, 140-146］。なお 13 世紀においてジャハーフィル族の一部はムザッファル一世へ忠誠を誓っていたが［Ṭurfa: 140-141］，ムザッファル一世が後継に指名したアシュラフ一世に対してその兄弟であるムァイヤド一世が反旗を翻した際にはムァイヤド一世軍の主力を成している［al-ʻAsjad: 277-278; Bahja: 174-175; Qurra: 408; al-ʻUqūd I: 240-243］。

64 たとえば，ʻUmāra: 72, 85, 88 を参照。

65 Bahja 1: 105.

66 Ghāya: 417; al-ʻUqūd I: 47.『願いの極み』では，そのなかにグラームも含まれている。この場合のグラームを奴隷とみなすこともできるが，『願いの極み』が西暦 17 世紀に編纂されたことを踏まえれば，ラスール朝期のグラームの用法と異なる意味を有する可能性がある。

67 Thaghr II: 182. 併せて，al-ʻAsjad: 279; Qurra: 409; al-ʻUqūd I: 244 を参照。

68 Masālik 1: 151, 160; Ṣubḥ V: 33.

69 清水 2005: 66-89.

70 前田 2009.

71 Vallet 2010: 421 n.206, 856.

72 Nūr I: 37 n.301.

73 Nūr I: 294 n.2096.

74 しばしば見られる表現として，「某のグラーム」というものがある。たとえばイエメン・アイユーブ朝のムィッズ・アッディーン（Muʻizz al-Dīn Ismāʻīl）（r. 593/1197-598/1202）は，支配権を継承した際に，「彼の父親のグラームたち（ghilmān abī-hi）の一団を殺害した」[Bahja 2: 80]。またラスール朝スルタン・ムァイヤド一世は，反乱を起こしたマスウード一世とその息子であるアサド・アルイスラーム（Asad al-Islām）を 697/1297 年に捕えると，「彼ら二人とそのグラームたち（ghilmān-himā）に対して身代金を定めた」［Bahja 1: 191; Bahja 2: 105; cf. al-ʻAsjad: 275; al-ʻUqūd I: 258-259］。これらのグラームが自由人であったか奴隷身分であったかを断定することは，困難である。また『ウサーブ史』には，ウサーブの諸城砦を治めたシャイフやワーリーのグラームへの言及が散見するが［Wuṣāb: 204, 206, 208］，そのいずれにおいても，彼らが奴隷身分であったか否かという点は明示されない。

75 al-Mujāwir: 143; Smith 2008: 160. このグラームたちには関税が課せられていないように見えるが，詳細は不明である。

76 al-ʻUqūd II: 121. 併せて，al-ʻAsjad: 418 を参照。

77 清水 2005: 66. この意見に対しては，以下の記述を比較材料として挙げることができる。ナジャーフ朝のワズィール・ムフリフ（Abū Manṣūr Mufliḥ al-Fātikī al-

をそれぞれ複数回統治している［al-‘Asjad: 365; al-‘Aṭāyā: 533-534; al-Sulūk II: 608; al-‘Uqūd II: 49］。ドゥムルワの歴史的経緯については, al-Mujāwir: 153-154 を参照。

41 al-‘Asjad: 307; Bahja 1: 237; al-‘Uqūd I: 299.

42 Simṭ: 240, 298.

43 Masālik: 152; Ṣubḥ V: 33-34.

44 al-‘Asjad: 193; Qurra: 361-362; al-‘Uqūd I: 53. 併せて, Simṭ: 202; al-Sulūk Ⅱ: 43-44; al-‘Uqūd I: 152 を参照。

45 al-‘Asjad: 210; Bahja 1: 144-145; Bahja 2: 88, 90; Kanz: 100; al-Sulūk II: 45-46; al-‘Uqūd I: 87, 113. 併せて, 本書第 5 章注 24 を参照。

46 al-‘Asjad: 215; al-Sulūk II: 546; al-‘Uqūd I: 92.

47 al-‘Aṭāyā: 352; al-‘Uqūd II: 26, 100-101.

48 Nūr I: 525 n.3818; al-Fīfī 2005: 217-218; Smith 2005: 230. また, スルタンの宮廷をズィマームが治めることもあった［Ta’rīkh: 169-171］。王族の女性がズィマームの名によって呼ばれる例は, エジプトのファーティマ朝宮廷でもすでに観察される［Cortese and Calderini 2006: 162］。

49 Popper 1955-1957 I: 93; 五十嵐 2011.

50 たとえば, 前述のタワーシー・ニザーム・アッディーンとタワーシー・タージュ・アッディーンは, ムザッファル一世よりアブヤンとリマゥを分与されている［Simṭ: 287］。

51 一例として, スルタン・マンスール一世の姉妹のハーディムであるファーヒル (al-Fākhir) がズィー・アッスファールに建設したマドラサを挙げることができる［al-‘Aṭāyā: 606; al-Sulūk II: 238-239; al-‘Uqūd II: 75］。628/1230-1 年に建設された同マドラサが［al-‘Aṭāyā: 606 n.2］, 100 年後にも機能していたことを, 複数の史料が伝えている。

52 たとえば, Bahja 1: 231-232; Ta’rīkh: 65, 85, 160, 169-170 を参照。

53 al-‘Asjad: 493-494; al-‘Uqūd II: 242.

54 Wuṭyūṭ: 44a.

55 al-Fīfī 2005: 369-370. たとえば, al-‘Asjad: 415; Thaghr II: 144 を参照。

56 奴隷身分であったかどうか定かではないが, 古くは 518/1125 年にザビードで起きた戦闘で 100 のアラブと 300 のアルメニア人 (Armanī), 500 の黒人が殺害された［al-‘Asjad: 115］。また 515/1121-2 年には, ジャナドへ 400 のアルメニア人弓兵が 700 の黒人とともに運び込まれている［Thaghr II: 133; ‘Umāra: 43-44, 71］。

57 ‘Umāra: 61.

58 Bughya: 103.

59 Qurra: 561. この場合のアブドは, 東アフリカからの奴隷ではなく, 奴隷一般を指している可能性もある。他方,『黄金』においては, アラブとグズ, マムルーク, クルドが対比されている例を確認できる［al-‘Asjad: 369］。

60 al-‘Amrī 1987; al-Fīfī 2005: 369-371.

61 al-Fīfī 2005: 373-375.

62 マムルークを含めたラスール朝の軍事制度については, すでにフィーフィーが検討しているが［al-Fīfī 2005: 363-391］, 網羅的にデータを収集してはおらず, 行

30 al-‘Uqūd I: 212.

31 al-Sulūk I: 383-384. 併せて，本書第 6 章注 40 を参照。

32 Nūr I: 525 n.3818.

33 al-‘Aṭāyā: 625-626.

34 ラスール朝史料においてタワーシーやハーディムが東アフリカ出身者以外を指す事例として，以下を挙げる。明代（1368-1644）における鄭和（d. 1434）の大遠征の際，その分隊が 826 年サファル月 /1423 年 1-2 月にイエメンを訪れた時の『年代記』の記事では，鄭和のことを「中国の支配者の使者であるタワーシー（al-ṭawāshī rasūl ṣāḥib al-Ṣīn）」と呼んでいる［Ta’rīkh: 114］。同様に，835 年ジュマーダー II 月／ 1432 年 2-3 月にイエメンを訪れたジャンク船の船主（nākhūdha al-zank）（おそらくは鄭和を示す）もまた，「中国の支配者のハーディム（khādim ṣāḥib al-Ṣīn）」であった［Ta’rīkh: 145］。

35 Smith 1974-1978 II: 125-126.

36 Ayalon 1953; Gibb 1962: 87 n.31; 佐藤 1986: 141 n.64, 282 n.18.

37 Smith 1974-1978 II: 176.

38 たとえば，タワーシー・ムワッファク（Muwaffaq）は，アミール・シハーブ・アッディーン（Shihāb al-Dīn）として『年代記』において記録されている［Ta’rīkh: 149-150］。なおタワーシーの語は，『知識の光』や『ムァイヤド帳簿』所収のイクター授与文書では，おそらくはイクターからの収益に占める国庫の取り分を表す単位として用いられる。アイユーブ朝下のイクター授与文書においてイクター収入高がムクターが保持すべき騎兵の数によって表示されていたこと［佐藤 1986: 103］，スミスがラスール朝下のタワーシーを騎兵とみなしたこと（前述）を考えれば，これらのタワーシーが騎兵を意味しているようにとらえられる。しかし，ラスール朝下のイクター授与文書ではムクターが養うべき軍がタワーシーとは別に明記されており，また，年代記中にタワーシーより構成される軍を確認することができない以上，これには同意し難い。

39 Ghāya: 449-450. 他史料ではアミール・サーリム・アッディーンへの言及のみ見られるが，彼がタワーシー・サーリム・アッディーンと同一人物であるかどうか定かではない。併せて，al-‘Asjad: 234-238; Kanz: 104-106; Simṭ: 342-346 al-‘Uqūd I: 121-123 を参照。

40 Bahja 1: 178-179; Bahja 2: 100-102; al-Sulūk II: 554. 併せて，Kanz: 102 を参照。宝物庫としてのドゥムルワの性質と，それをハーディムが守護するという図式は，ラスール朝成立以前より見られた。たとえばズライゥ朝末期に活躍したタワーシー・アブー・アッドゥッル（Abū al-Durr Jawhar b. ‘Abd Allāh al-Mu‘aẓẓamī）（d. 590/1194）は，ズライゥ家（Banū Zuray‘）のマウラー（mawlā）であって，アイユーブ朝の侵攻時にドゥムルワを管理していたことで知られる［al-‘Asjad: 163; al-‘Aṭāyā: 287-290; al-Sulūk I: 383-384; Thaghr II: 41-43, 101; Tuḥfa: 342-343］。ラスール朝下では，マンスール二世のハーディムがドゥムルワのワーリーであったとの記述が見られる［al-‘Aṭāyā: 403-404; cf. al-‘Asjad: 341; al-Sulūk II: 558-559; al-‘Uqūd II: 15-16］。また，ムァイヤド一世とムジャーヒドの二代に仕えたカーフール（Abū al-Musk Kāfūr al-Wazzān）（d. 769/1368）は，ドゥムルワの城砦とタイッズの城砦

al-Ghaythī）が，とある修道所（ribāṭ）のハーディムであったと記録されている［Thaghr II: 21］。「仕える（khadama）」というハーディムの語源に立ち返れば，このシャイフはリバートにおいて仕えていた者ととらえられる。またティハーマでは, 対価を貰ったうえで畑を耕すバトゥール（baṭūl）が「牛とともにあるハーディム（khādim fī al-thīra）」と呼ばれ［Nūr I: 373］，ザビードの絹織物の館で働く人もハーディムと称された［Nūr I: 131-132］。他，マムルーク朝下の百科事典家であるウマリーやカルカシャンディーは，イエメンに居住する高位の男のもとではハーディムたちと宦官（khiṣyān）が働いていると両者を分けて述べているが［Masālik 1: 159; Ṣubḥ V: 5］，その違いについては不明瞭である。

9 Ayalon 1999: 61.

10 Riḥla II: 114; 家島訳 III: 137, 212-215 n.78-83. 併せて，本書第 1 章注 25 を参照。

11 Nūr I: 362-363, 365-366.

12 al-'Amrī 1987: 142. たとえばイエメンにおいては，ズィヤード朝で活躍した大アミール・アブー・アブドゥッラーフ（Abū 'Abd Allāh al-Ḥusayn b. Salāma）（d. 402/1012）がヌビア黒人（Aswad Nūbiyā）であった［Thaghr II: 59-63］。

13 Vallet 2010: 557-560; Varisco 1994b: 227-228.

14 al-Shamrookh 1996: 205.

15 'Umāra: 6.

16 al-'Asjad: 513; Bughya: 105; Ta'rīkh: 89, 131.

17 ここで関税と訳出した 'ushr の仔細については，本書第 2 章注 32 を参照。

18 Nūr I: 429.

19 Nūr I: 471.

20 この点については，『知識の光』中に「男であるアブドたち（al-'abīd al-fuḥūl）やジャーリヤは, ハーディムの半分（の税）が課せられる」との明記が見られる［Nūr I: 366. cf. Qurra: 302］。

21 イブン・マンズールは，「非常に太った男（al-rajul al-shadīd al-ghalīẓ）」や「非アラブの不信仰者（al-rajul min kaffār al-'ajam）」，「不信仰者のうち力強くも太った者（al-rajul al-qawī al-ḍakhm min al-kaffār）」などと記す［Lisān IX: 349］。またフィールーザーバーディーは，「非アラブの不信仰者（kaffār al-'ajam）」や「力強くも狂った者（shadīd ṣarī'）」などと述べる［al-Muḥīṭ: 902］。両史料ともに，単に「ロバ（al-ḥimār）」あるいは「野生のロバ（ḥimār al-waḥsh）」を指すことについても触れている。なお佐藤はイルジュを，「よそ者」や「ロバ」を意味するものと考えた［佐藤 1991: 47］。

22 al-Mujāwir: 141, 145-146; Mulakhkhaṣ: 17a-17b, 26b-27a; Smith 2008: 157.

23 Mulakhkhaṣ: 17a.

24 Mulakhkhaṣ: 26b-27a; Nūr I: 494.

25 Nūr I: 363.

26 Nūr I: 363, 365-366.

27 Nūr I: 392; Nūr I: 547, 550.

28 Nūr I: 525-526.

29 『カリフ宮廷のしきたり』: 9, 10, 81, 90.

76 Nūr I: 579-580.
77 Nūr I: 581.
78 Nūr I: 561-562, 580.
79 Nūr I: 117; Nūr II: 93.
80 Nūr II: 134-137.
81 Nūr I: 535-536, 568-569; Nūr II: 9-10, 23-24.
82 このことと関連して，エジプトの百科事典家ウマリーは，「(イエメンの) 一部はイエメンの諸王に従わないクルドたちの手にあり，また一部は，従属しないアラブの手にある」[Masālik 1: 150] と述べている。先行するアイユーブ家はクルド系であったが，ラスール家はテュルク系と考えられるため，この点についてウマリーの認識には誤りが見られる。

第6章

1 中世イスラーム世界の奴隷について日本語で書かれた研究書としては，佐藤 1986; 佐藤 1991; 清水 2005; 清水 2009; 清水 2015; 鈴木董 1993; 鈴木董 1997; 前田 2009 を挙げることができる。また家内奴隷については，Ayalon 1979; Ayalon 1985; Ayalon 1999; Chamberlain 1998: 237-240; Cortes and Calderini 2006; Marmon 1995; Marmon 1999 を参照。ラスール朝下のマムルークについては，al-'Amrī 1987; al-Fīfī 2005: 207-218; Smith 1974-1978 II: 119-128; Smith 2005: 223-246 を参照。
2 清水 2015.
3 Nūr I: 359-367; Vallet 2010: 400-424.
4 ハーディムの価値について，『知識の光』には「ハーディムたち…条件を多く持ち (akthar al-aḥwāl)，最も高い者は，60 ウキーヤから 70，80 ウキーヤに達する。」[Nūr I: 365] との記述が見られる。イブン・ブトラーン (Ibn Buṭlān) (d. 458/1066) やアムシャーティー (Amshāṭī) (d. 902/1496) が著した奴隷購入の書に見るように，奴隷を購入する際には様々な確認点が存在したことを踏まえれば [佐藤 1991: 24-34; 清水 2009]，よいと思われる条件が多ければ多いほど，その価値が高まっていたと見られる。
5 Nūr I: 360, 362-363, 365-366.
6 waṣīf は，一般に召使いを指すと言われる。しかし『知識の光』校訂者であるジャーズィムは，ザビーディーの『花嫁の冠』を引いて，これが 16 歳から 18 歳までのアブドを意味すると述べる [Nūr I: 363 n.2547]。本書ではザビーディーやジャーズィムの意見を踏まえて，この語を「若者」や「若い女性」と訳出する。
7 Nūr I: 362. これらの諸部族はいずれもエチオピアに居住し，ジズル族やサハラト族は，イエメンを 100 年にわたって統治したナジャーフ朝支配者層の出身部族であった [al-'Asjad: 115; Bahja 1: 97; Bahja 2: 68, 70; Bughya: 54, 56; Ghāya: 299; Qurra: 284, 299, 301; 'Umāra: 15-16, 70, 72, 76]。またナジャーフ朝のマムルークを治めた者は，アムハラ族とされる ['Umāra: 86]。
8 ハーディムが宦官ではなく自由人を意味し得る事例として，以下を挙げる。『アデン史』では，著者バー・マフラマの同時代人のシャイフ・ガイスィー (Fāḍil

クターの分与，下賜金品の贈与，通行税の徴収権の一部分与などがあったが［家島 1980: 79-80］，ラスール朝のこうした諸政策については，未だ十分に検討されていない。

60 ザンギー朝（521/1127-649/1250）におけるヒドマ（khidma）の成立，解消，維持について検討した柳谷は，奉仕全般を一般に意味するヒドマが，政権形成において政権の成員を束ねる最低限の紐帯原理として機能していたと述べる［柳谷 2013］。ヒドマによる結束は，その継続と規定の曖昧さを含めた弱さゆえに，主人の側近から遠隔地の行政官に至るまで幅広い層を包含でき，ゆるやかであれ政権の一体性を維持していた。本章で検討した宴席への参加やそこで行われた食材分配もまた同様に，ラスール朝の王権が統合されていくための一要素であったととらえられる。

61 たとえば清木場による唐代帝賜の研究は，唐（618-907）における支配者による富の再分配の様相を詳細に解明したものであり，そこで示された「賜」の実態は示唆に富む［清木場 1997］。

62 Nūr I: 170, 312, 541, 543, 547, 548, 551, 552, 557, 558; Nūr II: 50.

63 Nūr I: 127 n.1026, 525-559, 571-581. ラスール朝の手当てに関しては，フィーフィーも言及しているが［al-Fīfī 2005: 311-312］，各種年代記にある断片的な情報を引用したにすぎない。

64 Nūr II: 11.

65 Ṣubḥ IV: 12. 併せて，本書第 1 章第 1 節第 3 項ならびに Ṣubḥ IV: 12 を参照。タワーシー某の御方（jiha al-ṭawāshī 某）への産物の供給は，国庫やタイッズの穀倉（ahrā' Ta'izz）から行われることもあった［Nūr I: 526-528, 530, 550］。これらの産物が，必要品館を通じて輸送された可能性も否定できない。また同時に，手当てや必要品と呼ばれる産物であったとしても，宮廷や必要品館を介することなく，各人が現金で市場より直接購入した可能性もある。前掲注 38 を参照。

66 Nūr I: 127 n.1026.

67 Nūr I: 407-408.

68 Nūr I: 120-121.

69 Nūr II: 88-90. スフトゥールについては，本書第 2 章注 10 を参照。

70 Nūr I: 526.

71 Mu'jam III: 319-320; Nūr I: 140; Smith 1974-1978 II: 124.

72 al-Mujāwir: 141; Nūr I: 434-445, 481-482, 518.

73 Nūr I: 556-559.

74 Nūr I: 571-574. 収監時期については，収監者たちの事跡を年代記で追うことで推定した。これらの収監者とは，スルタン・マンスール一世の甥であるアミール・アサド・アッディーン，スルタン・マンスール一世の従兄弟あるいは甥と言われるアミール・アンスィー（Shams al-Dīn 'Alī b. Yaḥyā al-'Ansī）（d. 681/1282），前掲のアミール・アサド・アッディーンの甥であるアミール・イブン・ハディル（Badr al-Dīn Muḥammad b. Aḥmad b. Khaḍir）（d. 707/1308），シャリーフ・ハダウィー（Ibrāhīm b. Aḥmad b. Tāj al-Dīn al-Hadawī）（d. 683/1284）の 4 名を指す。

75 Nūr I: 575. イブン・ダッアースについては，併せて本書第 2 章注 99 を参照。

スビーヤ（subīya）と表記されるが，いずれも同一の飲料を指すものと考える。併せて，本書第 2 章第 1 節第 2 項を参照。

43 Nūr II: 14 n.4.

44 Wuṣla I: 503-504.

45 Nūr II: 14, 17, 89.

46 アイユーブ朝のムクターと同様，ラスール朝下のムクターや軍人もまた，スルタンの宴席に連なることが義務として課せられていた可能性はある［佐藤 1986: 121］。彼らの軍事義務については，al-Fīfī 2005: 253 に詳しい。

47 Nūr II: 95-99, 114; Riḥla II: 109; 家島訳 III: 131-132. 併せて，本書第 2 章第 3 節第 1 項を参照。

48 Nūr I: 576-579, 580-581; Nūr II: 9-10, 119-150. 被分配者のなかには，本書で使用した『織糸』の著者であるイブン・ハーティムも含まれている［Nūr II: 131］。王朝による砂糖分配の慣行は，先行するナジャーフ朝や［'Umāra: 80］，ファーティマ朝期以降のエジプトにおいてもよく見られ，その並外れた消費量には批判者も少なくなかったという［佐藤 2004: 181-184; 佐藤 2008: 161-187］。

49 Nūr II: 119-124.

50 Nūr I: 128-129.

51 Nūr I: 576-579.

52 Nūr I: 578 n.4136; Ṭurfa: 121; al-Hajarī 2004 I: 192-194.

53 al-'Asjad: 292; Bahja 1: 202; Ghāya: 480; Qurra: 416; al-Sulūk II: 141, 306, 552; al-'Uqūd I: 270-271. なお，ジャマール・アッディーンは，『宝庫』の著者イドリース・アルハムズィーの父親である［Kanz: 125-126］。

54 al-'Asjad: 253; Bahja 1: 170; Bahja 2: 95-96; Ghāya: 463-466; Qurra: 396-399; Simṭ: 507-508; al-Sulūk II: 676; Ta'rīkh: 17-18; Thaghr II: 83-85; al-'Uqūd I: 182; 家島 2006: 333-360.

55 家島訳 III: 200 n.27. ティハーマを拠点とした政治権力の影響範囲の北端がハリーにあったことを示す記事が，各種年代記に散見する［al-'Asjad: 327; Bahja 2: 31, 32; Bughya: 35; al-'Uqūd I: 335］。併せて，Sa'īd 2004: 143-144; Vallet 2010: 396-397 を参照。

56 al-'Asjad: 208; Simṭ: 437; al-'Uqūd I: 83.

57 al-'Asjad: 194-195; Bahja 1: 143-144; al-Maqrīzī I: 244, 249, 250, 274, 300, 355; Simṭ: 204-208, 215-216, 218, 220, 305, 316, 320; Ṭurfa: 105-107; al-'Uqūd I: 55, 58-59, 64; Smith 2008: 8.

58 他にも 679/1280−1 年，スルタン・ムザッファル一世はザビードにて祭事を催した。招待に応じて，北部山岳地域（上地域）に居住するシャリーフたちが彼の高貴なる御門（abwāb-hu al-sa'īda）に参上した。そのなかには，本文中で記述したアミール・ジャマール・アッディーンも見られた［al-'Asjad: 259; Bahja: 161-162; Ghāya: 467; Simṭ: 534-535; al-'Uqūd I: 189］。また別の機会において，ターナ（Tāna）の支配者（ṣāḥib）の使者たちへ砂糖菓子を分配した旨の記事も，『知識の光』に含まれる［Nūr II: 149］。

59 マムルーク朝によるアラブ系遊牧諸部族の保護・懐柔政策には，称号の授与やイ

113］。『宝庫』の著者であるイドリース・アルハムズィー［Kanz: 126］もその父親も［Bahja 1: 165; Kanz: 116, 125］，イクターと合わせて軍楽器を授与されたアミールであった。なおマムルーク朝下の百科事典家であるウマリーやカルカシャンディーは，ラスール朝下のアミールは 10 人にも満たず，旗や軍楽器を授与される者も少ないと述べるが［Masālik 1: 154; Ṣubḥ V: 32］，どの程度実情を反映しているものか，検討の余地が残る。併せて，al-Fīfī 2005: 380 を参照。マムルーク朝下で見られたような四十騎長を意味するアミール・タブルハーナ（amīr ṭablkhāna）を，ラスール朝史料中に明確に確認することはできない。

25 al-'Asjad: 198; Simṭ: 211.

26 一般に ḥawā'ij は，「必要品」と訳出される単語である。しかしイエメンでは，香料・香辛料類の総称や食材の意味でも用いられる［Nūr II: 3 n.9; Piamenta］。

27 前掲注 6 ならびに Bahja 1: 235-236; Simṭ: 511; al-'Uqūd I: 298 を参照。

28 Nūr I: 560-570, 576-581; Nūr II: 9-10, 42-46, 50-51, 119-150.

29 Nūr I: 537-539, 549.

30 Nūr II: 115.

31 Nūr II: 3, 5, 13, 81, 95-96, 99, 115.

32 Nūr II: 115-7; Ṣubḥ V: 470. なお必要品館は，ラスール朝下で 15 世紀初頭に編纂された『書記官提要』中でも記述されている［Mulakhkhaṣ: 9a, 12b; Smith 2005: 237］。

33 『知識の光』中の「厨房（maṭbakh. 他，bayt al-ḥalwā など，maṭbakh の語を有さない調理機関も含める）」の典拠は以下の通り。Nūr I: 201-202, 210, 231, 534-536, 549, 558; Nūr II: 11, 13-17, 22, 23, 89-90, 112-115, 121, 129, 135, 143, 144, 147, 148-151.

34 Nūr I: 534-539; Nūr II: 14-15, 17, 89-90.

35 Nūr I: 537-539; Nūr II: 151.

36 Nūr I: 561, 566, 569. 併せて，本章第 3 節第 2 項を参照。

37 Nūr II: 119-150.

38 Nūr I: 539. この記事は，ラマダーン月に行われた各種厨房への薪の分配記録である。したがってこれらの厨房が，この月に特別に設けられた可能性もある。タワーシー・アンバルの御方は，別に記載されているタワーシー・シュジャーゥ・アッディーン・アンバルの御方（jiha al-ṭawāshī Shujā' al-Dīn 'Anbar）と同一視される［Nūr I: 539-540 n.3938］。別記事にて，彼女が 691/1292 年にタァカルの城砦に居住していたことを確認できる。彼女はそこで，国庫からの諸々の手当ての他，ティハーマのマフジャムやアデンより，様々な必要品を購入していた［Nūr I: 543-550］。併せて，本書第 6 章第 3 節第 2 項を参照。

39 Nūr I: 546-549, 553. なお彼らは，仕立屋や書記などとともに，使用人としてくくられている。ラスール家の王族のもとで働いていた人々については，本書第 6 章を参照。

40 Nūr I: 547-549, 553.

41 Nūr II: 128, 140-144, 147, 149-150.

42 Wuṣla I: 503-506. スービヤーは，スービーヤ（sūbīya）やスービーヤー（sūbīyā），

たことを示唆している［al-Mujāwir: 140; Ducatez 2003; Ducatez 2004; Smith 2005: 224 n.6］。このようなシステム継承の末流に，ラスール朝の体制は位置付けられる。

15 併せて，Masālik 1: 28-30, 31, 33, 40, 57, 74, 83, 111; Ṣubḥ IV: 8-13, 61-62; Ṣubḥ V: 441; Wuṣla I: 391-398; Zubda: 103-108, 119, 124; ʻAbd al-ʻAzīz 1989: 96-99; Popper 1955-1957 I: 81-110 を参照。以上のうち Zubda とは，マムルーク朝後期を生きたザーヒリー（al-Ẓāhirī）（d. 893/1488）が 857/1453 年頃に著した『諸国の発見と諸道の明瞭の精髄（*Zubda Kashf al-Mamālik wa Bayān al-Ṭurq al-Masālik*）』のことである［J. Gaulmier and T. Fahd, “IBN SHĀHĪN”, *EI*²］。

16 Shihāb al-Dīn Aḥmad b. ʻAbd al-Wahhāb al-Bakrī al-Tamīmī al-Qurshī al-Shāfiʻī. ヌワイリーとして知られる。733/1333 年に逝去。ウマリーやカルカシャンディーとともに，マムルーク朝期の三大百科事典家のひとりとみなされる［M. Chapoutot-Ramadī, “AL-NUWAYRĪ”, *EI*²］。

17 Nihāya VIII: 221-228.

18 Nūr II: 151-152.

19 Masālik 1: 152; Ṣubḥ V: 34-35.

20 Nūr II: 42 n.6. マムルーク朝下においても，少なくともマフマンダール（al-mahmandārīya）は設置されていた［Masālik: 53; Ṣubḥ IV: 22］。

21 Nūr II: 123-124, 129, 130, 148, 149.『知識の光』には，ウスターダールがジャーンダールを兼務していた例や，これらを歴任した例もある［Nūr I: 579; Nūr II: 125, 128, 137, 139, 146, 150］。なおラスール朝関連史料におけるジャーンダールの初出は，イエメン・アイユーブ朝のマスウードの事績を伝える 611/1215 年の記事中と考えられる［Bahja 2: 83］。併せて，本書第 2 章注 104 を参照。

22 すなわち，ナースィル（ジャラール・アッディーン）のもとでは厩舎の使用人（ḥāshiya al-isṭabl）として［Nūr I: 554］，アーディル（サラーフ・アッディーン）のもとでは厩舎のグラームとして［Nūr I: 557］，ラカブダールがそれぞれ配されていた。またアーディル（サラーフ・アッディーン）のもとでは，タシュタダールが働いていたことを確認できる［Nūr I: 556-557］。併せて，本書第 6 章第 3 節第 2 項を参照。

23 Nūr I: 549, 553.

24 ṭablkhānāh については，H. G. Farmer, “ṬABL-KHĀNA”, *EI*²; 後藤 1999 に詳しい。これらによれば，支配者がその支配権の象徴として太鼓を打つことは，9 世紀にはイエメンにおいても見られた。『イエメン史』でも，ṭablkhānāh の語を確認することはできないものの，スライフ朝下にて支配者が太鼓を打っていたことが記録されている［ʻUmāra: 62-63; cf. al-ʻAsjad: 110; Bahja 1: 93; Ghāya: 274, 280; ʻUmāra: 32, 67］。イエメン・アイユーブ朝による支配を経て，ラスール朝下において ṭablkhānāh が設置されるようになったが［Bahja 1: 203; Bahja 2: 108, 109］，太鼓を打つ習慣そのものはそれ以前よりイエメンに存在したのである。ṭablkhānāh はまた，イクターとともに授与されるものであった。たとえばムザッファル一世は，マンスール一世殺害時にザビードの保守に奔走したタワーシー・タージュ・アッディーンに対して軍楽器とイクターを与えた。その結果彼は，「軍楽器持ちのアミール（amīr ṣāḥib ṭablkhāna）」となった［al-ʻAṭāyā: 283; al-Sulūk II: 46; al-ʻUqūd I:

6 ḥawā'ijkhānāh…Nūr I: 95, 96, 127, 170, 312, 319, 350, 541, 543, 547, 548, 551, 552, 557, 558, 560, 579; Nūr II: 5, 9, 24, 42, 43, 45, 50, 51, 70, 81, 100, 115-118, 121-123, 127-129, 132-133, 135, 138, 139, 141, 143, 147-150, 152, rakabkhānāh…Nūr II: 152, zardkhānāh…Nūr I: 17; Nūr II: 122, 141, 149, silāḥkhānāh…Nūr I: 83; Nūr II: 141, 149, sharbkhānāh…Nūr I: 97, 102, 231, 407, 531, 536, 560; Nūr II: 9, 14, 17, 24, 89, 121, 128, 135, 138, 140-144, 147, 149-151, shanjarkhānāh…Nūr II: 14, 90, ṭablkhānāh…Nūr I: 58, 87, 106, 275; Nūr II: 124, 129, 133, 135, 152, ṭashtakhānāh…Nūr I: 299, 319, 536, 539, 566; Nūr II: 9, 24, 72, 121, 128, 133, 135, 138, 140-144, 147, 149-151, farshkhānāh…Nūr I: 102; Nūr II: 122, 133, 141-143, 149, 150, 151, mahmakhānāh（mahkhāna, mahmākhānāh も含む）…Nūr II: 42, 43, 45, 121, 124, 127, 141, 142, 148, 149, 150. 他にも『知識の光』には kawtharkhānāh の語が散見するが［Nūr I: 132, 144, 148, 149, 169, 238, 239］，これは宮廷組織ハーナではなく布製品の一種と考えられる。

7 Nūr I: 319; Nūr II: 16.

8 Nūr I: 560-570, 576-581; Nūr II: 9-10, 119-150.

9 書記が置かれていたことが明らかな機関は必要品館と応接館の二館のみであるが［Nūr II: 121, 127, 142, 150］，所属不明の書記の多くが他の様々な諸館に配属されていたとみなす方が妥当であろう。他にも，スィラーフダール（silāḥdārīya）など，ハーナの名称の一部を持つ職が存在した［Nūr I: 531, 561, 563, 565, 567-568; Bahja 2: 127］。後述するように，マムルーク朝でもこれらの職は見られた［Ṣubḥ V: 440-442, 468-469］。

10 Nūr II: 3, 45.

11 Masālik 1: 57-58; Ṣubḥ IV: 21; 'Abd al-'Azīz 1989: 95-96; al-Fīfī 2005: 208. 併せて，本書序章注 32 を参照。

12 al-As'ad b. al-Muhadhdhab b. Abī al-Malīḥ Mammāṭī. イブン・マンマーティーとして知られる。彼は，アイユーブ朝のサラーフ・アッディーンとアズィーズ（al-Malik al-'Azīz 'Uthmān）（r. 589/1193-595/1198）の治世期において，様々な政庁を統括するに至った。同時に，少なくとも 23 点の書物を執筆し，詩人としても知られた。また，サラーフ・アッディーンにワズィールとして仕えたカーディー・ファーディルと懇意の関係にあったと言われる。後に政争に敗れて全財産を没収されると，サラーフ・アッディーンの息子であるザーヒル（al-Malik al-Ẓāhir Ghāzī）（r. 582/1186-613/1216）がいるアレッポへ逃亡した。そのままアレッポにとどまり，606/1209 年に逝去した。『諸政庁の諸規則』は，アズィーズのために四巻本で編まれたものである。同書は，エジプトにおける土地制度や租税制度に関する基礎知識の集大成であって，ファーティマ朝からアイユーブ朝にかけての財務・行政の状況を知るにあたっては欠かすことのできない史料である。もっとも，現在まで伝わっている同書は，本文においても述べたように原書の要約版である［Qawānīn: 5-49; S. A. Atiya, "IBN MAMMĀTĪ", *EI*^{2}］。

13 Qawānīn: 354. 一方で，厨房（al-maṭābikh）や厩舎（al-iṣṭablāt），ラクダの休憩所（al-manākhāt）は，諸館に続いて記載されているものの，諸館に含まれてはいない。

14 13 世紀前半のイエメンを旅したイブン・アルムジャーウィルは，アデンにおけるイエメン・アイユーブ朝の官僚機構が前身のズライゥ朝のものを引き継いでい

[‘Umāra: 5]，算出した。

103 Pinto 2004b: 155; Pinto 2016.

104 al-‘Aṭāyā: 692; Vallet 2010: 297-300.

第5章

1 この点についてヴァレは，スルタンが富の再分配の中心にあることが，ラスール朝における政治的均衡の維持にとって必要であったと述べるとともに，交易網（réseaux de commerce）への王権の影響について詳しく検討している［Vallet 2010: 248-251, 297-379］。

2 al-Fīfī 2005: 321-323; Vallet 2010: 275-289; 栗山 2012: 133; 家島 2006. ラスール朝スルタンは，アデンを訪れる商人との贈物の交換や，彼らに対する免税措置を通して，支配と課税の正当性を示そうとした［Nūr II: 18-20; al-Shamrookh 1996: 167-169; Vallet 2010: 283-289; 家島 2006: 325］。そこでは商人の位によって，異なる種類，分量の絹織物や長布（jubba）が贈られていた［Bahja 1: 201-202, 231-232; Nūr I: 515-520; al-‘Uqūd I: 297; Vallet 2010: 275-294; 家島 2006: 325］。その背景には，ヴァレが指摘するような相互の思惑――スルタンは貴重な産物を得るとともに自身の評判を高め，商人は免税権を得る――があったことだろう［Bahja 1: 199; Nūr I: 497, 520; Vallet 2010: 276-277, 283］。他王朝との贈物の交換について言えば，その相手として，エジプト・マムルーク朝やマッカ・シャリーフ政権，デリー・サルタナ朝，イル・ハーン朝が挙げられる。コショウや丁子などの香料・香辛料類に加えて，馬や象（fīl），サイ（karkadann）などの動物や，中国陶磁器や沈香（‘ūd）といった東方の各種産物も，贈物として用いられた［Bahja 1: 231, 234-236; al-Maqrīzī I: 563, 595, 621, 702, 729; Porter 1988; Sadek 1993: 16］。なお，ラスール朝使節団によるエジプト訪問については，家島 1980: 56-58 に詳しい。併せて，Aḥmad 1980: 231-460; al-Fīfī 2005: 139-168 を参照。

3 al-Ḥibshī 1988; Sadek 1989; Sadek 1993. 併せて，al-‘Uqūd I: 87-88, 239-240 を参照。

4 この三つの機関は相互に完全に分離できるものではなく，厨房付属の必要品館といった形態もあり得た［Nūr II: 115 n.5］。アイユーブ朝やマムルーク朝におけるこれらの機関については，Wuṣla I: 391-398; ‘Abd al-‘Azīz 1989: 85-99 を参照。

5 『知識の光』中のハーナに関しては，マムルーク朝期の史料に主としてよっているものの，校訂者ジャーズィムによる脚注に詳しい［Nūr I: 94 n.737, 95-96 n.745, 97 n.756, 102 n.805, 127-128 n.1027, 144 n.1161, 174 n.1362, 299-300 n.2144, 319 n.2289, 356 n.2525, 554-555 n.4020; Nūr II: 42 n.6］。もっともジャーズィムは，ハーナをラスール朝黎明期の支配体制や王権と結び付けて考えるという視座には立っていない。他にも，『知識の光』によっていないものの，al-Fīfī 2005: 209-213; Smith 1974-1978 II: 121, 123, 125, 127 に詳細な記述がある。なお，ハーナは，厨房などの他の宮廷組織や王族のイエ（bayt）とともに，「諸館（buyūtāt）」と称される［Nūr II: 43, 138, 139-140］。また軍（jaysh）をも含めた総称として，「御門の諸政庁（dawāwīn al-bāb）」や「王の御門（bāb al-malik）」，「高貴なる御門（al-bāb al-sharīf）」，「聖なる御門（al-bāb al-karīm）」という単語も見られる［Nūr I: 513; Nūr II: 42, 130; Mulakhkhaṣ: 9a, 9b; Smith 2005: 229-230］。

間…2 行程日数（10.25 ファルサフ IM）［al-Mujāwir: 150-152, 155, 161］，ミフラーフ・ジャナド間…1.5 行程日数(7.5 ファルサフ IM)［al-Mujāwir: 168-175］, マファーリース・アデン間…2 行程日数（10 ファルサフ IM）［al-Mujāwir: 148-149］。

81 Vallet 2010: 350-366.

82 Ta'rīkh: 53; Vallet 2010: 359.

83 Irtifā': 94, 105-107; Ṭurfa: 140-146. ジャハーフィル族については，併せて Sa'īd 2004: 151-152 を参照。王権に抗うアラブを fasād の語で表す例は，イエメンに限らない他のアラビア語圏においても見られるものであった［Sa'īd 2004: 153-160］。

84 Ṭurfa: 141.

85 Ṭurfa: 143.

86 Margariti 2007: 33-67.

87 Vallet 2010: 395-396.

88 'Umāra: 6. 併せて，Wuṣāb: 34 を参照。

89 'Umāra: 5.

90 'Umāra: 4.

91 Ṣubḥ V: 14.

92 ハラド以北（およそシャルジャ）からハリーにかけて広がる一帯には，アイユーブ朝の侵攻以前より，ハサン系のシャリーフであるスライマーン族（Banū Sulaymān）が居住していた。彼らはラスール朝に対しておよそ好意的ではあったものの, 時には軍事衝突を起こしていたことが史料上より確認される。スルタン・マンスール一世によってラーハ（al-Rāḥa）とビルク（al-Birk）に設置された駐屯軍は，14 世紀初頭まで機能し続けた。その後，特にムジャーヒド期とアフダル期に，ラスール朝との関係が悪化する。詳細については，al-Fīfī 2005: 144-152; Sa'īd 2004: 143-144, 147-148; Smith 1974-1978 II: 52-56; Vallet 2010: 436-439 を参照。また，ミフラーフ・スライマーニー（Mikhlāf Sulaymānī）のシャリーフたちの系譜については，『傑作』に詳しい［Ṭurfa: 108-113］。同地，特にハリーには，アドナーン（'Adnān）の系譜を引くアラブであるキナーナ族（Banū Kināna）も居住しており，そのシャイフたちはラスール朝創設期よりアミールの称号をスルタンから授かっていた［Sa'īd 2004: 147-148］。併せて，本書第 5 章第 2 節第 1 項を参照。

93 Nūr I: 73-74.

94 Nūr I: 108-109.

95 Vallet 2008; Vallet 2012.

96 Antrim 2012: 119-120; Harley and Woodward (eds.) 1992: 108, 136, 137, 155.

97 Ducéne 2013; King 1986.

98 Vallet 2010: 344.

99 Antrim 2012: 119-120.

100 Bughya: 48; Qurra: 279-282; Thaghr II: 60; 'Umāra: 7, 8-9; Wuṣāb: 36.

101 Simṭ: 334. 併せて，本書序章第 2 節第 2 項ならびに第 3 節第 1 項を参照。

102 ザビード・シャルジャ間は 11.5，シャルジャ・ハリー間は 7 であることから

55 アーラやザイラゥといったバーブ・アルマンダブ海峡周辺に位置した港については，Vallet 2010: 402-405 を参照。

56 al-Mujāwir: 91-94, 100, 102, 105-106; Smith 2008: 294-295.

57 al-Mujāwir: 99.

58 al-'Asjad: 214, 438; Bahja I: 146; Kanz: 101; Simṭ 267; al-'Uqūd I: 92.

59 Mu'jam IV: 100.

60 Afḍal: 276.

61 al-Mujāwir: 83.

62 Qurra: 278-279.

63 Ṣubḥ V: 13.

64 Bughya: 33; Riḥla II: 103; 家島訳 III: 124.『アフダル文書集』には，サナア・ザビード間が 12 ファルサフと書かれている［Afḍal: 276］。しかしながら他史料の記述と突き合わせれば，これは誤った数値であると考える。

65 Thaghr II: 17; 'Umāra: 6; Wuṣāb: 34.

66 Ghāya: 393; Kanz: 90.

67 Qurra: 279; 'Umāra: 7-8. 併せて，Mu'jam III: 461 を参照。イブン・アルムジャーウィルは，サナアとサァダを結ぶ二つの行程を提示している。一つ目は古道で，サナア・サァダ間は 20 ファルサフ IM であった［al-Mujāwir: 202］。二つ目は新道で，18 ファルサフ IM であった［al-Mujāwir: 232］。これによれば，サナア・サァダ間は 127 キロから 142 キロ，すなわちその行程日数は 3.3 から 3.6 となり，10 日行程とする『イエメン史』や『地名辞典』(60 ファルサフと記す)，『眼の慰み』の記述と矛盾する。その理由についてははっきりとはわからないが，『南アラビア地誌』の情報は時として断片的なものであることを踏まえて，本章では『イエメン史』などに記載された情報を採る。

68 al-'Aṭāyā: 420, 652; Samra: 57; al-Sulūk I: 138.

69 Taqwīm: 91.

70 Croken 1990: 81-82.

71 al-Mujāwir: 233, 234, 235.

72 Vallet 2010: 355.

73 Nūr I: 72.

74 本章の主題から外れるためここでは触れないが，各単語が意味するところについては校訂者ジャーズィムによる脚注に詳しい［Nūr I: 72 n.549-552］。もっともいずれもラスール朝年代記中に十分に現れる語ではないため，それぞれの単語の語根やマムルーク朝のカルカシャンディーによる『黎明』にもとづいた検討となっている。

75 Nūr I: 73-74.

76 Nūr I: 72 n.552.

77 Nūr I: 58-61.

78 たとえば，Nūr I: 394-396 を参照。

79 Vallet 2010: 359-361.

80 これら三都市間の行程日数については，以下の通り。ジャナド・マファーリース

36 Masālik 2: 330. 併せて，Nūr I: 107-108; al-Shamrookh 1996: 219-227 を参照。

37 ヴァレは特に，紅海の沿岸伝いに行われたジラーブ船（jilāb）による短距離航海について，詳しく検討している［Vallet 2010: 428-431］。

38 Irtifā‘: 114 n.9; Riḥla II: 103 n.23. 併せて, Vallet 2010: 394-395 を参照。イブン・バットゥータは紅海を南下する際に，ハリーを経由後，ハーディスに停泊することなくアフワーブに到着したと述べる［Riḥla II: 103; 家島訳 III: 122］。家島はこれをハーリス（al-Ḥārith）とみなし，カマラーン島（Kamarān）の対岸に位置したヒルダのことではないかと推測している［家島訳 III: 202 n.37］。『地理学』によれば，ヒルダはシャルジャから 1 日のところに位置した［Taqwīm: 91］。しかし『ムァイヤド帳簿』に，紅海沿岸の地名がヒルダ，カマラーン島，ハーディス，バトン・ジャービル（Baṭn Jābir）と列挙されていること［Irtifā‘: 114］,『知識の光』にハーディスを起点としたマッカやアデンへ向かう船の賃料記事が見られること［Nūr I: 175; Vallet 2010: 430］を考え合わせれば，ハーディスはヒルダとは異なる別の港町であったとみなす方が妥当だろう。なお『アラビア半島誌』には，マフジャムとカドラーゥがそれぞれヒルダとイトナ（‘Iṭna）を外港としていたと読み取られ得る記述が見られる［al-Hamdānī I: 120］。併せて，Vallet 2010: 393-394 を参照。

39 Aḥmad 1980; al-Fīfī 2005: 152-168; Vallet 2010: 425-469.

40 以下, アイザーブを中心とした紅海沿岸部における港町の発展と衰退に関しては, 家島 2006: 361-391 を参照。

41 ダフラク島をはじめとした東アフリカの諸港における商業活動については，併せて Vallet 2010: 400-405 を参照。

42 Vallet 2006b.

43 al-Mujāwir: 233-236; Smith 2008: 296.

44 その典拠については，表 12 を参照。なお最速の事例として，カーディー・シハーブ・アッディーン（Shihāb al-Dīn al-Wazīr）による移動が挙げられる。彼は 797 年ズー・アルヒッジャ月 2 日金曜日の礼拝の後にザビードを出立し，4 日の月曜日にタイッズへ到着した［al-‘Uqūd II: 229; cf. al-‘Uqūd II: 147-156; Croken 1990: 81-82］。もっともこの年のズー・アルヒッジャ月 2 日は土曜日と考えられるため，情報に混乱が認められる。

45 Croken 1990: 81-83; Vallet 2010: 358-359.

46 Vallet 2010: 360-361.

47 al-‘Asjad: 334; Bahja 1: 285; Bahja 2: 128; al-‘Uqūd I: 358.

48 ‘Umāra: 30.

49 Croken 1990: 84. 併せて，al-‘Uqūd II: 185 を参照。

50 Nūr I: 184-186, 271.

51 al-Mujāwir: 175-179; Smith 2008: 295.

52 Irtifā‘: 2, 4, 6, 113, 118-121, 165-169, 247, 329-334; Nūr I: 60-61, 179-180, 446, 496; al-Shamrookh 1996: 237-240; Vallet 2010: 351-356; 栗山 2012: 129-131.

53 Margariti 2007: 54.

54 ‘Umāra: 8-9, 27-28, 64-66. 併せて，al-‘Asjad: 108; Bahja 1: 91; Bughya: 48; Qurra: 279-282; Thaghr II: 44, 60; Wuṣāb: 36 を参照。

17 Masālik 2: 341-342.

18 家島 2006: 150-160.

19 ラスール朝下におけるイエメンとマッカを結ぶ海陸の交通網については，併せて Vallet 2010: 426-445 を参照。

20 佐藤編 2002: 93-128.

21 Masālik 2: 290-342; 家島 2006: 139-167.

22 ‘Umāra: 7-9.

23 al-Hamdānī I: 130, 188-190.

24 al-Hamdānī I: 185; al-Rāzī: 184; Simṭ: 512.『アラビア半島誌』には，サナア・マッカ間に 35 のバリード（barīd）が存在し，その総距離が 420 ミールであったことが記されている。ここでのバリードは，イスラーム世界の駅伝制度における宿駅を指す。たとえばクトゥナ（Kutna）は，サナアから 180 ミールのところに位置し，15 個目のバリードに相当した。そしてタバーラ（Tabāla）は，サナアから 276 ミールのところに位置し，23 個目のバリードに相当した［al-Hamdānī I: 186-187］。また，『黎明』によれば，サナア・ナジュラーン（Najrān）間の移動には 10 日を，サナア・マッカ間の移動には 20 日を要した［Ṣubḥ V: 39］。他，『地理学』や『黎明』記載のサナア起点の各地への移動に要する日数については，ザマールまでが 1 日［Ṣubḥ V: 41; Taqwīm: 97］，シバーム（Shibām）までが 11 日あるいは 22 ファルサフ［Ṣubḥ V: 41; Taqwīm: 97］，マァリブまでが 3 日［Ṣubḥ V: 40; Taqwīm: 97（3 ～ 4 日行程とある）］，サァダまでが 60 ファルサフ［Ṣubḥ V: 39; Taqwīm: 95］となる。他，ハイワーン（Khaywān）からサァダへは 16 ファルサフであった［Ṣubḥ V: 39-40; Taqwīm: 95］。なおサナアより高原を伝ってマッカへ向かう行程については，セナイアンが文献資料や考古資料にもとづいて詳しく検討している［al-Thenayian 1996］。

25 al-Mujāwir: 202.

26 Bahja 1: 91; Bughya: 48; al-Hamdānī I: 120, 188; Nukhba: 151, 215, 216; Qurra: 279-282; Thaghr II: 60; Wuṣāb: 36.

27 またイブン・アルムジャーウィルが示したマハーリブとザビードを結ぶ道も，この中間道であった［al-Mujāwir: 58-59, 62-63 ; Smith 2008: 294］。

28 ‘Umāra: 4, 5, 6; Wuṣāb: 34.『黎明』によれば，アデンからマッカへの移動には 1 ヵ月を要した。また，海岸伝いの道と高原伝いの道であれば，後者の方がより近かったという［Ṣubḥ V: 16］。

29 al-Hamdānī I: 188.

30 al-Hamdānī I: 185-190.

31 ‘Umāra: 8-9. 併せて，Simṭ: 25 を参照。

32 ‘Umāra: 61.

33 Masālik 2: 330, 341-342.

34 al-‘Uqūd II: 65-66; Vallet 2010: 435-436.

35 al-‘Uqūd II: 68-69. スルタン・ムジャーヒドがサナアを通過する山岳道を利用しなかった理由として，この地域ではザイド派イマーム勢力の影響が強かったことも考えられる。この点については，併せて本書第 3 章第 3 節第 4 項を参照。

ス［Irtifā‘: 157, 398］, マウザゥ［Irtifā‘: 163, 399］, タイッズ［Irtifā‘: 171, 400］, ジャナド［Irtifā‘: 207, 401］, ザマール［Irtifā‘: 356, 402］。併せて，Jāzim 2013 を参照。

2 バルヒー学派とは，バルヒー（al-Balkhī）（d. 322/934）の地理書に端を発するイスラーム地理学の一派で，イスタフリー（al-Iṣṭakhrī）(d. about 350/961）やイブン・ハウカル（Ibn Ḥawqal）(d. about 380/990）らの著作が含まれる。数理天文学や緯度・経度を用いることなく，単純化された幾何学図形を用いてイスラーム世界を描く。その目的は，正確な地理情報を提示することではなく，地域の概観と地名間のおよその位相関係を示すことにあった。併せて，Harley and Woodward (eds.) 1992: 6, 108-136; Pinto 2016 を参照。

3 Aḥmad 1995; S. M. Ahmad, “DJUGHRĀFIYĀ”, *EI²*; S. M. Ahmad, “KHARĪṬA”, *EI²*; Antrim 2012; Brauer 1995; Harley and Woodward (eds.) 1992; Johnes and Savage-Smith 2003; Miller (ed.) 1926-1931; Sezgin 2000; Tolmacheva 2015.

4 Pinto 2004a; Pinto 2004b; Pinto 2011; Pinto 2012; Pinto 2014a; Pinto 2014b; Pinto 2016.

5 Nūr I: 58-61, 72-74, 107-115, 170-171, 175-176, 184-186, 271.

6 Afḍal: 274-276, 307-308.

7 Afḍal: 274-276.

8 Afḍal: 274, 275.

9 Ducène 2013.

10 Nūr II: 222-227.

11 これらの交通路は，スミスによる訳注書の巻末にまとめられている［Smith 2008: 293-297］。

12 Hinz 1955: 62. 併せて，Afḍal: 274 を参照。

13 Hinz 1955: 62.

14 Ed. “MARḤALA”, *EI²*. 併せて，Masālik 1: 149 を参照。なお『アフダル文書集』には，「時間（sā‘a)」の単位をもって記録されている行程が，ムァイヤド一世に帰すると見られる記事中に書かれている［Afḍal: 276］。それによれば，たとえばマフジャム・カドラーゥ間の移動には 3 時間を要し，カドラーゥ・フィシャール間の移動には 4.5 時間を要した。これにしたがえば，フィシャール・マフジャム間を 1 日で移動することも可能である。しかしながら後述するように，一般にザビード・マフジャム間の移動には 3 日を，ザビード・フィシャール間の移動には 0.5 日を要すると考えられていた。両者を合わせて考えれば，フィシャール・マフジャム間を 2.5 日，計 7.5 時間で移動したこととなり，1 日あたりの移動時間は 3 時間であったとみなされる。ティハーマの気候が非常に厳しいものであり，1 日あたりの移動時間が限られていた，あるいは，想定される旅人が大部な団体であったと考えることもできるが，『アフダル文書集』記載の情報が，徒歩単位ではなかった可能性もあるだろう。すなわち，馬，あるいは，スルタンが執筆者であることを踏まえれば，スルタンが移動する際に乗っていた輿を運ぶ際に要した時間が，ここでは記載されているのではないだろうか。

15 Smith 1985: 82-83; Smith 2008: 10-11.

16 al-Mujāwir: 58, 59, 62, 63.

「高地イエメン」を「高地地方（al-nāḥiya al-‘ulyā）」と呼ぶ例が見られる［al-‘Asjad: 260］。

74 Nukhba: 216.

75 栗山 2012: 229-267.

76 al-‘Asjad: 447, 462, 476, 486.

77 この点と関連して，13 世紀前半に南西アラビアを訪れたイブン・アルムジャーウィルは，ティハーマのことをアデンの人々はシャーム（al-Shām.「北」を意味する）と呼び，マフジャムの人々はヤマン（al-Yaman.「南」を意味する）と呼んでいたことを報告している［al-Mujāwir: 83］。また『知識の光』には，「サナアの言葉」と「イエメンの言葉」の表現が対比されて用いられており，言語面においても違いが見られたことを示唆する［Nūr I: 247］。

78 Nūr II: 95-96.

79 1331 年頃にサナアを訪れたイブン・バットゥータは，サナアに樹木や果実類，穀物が豊富にあったことを伝えている［Riḥla II: 111］。またサナアでは様々な穀物類が，サナア北方のサァダでは干しブドウが生産されていた［Nūr I: 243-244, 249; Taqwīm: 95］。

80 al-Ḥajarī 2004 II: 184.

81 ‘Umāra: 6; Wuṣāb: 34.

82 Ṣubḥ V: 12; Taqwīm: 89.

83 Vallet 2010: 435.

84 Smith 1983. 史料の記述としては，たとえば al-‘Uqūd I: 167-171 を参照。なお，ザイド派イマーム勢力の支配範囲について明確な言及は見られないが，ターヒル朝初期において「（ザイド派の軍が）境域（al-ḥudūd）を越えてシャイフたちの方へやってきた」［al-Mukashkish: 245］との記述があることから，なんらかの境界線が意識されていたものと見られる。

85 このことは，678/1279 年のスルタン・ムザッファル一世による遠征以降ラスール朝下に組み込まれたハドラマウトが，宮廷への食材供給元として記載されていないこととも関連する。これらの地域の食材が運ばれる場合があったとしても，もっぱら海路によってアデンやグラーフィカといった港に集められていたため，史料上には出てこないものと考えられる。実際，ハドラマウトから陸路でイエメンへ向かうハドラマウト道への言及も，宮廷食材との関連においては一切現れない。

第 4 章

1 『ムァイヤド帳簿』校訂本中の地図の掲載頁は以下の通り。イエメン［Irtifā‘: 9, 386］, ザビードとワーディー［Irtifā‘: 18, 387］, ワーディー・スルドゥドとマフジャム［Irtifā‘: 64, 388］，ワーディー・マウル［Irtifā‘: 70, 389］，ハラドの二本のワーディー［Irtifā‘: 85, 390］，ラフジュのワーディー［Irtifā‘: 95, 391］，バナー（Banā）とハンフル（Khanfur）のワーディー［Irtifā‘: 107, 392］，アデン［Irtifā‘: 116, 393］，アフワル（Aḥwar）［Irtifā‘: 123, 394］，シフルとハドラマウト［Irtifā‘: 132, 395］，ズアール［Irtifā‘: 145, 396］，ワーディー・リマゥ［Irtifā‘: 150, 397］，ハイ

59 Afḍal: 27; Varisco 1991: 18-22.

60 ラフジュやアブヤンで生産される小麦や野菜類，果実類は，農業生産性に乏しいアデンへ輸送されていた［Afḍal: 27; Varisco 1991: 18-22］。また Nūr I: 380-381 には，マルメロ（safarjal）やザクロをアデンからタイッズへ輸送する際の経費に関する記事が見られ，アデン・タイッズ間に果実の輸送ルートが存在したことを示唆している。なおアデン・ラフジュ間は，『南アラビア地誌』によれば一晩行程であった［al-Mujāwir: 125］。

61 A. Grohmann *et al.,* “AL-YAMAN”, *EI* [2].

62 al-Munda‘ī 1992: 27-30.

63 al-‘Asjad: 167, 182, 183, 216, 221, 222, 244, 245, 246, 261, 263, 265, 269, 270, 305, 418, 443; Bahja 1: 134, 137-138; Ghāya: 420, 473; Kanz: 95, 102, 105, 109, 110, 120, 122, 123, 131, 143; Simṭ: 118, 305, 342, 360, 418, 457, 485, 486, 487, 530, 550, 555; al-Sulūk I: 403; al-Sulūk II: 133, 152, 542; Ta’rīkh; 19, 20, 21; al-‘Uqūd I: 63, 79, 168; Wuṣāb: 115.

64 Nūr I: 250 n.1816.

65 Masālik 1: 156, 165-167; Smith 1974-1978 II: 76-80.

66 その典拠となる記述として，たとえばハズラジーは「サナアからザマールへ，それからイエメンとスルタンの地（manāṣiba）へ（移動した）」［al-‘Asjad: 247; al-‘Uqūd I: 168］と述べている。なお，サナア・ザマール間の移動には 2 日を要した［al-‘Aṭāyā: 420, 652; Samra: 57; al-Sulūk I: 138］。

67 さらにフサイニーによれば，北部山岳地域（上地域）の地理範囲は，東はハドラマウト東部から西はタウィーラ地方（Bilād al-Ṭawīla）やシャラフ・キルハーフ（Sharaf Qilḥāh），北はビーシャ（Bīsha）に至るという［Mulakhkhaṣ: 6a, 13a］。

68 al-‘Asjad: 246-247; Bahja I: 158-159; Ghāya: 458; Kanz: 110-111; al-‘Uqūd I: 168. その際にサナアで生じたアサディーヤ軍（al-Asadīya）をめぐる一連の軍事衝突については，Simt: 454-505 を参照。

69 al-‘Asjad: 132, 442; al-‘Aṭāyā: 652; Bahja 1: 64; al-Mukashkish: 249; al-Rāzī: 96, 97, 166; Wuṣāb: 30, 31.

70 al-Hamdānī I: 55. 併せて，Ghāya: 529 を参照。

71 Taqwīm: 95.

72 Ghāya: 420, 473.

73 Ghāya: 367, 377, 383, 385, 386, 392-393, 394, 399, 407, 408-409, 420, 432, 436, 449, 457, 458, 459, 482, 483, 523, 543, 551, 554, 556, 561; cf. al-‘Asjad: 314; Kanz: 139, 140.「高地イエメン」の地理範囲について，ジャーズィムは，「ザマールからジャウフ（al-Jawf），サァダ，マァリブへ至る」と述べる［Nūr I: 343 n.2468］。しかしそもそも「高地イエメン」と「低地イエメン」の区別は，『願いの極み』以外の史料では頻出しない。これらは，ラスール朝崩壊以降，17 世紀に至るまでに，南西アラビアにおいて醸成された地域区分であった可能性があり，今後ますますの検討が必要である。なお，『願いの極み』では，サァダとイエメンを区別している点についても，ここで言及しておく［Ghāya: 301］。他，たとえばラスール朝末期に書かれた『黄金』には，「低地イエメン」を「低地地方（al-nāḥiya al-suflā）」と，

46 併せて，Vallet 2010: 341-346 を参照。

47 クサイバは，タイッズ北部に位置する肥沃な農業地帯。クサイバ小麦は，ここに由来すると見られる［Nūr I: 527 n.3840; Varisco 1994b: 308］。

48 Afḍal: 14; al-Mujāwir: 155-156.

49 宮廷への食材供給に関わる記事には，タイッズの城砦の穀倉（ahrā' ḥiṣn Ta'izz）に周辺で生産された穀物が集められていた様子が記録されている［Nūr I: 527］。ウスキー蜂蜜は，タイッズからの供給事例のみが確認されることから，タイッズ周辺の特産物であったと見られる［Nūr II: 5-6, 12］。他にもこの辺りには，「イエメンの支配者の宝物庫（khizāna ṣāḥib al-Yaman）」と呼ばれたドゥムルワや［Mu'jam II: 535-536; Nūr I: 529-531; Nūr II: 5; Ṣubḥ V: 12; Taqwīm: 90-91］，羊やヤギを産したサワーがあった［Mu'jam III: 307; Nūr II: 81-82］。

50 Ṣubḥ V: 13; Taqwīm: 90-91.

51 Nūr II: 102-104. なお，ザビードやマフジャムでも砂糖の製造が行われていたが［Nūr II: 105-106］，実際に宮廷へ供給された事例は少ない［Nūr I: 552］。イエメンにおけるサトウキビ生産は，遅くとも西暦 10 世紀にははじまっていたと見られる［al-Hamdānī I: 193］。すなわち，サナア近郊のズハール山（Jabal Dhukhār）のワーディーで，すでにハムダーニーの時代にサトウキビが栽培されていたのである［al-Hamdānī I: 193; cf. al-Ḥajarī 2004 II: 240］。ハムダーニーはまた，ウシャルの砂糖（sukkar al-'Ushar）と呼ばれる砂糖がナジュラーンにのみ見られた旨を報告している［al-Hamdānī I: 200］。その後ターヒル朝期の 883/1478-9 年には，ラフジュやアデン，タイッズで，サトウキビが栽培されるようになった［al-Mukashkish: 277; Qurra: 514］。

52 'Umāra: 29, 30. スライフ朝の王族がタァカルの城砦とジブラの間を季節ごとに移動していたことが，『イエメン史』に記録されている［'Umāra: 37-38］。スライフ朝期には，アデンからの収益がジブラへ運ばれるようになった［'Umāra: 39］。

53 'Umāra: 97. ダァワ（da'wa）とは，一般に布教を意味する。ファーティマ朝では，イスマーイール派の布教組織が作られ，多くの布教者が各地に派遣された［湯川武「ファーティマ朝」『新イスラム事典』］。

54 Mu'jam V: 265; al-Mujāwir: 90-91; Ṣubḥ V: 13; Taqwīm: 91. ジャナドは，ザファールからは 24 ファルサフのところに［Ṣubḥ V: 13; Taqwīm: 91］，サナアからは 48 ファルサフのところに［Taqwīm: 91］，イッブからは 1 日のところに［al-'Asjad: 366］位置した。なお，ザマール・ザファール間は 8 ファルサフであった［Taqwīm: 91］。

55 Mu'jam V: 106; Nūr I: 59 n.471; Varisco 1994b: 307. 一方で『知識の光』には，ミフラーフを都市名として扱っているとみなせる記事も見られる。その一例として，ザビードからイエメンの諸都市へ軍が移動する際の経費一覧には，派遣先としてタイッズやジャナドとならんでミフラーフが列挙されている［Nūr I: 58, 74］.

56 農事暦によれば，この地方ではソルガムや諸々の果実類，バター油脂，ケシが生産されていた［Afḍal: 519; Tabṣira/Varisco 1994b: 44, 58］.

57 al-Mujāwir: 168.

58 Margariti 2007: 33-67.

2005 を参照。

21 al-Hamdānī I: 53-54, 119; Mulakhkhaṣ: 16b; al-Ḥajarī 2004 I: 156-162.

22 ザビードに関する文献は多岐にわたるが，英文で書かれた包括的なものとして Croken 1990 を参照。

23 Masālik 1: 152.

24 Nūr I: 54-55, 350-353.

25 イエメンではティハーマを中心として，今日に至るまで様々な陶器が製造されている。その仔細については，Posey 1994 を参照。陶器のアラビア語名と英語での解説が付されており，語彙集としても有益である。

26 Mu'jam III: 78; al-Mujāwir: 63.

27 Bahja 1: 104; Mu'jam III: 9; al-Mujāwir: 62-63; 'Umāra: 77.

28 al-Mujāwir: 238-239.

29 Taqwīm: 89.

30 al-Mujāwir: 246-247.

31 Bughya: 35; al-Mujāwir: 243; Ṣubḥ V: 8. ファルサフやイブン・アルムジャーウィルが用いたファルサフ IM，ミールといった距離単位については，本書第 4 章第 1 節第 2 項を参照。

32 Vallet 2010: 301-340, 341-342.

33 Afḍal: 25-27.

34 Mu'jam II: 380; 'Umāra: 16.

35 Mu'jam II: 256; 'Umāra: 9.

36 Simṭ I: 250.

37 Mu'jam II: 265; Ṣubḥ V: 12; Taqwīm: 89; 'Umāra: 61, 83, 87. アデン・マフジャム間の移動には 6 日を要する［Ṣubḥ V: 12; Taqwīm: 89］との記述も見られたが，どの程度現実を反映したものかどうか，疑問の余地が残る（本書第 4 章第 3 節）。

38 なおナツメヤシに関して言えば，マッカ・ナツメヤシはマフジャムからの，スィゥル・ナツメヤシはザビードからの供給事例のみ確認できる［Nūr I: 542, 547; Nūr II: 6-7, 12, 19］。

39 たとえばスルタン・ムザッファル一世は，即位する前にマフジャムをイクターとして有していた［al-'Asjad: 211; Bahja 1: 144; Bahja 2: 88; Kanz: 100; Simṭ: 235; al-Sulūk II: 544; al-'Uqūd I: 87］。また『知識の光』には，マフジャムでイードが祝われたことが記録されている［Nūr II: 134］。『織糸』では，マフジャムに気高きスルタンの高貴なる御門（al-bāb al-sharīf al-sulṭānī al-ashrafī）が存在したことを示す記事が散見する［ex. Simt: 447］。

40 al-'Asjad: 125; 'Umāra: 88.

41 al-Mujāwir: 58; Vallet 2010: 342.

42 al-'Uqūd I: 149, 233.

43 Vallet 2010: 342-346.

44 Afḍal: 27; Varisco 1991: 8-9.

45 紅海沿岸で水揚げされた海産物もまた，マフジャムへ輸送されていたと見られる［al-Mujāwir: 91］。

行政的な地理区分については，併せて al-Fīfī 2005: 229-231 を参照。また『サナア史』によれば，イスラーム初期の段階においてすでにイエメンは，「サナアとその諸ミフラーフ」と「ジャナドとその諸ミフラーフ」，「アック（‘Akk）とその諸ミフラーフ，すなわちティハーマ」，「ハドラマウトとその諸ミフラーフ」の 4 地域（a‘māl）に分類されていた［al-Rāzī: 65］。

12 ズブハーンに関する記述が史料上に少ないため詳述しないが，アラビア半島西部を南北に走るサラート山脈のアラビア半島側の端として知られた［al-Hamdānī I: 126］。なお，もう片方の端は，シリアのカブク山（Jabal al-Qabq）であった。

13 表中でアデンを供給先とした例が 86 項目見られるが，アデンへ直接送られた例が 67 項目，ザビードからタイッズを経由してアデンへ送られたと推測される例が 19 項目である。またタイッズが供給先となっている例は 28 項目であり，その内訳はタイッズと確定できる例が 24 項目，タイッズと推測される例が 4 項目で，タイッズを経由地としているものは含めていない。

14 たとえば，Nūr II: 93-94 を参照。これは，スルタン・ムザッファル一世のザビード滞在時に，ムザッファル一世の息子であるワースィク（al-Malik al-Wāthiq Ibrāhīm）（d. 711/ 1311）が手配した食材や料理に関わる記事である。

15 Smith 1974: 121.

16 Masālik 1: 160; Nūr I: 186 n.1445.

17 Nūr I: 105, 189, 268, 304, 310-311, 340-343, 368, 377, 398, 526-529, 540-541; Nūr II: 19-20, 92-93, 102-104, 107, 110-113.

18 ラスール朝期のイエメンやマッカ、エチオピアで使用されていた度量衡については，以下の文献を参照。Nūr I: 186-187, 265, 267-270, 288-289, 336-340, 349, 356, 358; Margariti 2007: 128; al-Munda‘ī 1992: 228-233; Serjeant 1974a: 138-156; al-Shamrookh 1996: 304-307; Vallet 2010: 836-837; Varisco 1994b: 164-165. また，モーテルによるアイユーブ朝からマムルーク朝にかけてのマッカにおける度量衡研究やリによるクサイル文書にもとづいた研究も参考になる［Li 2004: 29-35; Mortel 1990］。他，本書で出てくる様々な度量衡については，それぞれの初出時に説明を加えてある。

19 ワーディーは，一般に枯れ川や枯れ谷などと訳される。雨季や集中豪雨の際には周囲に降った雨がワーディーに集まり，水が流れる川となるが，乾季には河床が露出し，自然の交通路となる。ティハーマのいくつかの主要なワーディーには，紅海へ注ぎ込むところに港町が発達していた。これらのワーディーを主要な港町とともに北から順に列挙すれば，以下の通り。なお W. は，wādī の略号である。：ワーディー・ハラド…シャルジャ，ワーディー・マウル（W. Mawr）…ハーディス（al-Ḥādith），ワーディー・スルドゥド（W. Surdud）…ヒルダ（al-Ḥirda），ワーディー・スィハーム…フダイダ（al-Ḥudayda），ワーディー・リマゥ…カリーン（al-Qarīn），ワーディー・ザビード（W. Zabīd）…アフワーブ，ワーディー・ナフラ…フーハ（al-Khūkha），ワーディー・マウザゥ（W. Mawza‘）…南方にムハー。もっとも，本書が取り扱う 13 世紀の段階においては，フダイダやカリーンは未だ史料に現れない。併せて，Vallet 2010: 390-399, 744 を参照。

20 ティハーマの概要については，G. R. Smith, “TIHĀMA”, *EI*^{2} ならびに al-Ḥaḍramī

に控える護衛兵のことを指す［家島訳 III: 207-208 n.57］。

106 Riḥla II: 109. 併せて，家島訳 III: 131-132 を参照。

107 Vallet 2010: 83-88.

108 al-Afḍal: 268-274.

第 3 章

1 そうしたなかで，ムンダイーやヴァリスコによる農業史研究は注目に値する［al-Munda‘i 1992; Varisco 1994b］。併せて，本書序章第 1 節第 2 項を参照。

2 Vallet 2010: 297-379.

3 Nūr I: 127, 525-559, 571-581; Nūr II: 1-9, 11-24, 70-101.

4 タワーシー・アズィーズ・アッダウラについては，詳細は不明なものの，そのニスバよりルクマーン族（Banū Luqmān）に関係がある人物であったことが推測される［al-Ḥajarī 2004 IV: 682］。なおラスール家の女性成員である御方やタワーシー，ハーディムについては，本書第 6 章を参照。

5 ミフラーフは，特にイエメンの山岳地域で用いられる行政的な地域区分である［al-Mujāwir: 169-170; C. E. Bosworth, “MIKHLĀF”, *EI*^{2}; al-Ḥajarī 2004 IV: 697］。後述するように，ラスール朝史料で単にミフラーフと記された場合，イッブ周辺のミフラーフ・ジャァファルを指した。

6 Nūr I: 529-531.

7 同記録中には，厩で使用された飼料やタールについても供給元が明記された記事が見られるが，宮廷への食材やそれに関わる用品を分析の対象とするという目的上，本書では取り扱っていない。同定が難しい産物についても，分析対象から外した。また用具類については，史料の記述から主たる原材料を推測することはできても，厳密な形状や用途を知ることは難しかった。したがって表中では，これらの用具類をさらに原材料や種類別に七つに分類したうえで，それぞれの名称をカナ転写するにとどめて，一部の例外を除いて日本語に訳出することはしなかった。なお，小麦や羊，米などについては，その細かな種類までも明記されることが多いが，それぞれを別々の品目として扱った。

8 これらの記事中の地名に関しては, たとえば「タイッズ」と「タイッズ地方 (al-a‘māl al-Ta‘izzīya)」であれば，両者を同じ地域を指すものとみなした。すなわち表中では，両者が同一の場所を指しているものとして扱い，双方を一括してその都市名でまとめた。他の地名についても，同様の処理を行っている。

9 本書におけるアデン港課税品目録とは，3 種類の史料［al-Mujāwir: 140-143; Mulakhkhaṣ: 4a-4b, 17b-26a; Nūr I: 409-491］のことを指す。併せて，本書序章第 3 節ならびに第 1 章第 2 節第 1 項を参照。

10 たとえば，野菜類の供給元が唯一明記された記事では，供給元も供給先もアデンであり［Nūr II: 19-20］，消費地の地元から供給されたことが窺い知れる。

11 なおフサイニーは，『書記官提要』中の南西アラビアにおける歳入記事において，ラスール朝下の諸地域を，北部山岳地域（上地域）(Bilād al-‘Ulyā) と，緑のイエメン（al-Yaman al-Akhḍar）一帯と海岸地帯（al-Tahā’im），交易港（al-banādir wa al-thughūr）の三つに大別している［Mulakhkhaṣ: 13a-17a］。フサイニーによる

88 Nūr I: 54-55, 208-212.
89 Nūr I: 439-440, 463.
90 栗山 2012: 58-59.
91 ムシッドは，地方の徴税官あるいは監査官と訳され得る［The Pearl-Strings II: 209; Smith 2005: 231; Vallet 2010: 850］。
92 カーディーは，裁判官を指す。ラスール朝下のカーディーについては，al-Fīfī 2005: 339-350; 栗山 1999 を参照。
93 al-'Uqūd II: 196-198. 併せて，al-'Asjad: 471-473 を参照。
94 カーズィーについては，al-Munda'ī 1992: 159 を参照。『真珠の首飾り』では，タイッズに聳えるサビル山（Jabal Ṣabir）にカーズィーが生育していたことが示唆される［al-'Uqūd II: 196］。
95 サブーラの意味するところについては不明である。おそらくは，ここではカーズィーの本数を指す。
96 アジャブは，イエメンで現在もなお見られるナツメヤシの葉から作られた容器で，肩に載せて物を運ぶ際に用いられる［Nūr I: 34 n.275; Piamenta］。691/ 1291-2 年のマフジャムでは，10 個あたり 1 ディーナールで取り引きされていた［Nūr I: 548, 552］。
97 Nūr II: 94.
98 時代は降るものの，ターヒル朝下の 920 年ラマダーン月 25 日 / 1514 年 12 月 3 日には，「香料とお菓子（al-ṭayyib wa al-mashmūm）から成る壮麗なる宴席」が開催されている［al-Faḍl: 211］。宴席に関する詳細な記述が少ないなか，こうした共通する情報が見られることは，宴席の規則が時を超えて共有されていた可能性を示唆する。
99 イブン・ダッアースは，年代記に頻繁に言及されている［Bahja 1: 145; Simṭ: 265; al-Sulūk I: 364, 368, 403, 477; al-Sulūk II: 33, 37, 50, 53, 55, 56, 431; al-'Uqūd I: 95, 112, 122, 155, 194, 237, 238, 336］。他，『知識の光』校訂者ジャーズィムによる脚注に詳しい［Nūr I: 561-562 n.4062］。
100 al-'Uqūd I: 137.
101 Nūr I: 566; Nūr II: 94.
102 Nūr I: 566. 原文には 690 年と書かれているが，ジャーズィムは前後の記事の年号が 693 年であるために，この記事も 693 年の誤りであるとする［Nūr I: 565 n.4079］。筆者も，ジャーズィムの意見にここではしたがう。
103 ハージブは，一般に侍従と訳される。一般民衆が支配者に近づかないように入口を守り，認められた者のみを会わせる役目を果たした。その職務内容は地域，時代ごとに異なり，マムルーク朝にあっては一般市民の提訴を受け付ける行政裁判権をも保持した［森本公誠「ハージブ」『新イスラム事典』］。
104 アミール・ジャーンダールは宮廷の警備を司る職名で，警備長官と訳され得る。その起源は古く，セルジューク朝期（439/1038- 590/1194）には存在したことが史料上に記録される［Ed., "DJĀNDĀR", *EI²*］。併せて，本書第 5 章注 21 を参照。
105 シャーウィシーヤは，ペルシア語やトルコ語のチャーウシュ（chāwush）に由来する単語で，守衛や式部官と訳され得る。ここでは，刀剣を携えてスルタンの前

という意味がある［Piamenta］。

61 Nūr II: 101 n.1.

62 al-Mu‘tamad: 36, 153.

63 Bādhīb 2007: 127.『友との絆』の校訂者たちは，リジュラをバクラ（baqla）と同一視している［Wuṣla II: 784, 811］。同書の研究書部分でリジュラについて言及しているものの［Wuṣla I: 308, 322］，それらが実際に『友との絆』中で利用された形跡は見られない。もっとも，その典拠として挙げる『黎明』の記述では，リジュラとイエメンのバクラ（al-baqla al-Yamānīya）が明確に区別されて書かれている［Ṣubḥ IV: 90］。ピアメンタによれば，rijla での立項は見られないが，baqla でダイコン（radish）の意味を挙げる［Piamenta］。

64 Ahsan 1979: 104-105.

65 Mulakhkhaṣ: 20b; Nūr I: 452, 473, 479, 521, 523, 524.

66 al-Mu‘tamad: 373-374.

67 al-‘Uqūd II: 197.

68 後代のターヒル朝期には，スルタンが池を白砂糖と麝香で香り付けした水やバラ水で満たすなどして，バラ水を贅沢に用いた例が見られる［Bughya: 206］。

69 al-Hamdānī I: 198; Rodinson 2006: 94.

70 Wuṣla II: 503.

71 Wuṣla II: 504.

72 Wuṣla II: 484.

73 Nūr II: 88.

74 al-Hamdānī I: 198; al-Mujāwir: 191-192. 併せて，al-Munda‘ī 1992: 141-142; Varisco 1994b: 65, 181, 211 を参照。

75 al-Mu‘tamad: 88-89.

76 Rodinson 2006: 148-163.

77 マムルーク朝のものと思われる宴席については，『黎明』の記事に詳しい［Ṣubḥ III: 600-602; Ṣubḥ IV: 48-49, 57-58; Ṣubḥ IX: 306］。また，Wuṣla I: 346-348, 391-405; ‘Abd al-‘Azīz 1989 も参照。

78 al-‘Asjad: 166, 185, 289, 293, 471-473; Bahja 1: 106, 145, 148, 199, 203, 210, 263; Kanz: 125; Simṭ: 36, 49, 119, 181, 183-184, 193, 254-255, 282; al-Sulūk I: 405; al-Sulūk II: 176, 567, 580; Thaghr II: 74, 145, 221; al-‘Uqūd I: 90, 94-95, 102, 214, 266, 272, 327; al-‘Uqūd II: 56, 196-197, 199-200, 219, 244-245.

79 al-‘Uqūd I: 90-91. 併せて，al-‘Asjad: 213-214; Bahja 1: 145-146 を参照。

80 Nūr II: 13.

81 Nūr II: 16.

82 Nūr II: 95, 99.

83 Nūr II: 99.

84 Nūr II: 114.

85 Nūr I: 212; Nūr II: 115-118.

86 Nūr II: 117.

87 Nūr II: 116.

41 Ṭabīkh: 5-6.

42 A. J. Arberry, “A Baghdad Cookery Book”, *Islamic Culture*, 13, 1939, 12-98, 189-214. 筆者は今回，2006年に刊行された書誌に再掲されているArberry 2006を参照した。

43 Perry 2005. 併せて，Rodinson 2006: 100-101を参照。

44 著者ならびに同史料については，以下の文献を参照。Wuṣla I: 7-20; Wuṣla II: 415-452; Rodinson 2006: 116-148; 鈴木喜久子 1994a.

45 その構成を示すと以下の通り。第1章「イスラーム以前のアラブの料理」，第2章「預言者およびイスラーム勃興期における料理」，第3章「アラブにおける療法で用いられた食材や香草」，第4章「ウマイヤ朝期におけるアラブ料理」，第5章「アッバース朝期における料理」，第6章「ファーティマ朝期における料理」，第7章「アイユーブ朝期およびマムルーク朝期における料理」。

46 ‘Abd al-‘Azīz 1989.

47 今回参照した刊本は10章と写本余白記載記事から成り，中心となる食材別に料理が掲載されている他，炭酸カリウムやセッケンといった雑貨類や，食後の口臭のとり方についても，章を設けて説明がなされている。

48 一般にワズィールは，宰相と訳出され，行政の最高責任者を表す［森本公誠「ワジール」『新イスラム辞典』］。ラスール朝下のワズィールについては，al-Fīfī 2005: 200-206を参照。

49 Rodinson 2006: 116-148.

50 Wuṣla I: 7-20; Wuṣla II: 415-452.

51 Wuṣla II: 480.

52 記事の点数については，参照する写本の種類や数え方如何によって異なる。カイロのエジプト国立図書館写本では，全375点の記事中，65点がインクや衣類などの非食材に関するものであり，165点が諸史料から引用した料理レシピ，そして145点が10世紀にワッラークが著した『料理と食養生の書』からの引用であるという［Rodinson 2006: 164］。また鈴木喜久子は，筆者と同じ刊本を取り上げ，598点の調理法が記載されていると述べる［鈴木喜久子 1994a: 101］。

53 Nasrallah 2010; 鈴木喜久子 1994a: 100.

54 鈴木喜久子 1994a: 90.

55 ラーウクルドは木製器の一種である［Nūr I: 214, 232; Nūr II: 7］。ここでは，セッケン風砂糖菓子をよそう容器として用いられている。

56 Nūr II: 86.

57 Ṭabīkh: 75; Arberry 2006: 84; Perry 2005: 99.

58 Wuṣla II: 640-641.

59 Nūr II: 91; Ṭabīkh: 17.

60 Bādhīb 2007: 74-75. 校訂者ジャーズィムによれば，「香りがよいバジル（あるいは香草）（shujayra al-rayḥān al-zakīya al-rā’iḥa）」とある［Nūr II: 1 n.10］。rayḥānは「バジル（sweet basil）」を意味する一方で，「香草（aromatic plants）」全般をも指し示す語である。『知識の光』中では，shuqrとrayḥānが区別して書かれているように見受けられる。なおピアメンタによれば，rayḥanaで「バジルを育てる」

25 Rodinson 2006: 151-152.
26 Perry 2006: 430.
27 Perry 2006: 465.
28 Perry 2005: 30.
29 Smith 2006a: 91 n.589. 併せて，本書第1章注65を参照。
30 総数76点のうち，36点の料理，特に肉料理や砂糖菓子類において，ゴマ油が使用されている。動物性油脂は18点の料理に用いられているが，肉料理に対して使われることが多い（9点）一方で，砂糖菓子類に使われることは少ない（2点）。また，ゴマ油と動物性油脂の併用は，12点にのぼった。オリーブオイルの使用は7点に限られ，うち4点が肉料理であった。なおバター油脂の使用は，6点にとどまった。
31 Nūr II: 87. スフトゥールについては，本書第2章注10を参照。
32 Nūr I: 445, 501. 併せて，al-Mujāwir: 141; Mulakhkhaṣ: 27a を参照。ここで関税と訳出した ‘ushr は，一般に十分の一税と考えられている。しかしアデン港税関では，‘ushr の額は当該商品の十分の一の額と必ずしも一致しない［Vallet 2010: 169-176; 栗山 2012: 76-78］。本書では，同語を「関税」と訳出するにとどめる。
33 Nūr II: 96.
34 Nūr II: 540, 541, 548-549, 557.
35 加えて，アデンをとりまく自然環境が影響していた可能性も想定される。アデン・ザイラゥ間の移動（本書第1章第1節第3項）と同様に，さらに南のモガディシュからアデンへ来航する機会もまた，季節風の向きなどによって限定されていたのである［Varisco 1994b: 227-228; 家島 2006: 17-25］。もっとも同様の現象は，香料・香辛料類をインド・東南アジア方面から輸送する船についても生じる以上，東アフリカの産物のみが史料にあまり見られないことを説明するには不十分である。
36 他にも参照すべき同時代料理書として，ムワッヒド朝（524/1130-668/1269）下のアンダルス（al-Andalus）で13世紀に執筆された，作者不詳の『ムワッヒド朝期におけるマグリブとアンダルスの料理の書（*Kitāb al-Ṭabīkh fī al-Maghrib wa al-Andalus fī ‘Aṣr al-Muwaḥḥidīn*）』や，マリーン朝下で執筆されたトゥジービー（Ibn Razīn al-Tujībī）（d. 13 C.）による『食い道楽に関する食膳の残滓（*Faḍāla al-Khiwān fī Ṭayyibāt al-Ṭa‘ām wa al-Alwān*）』がある。また何より，料理書の知識が前代のものを踏襲したものである以上，現存する最古のアラビア語料理書であるワッラークの『料理と食養生の書』や，10世紀初めのサワード（Sawād）の農業事情に詳しい『ナバテアの農業（*al-Filāḥa al-Nabaṭīya*）』も参照されなければならない。こうしたアラビア語料理書の概要については，鈴木喜久子 1994a に詳しい。
37 バグダーディーならびにその著作については，Ṭabīkh; Perry 2005; Rodinson 2006; 鈴木喜久子 1994a を参照。
38 Perry 2006; Rodinson 2006: 102.
39 Ṭabīkh: 4; Perry 2005: 13-22; Rodinson 2006.
40 今回参照した刊本は10章から成り，味付け別や料理法別，中心となる食材別に，様々な料理が掲載されている。

酢や凝乳などに野菜を浸けた料理である［Rodinson 2006: 145 n.1］。また，前菜全般を指す語でもある。

12 料理材料記録は，Nūr II: 84（元の写本では 185a）で唐突に，「食事（ṭa'ām）……羊：1，白砂糖：2 ラトルと 1/2…」の記述からはじまる。その背景に関する説明は一切なく，一連の冒頭部が一葉あるいは数葉抜けていると見られる［Nūr II: 84 n.3］。

13 ラスール朝行政文書集の性質については，本書序章第 3 節第 2 項ならびに Vallet 2010: 70-112 を参照。

14 1 カフラは 16 キーラートであり，1 キーラートは小麦 3 粒と等しい［Nūr I: 267］。併せて，本書序章注 53 を参照。

15 サンブーサクは，三角形の形状をしたパイのようなもので，クミンをはじめとした香料・香辛料類で味付けされた肉が詰め込まれている。現在でも，中東やインドといった地域で類似した料理を食べることができる。もっとも，ラスール朝下におけるサンブーサクが正確にどのようなものであったかという点については，史料に詳しい記述がない。

16 Nūr II: 84.

17 ナスル・アッラーフによれば，1 ウキーヤ（ウーキーヤとも呼ばれる）は 10 ディルハム，すなわち 30 グラムに相当した［Nasrallah 2010: 801］。また，ヒンツによればオスマン朝下においては 1.2828 キログラムに相当し［Hinz 1955: 24］，ヴェーアによれば 37 ～ 240 グラムに相当した［Wehr］。

18 Nūr II: 86.

19 本書第 1 章で詳述したように，紅海とインド洋にはさまれた南西アラビアの沿岸部では，魚が水揚げされて後，塩漬けにされて各地へ運ばれた。しかし宮廷においては，魚食の習慣が薄かったと思われる。なおザイラーク魚については，『南アラビア地誌』所収の逸話も併せて参照［al-Mujāwir: 98］。

20 Nūr I: 534; Nūr II: 9-10, 14, 17, 101, 145. このうち特にフッカーゥについては，疑似アルコール飲料（quasi-alcoholic drink）としてレヴィッカが詳しく検討している［Lewicka 2011: 465-482］。

21 Nūr II: 9-10. ラスール家の成員やハーディムをはじめとした家内奴隷については，本書第 6 章を参照。

22 Lewicka 2011: 483-550. ラスール朝下におけるアルコール飲料の製造については，al-Munda'ī 1992: 249-250 を参照。なおイエメンで飲酒の習慣があったことは，複数の史料の記事より推定される［al-'Asjad: 120, 121, 142, 247, 375; al-'Aṭāyā: 204, 550; Bahja 1: 79, 158; Bahja 2: 75, 94; Ghāya: 261, 270, 298, 310, 439, 501-502, 561, 632; Kanz: 57, 111; al-Mujāwir: 62, 131; Qurra: 475; al-Rāzī: 470; Simṭ: 95, 184; al-Sulūk I: 350; al-Sulūk II: 121; Thaghr II: 128; Tuḥfa: 206; 'Umāra: 29, 73, 78, 79, 80, 86; Wuṣāb: 77, 78, 80, 113, 138, 321; Wuṭyūṭ: 37b］。冷たい飲料全般で用いられ得る氷がイエメンでは存在しなかったという旨の記述が年代記に見られたが［Qurra: 324］，どの程度実態を反映しているものか不明である。

23 Ghāya: 433, 494, 518.

24 al-'Asjad: 200, 209.

152; al-Shamrookh 1996: 103-108; Varisco 1994b: 191 -194.

97 ただし，エジプト（Miṣrī）バター油脂など，明らかに輸入品と考えられる産物も見られる［Nūr I: 530, 552］。

98 Masālik 1: 159.

99 栗山 2012: 58-74。

第2章

1 Wuṣla I; ʻAbd al-ʻAzīz 1989; Ahsan 1979; Levanoni 2005; Lewicka 2011; Nasrallah 2010; Rodinson, Arberry and Perry 2006; 鈴木喜久子 1992; 鈴木喜久子 1994a; 鈴木喜久子 1994b.

2 ヒスバは，イスラームにおける善を命じて悪を禁じることを意味する。ヒスバの保持を職務とするムフタスィブ（muḥtaṣib）は，特に市場における不正を取り締まる市場監督官として活躍した。ヒスバの書は，ムフタスィブの業務手引書と理論書の双方を指したが，特に前者は市場の経済活動を記録したものであるため，社会史研究において利用されてきた。長谷部史彦「ヒスバ」『新イスラム事典』を参照。ラスール朝下のヒスバについては，al-Fīfī 2005: 355-358 を参照。

3 文献史料が豊富なオスマン朝史にあっては，宮廷厨房の帳簿集成をはじめとした宮廷食材に関する様々な史料に依拠する研究の蓄積がある。邦文では，鈴木董 1995 を参照。

4 Nūr I: 534, 547-548, 551, 552; Nūr II: 3, 4, 6, 7, 19, 20.

5 Nūr II: 9-10, 12, 13, 14, 17, 22-24, 90-91, 93-94, 112-113, 114, 119-139, 143-150.

6 Nūr II: 1, 2, 4, 14, 84-88, 91, 92, 96-97, 99-101, 111-112, 114.

7 Nūr II: 86.

8 kātib は書記を指す。本書第5章で見るように，ラスール朝宮廷の各ハーナにも書記が配されており，書類作成に携わった。ラスール朝の文書庁（dīwān al-inshā'）については，al-Fīfī 2005: 219-226 を参照。

9 「食事（ṭaʻām）」の名目で様々な食材が列挙される記事も散見するが［Nūr II: 3, 83, 93, 94］，本書ではこれを料理とみなして数え上げてはいない。

10 これらのうち，肉料理に分類したスフトゥール（suḥtūr）については［Nūr II: 13, 87, 90, 94］，校訂ジャーズィムは断食中にムスリムが夜明け前に食するスフール（suḥūr）である可能性を指摘している［Nūr II: 13 n.3］。しかしながら日没後に食するイフタール（ifṭār）が史料中に見られず，またこれらはしばしばラトルという単位で量られることから，スフールとは異なり，何がしかの実態を持っていると考えられる。さらに，羊肉や香料・香辛料類がスフトゥールの名目下で言及されるが，これは一般に言われるナツメヤシなどの軽い食材から成るスフールとは乖離している。そこで後述する『料理書』に目を通すと，スフトゥール（sukhtūr）という名前の料理が見られる［Ṭabīkh: 53-54; Arberry 2006: 70; Perry 2005: 73-74; Rodinson 2006: 153］。両者は，アラビア文字の「ح（ḥā）」と「خ（khā）」が異なるのみで，用いられる食材は類似している。そこで本書では，suḥtūr と sukhtūr を同じ料理と解釈する。

11 ここには，バワーリド（bawārid）などを分類した。ロダンソンによれば，これは，

147-175］。

90 ヒジャーズから運び出された様々な商品については，ヴァレが詳しく検討している［Vallet 2010: 447-450］。マッカとイエメンのつながりについては，併せて本書第 4 章第 3 節第 2 項を参照。

91 『アフダル文書集』収載の『庇護されたるイエメンにおける播種時期の知識に関する一章』に，ラスール朝下におけるヒヨコマメの植え付け時期に関する記事が見られるが，宮廷へ供給された形跡を見つけることはできない［Afḍal: 27; Varisco 1991: 17］。

92 シャワーニーとは，アラビア半島南方のインド洋を通ってアデン港へ入港する商船を海賊から防衛するシャワーニー船団のことである。イエメン・アイユーブ朝によって組織されて以降，ラスール朝にも引き継がれた。ここで言うシャワーニー税は，このシャワーニー船団を維持する費用としてアデン港において徴収された税を指す。栗山によれば，シャワーニー税は関税（‘ushr）の十分の一程度であり，インド方面やペルシア湾からアデン港へ来航する船がもたらした商品に賦課されていた。これはアデン港へ持ち込まれる時にのみ課せられるもので，アデン港から積み出される商品には課せられなかった［栗山 2012: 80-83; cf. al-Mujāwir: 140-141; al-Shamrookh 1996: 266-267; Smith 1995b: 131-132; Smith 1996a: 212; Vallet 2010: 170-176］。ここで関税と訳した ‘ushr の仔細については，本書第 2 章注 32 を参照。

93 Li 2004: 67. クサイル文書とは，1978-1982 年に，紅海沿岸の港町クサイル（al-Quṣayr al-qadīm. 現在のクサイルより北方 8 キロメートルのところに位置する）から出土した，数百片のアラビア語紙片のことである。商業通信文や書簡など，その内容は多岐にわたる。リは，この文書群をもとに，13 世紀の紅海における交易の状況を明らかにした［Li 2004］。併せて，Regourd 2004 も参照。

94 Masālik 1: 154.

95 al-Mujāwir: 42.

96 たとえばバター油脂について言えば，供給元が明記された事例は 11 例ある。そのうち，アデンからの供給事例が 3 例［Nūr I: 530, 532; Nūr II: 19］，イエメンの諸都市からの供給事例が 8 例［Nūr I: 527, 530, 532-533, 542, 547, 552; Nūr II: 6, 7, 12, 19, 71］である。またナツメヤシについて言えば，『書記官提要』によれば，ティハーマにおいて徴税の対象となっていた［Mulakhkhaṣ: 16b］。ラフジュからは年間 20000 ディーナール相当が，マウザゥからは 80400 ディーナール相当が，ハイス周辺からは 7000 ディーナール相当が，ザビード周辺からは 11800 ディーナール相当が，ズアール周辺からは 15000 ディーナール相当が，中央へ集められた。同様の記述は，『ムァイヤド帳簿』にも散見する。なお『ムァイヤド帳簿』収載のイエメン模式図においてマウザゥ南方にナツメヤシ林があえて描かれているが（口絵図 1・2），これは，マウザゥのナツメヤシからの収入の大きさを反映したものであろう［cf. Irtifā‘: 162-163］。そしてセッケンは，イエメン全土において現物徴収の対象とされていた。『ムァイヤド帳簿』によれば，たとえばスルドゥド地方では，年間に 24 ブハールのセッケンが国庫へあがっていた［Irtifā‘: 65］。他，ラスール朝下のナツメヤシについては以下の文献を参照。al-Munda‘ī 1992: 149-

1994b: 179]。一般に枯れ谷を指すワーディーについては, 本書第3章注19を参照。

77 ドゥンブ入江（Khawr al-Dunb）と呼ばれる，マラバール地方最大の入江に位置した港町。コショウやショウガの集散地であった［Riḥla IV: 40; Taqwīm: 354; 家島訳 VI: 119-120］。

78 マラバール地方に位置した港町。他の地方にはないような，上質のサトウキビが多く見られた［Riḥla IV: 39; 家島訳 VI: 118-119］。

79 マンガルールから2日行程のところに位置した港町。中国船団（あるいは中国へ向かう船団）（marākib al-Ṣīn）が来航していた［Riḥla IV: 40-41; Taqwīm: 354; 家島訳 VI: 120-121］。

80 インド亜大陸南西部，スィンダーン（Sindān）（スィンダーブール（Sindābūr））からカウラム（al-Kawlam）に至る沿岸地域を指した。コショウの地方（bilād al-filfil）と呼ばれた［Mu‘jam V: 227; Nukhba: 173; Riḥla IV: 35-38; Taqwīm: 353-361; 家島訳 VI: 112-119］。

81 Mulakhkhaṣ: 21a.

82 クマールは，インドシナ半島南東部のクメールを指す［Mu‘jam IV: 449; Nukhba: 155; Taqwīm: 369; 栗山 2008: 18 n.61; 家島 2006: 513-514］。

83 Nūr II: 115-119, 125-130, 145-150. 宮廷への食材供給に関わる記事中に陶器への言及例は枚挙に暇ないが，中国陶磁器が使用された事例は宴席や下賜，お菓子の記録以外では確認することはできない。イエメンにおいても各種陶器が生産され［Irtifā‘: 243-244; al-Mujāwir: 168; Nūr I: 54-55, 208-212］，ザビード産の陶器が宮廷への食材供給に関わる記事中に記録されていることを踏まえれば，普段はイエメン産の陶器が主に使用されていたのではないだろうか。

84 たとえば，al-Maqrīzī IV: 345; 家島 2006: 467を参照。

85 ズファールあるいはズファール・アルハブーディー(Ẓufār al-Ḥabūḍī)と呼ばれる。アラビア半島南部，現在のオマーン共和国西部に位置する沿岸地域。乳香や馬の産地として知られる［Masālik 1: 158; Mu‘jam IV: 67-68; al-Mujāwir: 260-265; Riḥla II: 123-127, 129-130; Taqwīm: 92-93; 家島訳 III: 148-156, 162-164; 家島 2006: 333-360, 568-569］。

86 原文では，Silā や al-Saylī と記録されている［Nūr I: 446, 464］。『知識の光』校訂者のジャーズィムは, スィラー（Silā）ビンロウジを中国にあるスィラー（al-Silā）地方から積み出されたビンロウジであるとし［Nūr I: 446 n.3315］, al-Saylī をスィーラーン島（Jazīra Sīlān）に由来すると述べている［Nūr I: 464 n.3411］。なお，両者が al-Sīlī の誤りであり，ともに中国の東方のスィーリー（al-Sīlī）を指している可能性もある［Nukhba: 65; Taqwīm: 366-367］。

87 Mu‘tamad: 293; Riḥla II: 127; 家島訳 III: 157-158.

88 thamara は，一般的には単に「果実」を意味するが，本書ではシャムルーフやスミスの意見［al-Shamrookh 1996: 317; Smith 2006a: 91 n.598］にしたがって，タマリンド（tamarind）と訳出し，タマリンド（thamara）と記載した。同じくタマリンドと訳出した ḥumar との違いについては，今後検討を重ねる必要がある。

89 ペルシア湾に浮かぶ島。真珠の採集場やインド向けの馬の輸出港として知られた［Mu‘jam IV: 565-566; Nukhba: 160; Taqwīm: 372-373; 家島訳 VI: 303-304; 家島 1993:

ローブ…al-Mujāwir: 140; Mulakhkhaṣ: 20b; Nūr I: 448, 462, クマール沈香の葉…cf. Nūr I: 442-443, 462, カルダモン…al-Mujāwir: 140; Mulakhkhaṣ: 22a, 25a; Nūr I: 459, 464, 485, ナツメグ…Mulakhkhaṣ: 20b; Nūr I: 422, オリーブオイル…al-Mujāwir: 42, バター油脂…Mulakhkhaṣ: 4a, 17b, 22a, 25a, 26a; Nūr I: 433, 472, 476-477, 483, セッケン…al-Mujāwir: 142, ロウ…Mulakhkhaṣ: 4a, 22a, 25a; Nūr I: 436-437, 475-477, 480, 鉄…Mulakhkhaṣ: 4a, 17a, 21a, 25b, 26b; al-Mujāwir: 140; Nūr I: 424, 465, 478, 塩化アンモン石…Mulakhkhaṣ: 22a, 24b; Nūr I: 458-459, 480, アンチモン…Mulakhkhaṣ: 4a, 22a, 24b; Nūr I: 429, 480, 没食子…Mulakhkhaṣ: 4a, 22a; Nūr I: 443, 473, 478, 49, 炭酸カリウム…Mulakhkhaṣ: 4a, 22b, 25a; al-Mujāwir: 142; Nūr I: 412, 413, 478, 481, 485, 490, 麝香…al-Mujāwir: 142; Mulakhkhaṣ: 17a-b, 20a; Nūr I: 455, 469, 乳香…Mulakhkhaṣ: 17b, 22b, 25a; Nūr I: 430; cf. Nūr I: 449, 452, 471-472, 485, アロエ…Mulakhkhaṣ: 4a, 17b, 19b, 20a, 22b, 24b, 25a; Nūr I: 438, 472, 485, 490, 中国陶磁器…Nūr I: 439-440, 463; cf. 栗山 2012: 58-59。なお，ナツメヤシやクミン，アロエ，炭酸カリウムについては，イエメンからアデン港税関に運ばれ，輸出されていたと見られる記事を見つけることもできる［Nūr I: 486, 490］。また，オリーブオイルへの言及は『南アラビア地誌』にあるのみだが，スミスが述べるように，本書ではゴマ油と訳出した salīṭ がゴマ油あるいはオリーブオイルを指すと考えれば［Smith 2006a: 91 n.589］，他史料にも記載が見られる［Mulakhkhaṣ: 4a, 17b, 22a, 25a, 26a; Nūr I: 433, 472, 483］。

66 東アフリカに位置する港町で，現在のソマリア連邦共和国の首都［Mu‘jam V: 201; Riḥla II: 115; Taqwīm: 160-161; 家島訳 III: 137-144］。

67 東アフリカに位置した港町。イブン・マージド（Ibn Mājid）（d. 15.C.）の著書に，若干の記事が見られる［栗山 2008: 28］。

68 詳細は不明であるが，ソマリアの地にある一地方であるという［Nūr I: 445 n.3306］。

69 Nūr I: 576-579. 併せて，本書第 5 章第 2 節を参照。

70 Nūr II: 19. アデン港課税品目録においては，この砂糖の記載は見られない。しかしそのニスバを踏まえれば，モガディシュからアデンを通じて輸入された砂糖と考える方が妥当である。

71 ズー・ジブラ（Dhū Jibla）とも呼ばれる。タイッズの北東 1 日行程のところに位置する［Mu‘jam II: 123-124; al-Mujāwir: 168-169; Nukhba: 217; Riḥla II: 107; Taqwīm: 91; 家島訳 III: 128］。

72 併せて，Varisco 1994b: 180-181 を参照。

73 ヒンツによれば，1 アディーラは 1/2 ヒムル（ḥiml），すなわち 125 から 150 キログラムに相当する［Hinz 1955: 8］。

74 Nūr I: 522.

75 Riḥla II: 114; 家島訳 III: 137.

76 al-Munda‘ī 1992: 138-139; Varisco 1994b: 179-180. なお，イブン・アルムジャーウィルによれば，ティハーマで稲作が行われたことはあったが，継続はされなかった［al-Mujāwir: 63］。一方『ウトユート史』には，おそらくは西暦 14 世紀において，ワーディー・スィハームで稲が栽培されていた旨の記事が見られる［Varisco

ルあたり 1+ 1/3+1/48 ディーナールが，それぞれ課税された［Mulakhkhaṣ: 25a］。蜂蜜について言えば，ウサーブからは年間 40000 ラトルが，マファーリースからは年間 500 ラトルが，ハディーライン（Khadīrayn）からは 5000 ラトルが，中央へ集められていた。蜂蜜がイエメンからアデン港へ運び込まれる際には 1 ブハールあたり 3 あるいは 3+1/2+ 1/3+1/48 ディーナールが［Mulakhkhaṣ: 22a, 25a］，エジプトなどから輸送されてくる際には 1 ブハールあたり 3 ディーナールが，それぞれ課税された［Mulakhkhaṣ: 4a］。他，たとえばショウガは，イエメンからの輸出品としても記録されている［Mulakhkhaṣ: 22a］。その場合，1 ブハールあたり 5+1/4+1/6+1/8 ディーナールが課税され，一方輸入品のショウガは，1 ブハールあたり 6+1/24+1/48 ディーナールが課税されている。ここで言うブハールは重量単位であり，1 ブハール・バグダーディーであれば 300 ラトル・バグダーディーに，1 ブハール・ミスリーであれば 250 ラトル・バグダーディーに相当した［Nūr I: 267, 338; al-'Uqūd I: 290］。併せて，序章注 53 を参照。

62 ヴァリスコによれば，ḥumar は tamr hindī，すなわちタマリンドを表すイエメン方言である［Varisco 1994b: 186］。タマリンドは，現代の植物学の見地から言えばマメ科ジャケツイバラ亜科に属し，その実が食用となる。インドや東南アジアなどの，亜熱帯，熱帯地方で産出する。アシュラフ一世がまとめた農事暦『教示』に記述が見られる他［Ṭabsira/Varisco 1994b: 45］，アフダルが著した『果樹や香草に関する農民たちの望み』においても 34 の作物や果樹のうちに分類されている［Varisco 1994b: 182］。本書では同じくタマリンドと訳出した thamara と区別するために，「タマリンド（ḥumar）」と記載する。あるいはピアメンタによれば，ḥumr はフルバ（ḥulba）と混ぜられた香辛料のことを，ḥumra はトウダイグサ科（Euphorbiaceae）の一種を指す［Piamenta］。

63 イエメンで生産されたこれらの産物については，以下の文献を参照。al-Munda'ī 1992; al-Shamrookh 1996; Varisco 1994b.

64 併せて，Vallet 2010: 94-99; 栗山 2012: 36 を参照。アデン港課税品目録に記載された産物が輸入品か輸出品かを判断する方法については，栗山 2008 や栗山 2012 に詳しい。

65 宮廷で消費された各種輸入品のうち，3 種類のアデン港課税品目録に記録されており，かつ，アデンからの供給事例を確認できる産物は 30 点におよぶ。アデン港課税品目録におけるそれらの記載箇所は，以下の通りである。バラービル羊…Nūr I: 445; cf. al-Mujāwir: 141; Mulakhkhaṣ: 27a; Nūr I: 501，米…al-Mujāwir: 142; Mulakhkhaṣ: 21a; Nūr I: 429, 476, 485，ヒヨコマメ… Mulakhkhaṣ: 21a; Nūr I: 425，ナツメヤシ…Mulakhkhaṣ: 4a, 17b, 22b; Nūr I: 416, 472, 478, 459, 486，タマリンド（thamara）…Mulakhkhaṣ: 4a, 22a, 25a; Nūr I: 417, 473, 478-479，ビンロウジ…Mulakhkhaṣ: 20b; Nūr I: 446-447, 464, 485，コショウ…al-Mujāwir: 140; Mulakhkhaṣ: 17b, 21b, 26a-b; Nūr I: 446, 464, 485, 491，クミン…Mulakhkhaṣ: 4a, 22a, 25a; Nūr I: 451, 472, 478, 483, 486，肉桂…Mulakhkhaṣ: 22a, 26a; Nūr I: 448, 464，メース…Mulakhkhaṣ: 20b; Nūr I: 415, 462，マスチック…Mulakhkhaṣ: 4a, 24b; Nūr I: 454-455, 478, 485，サフラン…al-Mujāwir: 140; Mulakhkhaṣ: 20b, 24b, 25a; Nūr I: 431, 460, 465, 473, 479, 485, 486，カンショウ…Mulakhkhaṣ: 21b; Nūr I: 433-434, 469, 485，ク

アデン以外の港から宮廷へ食材が供給された形跡は見られない。また，ヒジャーズやハドラマウト方面からの陸路による供給事例も見いだせなかった。

52 al-Mujāwir: 140-143.

53 Nūr I: 409-491; Vallet 2010; 栗山 2012; 栗山 2016.『知識の光』中には，「辞書の文字順による，その所有者の権利をアッラーフが永らえ給うところの，庇護されたるアデン港の足しげき税関における祝福されたる関税の典範」[Nūr I: 409-460]（506 点），「文字順ではない，到来品や発送品について行われている慣習である，庇護されたるアデン港の，その所有者の権利をアッラーフが永らえ給うところの足しげき政庁における関税の典範」[Nūr I: 461-477]（279 点），「インド向けに積み出されるカーリミー商人の商品に課される税」[Nūr I: 478]（38 点），「エジプト地方から到来する商品」[Nūr I: 479-484]（164 点），「エジプト地方へ運ばれる商品やカーリミー商人の商品に課される税」[Nūr I: 485]（36 点），「高貴なる御門から到来する商品」[Nūr I: 486-491]（133 点）の 6 種類の目録が収載されている。丸括弧内の数は，ヴァレが数え上げた各目録収載の商品の点数を指す。なおこれらの目録に続いて，アデン港税関業務に関する記事が付随している [Nūr I: 492-524]。また他にも，「エチオピアから運ばれた商品とそれに課される税」[Nūr I: 362-367] という記事もあるが，これはアデン港に限らない，ラスール朝下の港において取り扱われ得るエチオピアからの到来品の目録と見られる。

54 Mulakhkhaṣ: 4a-4b, 17b-26a. ヴァレによれば，それらは以下の 4 種類に分類される [Vallet 2010: 95]。すなわち，「インド洋から到来する商品」[Mulakhkhaṣ: 18a-22b]（265 点），「エジプトから到来する商品」[Mulakhkhaṣ: 22b-24b]（145 点），「イエメンから到来する商品」[Mulakhkhaṣ: 4b, 25a]（39+37 点），「ペルシア湾や東方から到来する商品」[Mulakhkhaṣ: 25a-25b]（85 点），である。丸括弧内の数は，ヴァレが数え上げた各目録収載の商品の点数を指す。

55 Vallet 2010: 94-99.

56 12 世紀後半の状況を記す目録は Nūr I: 461-477, 486-491 の二つであり，13 世紀半ばの状況を反映する目録は Nūr I: 409-460 である。他方栗山は，Nūr I: 479-484 の目録の下限を 1250 年と推定している [栗山 2016: 446]。

57 Mulakhkhaṣ: 18a-22b.

58 Mulakhkhaṣ: 25a-25b.

59 al-Shamrookh 1996: 238-240. シャムルーフは，こうした産物がアデン港を経由して東西へ流れていた点についても考慮しているが [al-Shamrookh 1996: 237-238]，本文で述べたようにイエメンとの関連においては輸出入品との断定を急ぐ傾向にある。

60 Margariti 2007: 66-67.

61 『ムァイヤド帳簿』や『書記官提要』によれば，砂糖や蜂蜜はバター油脂や羊，バナナ，アカネとともに，現物のままで徴収されていた [Irtifā‘; Mulakhkhaṣ: 15a-16a]。砂糖に関して言えば，ミフラーフ・ジャァファルからは年間 70000 ラトルの赤砂糖が，サーラ（al-Sāra）やナフラ（Nakhla）からは 50000 ラトルの赤砂糖が，それぞれ徴収された。アデン港へ運び込まれる際には，精製砂糖は 1 ブハール（buhār）あたり 3+3/4+1/8 ディーナールが，サァダ産の砂糖は 1 ブハー

36 Nūr II: 21.

37 必要品館において，実際に産物の購入を行う者の職名。併せて，本書第 5 章第 1 節第 2 項を参照。

38 Nūr I: 534-535, 537-539.

39 ディーナールは, 一般に金貨を意味する。ラスール朝下では, スライフ朝のムカッラム（al-Malik al-Mukarram Aḥmad b. ʻAlī）（r. ?-479/1086）に由来するディーナール・マリキー（dīnār maliki）が鋳造され続け，1 ディーナールは 4 ディルハムあるいは 24 キーラートあるいは 96 フィルス（fils）に相当した［Vallet 2010: 228-236］。『知識の光』には，卵 200 個やナスビ 200 個，ナツメヤシ 8 個が，それぞれ 1 ディーナールであったとの記事が見られる［Nūr I: 81, 534, 542］。

40 「ラマダーン月以外」のみに見られる産物として塩が,「ラマダーン月」のみに見られる産物として卵やチーズ，ベニバナ，レンズマメ，混ぜ乳がある。しかしいずれも日常的な産物であるため，なんらかの特殊性をここに認めることはできない。なおイエメンには, 様々な塩の生産地が存在した。特にマァリブの塩の山や, マフジャムなどの紅海沿岸部，アデン近郊のミムラーフ（Mimlāḥ）で採集されていたと見られる［al-Hamdānī I: 75, 155, 201; al-Mujāwir: 148, 163］。

41 佐藤 2008: 167-172.

42 Nūr I: 575-576, 576-579; Nūr II: 88-90.

43 タァカルの城砦は，ジブラを見下ろすところに位置した［ʻUmāra: 88］。

44 ここで「御方」と訳出した jiha は，王族やアミールの家族の女性を示す語である［Nūr I: 525 n.3817; Sadek 1989; Sadek 1990; Sadek 1993］。彼女たちは自身を庇護する宦官であるタワーシーの名前を付されて呼ばれた［Nūr I: 539-540 n.3938］。本書第 5 章第 2 節ならびに第 6 章第 2 節，第 3 節を参照。

45 ジャーズィムによれば，本書で使用人と訳出した ḥāshiya は，『知識の光』において，男女の別や奴隷と自由人の別なく，様々な家内集団を総称する語として用いられる［Nūr I: 388 n.2879, 546-547 n.3986; Nūr II: 127 n.7］。本書第 6 章第 3 節で検討するように，彼らは必ずしも奴隷身分にはなかった。

46 Nūr I: 540-543.

47 ラスール家の成員ならびにタワーシーをはじめとした高官による建設活動については，本書第 6 章を参照。

48 Nūr I: 116 n.917; Nūr II: 16 n.4.

49 たとえば，Nūr II: 16 を参照。

50 イエメンでは，ソルガムやミッレト（dukhn）が人々の常食として生産されてきた［al-Mundaʻī 1992: 131-135, 204-206, 233-235; Serjeant 1984; al-Shamrookh 1996: 109-112; Varisco 1985a; Varisco 1994b: 165-179; cf. Nūr I: 368-377］。筆者の調査では，今回参照した農事暦類において，ソルガムの種類は 17 点を，ミッレトの種類は 31 点を，それぞれ超える。これらが宮廷へ供給された事例はほとんど見られない一方で，スルタンの厩舎のラクダの飼い葉として用いられたことが確認される［Nūr I: 393-396］。

51 ラスール朝はアラビア半島南部の複数のインド洋交易港を支配下に入れていたが［Mulakhkhaṣ: 17a; 家島 2006: 319-332, 356］，宮廷への食材供給に関わる記事中に

らと何らかの関係を有していたことを示す［Ed., “NISBA”, EI^2］。

22 アラビア語ではイード（‘īd）と呼ぶ。（断食明けの祭である）イード・アルフィトルは，断食月であるラマダーン月が終了後，続くシャッワール月の 1 日から 3 日までに催される。また，イード・アルアドハー（‘id al-aḍḥā）と呼ばれる犠牲祭は，巡礼月であるズー・アルヒッジャ月の 10 日から 13 日にかけて開かれる。これらの期間中，人々は羊などの犠牲獣を屠り，友人や親戚を相互に訪問し，喜びを分かち合う［飯森嘉助「イード」『新イスラム事典』］。

23 Nūr II: 81-84.

24 東アフリカから積み出されるバラービル羊は，アデン港に到着して後，政庁がおそらくは支配者層のためにそれらからよりよいものを選ぶまで，囲い地の中に入れられていた［Serjeant 1974b: 212］。

25 バーブ・アルマンダブ海峡付近の東アフリカに位置した港町［Mu‘jam III: 184-185; Taqwīm: 160-161; Riḥla II: 114; Vallet 2010: 402-405; 家島訳 III: 137］。併せて，本書第 6 章注 10 を参照。

26 Marigati 2007: 35-43; Vallet 2010: 402; Varisco 1994b: 111-117, 220-231; 栗山 2014; 家島 2006: 17-25, 58-62.

27 Tabṣira/Varisco 1994b: 24, 42.

28 Ṭabsira/Varisco 1994b: 24, 41, 113-114, 231; Margariti 2007: 40, 228 n.23.

29 Tabṣira/Varisco 1994b: 24, 42.

30 家島 2006: 59-60.

31 Serjeant 1974a: 178 n.Z; Varisco 1994b: 222.

32 マルガリティは 7 月後半から 8 月前半にかけて紅海を南下することができたとするが［Margariti 2007: 40］，ザイラゥ・アデン間の移動が可能であったかどうかはわからない。

33 677 年に生じた出来事については，どの史書も詳細を欠く。たとえば『道程』においては，該当する政治史を見いだすことができない。677 年ズー・アルヒッジャ月 13 日／1279 年 5 月 4 日には，スルタン・マンスール一世の甥であるアミール・アサド・アッディーンがタイッズの城砦の監獄で逝去したことが知られるが［al-‘Asjad: 252; Ghāya: 462; Ta’rīkh: 17; al-‘Uqūd I: 179］，その他には『真珠の首飾り』によって 3 人のファキーフがこの年に亡くなった旨が記されるのみである［al-‘Uqūd I: 179-181］。イブン・アブド・アルマジードは，Bahja 1 においてハドラマウト遠征に言及する一方で［Bahja 1: 160-162］（アサド・アッディーンの死が 679 年のことと記載されるが，前後の記事から推察するにこれは誤植であり，正しくは 677 年であろう），Bahja 2 においてはハドラマウト遠征に関する記事こそ見られるものの，677 年へは言及しない［Bahja 2: 95-96］。またイブン・ハーティムは『織糸』にて，ハドラマウト遠征に絡む諸事や北部山岳地域におけるザイド派イマーム勢力との外交交渉についても記録する［Simṭ: 505-510］。しかし，これらの出来事が生じた正確な月日は記されていないため，本文に挙げた食材供給との関連は不明である。

34 Nūr II: 11.

35 Nūr II: 16-17.

8 ラスール朝下のイエメンにおいて産出した野菜類・果実類については，以下の文献を参照。al-Munda'ī 1992: 155-158; al-Shamrookh 1996: 113-116; Varisco 1994b: 181-198.

9 本章では，Afḍal: 25-27, 127-130, 206-211, 277, 517-519; Tawqī'āt/Varisco 1985; Tabṣira/Varisco 1994b といった農書ならびに農事暦を参照した。これらの史料群にはイエメン外よりもたらされた情報とイエメン内の情報が混在するため［Vallet 2010: 85-86］，その取り扱いには注意が必要である。しかし，この点に留意したうえで，史料批判を加えつつ使用すれば，ラスール朝下イエメンで生産されていた作物のおよその傾向を知ることはできるものと筆者は考える。なおラスール朝下における農事暦類については，al-Munda'ī 1992; Serjeant 1984: 5-8; Varisco 1985b; Varisco 1988; Varisco 1989; Varisco 1991; Varisco 1993a; Varisco 1994a; Varisco 1994b; Varisco 2002; Varisco 2010 を参照。

10 この点と関連してヴァリスコは，14 世紀後半にスルタン・アフダルによってまとめられた農書『果樹や香草に関する農民たちの望み』中に 34 の果樹が挙げられていると述べる［Varisco 1994b: 182］。

11 al-'Uqūd II: 195.

12 ヴェーアによれば，silq はチャードの一種（a variety of chard）である。和名はフダンソウ。ホウレンソウと似ており，サラダにしばしば用いられる［Wehr］。

13 Nūr I: 534.

14 Varisco 1989: 151-152; Varisco 2002: 345-349; Varisco 2010. ヴァリスコの稿には「buqūl and khaḍrawāt」とあるが，アラビア語原文中では，アラビア語で「buqūl wa khaḍrawāt」と記載されているものと考えられる。スルタン・アフダルの農書『果樹や香草に関する農民たちの望み』は，イエメン外の農書に加えて，スルタン・アシュラフ一世やスルタン・ムジャーヒドの手による農書を引用しているとされる［Varisco 1989: 151-152］。筆者は今回，その要約版である Afḍal: 206-211 のみを参照できた。そこでは，「野菜に関しては（ammā al-akhḍar）」ではじまる記事のなかで，20 点の作物が挙げられている。

15 併せて，Nūr I: 407-408 を参照。

16 ティハーマに位置する港町。グラーフィカへ続くザビードの西門は，グラーフィカ門と呼ばれていた［Mu'jam III: 148; al-Mujāwir: 243; Simṭ: 249; Taqwīm: 89］。なおターヒル朝下におけるグラーフィカをはじめとした紅海沿岸の港については，Porter 2002 を参照。

17 al-Mujāwir: 86, 90, 99, 243, 265. 併せて，Varisco 1994b: 209-210, 229-231 を参照。

18 Mulakhkhaṣ: 17b; Nūr I: 440.『知識の光』校訂者のジャーズィムによれば，ṣayd māliḥ は塩漬けの魚肉を指す［Nūr I: 440 n.3267］。

19 Lewicka 2011: 209-225.

20 イエメン，特にラスール朝下の米や大麦，小麦といった穀物類については，以下の文献を参照。al-Munda'ī 1992: 136-139; al-Shamrookh 1996: 108-109, 112-113; Varisco 1994b: 175-180.

21 ニスバは，地名や人間集団名などの名詞の語尾にイー（ī）を付した語のことである。ある産物や人物が地名ニスバや人間集団名ニスバを持っている場合，それクトが始動し，目録が作成されている［al-Ghumarī 2007; al-Ghumarī 2008］。タイッズにおけるラスール朝関連の写本調査も継続して行われており［Jāzim 2010; Regourd 2007］，今後ますます多くの新写本が公表されることだろう。加えて，ヴァレは，2001 年から 2006 年にかけてイエメンの写本にもとづいて校訂された諸史料を一覧にしてまとめている［Vallet 2007a］。最近のイエメン写本研究については，ルグールが主幹を務める学術雑誌 *Chroniques du manuscrit au Yémen* に多くの論考が寄せられている。

71 関連して，大英図書館に所蔵されているイエメンに関する写本についてはアムリーが，フランス国立図書館に所蔵されているイエメンに関する写本についてはエリシェが，それぞれ情報をまとめている［al-ʻAmrī 2006; Héricher 2009］。

72 Vallet 2010: 39 n.70. たとえば，ヴァレは以下の文献を挙げている。Waṣṣāf, *Kitāb-i Tajziya al-Amṣār wa Tajziya al-Aʻṣār*, Bombay, 1852; Ḍiyā' al-Dīn Baranī, *Ta'rīkh-i Fīrūz Shābī*, S. A. Khān (ed.), Calcutta, 1862; Isam, *Futūḥ-i Salāṭin*, A. S. Usha (ed.), Madras, 1948.

第 1 章

1 『東方見聞録』II: 252-253.

2 Margariti 2007; Serjeant 1974b; al-Shamrookh 1996; Smith 1995b; Smith 1996a; Vallet 2010; 栗山 2008; 栗山 2012; 家島 2006.

3 Nūr I: 127, 393, 407-408, 525-559, 571-581; Nūr II: 1-24, 70-101, 119-150. これらは，さらに以下の 5 種類の記録に大別可能である。すなわち，スルタンの厨房で使用された食材の記録［Nūr I: 534-535, 535-539; Nūr II: 1-2, 8, 21-24, 93-94］，王族や配下への手当て支給ならびに食材分配の記録［Nūr I: 127, 393, 407-408, 525-559, 571-581; Nūr II: 9-17, 88-90, 119-150］，調達命令書関係の記録［Nūr II: 2-7, 11-12, 18-20, 70-84］，料理の材料記録［Nūr II: 9, 84-88, 90-93, 96-99］，使用人の典範（宮廷食材の詳細への言及を含む）［Nūr II: 95-96, 99-101］から成る。もっとも以上の分類は，記事に書かれた情報をもとに筆者が行ったもので，厳密には区分し難い部分もある。

4 Nūr II: 13-16.

5 Nūr II: 6-7, 11.

6 同記録中には，各種料理に関する記事も見られるが，本章ではその詳しい分析を行わないため，表中に記載していない。これらについては，本書第 2 章を参照。小麦粉については，小麦として表中に記載した。デンプンに関しては原材料が不明瞭であるため，「その他（食材）」に分類した。また，厨房やハンマーム（ḥammām）で用いられたと見られる薪や水，厩舎で使用された飼料やタール（qaṭrān）も記録されているが，宮廷の食材に着目するという本書の目的上，分析対象に含めなかった。他，校訂者ジャーズィムにしてもその解読，同定が難しい産物については，表中に入れていない。

7 ラスール朝下のイエメンにおいて産出した香料・香辛料類については，以下の文献を参照。al-Mundaʻī 1992: 158-162; al-Shamrookh 1996: 153-154; Varisco 1994b: 198-202.

62 ラスール朝スルタンによる著作については，al-'Aṭāyā: 25-92; Ṭurfa: 3-40; al-Ḥibshī 1979; al-Ḥibshī 2004; Sayyid 1974 を参照。

63 シャイフは，一般的に部族などの長を意味する。部族が割拠するイエメン山岳地域を治めたラスール朝にとって，各地のシャイフを懐柔することは必要な施策であった（本書第 5 章第 2 節第 1 項）。

64 Varisco 1989: 151; Varisco 1994b; Varisco 2009.

65 ラスール朝の国庫収入については，al-Fīfī 2005: 270-310; Jāzim 2013; Vallet 2010: 248-254 を参照。国庫から支給される財については，マムルーク朝の事例との類似が見られる［Ayalon 1958］。

66 イエメンでは，預言者ムハンマドの一族の血を継ぐシャリーフが，現在に至るまで山岳地域を中心に居住している。特にラスール朝期には，多くのシャリーフが北部山岳地域（上地域）に居住してザイド派を信奉し，ザイド派イマーム勢力として，あるいは単にシャリーフの集団として，ラスール朝と対峙することがあった。一方で，シャーフィイー派のラスール朝と懇意にするシャリーフは珍しいものではなく，たとえば『宝庫』の著者イドリース・アルハムズィーはシャリーフでありながらラスール朝に仕え，高位にまで上り詰めた。併せて，栗山保之「ザイド派」『新イスラム事典』ならびに本書史料解題を参照。

67 たとえば，以下のように校訂されているものも少なくない。al-'Abbāsī, *Sīra al-Hādī ilā al-Ḥaqq Yaḥyā al-Ḥusayn*, Ṣ. Zakkār (ed.), Bayrūt: Dār al-Fikr, 1981; Ḥammādī, *Kashf Asrār al-Bāṭinīya wa Akhbār al-Qarāmiṭa*, 'I. al-'Aṭṭār (ed.), al-Qāhira: Maṭba'a al-Anwār, 1939; al-Ḥusayn b. Aḥmad b. Ya'qūb, *Sīra al-Imām al-Manṣūr bi Allāh al-Qāsim b. 'Alī al-'Iyānī*, 'A. M. al-Ḥibshī (ed.), Ṣan'ā': Dār al-Ḥikma al-Yamanīya, 1996; Ibn al-Wazīr, *Ta'rīkh Ṭabaq al-Ḥalwā wa Ṣiḥāf al-Mann wa al-Salwā*, M. 'A. Jāzim (ed.), Bayrūt: Dār al-Masīra, 1985; al-Mawza'ī, *al-Iḥsān fī Dukhūl Mamlaka al-Yaman taḥta Ẓill 'Alāqa Āl 'Uthmān*, 'A. M. al-Ḥibshī (ed.), Ṣan'ā': Manshūra al-Madīna, 1986; al-Muḥallī, *al-Ḥadā'iq al-Wardīya fī Manāqib A'imma al-Zaydīya* (partially edited and translated by A. al-Shamahi in *al-Imām al-Manṣūr 'Abdullah b. Ḥamza b. Sulaymān (d. 7614/1217): A Biography by his Diciple al-Faqīh Ḥumayd b. Aḥmad al-Muḥallī (d. 652/1254) in his Work al-Ḥadā'iq al-Wardīya fī Manāqib A'imma al-Zaydīya,* 2 (Ph.D. Thesis)), Glasgow: University of Glasgow, 2003; al-Nahrawālī, *al-Barq al-Yamānī fī al-Fatḥ al-'Uthmānī*, Ḥ. al-Jāsir (ed.), Riyāḍ: Dār al-Yamāma, 1967.

68 Gochenour 1986; Smith 1984: 148-150.

69 al-Ḥibshī 1979.

70 サナアの大モスク付設図書館所蔵の写本については，al-'Ānishī *et al.* 1984 を参照。他にも近年，イエメンの私設図書館の写本整理が急速に進んでいる。たとえばヒブシーやワジーフは，イエメンの私設図書館に収められている写本の目録をまとめており，研究者にとって非常に有益な情報を提示している［al-Ḥibshī 1994; al-Wajīh 2002］。また，イエメン・フランス研究所のプロジェクトの一環として，ルグールはザビードの私設図書館に眠る写本の整備作業を主導している［Regourd (ed.) 2006-2009］。さらには 2000 年より，ザマールの大モスク付設ワクフ図書館（Maktaba al-Awqāf bi al-Jāmi' al-Kabīr）所蔵の 140 点の写本を整備するプロジェ

50 Nūr II: 37; Afḍal: 15-19.

51 Vallet 2010: 24-46.

52 鈴木喜久子 1994b.

53 イエメンでは，地域ごとに様々な種類のラトルが用いられていた［Nūr I: 265-270, 337-341］。たとえば，1ラトル・バグダーディーは120あるいは125カフラに相当した［Nūr I: 267, 337］。1カフラは16キーラート（qīrāṭ）であり，1キーラートは小麦3粒と等しい［Nūr I: 267］。ヒンツによれば1キーラートは約0.2グラムであり［Hinz 1955: 27］，これにしたがえば1ラトルは384～400グラムとなる。またヒンツは，イエメンにおける1ラトルは406.25グラムに相当したとも述べる［Hinz 1955: 28］。一方，料理書について検討したナスル・アッラーフによれば，1ラトルは1パイント（pint），すなわち2カップに等しい［Nasrallah 2010: 801］。

54 Nūr II: 1.

55 そもそも『知識の光』では，料理名とはみなし難い名目のもとで食材が列挙されている例が散見する。たとえば，「食事（ṭa‘ām）」や，「羊」，「前菜」，「子羊（fasīl）」と題された記事において，各種食材が挙げられているのである。これらは個々の料理名というよりはむしろ，料理の総称あるいは以下に羅列される食材を用いる料理の中心となる食材と見る方が自然であろう。後述するようにラスール朝宮廷において開かれた宴席では，給される肉の量を基本単位としてその規模が見積もられていた（本書第2章第3節第1項）。これらの記事はやはり，単に料理に携わる人々ではなく，宴席を手配する官僚によって必要とされたものであった。

56 Nūr II: 92-93, 95-118.『知識の光』におけるḍarībaについては，ヴァレによって詳しく検討されている［Vallet 2010: 100-104］。一般には「課税」を意味する語だが，『知識の光』や『アフダル文書集』においては「典範（règles）」を指して用いられているという。典範記事は，雑多な情報を行政のために整然とまとめたものである。なお ‘āda は，ḍarība と区別して用いられており，文書を必要とせず，口頭で伝わってきた「慣習」のことを指す。併せて以下の文献も参照。C. Cahen, “ḌARĪBA”, *EI*^{2}.

57 イエメンでは，地域ごとに様々な種類のザバディーが用いられていた［Nūr I: 268-269, 340-343］。そのため一概には言えないが，ヴァレによれば，1ザバディーは750～1562.5グラムに相当した［Vallet 2010: 338］。史料には，1ザバディー・タイッズィーは8ラトルであり，人間が1ヵ月間に食べる量に相当するとの記事が見られる［al-Sulūk II: 105; al-‘Uqūd I: 136］。

58 Nūr II: 92.

59 ラスール朝史研究において必要な一次史料の概要については，併せて以下の文献を参照。Croken 1990: 1-45; al-Ḥibshī 2004: 468-471; al-Munda‘ī 1992: 5-15; Vallet 2010: 49-112.

60 al-Ḥibshī 1979; al-Ḥibshī 2004; Sayyid 1974.

61 ファキーフは，イスラーム法学における法学者を指す。ムスリムが直面する問題に対応するために，クルアーンなどの法源をもとに法規範を導き出す役割を担った［D. B. Macdonald, “FAḲĪH”, *EI*^{2}］。

ラーフの祝福を求めることがあるが，このようなかたちで支配者が名前を唱えられれば，集団礼拝の参加者がその支配者の支配を承認したことを意味した［後藤明「フトバ」『新イスラム事典』］。

34 イエメンに居住する部族については，Dresch 1989; Matsumoto 2003 を参照。

35 Simṭ: 334.

36 al-ʻAṭāyā: 691-694.

37 この点についてヴァレは，アフダルによる支配域拡大の大志がこの記述に反映されていると述べる［Vallet 2010: 299-300］。しかしながら筆者は，ラスール朝支配者層にそのような意思はもはや存在していなかったものと考えている（本書第4章第3節第2項）。

38 al-Fīfī 2005: 53-54; Jāzim and Marino 1997; al-Mundaʻī 1992: 2; Vallet 2010: 20-21; Varisco 1993b.

39 ラスール朝下においてスルタン位の継承が前スルタンの存命中に行われた事例については，2例が観察されるのみである［al-Fīfī 2005: 196］。

40 ハドラマウトに位置する港町。龍涎香（ʻanbar）や馬の積出地として栄えた［Muʻjam III: 371; al-Mujāwir: 143, 185; Nukhba: 217; Taqwīm: 84, 93; 家島 2006: 568］。ハーディ＝ギルバートらは，アラビア語文献と遺跡の双方の情報をもとにシフル史を研究している［Hardy-Guilbert 2001; Hardy-Guilbert 2005; Hardy-Guilbert and Ducatez 2004］。

41 Vallet 2010: 90-94.

42 イエメン関連史料の目録には，al-Ḥibshī 1979; al-Ḥibshī 2004; Sayyid 1974; al-Wajīh 2002 がある。他にもヴァレは以下の文献を挙げているが［Vallet 2010: 756］，筆者は未見である。al-ʻAydarūs and Shihāb, *Fihris Makhṭūṭāt Maktaba al-Aḥqāf bi-Muḥāfaẓa Ḥaḍramawt al-Jumhūrīya al-Yamanīya*, Qum: Kitābkhāna-i Buzurg-i Hadrat-i Āyat Allāh al-ʻUẓmā Marʻashī Najafī, 2005.

43 『知識の光』については，以下の文献を参照。Nūr I: alif-zāy; Nūr II: alif-hā'; Vallet 2007b; Vallet 2010: 31, 70-72.

44 Varisco 1988.

45 Nūr I: 594.

46 Nūr I: 589. ヴァレによれば，ムザッファル一世はアッバース朝が崩壊する前に，すでにカァバにおける様々な特権を得ていた［Vallet 2010: 456-457］。他，たとえば『黄金』には，ムザッファル一世をカリフと呼ぶ事例が散見する［al-ʻAsjad: 268, 272, 273, 274, 275, 278, 289, 295］。

47 Nūr I: 379-380, 567-570; Nūr II: 6-7, 16-17.

48 Vallet 2007b; Vallet 2010: 69-112.

49 Vallet 2010: 89-100. 特にアデン港課税品目録は，特定の瞬間に生じた現実を記したものではなく，アデン港を通過し得る商品をある程度網羅することを目的として編纂されたと考えられる。なおこれらの行政文書集は財務術指南書としての側面を有し，写本における数字の書かれ方や書式を見るに，「イラン式簿記術」［高松（編）2011; 高松（監修）2013］と関係している可能性が高い。この点については，今後相互比較を行うことで，ますます検討されなければならない。

25　宮廷（court）は，中世のヨーロッパ史研究においてもイスラーム世界史研究においても複合的な分析概念として用いられる。支配者の居所である宮殿だけではなく，支配者を取り巻く人的集団や，軍事・行政・司法の中心機関，統治に関する案件を吟味する会議もまた「宮廷」であって，支配者やその一族，諸侯のもとにも存在した［Fuess and Hartung (eds.) 2014; 高山・池上（編）2002］。

26　ラスール朝史概要については，Aḥmad 1980; Croken 1990: 110-180; al-Fīfī 2005: 41-85; Jāzim and Marino 1997; al-Munda'ī 1992: 18-24; Sadek 1990: 38-94; Sa'īd 2004: 137-141; al-Shamrookh 1996: 35-72; Smith 1969; Smith 1974-1978 II; Smith 1988a; Smith 1990a; Vallet 2010; Varisco 1993b; Varisco 1994b を参照。イエメン・アイユーブ朝については，アブドゥーリーによる博士論文も存在するが，筆者は未見である（J. 'Abdūlī, *al-Yaman fī al-'Ahd al-Ayyūbī: Dirāsa fī al-Ta'rīkh al-Siyāsī wa al-Iqtiṣādī wa al-Ḥiḍārī*, Tūnis: al-Jāmi'a al-Tūnisīya, 2000.）。なおラスール朝の時代区分について，先行研究には以下のようにある。スミスは，創設からスルタン・ムザッファル一世の治世期までを「初期ラスール朝（Early Rasūlids）」と呼んでいる［Smith 1974-1978 II］。またアフマドやムンダイーは，アシュラフ二世が没する 803/1400 年までを「強いスルタンたちの時代」とし，その後ラスール朝滅亡に至るまでの時期を「弱いスルタンたちの時代」とした［Aḥmad 1980; al-Munda'ī 1992: 20］。一方でサイードは，「輝かしきはじまりの時代」（～721/1321），「困難と混沌の時代」（721/1321-827/1424），「完全なる混迷の時代」（827/1424 ～）の三つに区分している［Sa'īd 2004: 140-142］。

27　アミールは，一般に軍の司令官を指す。アイユーブ朝の軍制は，その後ラスール朝にも引き継がれることとなった［al-Fīfī 2005: 363-391］。

28　al-'Asjad: 191; al-'Uqūd I: 38.

29　この箇所について，『黄金』では，「マスウード軍のアミールたちの一部は，「イエメンはカァバ（Ka'ba）の主であるアイユーブ家の御元から離れてしまった」と語った」となっている［al-'Asjad: 191］。

30　ハラドは，ラフバーン地方（al-a'māl al-Raḥbānīya）とも呼ばれ［Irtifā': 83-86］，ラスール朝下にあってイクターとして分与されていた［Irtifā': 84 n.4］。ラスール朝のイクター制を検討するうえでは，この地での収益のあがり方は一つの好例である。

31　一般に代理人と訳されるナーイブは，スルタンによって任命されるものであって，スルタンが有する権限の大部分を行使することができた。フィーフィーの研究によれば，ラスール朝下においてはムァイヤド一世期にはじめてナーイブが登場する［al-Fīfī 2005: 198-199］。

32　ウスターダールは，スルタンやその家族の日々の食事や働く人々の管理など，スルタンの家内を取り仕切る職務を担った［A. Levanoni, "USTĀDĀR", *EI*²］。ラスール朝のウスターダールについては，al-Fīfī 2005: 208 に詳しい。併せて，本書第 5 章を参照。

33　フトバとは，金曜日の正午の集団礼拝や二大祭の礼拝の際に，礼拝に先立ってなされる説教のことである。アッラーフを称え，預言者ムハンマドにアッラーフの祝福を求めて後，クルアーンの数節が朗誦される。その後，当地の支配者にアッ往時の研究状況を知るうえで参考になる。

13 Cahen and Serjeant 1957; Serjeant 1970; Serjeant 1974b; Serjeant 1976a; Serjeant 1985; Serjeant and Lane 1948; Smith 1995b; Smith 1996a; Smith 2005; Smith 2006a; Smith 2006b. また 2000 年代には，デュカテが『南アラビア地誌』所収のアデンに関する記事の検討を行い，ズライゥ朝期以来の税関組織の継承について考察している［Ducatez 2003; Ducatez 2004］。南アラビア史の大家であるサージェントの業績については，Kon 1997; Pearson 1983; Smith 1994 を参照。サージェントの書籍については以下の通り。Serjeant 1972; Serjeant 1974a; Serjeant 1976b; Serjeant 1981; Serjeant 1991b; Serjeant 1995; Serjeant 1996.

14 家島 2006.

15 al-Shamrookh 1996; 栗山 2012; 栗山 2016.

16 Margariti 2007.

17 Vallet 2010; 栗山 2012; 家島 2006.

18 al-Munda'ī 1992.

19 イクターとは，一般に，カリフやスルタンから授与された分与地あるいはそこからの徴税権を意味するアラビア語である［佐藤 1986］。その保有者のことを，ムクター（muqṭa'）と呼ぶ。マムルーク朝ではイクター制度が王権と社会を規定する基本制度として機能し続けたが，ラスール朝においてその状況をそのまま適用することはできない［al-Munda'ī 1992］。併せて，al-Fīfī 2005: 238-256 を参照。

20 Varisco 1994b.

21 Margariti 2007; al-Shamrookh 1996; 家島 2006.

22 Vallet 2006a.

23 Vallet 2010.

24 史書によっては，その系譜を南アラブの祖であるカフターンへ連ね，彼らがテュルク化したアラブであると主張するものもあったが，同時代人のいくらかも現代の研究者も，彼らの起源がテュルク系である点で一致を見る［Smith 1974-1978 II: 85-90; Vallet 2010: 64-68］。彼らの経歴は，ラスール家がアラブに連なるという史料の情報をもとにすれば，以下のようにまとめられる［Smith 1974-1978 II: 85-90］。ラスール家の直系先祖のうちの一人であるジャバラ（Jabala b. al-Ayham）は，ウマル（'Umar b. al-Khaṭṭāb）（r. 13/634-23/644）の統治期にキリスト教へ改宗した。彼は当時のビザンツ帝国（395-1453）の支配域へ移住し，そこで亡くなった。ジャバラの息子たちはテュルクの地へ向かい，オグズ（Oghuz）の一氏族であるマンジク（Manjik）のもとに定住した。ここで彼らはテュルクとの婚姻を重ね，テュルクの言語を話すようになったものの，アラブの系譜を有し続けたとされる。その後，ラスール家の始祖ムハンマド・ブン・ハールーンはイラクへ移り，アッバース朝カリフ（ムクタフィー（al-Muqtafī Muḥammad）（r. 530/1136-555/1160）かムスタンジド（al-Mustanjid Yūsuf）（r. 555/1160-566/1170）の時代と考えられる）の寵愛を得て，ラスール，すなわち使者として仕えた。ムハンマド・ブン・ハールーンとその息子たちは，さらにシリア，エジプトへ移住し，そこでアイユーブ家の知己を得，ついにはアミールとしてイエメンへ派遣されるに至るのである。

注

序章

1 林 2008.
2 アブー＝ルゴド 2001.
3 ウォーラーステイン 1981.
4 清水 2001.
5 家島 1993; 家島 2006. 併せて，家島 1991 を参照。「インド洋海域世界」への日本人研究者による言及として，たとえばBaba 2015; Wada 2008; 栗山 2012; 澤井 2007; 鈴木英明 2007; 羽田 2007 がある。
6 カーティン 2002.
7 家島は，陸域を超えたところに形成される海域世界を実像としてとらえるための一つの手法として，「交流ネットワーク」の語を用いた［家島 2006: 10-12］。家島が言うネットワークとは，端的に言えば，「基本的には相互の「差異」を「価値」として認め，価値を相互交換（交流）することで成立する関係性（relations)」を意味する。これは，その「つながり」そのものに注目し，海域内外における連結の機能と関係のあり方を分析するための概念である。本書における「ネットワーク」の語は，この家島による定義によっている。
8 ブローデル 1991-1995.
9 Chaudhuri 1985.
10 Vallet 2010: 33-38. 併せて，家島 2006: 5-6 も参照。
11 al-Hamdānī: 51.
12 主な論考は以下の通り。政治史…Aḥmad 1980; al-Fīfī 2005; Jāzim and Marino 1997; Smith 1969; Smith 1974-1978 II, 1983; Smith 1984; Smith 1988a; Smith 1992; Smith 1997; Smith 2005; Smith and Porter 1988; Varisco 1993b; 家島 1993: 223-241; 家島 2006: 333-360. 都市史…Chelhod 1978; Croken 1990; Keall 1983; Sadek 2002; Sadek 2003; Serjeant and Lewcock (eds.) 1983; Serjeant 1991a; Smith 1974; 栗山 2012: 239-267. ウラマー史…栗山 1999; 栗山 2012: 236-297. 建築史…Finster 1987; Giunta 1997; Lewcock and Smith 1973; Lewcock and Smith 1974a; Lewcock and Smith 1974b; Lewcock 1983; Lewcock 1988; Sadek 1989; Sadek 1990; Sadek 1993. 貨幣史…Darley-Doran 1987; Nützel 1987; Porter 1990; Porter 1992: 153-172; al-Shamrookh 1996: 285-304, 349-367; Smith 1990c. 科学史…King 1986; King 1987; King 1988; King 1993; King 2004. 農業史…al-Munda'ī 1992; Serjeant 1984; Varisco 1985a; Varisco 1988; Varisco 1989; Varisco 1991; Varisco 1993a; Varisco 1994a; Varisco 1994b; Varisco 1997; Varisco 2002; Varisco 2010; Varisco 2012. 他，スティーヴンソンが，1975 年から 1990 年にかけてヨーロッパの言語で書かれたイエメンに関する研究をまとめている［Stevenson 1994］。その大半が社会科学に関するものだが，

家島彦一 2006.『海域から見た歴史――インド洋と地中海を結ぶ交流史――』名古屋大学出版会.
柳谷あゆみ 2013.「政権形成におけるヒドゥマの成立・解消・維持――ザンギー朝の事例を中心に――」『史学』81(4), 43-65.

鈴木貴久子 1994a.「中世アラブ料理書の系統と特徴について」『オリエント』37(2), 75-87.
鈴木貴久子 1994b.「ムスリムたちの食生活 ── アッバース朝宮廷社会と中世期カイロの都市社会 ── 」『文明としてのイスラーム』（講座イスラム世界 2）栄光教育文化研究所, 285-318.
鈴木董 1993.『オスマン帝国の権力とエリート』東京大学出版会.
鈴木董 1995.『食はイスタンブルにあり』NTT 出版.
鈴木董 1997.『オスマン帝国とイスラム世界』東京大学出版会.
鈴木英明（評）2007.「家島彦一『海域から見た歴史』」『歴史学研究』831, 48-51, 62.
高松洋一（編）2011.『イラン式簿記術の発展と展開 ── イラン，マムルーク朝，オスマン朝下で作成された理論書と帳簿 ── 』東洋文庫.
高松洋一（監修）2013.『マーザンダラーニー著簿記術に関するファラキーヤの論説』東洋文庫.
高山博・池上俊一（編）2002.『宮廷と広場』刀水書房.
波戸愛美 2008.「14－15 世紀アラブ中東社會における奴隷の用語法」『アジア地域文化研究』4, 105-124.
羽田正（評）2007.「家島彦一著『海域から見た歴史 ── インド洋と地中海を結ぶ交流史 ── 』」『東洋史研究』65(4), 83-93.
馬場多聞 2011.「13 世紀ラスール朝下イエメンにおける宮廷への食材供給元の分析」『日本中東学会年報』27(1), 1-28.
馬場多聞 2013.「13 世紀ラスール朝宮廷の食材 ── インド洋交易との関わりを中心に ── 」『西南アジア研究』79, 40-55.
馬場多聞 2014.「13 世紀ラスール朝における食材分配と王権」『東洋学報』96(1), 01-026.
馬場多聞 2015.『初期ラスール朝史研究 ── 宮廷食材をめぐる一考察 ── 』九州大学大学院提出博士論文.
馬場多聞 2016.『初期ラスール朝史研究 ── 宮廷への食材供給をめぐる一考察 ── 』(富士ゼロックス小林節太郎記念基金・小林フェローシップ 2014 年度研究助成論文),富士ゼロックス小林節太郎記念基金.
林佳世子 2008.『オスマン帝国 500 年の平和』（興亡の世界史 10），講談社.
ブローデル，F.(著)，浜名優美（訳）1991-1995.『地中海』（全 5 巻），藤原書店.
前田弘毅 2009.『イスラーム世界の奴隷軍人とその実像 ── 17 世紀サファヴィー朝イランとコーカサス ── 』明石書店.
松本弘 1998.「北イエメンにおける伝統的地域区分と部族」『オリエント』41(2), 114-153.
家島彦一 1980.「マムルーク朝の対外貿易政策の諸相 ── セイロン王 Bhuvanaikabāhu I とマムルーク朝スルタン al-Manṣūr との通商関係をめぐって ── 」『アジア・アフリカ言語文化研究』20, 1-105.
家島彦一 1991.『イスラム世界の成立と国際商業 ── 国際商業ネットワークの変動を中心に ── 』岩波書店.
家島彦一 1993.『海が創る文明 ── インド洋海域世界の歴史 ── 』朝日新聞社.

アブー＝ルゴド, J. L.（著），佐藤次高ほか（訳）2001.『ヨーロッパ覇権以前 ── もうひとつの世界システム ──』（全 2 巻），岩波書店.
五十嵐大介 2011.『中世イスラーム国家の財政と寄進 ── 後期マムルーク朝の研究 ──』刀水書房.
ウォーラーステイン, I.（著），川北稔（訳）1981.『近代世界システム ── 農業資本主義と「ヨーロッパ世界経済」の成立 ──』（全 2 巻），岩波書店.
カーティン, P. D.（著），田村愛里ほか（訳）2002.『異文化間交易の世界史』NTT 出版.
熊倉和歌子 2012.「マムルーク朝後期エジプトにおけるイクター保有の実態 ── オスマン朝期『軍務台帳』にもとづいて ──」『史学雑誌』121(10), 37-58.
栗山保之 1999.「イエメン・ラスール朝とウラマー名家」『オリエント』42(1), 67-83.
栗山保之 2008.「13 世紀のインド洋交易港アデン」『アジア・アフリカ言語文化研究』75, 5-61.
栗山保之 2012.『海と共にある歴史 ── イエメン海上交流史の研究 ──』中央大学出版部.
栗山保之 2014.「インド洋船旅の風 ── ポルトガル来航期におけるアラブの紅海技術研究の一齣 ──」『地中海世界の旅人 ── 移動と記述の中近世史 ──』慶應義塾大学出版会, 285-310.
栗山保之 2016.「13-15 世紀の紅海貿易にみるエジプト製織物とその流通」『高橋継男教授古希記念東洋大学東洋史論集』東洋大学, 429-451.
後藤敦子 1999.「10-12 世紀における王権の象徴に関する一考察 ── 太鼓の用例を中心として ──」『オリエント』42(2), 112-128.
佐藤次高 1986.『中世イスラム国家とアラブ社会 ── イクター制の研究 ──』山川出版社.
佐藤次高 1991.『マムルーク ── 異教の世界からきたイスラムの支配者たち ──』東京大学出版会.
佐藤次高 2004.『イスラームの国家と王権』岩波書店.
佐藤次高 2008.『砂糖のイスラーム生活史』岩波書店.
佐藤次高（編）2002.『アラブ』（西アジア史①）山川出版社.
澤井一彰（評）2007.「家島彦一著『海域から見た歴史 ── インド洋と地中海を結ぶ交流史 ──』」『史学雑誌』116(8), 1388-1398.
清木場東 1997.『帝賜の構造 ── 唐代財政史研究支出編 ──』中国書店.
清水和裕（評）2001.「Janet L. Abu-Lughod. *Before European Hegemony: The World System A.D. 1250-1350*. Oxford University Press, 1989, 443p.」『アジア・アフリカ地域研究』1, 313-319.
清水和裕 2005.『軍事奴隷・官僚・民衆 ── アッバース朝解体期のイラク社会 ──』山川出版社.
清水和裕 2009.「中世イスラーム世界の黒人奴隷と白人奴隷 ──〈奴隷購入の書〉を通して ──」『史淵』146, 153-184.
清水和裕 2015.『イスラーム史のなかの奴隷』（世界史リブレット 101），山川出版社.
鈴木貴久子 1992.『アッバース朝の食文化 ── ワッラークの料理書を中心に ──』慶応義塾大学大学院提出修士論文.

(626-858/1229-1454), Paris: Publications de la Sorbonne.

Vallet, E. 2012. "Des «sultans-secrétaires»? Pratique de l'archive et savoirs encyclopédiques dans l'État rasūlide (VIIe-IXe / XIIIe-XVe siècles)", *Annales Islamologiques*, 46.

Varisco, D. M. 1985a. "The Production of Sorghum(Dhurah) in Highland Yemen", *Arabian Studies*, 7, 53-88. (in Varisco 1997)

Varisco, D. M. 1985b. "al-Tawqī'āt fī taqwīm al-zirā'a al-majhhūl min aṣl mulūk Banī Rasūl [Details from an Anonymous Agricultural Almanac of the Rasulid Period]", *Dirāsāt Yamaniyya*, 20, 192-220. (in Varisco 1997)

Varisco, D. M. 1988. "Rasulid Agriculture and the Almanac Tradition", *Yemen: 3000 Years of Art and Civilisation in Arabia Felix*, W. Daum (ed.), 309-311.

Varisco, D. M. 1989. "Medieval Agricultural Texts from Rasulid Yemen", *Manuscripts of the Middle East*, 4, 150-154. (in Varisco 1997)

Varisco, D. M. 1991. "A Royal Crop Register from Rasulid Yemen", *JESHO*, 34, 1-22. (in Varisco 1997)

Varisco, D. M. 1993a. "A Rasulid Agricultural Almanac for 808/1405-6", *New Arabian Studies*, 1, 108-123. (in Varisco 1997)

Varisco, D. M. 1993b. "Texts and Pretexts: The Unity of the Rasulid State under al-Malik al-Muẓaffar", *Revue des mondes musulman et de la Méditerranée*, 67, 13-23.

Varisco, D. M. 1994a. "An Anonymous 14th Century Almanac from Rasulid Yemen", *Zeitschrift für Geschichte der Arabisch-Islamischen Wissenchaften*, 9, 195-228. (in Varisco 1997)

Varisco, D. M. 1994b. *Medieval Agriculture and Islamic Science: The Almanac of Yemeni Sultan*, Seattle: University of Washington Press.

Varisco, D. M. 1997. *Medieval Folk Astronomy and Agriculture in Arabia and the Yemen*, London: Variorum Reprints.

Varisco, D. M. 2002. "Agriculture in Rasulid Zabīd", *Studies on Arabia in Honour of Professor G. R. Smith* (*Journal of Semitic Studies Supplement*, 14), Oxford: Oxford University Press, 323-351.

Varisco, D. M. 2004. "Sailing Season in the Red Sea and Indian Ocean: The View from Rasulid (13th-14th Centuries) Aden", *Yemen Update*, 46, 10-15.

Varisco, D. M. 2009. "Agriculture in al-Hamdānī's Yemen: A Survey from Early Islamic Geographical Texts", *JESHO*, 52(3), 382-412.

Varisco, D. M. 2010. "The Milh al-Malāha of al-Malik al-Ashraf 'Umar (d. 696/1296): Situating the Ur-Text of the Rasulid Agricultural Corpus", *CmY*, 9.

Varisco, D. M. 2012. "The 14th Century Almanac Poem of 'Abd Allāh Ibn As'ad al-Yāfi'ī", *Oriente Moderno*, 92, 29-59.

Vombruck, G. 1996. "Being Worthy of Protection. The Dialectics of Gender Attributes in Yemen", *Social Anthropology*, 4(2), 145-162.

Wada, I. 2008. "Kaiiki kara Mita Rekishi: Indo-yō to Chichūkai wo Musubu Kōryūshi", *JESHO*, 51(3), 516-517.

Smith, G. R. 1995b. "Have You Anything to Declare? Maritime Trade and Commerce in Ayyubid Aden: Practices and Taxes", *PSAS*, 25, 127-140. (in Smith 1997)

Smith, G. R. 1996a. "More on the Port Practices and Taxes of Medieval Aden", *New Arabian Studies*, 3, 208-218. (in Smith 1997)

Smith, G. R. 1996b. "The Language of Ibn al-Mujāwir's 7th/13th-Century Guide to Arabia, Tārīkh al-Mustabṣir", *Tradition and Modernity in Arabic Language and Literature*, Richmond: Curzon Press, 327-351. (in Smith 1997)

Smith, G. R. 1997. *Studies in Medieval History of the Yemen and South Arabia*, London: Variorum Reprints.

Smith, G. R. 2005. "The Rasulid Administration in Ninth/Fifteenth Century Yemen: Some Government Departments and Officials", *Studia Semitica: The Journal of Semitic Studies Jubilee Volume* (*Journal of Semitic Studies Supplement*, 16), Oxford: Oxford University Press, 223-246.

Smith, G. R. 2006a. *A Medieval Administrative and Fiscal Treatise from the Yemen* (*Journal of Semitic Studies Supplement*, 20), Oxford: Oxford University Press.

Smith, G. R. 2006b, "On the Shoulders of Giants: The Rasulid Fiscal Survey Mulakhkhaṣ al-Fiṭan Revisited", *Storia e cultura dello Yemen in età islamica con particolare riferimento al period Rasūlide*, Roma: Bardi, 43-59.

Smith, G. R. 2008. *A Traveller in Thirteenth-Century Arabia: Ibn al-Mujāwir's Tārīkh al-Mustabṣir,* London: Ashgate Publishing.

Smith, G. R. and V. Porter. 1988. "The Rasulids in Dhofar in the VIIth-VIIIth / XIIIth-XIVth Centuries", *JRAS*, 120(1), 26-44. (in Smith 1997)

Stevenson, T. H. 1994. *Studies on Yemen, 1975-1990: A Bibliography of European-Language Sources for Social Scientist*, New York: The American Institute for Yemeni Studies.

al-Thenayian, M. A. R. 1996. "The Yemeni Highland Pilgrim Route between San'a and Mecca: Its History and Archaeology", *Aram*, 8(1), 1-13.

Tolmacheva, M. 2015. "The Indian Ocean in Arab Geography: Transmission of Knowledge between Formal and Informal Geographical Traditions", *Terra Brasilis* (Nova Série), 6, 2-11.

Uvezian, S. 2001(1999). *Recipes and Remembrances from an Eastern Mediterranean Kitchen*, Northbrook: The Siamanto Press.

Vallet, E. 2006a. *Pouvoir, commerce et marchands dans le Yémen rasūlide (626-858/1229-1454)*, Paris: Université de Paris 1. (Thesis de doctorat)

Vallet, E. 2006b. "Yemeni "Oceanic Policy" at the End of the Thirteenth Century", *PSAS*, 36, 289-296.

Vallet, E. 2007b. "Décrire et analyser les archives rasūlides. Le cas de Nūr al-Ma'ārif", *CY*, 14, 63-67.

Vallet, E. 2008. "La vigne et le palmier. Identités provinciales et construction de l'État sous le sultanat rasûlide (VIIe-IXe/XIIIe-XVe siècles)", *Revue des mondes musulmans et de la Méditerranée,* 53-67.

Vallet, E. 2010. *L'Arabie marchande: État et commerce sous les sultans rasūlides du Yémen*

al-Shamrookh, N. A. 1996. *The Commerce and Trade of the Rasulids in the Yemen, 630-858/1231-1454*, Kuwait: Kuwait University.

Smith, G. R. 1969. "The Ayyubids and Rasulids: The Transfer of Power in 7th/13th-Century Yemen", *Islamic Culture*, 43, 175-188. (in Smith 1997)

Smith, G. R. 1974. "The Yemenite Settlement of Tha'bāt: Historical, Numismatic and Epigraphic Notes", *Arabian Studies*, 1, 119-134. (in Smith 1997)

Smith, G. R. 1974-1978. *The Ayyūbids and Early Rasūlids in the Yemen (567-694/1173-1295)*, 2 vols., London: E. J. W. Gibb Memorial.

Smith, G. R. 1978. "Ibn Ḥātim's Kitāb al-Simṭ and its Place in Medieval Yemenite Historiography", *Studies in the History of Arabia: Sources for the History of Arabia*, I/2, Riyāḍ: University of Riyad, 63-68. (in Smith 1997)

Smith, G. R. 1983. "The Early and Medieval History of Ṣan'ā', ca. 622-953/1515", *Ṣan'ā': An Arabian Islamic City*, R. B. Serjeant and R. Lewcock (eds.), London: Festival of Islam Trust Foundation, 49-67.

Smith, G. R. 1984. "The Ṭāhirid Sultans of the Yemen (858-923/1454-1517) and their Historian Ibn al-Dayba'", *Journal of Semitic Studies*, 29, 141-154. (in Smith 1997)

Smith, G. R. 1985. "Ibn al-Mujāwir on Dhofar and Socotra", *PSAS*, 15, 79-92. (in Smith 1997)

Smith, G. R. 1986. "Studies on the Tihāmah", *JRAS*, 118(1), 30-39. (in Smith 1997)

Smith, G. R. 1988a. "The Political History of the Islamic Yemen down to the First Turkish Invasion (1-945/622-1538)", *Yemen: 3000 Years of Art and Civilisation in Arabia Felix*, W. Daum (ed.), 129-139. (in Smith 1997)

Smith, G. R. 1988b. "Ibn al-Mujāwir's 7th/13th-Century Arabia: The Wondrous and the Humorous", *A Miscellany of Middle Eastern Articles: In Memoriam Thomas Muir Johnstone*, Harlow: Longman, 111-124. (in Smith 1997)

Smith, G. R. 1990a. "Ibn al-Mujāwir's 7th/13th-Century Guide to Arabia: The Eastern Connection", *Occasional Papers of the School of Abbasid Studies*, 3, St. Andrews: University of St Andrews, 77-88. (in Smith 1997)

Smith, G. R. 1990b. "Yemenite History: Problems and Misconceptions", *PSAS*, 20, 131-139. (in Smith 1997)

Smith, G. R. 1990c. "Some Medieval Yemenite Numismatic Problems: Observations on Some Recently Sold Coins", *Arabian Archaeology and Epigraphy*, 1(1), 29-37.

Smith, G. R. 1992. "Some Observations on the Tahirids and their Activities in and around Ṣan'ā' (858-923/1454-1517)", *Studies in History and Literature in Honour of Nicola A. Ziadeh*, I. Abbas *et al.* (eds.), London: Hazar Publishing Ltd, 29-36. (in Smith 1997)

Smith, G. R. 1993. "Some 'Anthropological' Passages from Ibn al-Mujāwir's Guide to Arabia and their Proposed Interpretations", *Studies in Oriental Culture and History: Festschrift für Walter Dostal*, Frankfurt am Main: Peter Lang GmbH, 1993. (in Smith 1997)

Smith, G. R. 1994. "Robert Bertram Serjeant, 1915-1993", *Proceedings of the British Academy*, 87, 439-452. (in Smith 1997)

Smith, G. R. 1995a. "Magic, Jinn and the Supernatural in Medieval Yemen: Examples from Ibn al-Mujāwir's 7th/13th-Century Guide", *Quaderni di Studi Arabi*, 13, 7-18. (in Smith 1997)

Serjeant 1981)

Serjeant, R. B. 1970. "Maritime Customary Law off the Arabian Coasts", *Sociétés et companies de commerce en Orient et dans l'Océan Indien. Actes du VIIIième Clolloque International Maritime (Beyrouth 5-10 septembre 1966)*, M. Mollat (ed.), Paris: S. E. V. P. E. N., 195-207. (in Serjeant 1991b)

Serjeant, R. B. 1972(1942-1951). *Materials for a History of Islamic Textiles up to the Mongol Conquest*, Bayrūt: Librairire du Liban.

Serjeant, R. B. 1974a(1963). *The Portuguese off the South Arabian Coast*, Bayrūt: Librairie du Liban.

Serjeant, R. B. 1974b. "The Ports of Aden and Shihr (Medieval Period)", *Les Grandes Escales I. Recueils de la Société Jean Bodin*, 32, 207-224. (in Serjeant 1981)

Serjeant, R. B. 1976a. "Notes on Some Aspects of Arab Business Practices in Aden", *al-Bāḥith. Festchrift Joseph Henninger* (*Studia Instituti Anthropos*), Bonn: Anthropos-Institut, 1-17. (in Serjeant 1991b)

Serjeant, R. B. 1976b. *South Arabian Hunt*, London: Luzac & Company LTD.

Serjeant, R. B. 1981. *Studies in Arabian History and Civilisation*, London: Variorum Reprints.

Serjeant, R. B. 1984. "The Cultivation of Cereals in Meieaval Yemen", *Arabian Studies*, 1, R. B. Serjeant and R. L. Bidwell (eds.), London: C. Hurst & Co., 25-74. (in Serjeant 1995)

Serjeant, R. B. 1985. "The Yemeni Coast in 1005/1597: An Anonymous Note on the Flyleaf of Ibn al-Mujāwir's Tārīkh al-Musabṣir", *Arabian Studies*, 7, 187-191. (in Serjeant 1996)

Serjeant, R. B. 1988. "Yemeni Merchants and Trade in Yemen, 13th-16th Centuries", *Marchands et homes d'affaires asiatiques dans l'ocean Indien et la mer de Chine* (*XIIIe-XIXe siècles*), J. Aubin and D. Lombard (eds.), Paris: École des hautes études en sciences sociales, 61-82. (in Serjeant 1996)

Serjeant, R. B. 1991a. "Tihāmah Notes", *Arabicus Felix: Luminosus Britannicus*, New York: Ithaca Press, 45-60. (in Serjeant 1996)

Serjeant, R. B. 1991b. *Customary and Shari'ah Law in Arabian Society*, London: Variorum Reprints.

Serjeant, R. B. 1994. "Fifteenth Century 'Interlopers' on the Coast of Rasūlid Yemen", *Res Orientales. Itinéraires d'Orient. Hommages à Claude Cahen*, 6, 83-91. (in Serjeant 1996)

Serjeant, R. B. 1995. *Farmers and Fishermen in Arabia Studies in Customary Law and Practice*, London: Variorum Reprints.

Serjeant, R. B. 1996. *Society and Trade in South Arabia*, G. R. Smith (ed.), London: Variorum Reprints.

Serjeant, R. B. and A. Lane. 1948. "Pottery and Glass Fragments from the Aden Littoral, with Historical Notes", *JRAS*, 80(3-4), 108-133. (in Serjeant 1981)

Serjeant, R. B. and R. Lewcock (eds.) 1983. *Ṣan'ā'. An Arabian Islamic City*, London: Festival of Islam Trust Foundation.

Sezgin, F. 2000. *Mathematische Geographie und Kartographie im Islam und ihr Fortleben im Abendland*, 3 vols., Frankfurt am Main: Institut für Geschichte der Arabisch-Islamischen Wissenschaften an der Johann Wolfgang Goethe Universität.

Systematic Notes to Ibn Taghrî Birdî's Chronicles of Egypt, 2 vols., Berkeley: University of California Press.

Porter, V. 1988. "The Art of the Rasūlids", *Yemen: 3000 Years of Art and Civilisation in Arabia Felix*, W. Daum (ed.), 232-253.

Porter, V. 1990. "The Rasūlid Sulṭān al-Malik al-Manṣūr and the Mint of Mabyan", *Arabian Archaeology and Epigraphy*, 1, 34-45.

Porter, V. 1992. *The History and Monuments of the Tahirid Dynasty of the Yemen 858-924/1454-1517*, Durham: The University of Durham. (Ph.D. Thesis)

Porter, V. 2002. "The Ports of Yemen and the Indian Ocean Trade during the Tahirid Period (1454-1517)", *Studies on Arabia in Honour of Professor G. Rex Smith*, J. F. Healey and V. Porter (eds.), Oxford: Oxford University Press, 171-189.

Posey, S. 1994. *Yemeni Pottery: The Littlewood Collection,* London: British Museum Press.

Regourd, A. and N. Sadek, 2004. "Nouvelles données sur la topographie de Zabīd (Yémen) au dix-huitième siècle", *PSAS*, 34, 293-305.

Regourd, A. 2004. "Trade on the Red Sea during the Ayyubid and Mamluk Periods. The Quṣeir Paper Manuscript Collection 1999-2003, First Data", *PSAS*, 34, 277-292.

Regourd, A. 2007. "L'inventaire du fonds manuscrit de la fondation Hâ'il Sa'îd (Ta'izz)", *CmY*, 9.

Rodinson, M. A., A. J. Arberry and C. Perry. 2006 (2001). *Medieval Arab Cookery*, Totnes: Prospect Books.

Rodinson, M. A. and B. Inskip (tr.) 2006 (2001). "Studies in Arabic Manucripts Relating to Cookery", *Medieval Arab Cookery*, M. A. Rodinson, A. J. Arberry and C. Perry, 91-164.

Sadek, N. 1989. "Rasūlid Women: Power and Patronage", *PSAS*, 19, 121-136.

Sadek, N. 1990. *Patronage and Architecture in Rasūlid Yemen, 626-858 A.H. / 1229-1454 A.D.*, Tronto: The University of Tronto, 1990. (Ph.D. Thesis)

Sadek, N. 1993. "In the Queen of Sheba's Footsteps: Women Patrons in Rasulid Yemen", *Asian Art*, 6(2), 15-27.

Sadek, N. 1997. "Notes on the Rasulid Historian al-Khazrajī Career as as Craftman", *PSAS*, 27, 231-234.

Sadek, N. 1998. "The Mosques of Zabīd, Yemen: A Preliminary Report", *PSAS*, 28, 239-245.

Sadek, N. 2002. "Zabid: the Round City of Yemen", *Studies on Arabia in the Honour of Professor G. Rex. Smith* (*Journal of Semitic Studies Supplement*, 14), Oxford: Oxford University Press.

Sadek, N. 2003. "Ta'izz, Capital of the Rasulid Dynasty in Yemen", *PSAS*, 33, 309-313.

Sa'īd, M. 2004. "Qabā'il Tihāma al-Yaman wa 'Alāqāt-hā bi al-Dawla al-Rasūlīya (626-858 h / 1229-1454 m), *al-Majalla al-Tūnisīya li al-'Ulūm al-Ijtimā'īya / Revue tunisienne de sciences sociales*, 127, 137-170.

Serjeant, R. B. 1950. "Materials for South Arabian History. Notes on New MSS. From Ḥaḍramawt", *BSOAS*, 13(2), 281-307; 13(3), 581-601.

Serjeant, R. B. 1958. "Two Sixteenth-Century Arabian Geographical Works", *BSOAS*, 21, 258-275. (in Serjeant 1996)

Serjeant, R. B. 1962. "Historians and Historiography of Ḥaḍramawt", *BSOAS*, 25, 108-133. (in

Marmon, S. E. 1995. *Eunuchs and Sacred Boundaries in Islamic Society*, New York: Oxford University Press.

Marmon, S. E. 1999. "Domestic Slavery in the Mamluk Empire: A Preliminary Sketch", *Slavery in the Islamic Middle East*, S. E. Marmon (ed.), Princeton: Markus Wiener Publishers, 1-23.

Matsumoto, H. 2003. *The Tribes and Regional Divisions in North Yemen* (*Studia Culturae Islamicae*, 75), Tokyo: Research Institute for Languages and Cultures of Asia and Africa.

Miller, K. (ed.) 1926-1931. *Mappae Arabicae*, 6 vols, Stuttgart: Selbstverl.

Mortel, R. T. 1989. "Prices in Mecca during the Mamluk Period", *JESHO*, 32(3), 279-334. See also https://sites.google.com/site/islamiceconomyuwo/prices/mecca/prices-in-mecca-during-the-mamluk-period (accessed 31 DEC 2016)

Mortel, R. T. 1990. "Weights and Measures in Mecca during the Late Ayyūbid and Mamlūk Periods", *Arabian Studies*, 8, 177-186.

al-Munda'ī, D. D. 1992. *al-Zirā'a fī al-Yaman fī 'Aṣr al-Dawla al-Rasūlīya 626-858/1229-1454*, Irbid: Jāmi'a al-Yarmūk. (Master Thesis)

Nasrallah, N. 2010. *Annals of the Caliphs' Kitchens: Ibn Sayyār al-Warrāq's Tenth-Century Baghdadi Cookbook*, Leiden and Boston: E. J. Brill.

Nützel, H. 1987 (1891). *Coins of the Rasulids: Comprising a Synopsis of the History of that Yemenite Dynasty*, A. Kinzelbach (tr.) and V. D. Kinzelbach (ed.), Mainz: D. Kinzelbach.

Pearson, J. D. 1983. "Published Works of Robert Bertram Serjeant", *Arabian and Islamic Studies*, R. L. Ridwell and G. R. Smith (eds.), London and New York: Longman, 268-282.

Perry, C. 2005. *A Baghdad Cookery Book*, Totnes: Prospect Books.

Perry, C. 2006 (2001). "The Description of Familiar Foods", *Medieval Arab Cookery*, M. A. Rodinson, A. J. Arberry and C. Perry, 267-465.

Pinto, K. C. 2004a. "'Surat Bahr al-Rum' (Picture of the Sea of Byzantium): Possible Meanings Underlying the Forms", *Research Books*, 25, 223-241.

Pinto, K. C. 2004b. "Capturing Imagination: The Buja and Medieval Islamic Mappa Mundi", *Views From the Edge: Essays in Honor of Richard W. Bulliet*, N. Yavari, L. G. Potter and J. R. Oppenheim (eds.), New York: Columbia University Press, 154-183.

Pinto, K. C. 2011. "The Maps are the Message: Mehmet II's Patronage of an 'Ottoman Cluster'", *Imago Mundi,* 63(2), 155-179.

Pinto, K. C. 2012. "Piri Reis' World Map of 1513 & its Islamic Iconographic Connections (A Reading Through Bağdat 334 and Proust)", *Osmanlı Araştırmaları / The Journal of Ottoman Studies,* 39, 63-94.

Pinto, K. C. 2014a. "Passion and Conflict: Medieval Islamic Views of the West", *Mapping Medieval Geographies: Geographical Encounters in the Latin West and Beyond, 300-1600*, K. D. Lilley (ed.), Cambridge: Cambridge University Press, 201-224.

Pinto, K. C. 2014b. "Maps and Mapmaking", *The Oxford Encyclopedia of Philosophy, Science and Technology in Islam*, Oxford: Oxford University Press.

Pinto, K. C. 2016. *Medieval Islamic Maps: An Exploration*, Chicago and London: The University of Chicago Press.

Popper, W. 1955-1957. *Egypt and Syria under the Circassian Sultans, 1382-1468 A.D.:*

Jāzim, M. A. 2013. "Un manuscrit administratif et fiscal du Yémen rassoulide: *L'Irtifā' al-dawla al-mu'ayyadiyya", Documents et histoire: islam, VIIe - XVIe siècle*, A. Regourd (ed.), Genève: Librairie Droz S. A., 155-174.

Jāzim, M. 'A. and B. Marino (tr.) 1997. "Nur al-Din al-Muzaffar : la construction de l'Etat rasoulide au Yémen", *CY*, 4-5.

Jāzim, M. 'A. and M. Sagar. 1999. "L'artisanat et ses produits dans la ville de Sana'a aux débuts de la dynastie des Banû Rasûl 690-695/1290-1295", *CY*, 7.

Jāzim, M. 'A. and E. Vallet (tr.) 2006. "*Al-daftar al-mu'ayyadî*: un nouveau manuscrit administratif d'époque rasûlide (fin VIIe/XIIIe siècle)", *CmY*, 1.

Johns, J. and E. Savage-Smith. 2003. "*The Book of Curiosities*: A Newly Discovered Series of Islamic Maps", *Imago Mundi*, 55, 7-24.

Kay, H. C. 1968(1892). *Yaman: Its Early Mediaeval History*, London: E. Arnold.

Keall, E. J. 1983. "The Dynamics of Zabīd and its Hinterland: The Survey of a Town on the Tihamah of North Yemen", *World Archaeology*, 14(3), 378-392.

King, D. A. 1986. *Islamic Mathematical Astronomy*, London: Variorum Reprints.

King, D. A. 1987. *Islamic Astronomical Instruments*, London: Variorum Reprints.

King, D. A. 1988. "Astronomy in Medieval Yemen", *Yemen: 3000 Years of Art and Civilisation in Arabia Felix*, W. Daum (ed.), 300-308.

King, D. A. 1993. *Astronomy in the Service of Islam*, London: Variorum Reprints.

King, D. A. 2004. *Studies in Astronomical Timekeeping in Medieval Islam*, 2 vols., Leiden: E. J. Brill.

Kon, R. E. 1997. "Bibliography of Rober Bertram Serjeant", *New Arabian Studies*, 3, 69-79.

Levanoni, A. 2005. "Food and Cooking during the Mamluk Era: Social and Political Implications", *Mamlūk Studies Review*, 9(2), 201-222.

Lewcock, R. 1983. "The Painted Dome of the Ashrafiyyah in Ta'izz, Yemen", *Arabian and Islamic Studies*, R. L. Bidwell and G. R. Smith (eds.), London and New York: Longman, 100-117.

Lewcock, R. 1988. "The Medieval Architecture of Yemen", *Yemen: 3000 Years of Art and Civilisation in Arabia Felix*, W. Daum (ed.), 204-211.

Lewcock, R. and G. R. Smith. 1973. "Two Early Mosques in the Yemen: A Preliminary Report", *Art and Archaeology Research Papers*, 4, 117-130.

Lewcock, R. and G. R. Smith. 1974a. "Three Medieval Mosques in the Yemen Part 1", *Oriental Art. New Series*, 20(1), 75-86.

Lewcock, R. and G. R. Smith. 1974b. "Three Medieval Mosques in the Yemen Part 2", *Oriental Art. New Series*, 20(2), 192-203.

Lewicka, P. B. 2011. *Food and Foodways of Medieval Cairenes: Aspects of Life in an Islamic Metropolis of the Eastern Mediterranean*, Leiden: E. J. Brill.

Li, G. 2004. *Commerce, Culture and Community in a Red Sea Port in the Thirteenth Century*, Leiden: E. J. Brill.

Margariti, R. E. 2007. *Aden and the Indian Ocean Trade:150 Years in the Life of a Medieval Arabian Port*, Chapel Hill: The University of North Carolina Press.

gements", *Annales islamologiques*, 38, 159-200.

Ducène, J. 2011. "Les tables géographiques du manuscrit d'al-Malik al-Afdal (1377)", *CmY*, 11.

Ducène, J. 2013. *Les tables géographiques du manuscrit du sultan rasūlide al-Malik al-Afḍal. Edition, traduction et commentaire*, Hershinki: Academia Scientiarum Fennica.

al-Fīfī, M. Y. 2005. *al-Dawla al-Rasūlīya fī al-Yaman: Dirāsa fī Awḍā'-hā al-Siyāsīya wa al-Ḥiḍārīya 803-827 h. /1400-1424 m.*, Bayrūt: al-Dār al-'Arabīya li al-Mawsū'āt.

Finster, B. 1987. "The Architecture of the Rasūlids", *Yemen: 3000 Years of Art and Civilisation in Arabia Felix*, W. Daum (ed.), 254-264.

Fuess, A. and J. Hartung (eds.) 2014(2011). *Court Cultures in the Muslim World: Seventh to Nineteenth Centuries*, London and New York: Routledge.

al-Ghumari, A. 2007. "Projet de catalogue partiel de la bibliothèque des waqfs de Dhamâr", *CmY*, 3.

Gibb, H. A. R. 1962. *Studies on the Civilization of Islam*, S. J. Shaw and W. R. Polk (eds.), London: Routledge & Kegan Paul Limited.

Giunta, R. 1997. *The Rasūlid Architectural Patronage in Yemen: A Catalogue*, Naples: Istituto Universitario Orientale and Istituto Italiano per l'Africa e l'Oriente. (Ph.D. Thesis)

Gochenour, D. T. 1986. "A Revised Bibliography of Medieval Yemeni History in Light of Recent Publications and Discoveries", *Der Islam*, 63(2), 309-322.

Golden, P. G. (ed.) 2000. *The King's Dictionary: The Rasūlid Hexagot*, Leiden: E. J. Brill.

al-Ḥaḍramī, 'A. 'A. A. 2005. *Tihāma fī Ta'rīkh*, Dimashq: al-Ma'had al-Faransī li al-Sharq al-Adabī and al-Ma'had al-Faransī li al-Āthār wa al-'Ulūm al-Ijtimā'īya bi Ṣan'ā'.

al-Ḥajarī. 2004(1984). *Majmū' Buldān al-Yaman wa Qabā'il-hā*, 4 vols. in 2, Ibn 'Alī al-Akwa' (ed.), Ṣan'ā': Maktaba al-Irshād.

Hardy-Guilbert, C. 2001. "Archaeological Research at al-Shiḥr, the Islamic Port of Ḥaḍramawt, Yemen (1996-1999)", *PSAS*, 31, 69-79.

Hardy-Guilbert, C. 2005. "The Harbour of al-Shiḥr, Ḥaḍramawt, Yemen: Sources and Archaeological Data on Trade", *PSAS*, 35, 71-85.

Hardy-Guilbert, C. and G. Ducatez. 2004. "Al-Šiḥr, porte du Ḥaḍramawt sur l'océan Indien", *Annales islamologiques*, 38, 95-157.

Harley, J. B. and D. Woodwards (eds.) 1992. *The History of Cartography, vol.2-1: Cartography in the Traditional Islamic and South Asian Societies*, Chicago: The University of Chicago Press.

al-Ḥibshī, 'A. M. 1988. *Mu'jam al-Nisā' al-Yamanīyāt*, Ṣan'ā': Dār al-Ḥikma al-Yamānīya.

Hinz, W. 1955. *Islamische Masse und Gewichte: Umgerechnet ins Metrische System*, Leiden: E. J. Brill.

Humphreys, R. S. 1977. *From Saladin to the Mongols: The Ayyubids of Damascus, 1193-1260*, New York: State University of New York.

Humphreys, R. S. 2005. "The Politics of the Mamluk Sultanate: A Review Essay", *Mamlūk Studies Review*, 9(1), 221-244.

Jāzim, M. 'A. 2010. "Un nouveau corpus documentaire d'époque rasulide: les actes de waqf de Ta'izz", *CmY*, 10, 1-5.

Baba, T. 2015. "Publications in Japanese Language on Yemen History and its related Regions mainly based on Manuscripts and Sources from Yemen (1964-2014)", *CmY*, 19, 33-56.

Bādhīb, 'A. S. 2007. *al-Nabātāt al-Ṭibbīya fī al-Yaman*, Ṣan'ā': Maktaba al-Irshād.

Brauer, R. W. 1995. *Transactions of the American Philosophical Society, vol. 85-6: Boundaries and Frontiers in Medieval Muslim Geography*, Philadelphia: The American Philosophical Society.

Bulakh, M. and L. Kogan. 2013. "Towards a Comprehensive Edition of the Arabic-Ethiopic Glossary of al-Malik al-Afḍal. Part I: New Readings from the First Sheet", *Aethiopica*, 16, 138-148.

Bulakh, M. and L. Kogan. 2014. "Towards a Comprehensive Edition of the Arabic-Ethiopic Glossary of al-Malik al-Afḍal. Part II: New Readings from the Second Sheet", *Aethiopica*, 17, 152-168.

Bulakh, M. and L. Kogan. 2015. "Towards a Comprehensive Edition of the Arabic-Ethiopic Glossary of al-Malik al-Afḍal. Part III: New Readings from the Second Sheet", *Aethiopica*, 18, 56-80.

Bulakh, M. and L. Kogan. 2016. *The Arabic-Ethiopic Glossary by al-Malik al-Afḍal: An Annotated Edition with a Linguistic Introduction and a Lexical Index,* Leiden: E. J. Brill.

Cahen, C. and R. B. Serjeant. 1957. "A Fiscal Survey of the Medieval Yemen. Notes Preparatory to an Edition of the Mulaḫḫas al-Fitan of Al-Ḥasan b. 'Alī al-Šarīf al-Ḥusaynī", *Arabica*, 4, 22-33.

Chamberlain, M. 1998. "The Crusader Era and the Ayyūbid Dynasty", *The Cambridge History of Egypt*, 1, C. F. Petry (ed.), Cambridge: Cambridge University Press, 211-241.

Chaudhuri, K. N. 1985. *Trade and Civilization in the Indian Ocean*, Cambridge: Cambridge University Press.

Chelhod, J. 1978. "Introduction à l'histoire sociale et urbaine Zabīd", *Arabica*, 25-1, 48-88.

Chelhod, J. (ed.) 1984. *L'Arabie du Sud*, 3 vols., Paris: Maisonneuve et Larose.

Cornu, G. 1985. *Atlas du monde arabo-islamique à l'époque classique: IXe-Xe siécles*, Leiden: E. J. Brill.

Cortese, D. and S. Calderini. 2006. *Women and the Fatimids in the World of Islam*, Karachi: Oxford University Press.

Croken, B. E. 1990. *Zabīd under the Rasulid of Yemen 626-858 AH / 1229-1454 AD*, Cambridge, MA: Harvard University. (Ph.D. Thesis)

Darley-Daron, R. E. 1987. "Examples of Islamic Coinage from Yemen", *Yemen: 3000 Years of Art and Civilisation in Arabia Felix*, W. Daum (ed.), 182-203.

Daum, W. (ed.) 1987. *Yemen: 3000 Years of Art and Civilisation in Arabia Felix*, Innsbruck: Pinguin Verlag; Frankfurt am Main: Umschau Verlag.

Dresch, P. 1993. *Tribes Government and History in Yemen*, Oxford: Clarendon Press.

Ducatez, G. 2003. "Aden et l'océan Indien au XIIIe siècle: navigation et commerce d'après Ibn-al-Muğāwir", *Annales islamologiques*, 37, 137-156.

Ducatez, G. 2004. "Aden aux XIIe et XIIIe siècles selon Ibn-al-Muğāwir: son passé légendaire, son histoire sous les zuray'īdes et les ayyoubides, son site, ses monuments et ses aména-

翻訳史料

The Pearl-Strings: El-Khazrejiyy, J. W. Redhouse (tr.), *The Pearl-Strings: A History of the Resuliyy Dynasty of Yemen*, vol.1 and vol.3, London and Leiden: E. J. Brill, 1906 and 1908; *The Pearl-Strings V2: A History of the Resuliyy Dynasty of Yemen*, Whitefish: Kessinger Publishing, 2007.

家島訳：イブン・バットゥータ（著），家島彦一（訳）『大旅行記』（全 8 巻），平凡社，1996-2002.

『カリフ宮廷のしきたり』：ヒラール・サービー（著），谷口淳一／清水和裕（監訳）『カリフ宮廷のしきたり』松香堂，2005.

『東方見聞録』：マルコ・ポーロ（著），愛宕松男（訳注）『東方見聞録』（全 2 巻），平凡社，1970-1971.

研究文献

ʻAbd al-ʻAzīz, N. M. 1989. *al-Maṭbakh al-Sulṭānī Zaman al-Ayyūbīyīn wa al-Mamālīk*, al-Qāhira: Maktaba al-Anjilū al-Miṣrīya.

Aḥmad, M. ʻA. 1980. *Banū Rasūl wa Banū Ṭāhir wa ʻAlāqāt al-Yaman al-Khārijīya fī ʻAhd-humā 628-923/1231-1517*, al-Iskandarīya: al-Hay'a al-Miṣrīya al-ʻĀmma li al-Kitāb.

Aḥmad, S. M. 1995. *A History of Arab-Islamic Geography (9th-16th Century AD)*, ʻAmmān: al-Bayt University.

Ahsan, M. M. 1979. *Social Life under the Abbasids*, London and New York: Longman.

al-ʻAmrī, Ḥ. ʻA. 1987. "Slaves and Mamelukes in the History of Yemen", *Yemen: 3000 Years of Art and Civilisation in Arabia Felix*, W. Daum (ed.), 140-157.

Antrim, Z. 2012. *Routes & Realms: The Power of Place in the Early Islamic World*, Oxford: Oxford University Press.

Arberry, A. J. 2006 (2001). "A Baghdad Cookery Book (Kitāb al-ṭabīkh)", *Medieval Arab Cookery*, M. A. Rodinson, A. J. Arberry and C. Perry, 19-90.

Ayalon, D. 1953. "Studies on the Structure of the Mamluk Army II", *Bulletin of the School of Oriental and African Studies*, 15, 448-476.

Ayalon, D. 1958. "The System of Payment in Mamluk Militaly Society", *JESHO*, 1(1), 37-65; *JESHO*, 1(3), 257-296.

Ayalon, D. 1979. "On the Eunuchs in Islam", *Jerusalem Studies in Arabic and Islam*, 1, 67-124.

Ayalon, D. 1985. "On the Term *khādim* in the Sence of 'Eunuch' in the Early Muslim Sources", *Arabica*, 32, 289-308.

Ayalon, D. 1994. "From Ayyubids to Mamluks", *Revue des Études Islamiques*, 49, 43-57.

Ayalon, D. 1999. *Eunuchs, Caliphs and Sultans: A Study in Power Relationships*, Jerusalem: Hebrew University.

Baba, T. 2014. "Yemen under the Rasūlids during the 13th Century: An Analysis of the Supply Origin of Court Cooking Ingredients", *CmY*, 17, 17-45.

al-Turāth al-ʻArabī, 1997.
Qawānīn: Ibn Mammātī, *Kitāb Qawānīn al-Dawāwīn*, ʻA. S. ʻAṭīya (ed.), al-Qāhira: Maktaba al-Madbūlī, 1991.
al-Mujāwir: Ibn al-Mujāwir, *Ṣifa Bilād al-Yaman wa Makka wa Baʻḍ al-Ḥijāz al-musammāt Ta'rīkh al-Mustabṣir*, O. Löfgren (ed.), Leiden: E. J. Brill, 1951.
Samra: Ibn Samra, *Ṭabaqāt Fuqahā' al-Yaman*, F. Sayyid (ed.), Bayrūt: Dār al-Qalam, n.d.
Kanz: Idrīs al-Ḥamzī, *Ta'rīkh al-Yaman min Kitāb Kanz al-Akhyār fī Maʻrifa al-Siyar wa al-Akhbār*, ʻA. M. al-Madʻaj (ed.), al-Kuwayt: Mu'assasa al-Shirāʻ al-ʻArabī, 1992.
al-Sulūk: al-Janadī, *al-Sulūk fī Ṭabaqāt al-ʻUlamā' wa al-Mulūk*, 2 vols., M. ʻA. al-Akwaʻ (ed.), Ṣanʻā': Makaba al-Irshād, 1993-1995.
al-ʻAsjad: al-Khazrajī, *al-ʻAsjad al-Masbūk fī man waliya al-Yaman min al-Mulūk*, Ṣanʻā': Wizāra al-Aʻlām wa al-Thaqāfa, 1981.
al-ʻUqūd: al-Khazrajī, *al-ʻUqūd al-Lu'lu'īya fī Ta'rīkh al-Dawla al-Rasūlīya*, 2 vols., M. B. ʻAsal (ed.), Bayrūt: Dār al-Ādāb, 1983 (1911-1914).
al-Maqrīzī: al-Maqrīzī, *Kitāb al-Sulūk li Maʻrifa Duwal al-Mulūk*, 12 vols. in 4, M. M. Ziyāda and S. ʻA. ʻĀshūr (eds.), al-Qāhira: Maṭbaʻa Dār al-Kutub, 1956-1973.
al-Mukashkish: al-Mukashkish, *Ta'rīkh Madīna Zabīd* (in Bughya), ʻA. M. al-Ḥibshī (ed.), Ṣanʻā': Maktaba al-Irshād, 2006.
Muʻtamad: al-Muẓaffar, *al-Muʻtamad fī al-Adwiya al-Mufrada*, M. al-Safā (ed.), Bayrūt: Dār al-Qalam, n.d.
Nihāya: al-Nuwayrī, *Nihāya al-Arab fī Funūn al-Adab*, 18 vols. in 9, al-Qāhira: Wizāra al-Thaqāfa wa al-Irshād al-Qawmī, n.d.
Ṣubḥ: al-Qalqashandī, *Ṣubḥ al-Aʻshā Sināʻa al-Inshā'*, 15 vols., M. Ḥ. Shams al-Dīn (ed.), Bayrūt: Dār al-Kutub al-ʻIlmīya, 1987-1989.
al-Rāzī: al-Rāzī, *Ta'rīkh Madīna Ṣanʻā'*, Ḥ. ʻA. al-ʻAmrī (ed.), Dimashq: Dār al-Fikr, 1989.
al-Ḍaw': al-Sakhāwī, *al-Ḍaw' al-Lāmiʻ li Ahl al-Qarn al-Tāsiʻ*, 6 vols., Bayrūt: Dār Maktaba al-Ḥayāt, n.d.
ʻUmāra: ʻUmāra *Kitāb Ta'rīkh al-Yaman* (*Yaman: Its Early Mediaeval History*), H. C. Kay (ed.), London: E. Arnold, 1968 (1892).
Wuṣāb: al-Wuṣābī, *Ta'rīkh Wuṣāb al-musammā al-Iʻtibār fī al-Tawārīkh wa al-Āthār*, ʻA. M. al-Ḥibshī (ed.), Ṣanʻā': Maktaba al-Irshād, 2006.
Wuṭyūṭ: al-Wuṭyūṭ, *Kitāb Ta'rīkh al-Mu'allim Wuṭyūṭ*, MS., Ṣanʻā': al-Maktaba al-Gharbīya bi al-Jāmiʻ al-Kabīr, Ta'rīkh 173.
Ghāya: Yaḥyā b. al-Ḥusayn, *Ghāya al-Amānī fī Akhbār al-Qaṭr al-Yamānī*, 2 vols., S. ʻA. ʻĀshūr (ed.), al-Qāhira: Dār al-Kutub al-ʻArabī li al-Ṭibāʻa wa al-Nashr, 1968.
Muʻjam: Yāqūt al-Rūmī, *Muʻjam al-Buldān*, 7 vols., F. ʻA. al-Jundī (ed.), Bayrūt: Dār al-Kutub al-ʻIlmīya, 1990.
Zubda: al-Ẓāhirī, *Zubda Kashf al-Mamālik wa Bayān al-Ṭurq al-Masālik*, Kh. al-Manṣūr (ed.), Bayrūt: Dār al-Kutub al-ʻImīya, 1997.

Thaghr: Bā Makhrama, *Ta'rīkh Thaghr 'Adan (Arabische texte zur kenntnis der stadt Adem im mittelalter)*, 2 vols., O. Löfgren (ed.), al-Qāhira: Maktaba Madbūlī, 1991.

al-Burayhī: al-Burayhī, *Ṭabaqāt Ṣulaḥā' al-Yaman*, 'A. M. al-Ḥibshī (ed.), Bayrūt: Dār al-Kutub, 1983.

Nukhba: al-Dimashqī, *Kitāb Nukhba al-Dahr fī 'Ajā'ib al-Barr wa al-Baḥr* (*Islamic Geography*, 203), A. F. Mehren (ed.), Frankfurt am Main: Institute for the History of Arabic-Islamic Science at the Johann Wolfgang Goethe University, 1994.

al-Muḥīṭ: al-Fīrūzābādī, *Mu'jam al-Qāmūs al-Muḥīṭ*, Kh. M. Shayḥā (ed.), Bayrūt: Dār al-Ma'rifa, 2011.

al-Hamdānī: al-Hamdānī, *Kitāb Ṣifa Jazīra al-'Arab* (*Islamic Geography*, 88-89), 2 vols., D. H. Müller (ed.), Leiden: E. J. Brill, 1993 (1884).

Mulakhkhaṣ: al-Ḥusaynī, *Mulakhkhaṣ al-Fiṭan (A Medieval Administrative and Fiscal Treatise from the Yemen: The Rasulid Mulakhkhaṣ al-Fiṭan by al-Ḥasan b. 'Alī al-Ḥusaynī* (*Journal of Semitic Studies Supplement,* 20)), G. R. Smith (ed.), Oxford: Oxford University Press, 2006.

Bahja 1: Ibn 'Abd al-Majīd, *Bahja al-Zaman fī Ta'rīkh al-Yaman*, 'A. M. al-Ḥibshī (ed.), Ṣan'ā': Dār al-Ḥikma al-Yamanīya, 1988.

Bahja 2: Ibn 'Abd al-Majīd, *Ta'rīkh al-Yaman al-musammā Bahja al-Zaman fī Ta'rīkh al-Yaman*, M. Ḥijāzī (ed.), Ṣan'ā': Dār al-Kalima, 1985 (1965).

Wuṣla: Ibn al-'Adīm, *Wuṣla ilā al-Ḥabīb fī Waṣf al-Ṭayyibāt wa al-Ṭīb*, 2 vols., S. Maḥjūb and D. al-Khaṭīb (eds.), Ḥalab: Jāmi'a Ḥalab, 1987-1988.

Tuḥfa: Ibn al-Ahdal, *Tuḥfa al-Zamān fī Ta'rīkh al-Yaman*, 'A. M. al-Ḥibshī (ed.), Bayrūt: Manshūrāt al-Madīna, 1986.

Riḥla: Ibn Baṭṭūṭa, *Riḥla Ibn Baṭṭūṭa*, 5 vols., 'A. al-Tāzī (ed.), al-Ribāṭ: Akādīmīya al-Mamlaka al-Maghribīya, 1997.

Bughya: Ibn al-Dayba', *Bughya al-Mustafīd fī Ta'rīkh Madīna Zabīd*, 'A. M. al-Ḥibshī (ed.), Ṣan'ā': Maktaba al-Irshād, 2006.

al-Faḍl: Ibn al-Dayba', *al-Faḍl al-Mazīd 'alā Bughya al-Mustafīd fī Akhbār Madīna Zabīd*, 'A. M. al-Ḥibshī (ed.), Ṣan'ā': Maktaba al-Irshād, 2007.

Qurra: Ibn al-Dayba', *Kitāb Qurra al-'Uyūn fī Akhbār al-Yaman al-Maymūn*, M. 'A. al-Akwa' (ed.), Ṣan'ā': Maktaba al-Irshād, 2006.

Masālik 1: Ibn Faḍl Allāh al-'Umarī, *Masālik al-Absār fī Mamālik al-Amṣār: Mamālik Miṣr wa al-Shām wa al-Ḥijāz wa al-Yaman,* A. F. Sayyid (ed.), al-Qāhira: Institut français d'archéologie orientale, 1985.

Masālik 2: Ibn Faḍl Allāh al-'Umarī, *Masālik al-Abṣār fī Mamālik al-Amṣār*, 2, F. Sezgin (ed.), Frankfurt am Main: Institute for the History of Arabic-Islamic Science at the Johann Wolfgang Goethe University, 1988.

Simṭ: Ibn Ḥātim, *Kitāb al-Simṭ al-Ghālī al-Thaman fī Akhbār al-Mulūk min al-Ghuzz bi al-Yaman* (*The Ayyūbids and Early Rasūlids in the Yemen (567-694/1173-1295)*, 1), G. R. Smith (ed.), London: Luzac for the Trustees of the E. J. W. Gibb Memorial, 1974.

Lisān: Ibn Manẓūr, *Lisān al-'Arab*, 18 vols., A. M. 'A. al-Wahhāb *et al.* (eds.), Bayrūt: Dār Iḥyā'

Regourd, A. (ed.) 2008. *Catalogue partiel de la bibliothèque des waqfs de la Grande mosquée Dhamar*, Ṣan'ā': CEFAS.

Sayyid, A. F. 1974. *Maṣādir Ta'rīkh al-Yaman fī al-'Aṣr al-Islāmī (Sources de l'histoire du Yémen à l'époque islamique)*, al-Qāhira: al-Ma'had al-'Ilmī al-Faransī li al-Āthār al-Sharqīya.

Vallet, E. 2007a. "L'édition et l'étude des manuscrits dans les revues académiques yéménites (2001-2006)", *CmY*, 3.

al-Wajīh, 'A. 'A. 2002. *Maṣādir al-Turāth fī al-Maktabāt al-Khāṣṣa fī al-Yaman*, 2 vols., Ṣan'ā': Mu'assasa al-Imām Zayd b. 'Alī al-Thaqāfīya.

一次史料

Taqwīm: Abū al-Fidā', *Taqwīm al-Buldān (Géographie d'Aboulféda)*, M. Reinaud and W. M. de Slane (eds.), Bayrūt: Dār Ṣādir, n.d.

al-'Aṭāyā: al-Afḍal, *Kitāb al-'Aṭāyā al-Sannīya wa al-Mawāhib al-Hanīya fī al-Manāqib al-Yamanīya*, 'A. 'A. A. al-Khāmirī (ed.), Ṣan'ā': Iṣdārāt Wizāra al-Thaqāfa wa al-Siyāḥa, 2004.

Afḍal: anon., *The Manuscript of al-Malik al-Afḍal al-'Abbās b. 'Alī b. Dā'ūd b. Yūsuf b. 'Umar b. 'Alī Ibn Rasūl: A Medieval Arabic Anthology from the Yemen,* D. M. Varisco and G. R. Smith (eds.), Warminster: E. J. W. Gibb Memorial Trust, 1998.

Fuṣūl/Varisco 1994a: anon., *Fuṣūl Majmū'a fī al-Anwā' wa al-Zurū' wa al-Ḥiṣād* ("An Anonymous 14th Century Almanac from Rasulid Yemen", *Zeitschrift für Geschichte der Arabisch-Islamischen Wissenschaften*, 9), D. M. Varisco (ed.), 1994, 195-228. (in Varisco 1997)

Irtifā': anon., *Irtifā' al-Dawla al-Mu'ayyadīya: Jibāya Bilād al-Yaman fī 'Ahd al-Sulṭān al-Malik al-Mu'ayyad Dāwūd b. Yūsuf al-Rasūlī al-Mutawaffī Sana 721 h. / 1321 m.*, M. 'A. Jāzim (ed.), Ṣan'ā': CEFAS, 2008.

Nūr: anon., *Nūr al-Ma'ārif fī Nuẓum wa Qawānīn wa A'rāf al-Yaman fī al-'Ahd al-Muẓaffarī al-Wārif*, 2 vols., M. 'A. Jāzim (ed.), Ṣan'ā': CEFAS, 2003-2005.

Ta'rīkh: anon., *Ta'rīkh al-Yaman fī al-Dawla al-Rasūlīya*, H. Yajima (ed.), Tokyo: Institute for the Study of Languages and Cultures of Asia and Africa, 1976.

Tabṣira/Varisco 1994b: al-Ashraf, *al-Tabṣira fī 'Ilm al-Nujūm* (in *Medieval Agriculture and Islamic Science: The Almanac of a Yemeni Sultan*), D. M. Varisco (ed.), Washington: University of Washington Press, 1994, 41-60.

Tawqī'āt/Varisco 1985: anon., *al-Tawqī'āt fī Taqwīm* ("al-Tawqī'āṭ fī Taqwīm al-Zirā'a al-Majhūl min Aṣl Mulūk Banī Rasūl [Details from an Anonymous Agricultural Almanac of the Rasulid Period]", *Dirāsāt Yamaniyya,* 20, 192-222), D. M. Varisco (ed.), Ṣan'ā': Markaz al-Dirāsāt al-Buḥūth al-Yamanī, 1985. (in Varisco 1997)

Ṭurfa: al-Ashraf, *Ṭurfa al-Aṣḥāb fī Ma'rifa al-Ansāb*, K. W. Zettersteen (ed.), Bayrūt: Dār Ṣādir, 1992 (1991).

Ṭabīkh: al-Baghdādī, *Kitāb al-Ṭabīkh*, D. Chelebi (ed.), Mawṣil: Maṭba'a Umm al-Rabī'ayni, 1934.

文献目録

BSOAS = *Bulletin of the School of African and Asian Studies*
CEFAS = Centre français d'archéologie et de sciences sociales
CmY = *Chroniques du manuscrit au Yémen*
CY = *Chroniques Yéménites*
JESHO = *Journal of the Economic and Social History of the Orient*
JRAS = *Journal of the Royal Asiatic Society*
PSAS = *Proceedings of the Seminar for Arabian Studies*

工具類

EI²: *The Encyclopaedia of Islam*, New Edition, Leiden: E. J. Brill, 1954-2004.
Wehr: Wehr, H., *Arabic-English Dictionary*, 4th Edition, J. W. Cowan (ed.), New York: Spoken Language Services, INC., 1994.
Piamenta: Piamenta, M., *Dictionary of Post-Classical Yemeni Arabic*, 2 vols., Leiden: E. J. Brill, 1990-1991.
『新イスラム事典』：日本イスラム協会（編）『新イスラム事典』平凡社 , 2002.

アラビア語史料目録

al-ʻĀnishī, ʻA. Ṣ. *et al.* 1984. *Fihrist Makhṭūṭāt Maktaba al-Jāmiʻ al-Kabīr*, 1, Ṣanʻā': Wizāra al-Awqāf al-Irshād.
al-ʻAmrī, Ḥ. ʻA. 2006. *Maṣādir al-Turāth al-Yamanī fī al-Maktaba al-Briṭānīya Matḥaf Sābiq-an*, Dimashq: Dār al-Fikr.
al-Ghumarī, A. *et al.* 2008. *Catalogue partiel de la bibliothèque des waqfs de la Grande mosquée*, Ṣanʻā': CEFAS.
Héricher, L. 2009. "Manuscrits yéménites en caractères hébreux de la Bibliothèque nationale de France", *CmY*, 9.
al-Ḥibshī, ʻA. M. 1979. *Mu'allafāt Ḥukkām al-Yaman (The Works of the Rulers of Yemen)*, E. Niewöhner-Eberhard (ed.), Wiesbaden: Otto Harrassowitz.
al-Ḥibshī, ʻA. M. 1994. *Fihris Makhṭūṭāt Baʻḍ al-Maktabāt al-Khāṣṣ fī al-Yaman*, London: Mu'assasa al-Furqān li al-Turāth al-Islāmī.
al-Ḥibshī, ʻA. M. 2004. *Maṣādir al-Fikr al-Islāmī fī al-Yaman*, Abū Ẓabī: al-Majmaʻ al-Thaqāfī.
ʻĪsawī, A. M. *et al.* 2005. *Fihris al-Makhṭūṭāt al-Yamanīya li Dār al-Makhṭūṭāt wa al-Maktaba al-Gharbīya bi al-Jāmiʻ al-Kabīr: Ṣanʻā'*, 2 vols., Qum: Maktaba Samāḥa Āya Allāh al-ʻIẓamī al-Marʻashī al-Kubrā.
Regourd, A. (ed.) 2006-2009. *Fihris Maktabāt al-Makhṭūṭāt al-Khāṣṣ*, 3 vols., Ṣanʻā': CEFAS.

ワ

若者，若い女性　waṣīf, waṣīfa　169, 170, 243, 248
ワクフ　waqf　186, 187,
ワジーフ　‘A. ‘A. al-Wajīh　281
ワジーフ・アッディーン　Wajīh al-Dīn ‘Abd al-Raḥmān b. Abī Bakr b. Muḥammad b. ‘Umar al-Yaḥyawī　180
ワシュリー　al-Washlī　224
ワースィク　al-Malik al-Wāthiq Ibrāhīm 264
ワズィール　wazīr　64, 75, 195, 196, 229, 243, 253, 268
ワッラーク　Ibn Sayyār al-Warrāq　65, 268, 269
ワーディー　wādī　106, 142, 205, 260, 262, 264, 273
ワーディー・アフワル　W. Aḥwar　142
ワーディー・ザビード　W. Zabīd　264
ワーディー・スィハーム　W. Sihām 132, 216, 264, 274
ワーディー・スルドゥド　W. Surdud 260, 264
ワーディー・ナフラ　W. Nakhla　131, 264
ワーディー・ハラド　W. Ḥaraḍ　139, 264
ワーディー・マウザゥ　W. Mawza‘ 264
ワーディー・マウル　W. Mawr　260, 264
ワーディー・リマゥ　W. Rima‘　205, 260, 264
ワーリー　wālī　180, 243, 244, 246

199
ライダ　Rayda　193
ライデン　Leiden　203, 229
ライデン大学　Universiteit Leiden　199
ライマ　Rayma　132
ラーウクルド　lāwkurd　66, 268
ラカブダール　rakabdār　155, 185, 252
ラキーヒー　Aḥmad ‘Abd al-Razzāq al-Raqīḥī　216
ラクダ　jamal, ibil　136, 154, 253, 277
ラクダ引き　jammāl　22, 85, 117, 118, 125, 131, 136, 137, 138, 139, 145, 146
ラージフ・ブン・カターダ　Rājiḥ b. Qatāda　160
ラージーン　Lājīn　183
ラーズィー　al-Rāzī　27, 194, 195, 242
ラスール　Rasūl
→ムハンマド・ブン・ハールーン
ラスール家　Banū Rasūl　11, 13, 15, 16, 17, 23, 28, 30, 47, 49, 57, 61, 145, 152, 156, 157, 158, 162, 164, 165, 170, 173, 175, 176, 178, 184, 186, 191, 201, 205, 218, 243, 248, 251, 265, 270, 277, 285
『ラスール朝下イエメンにおける権力と交易, 商人』　*Pouvoir, commerce et marchands dans le Yémen rasūlide (626-858/1229-1454)*　9
ラッタービー　rattābī　134, 135
ラッパ吹き　bawwāq　181
ラディー・アッディーン　Raḍī al-Dīn Abū Bakr b. Fāris　76
ラトル　raṭl　25, 26, 37, 59, 60, 66, 67, 73, 88, 270, 271, 275, 276, 282
ラーハ　al-Rāḥa　255
ラフジュ　Laḥj　102, 138, 244, 260, 261, 262, 272
ラフタワーン　rakhtawān　74
ラフバーン地方　al-a‘māl al-Raḥbānīya　284
ラブワ　al-Rabwa　206

リ

リ　Li Guo　264, 272
リジュラ（リジュナ）　rijla（rijna）　68, 70, 102, 267
リバーイー　Muḥammad ‘Abd al-Raḥmān al-Ribā‘ī　216
リマゥ　Rima‘　102, 106, 144, 245
リヤド　al-Riyāḍ　205, 217
龍涎香　‘anbar　283
竜泉窯　74
『料理書』　*Kitāb al-Ṭaīkh*　63, 66, 67, 68, 271
『料理と食養生の書』　*Kitāb al-Ṭabīkh wa Iṣlāḥ al-Aghdhiya al-Ma’kūlāt*　65, 268, 269
料理人　ṭabbākh　25, 157, 185
　女——　ṭabbākha　185
料理用具館　shanjarkhānāh　153

ル

ルカーク　ruqāq　25, 26, 73
ルクマーン族　Banū Luqmān　265
ルグール　A. Regourd　280, 281

レ

レイ　al-Rayy　194
礼拝呼びかけ人　mu’adhdhin　184
霊猫香　shind　76
『黎明』　*Ṣubḥ al-A‘shā Sinā‘a al-Inshā’*　30, 220, 256, 258, 267
レヴィッカ　P. B. Lewicka　270
レッドハウス　J. W. Redhouse　30, 218
レモン　līm　40
レンズマメ　‘adas　37, 109, 277

ロ

ロウ　sham‘　47, 53, 242, 274
ロシア科学アカデミー　Rossiiskaya Akademiya Nauk　228
ロダンソン　M. Rodinson　64, 65, 70, 271
ロバ　ḥimār　247
ロフグレン　O. Löfgren　199, 229
ロンドン　London　63, 203, 218

Yūsuf　16, 17, 20, 21, 22, 27, 28, 30, 68, 70, 71, 72, 77, 105, 107, 125, 132, 138, 143, 144, 146, 153, 154, 160, 162, 163, 164, 165, 175, 177, 180, 182, 186, 187, 199, 200, 202, 203, 204, 221, 241, 244, 245, 250, 252, 260, 263, 264, 283, 284
ムシッド　mushidd　75, 266
ムジャーヒド　al-Malik al-Mujāhid ʻAlī　29, 78, 119, 124, 154, 174, 175, 180, 208, 209, 210, 212, 213, 218, 246, 255, 258, 279
ムジャーヒド　Mujāhid　78, 183
ムスタァスィム　al-Mustaʻṣim bi Allāh ʻAbd Allāh　17, 143
ムスタンジド　al-Mustanjid Yūsuf　285
ムスタンスィル　al-Mustanṣir al-Manṣūr　16
ムトラーン　Muṭrān　195
『胸元の首飾り』　*Qilāda al-Naḥr fī Wafayāt Aʻyān al-Dahr*　229, 230
ムニーフ家　Āl Munīf　159
ムハー　al-Mukhā　123, 264
ムハンマド（預言者）　Muḥammad b. ʻAbd Allāh b. ʻAbd al-Muṭṭalib　20, 29, 194, 197, 207, 219, 230, 268, 281, 284
ムハンマド・アクワゥ　M. ʻA. al-Akwaʻ　208, 228
ムハンマド・ブン・ハールーン（ラスール）　Muḥammad b. Hārūn (Rasūl)　15, 285
ムフタスィブ　muḥtaṣib　271
ムフタッス　Abū Rashīd Mukhtaṣṣ b. ʻAbd Allāh al-Mujāhidī　174
ムフターフ　Mufṭāḥ　185
ムフリフ　Abū Manṣūr Mufliḥ al-Fātikī al-Saḥratī　243, 244
ムフリフ　Mufliḥ al-Shaddād　182
ムマッラフ　mumarraḥ　59
ムラーウィア　al-Murāwiʻa　223
ムワッヒド朝　269
『ムワッヒド朝期におけるマグリブとアンダルスの料理の書』　*Kitāb al-Ṭabīkh fī al-Maghrib wa al-Andalus fī ʻAṣr al-Muwaḥḥidīn*　269
ムワッファク　Muwaffaq Shihāb al-Dīn　246
ムンダイー　D. D. al-Mundaʻī　8, 110, 265, 284

メ

メース　basbāsa　51, 275
メフメト三世　Mehmed III　63
メフレン　A. F. Mehren　206
メルヴ　Marw　197, 198

モ

モガディシュ　Maqdishū　51, 52, 170, 269, 274
モスク　masjid, jāmiʻ　47, 119, 186, 218, 226
モスル　al-Mawṣil　197
没食子　ʻafṣ　51, 274
モーテル　R. T. Mortel　264
モルディブ諸島　211
モロッコ　36
モンゴル　Mughūl　3, 17, 143
文書庁　dīwān al-inshā'　220, 271

ヤ

ヤギ　māʻiz　42, 44, 262
ヤークート　Yāqūt　175
ヤークート　Yāqūt al-Rūmī　27, 197, 198, 242
家島彦一　4, 5, 8, 9, 189, 212, 222, 223, 257, 286
柳谷あゆみ　249
ヤフヤー家　Āl Yaḥyā　139
ヤフヤー・ブン・フサイン　Yaḥyā b. al-Ḥusayn　31, 61, 230, 237

ユ

『有益なる望み』　*Bughya al-Mustafīd fī Ta'rīkh Madīna Zabīd*　31, 177, 196, 219, 224, 225, 226, 227, 228
ユダヤ教徒　Yahūd　177, 179
ヨーロッパ　4, 130, 284, 286

ラ

ラァス・アルハッド　Ra's al-Ḥadd

マムルーク朝　3, 9, 29, 52, 64, 129, 154, 155, 164, 165, 174, 175, 178, 188, 190, 192, 206, 210, 211, 220, 221, 226, 247, 250, 251, 252, 253, 254, 256, 264, 266, 267, 268, 281, 285
マラクダール　maraqdār　74, 156
マラバール　Mulaybār　52, 273
マリク・サウード大学図書館　Maktaba Jāmiʻa al-Malik al-Saʻūd　217
マリーン朝　3, 212, 269
マルガッワ　Marghawwīya　51, 62
マルガリティ　R. E. Margariti　8, 9, 50, 237, 278
マルコ・ポーロ　Marco Polo　35
マルーハート　al-malūḥāt　40, 60
マルハラ　marḥala　119, 120, 121, 122, 133
『マルハラと距離に関する覚え書』 *Dhikr al-Marāḥil wa al-Masāfāt*　119
マルメロ　safarjal　261
マルワズィー　al-Marwazī　163
マンガルール　Manjarūr　51, 273
マンジク　Manjik　285
マンスィキーヤ　al-Mansikīya　205
マンスール　al-Manṣūr bi Allāh ʻAbd Allāh b. Ḥamza　203
マンスール一世　al-Malik al-Manṣūr ʻUmar　15, 16, 17, 61, 72, 154, 155, 160, 175, 192, 199, 245, 249, 252, 255, 278
マンスール二世　al-Malik al-Manṣūr Ayyūb　209, 246

ミ

ミッレト　dukhn　277
緑のイエメン　al-Yaman al-Khaḍrā', al-Yaman al-Akhḍar　6, 108, 191, 265
緑の一帯　Ḥayyiz al-Akhḍar　108
『南アラビア地誌』 *Ṣifa Bilād al-Yaman wa Makka wa Baʻḍ al-Ḥijāz al-musammāt Ta'rīkh al-Mustabṣir*　27, 117, 119, 120, 121, 123, 171, 198, 199, 229, 256, 261, 270, 274, 285
ミフタール　mihtār　153, 156, 157, 158, 159
ミフラーフ　Mikhlāf　88, 109, 256, 262, 264, 265
ミフラーフ・ジャァファル　Mikhlāf Jaʻfar　102, 103, 104, 109, 131, 162, 265, 276
ミフラーフ・スライマーニー　Mikhlāf Sulaymānī　255
ミムラーフ　Mimlāḥ　277
ミュラー　D. H. Müller　194
ミラノ　Milano　221
ミール　mīl　106, 119, 120, 121, 258, 263
明　246
ミント　naʻnaʻ　40, 102

ム

ムァイヤド一世　al-Malik al-Mu'ayyad Dāwūd　20, 21, 28, 29, 30, 119, 131, 159, 175, 177, 180, 186, 200, 204, 208, 209, 213, 214, 216, 217, 218, 221, 241, 244, 246, 259, 284
『ムァイヤド帳簿』 *Irtifāʻ al-Dawla al-Mu'ayyadīya: Jibāya Bilād al-Yaman fī ʻAhd al-Sulṭān al-Malik al-Mu'ayyad Dāwūd b. Yūsuf al-Rasūlī al-Mutawaffī Sana 721 h. / 1321 m.*　8, 10, 23, 24, 28, 85, 118, 141, 143, 146, 185, 186, 204, 205, 241, 246, 257, 260, 272, 276
ムァッザム　al-Malik al-Muʻaẓẓam Abū Bakr　71, 72
ムィッズ・アッディーン　Muʻizz al-Dīn Ismāʻīl　244
ムカシュキシュ　al-Mukashkish　31, 224, 225, 238
ムカッダスィー　al-Muqaddasī　118, 141, 143
ムカッラム　al-Malik al-Mukarram Aḥmad b. ʻAlī　277
ムクター　muqṭaʻ　75, 107, 178, 205, 246, 250, 285
ムクタフィー　al-Muqtafī Muḥammad　285
ムーサー　Mūsā b. Idrīs al-Ḥabūḍī　159
ムザッファル・アッディーン　Muẓaffar al-Dīn Mūsā　64, 65
ムザッファル一世　al-Malik al-Muẓaffar

ブラフ　M. Bulakh　240
フランクフルト・アム・マイン　Frankfurt am Main　206
フランス国立図書館　Bibliothèque Nationale de France　207, 208, 209, 222, 280
ブリル　E. J. Brill　194
フルバ，フルバの種　ḥulba, bizar ḥulba　70, 102, 275
ブロッケルマン　C. Brockelmann　64, 65, 203
ブローデル　F. Braudel　5, 10
焚香料　bukhūr　76
　イエメン風――　bukhūr Yamanī　69

ヘ

ヘイゼルナッツ　bunduq　37, 76, 110
ベイルート　Bayrūt　218, 221
ベニバナ　'uṣfur　109, 277
ペルシア湾　49, 199, 272, 273, 276
ベルリン国立図書館　Staatsbibliothek zu Berlin　201, 230

ホ

『宝庫』　*Kanz al-Akhyār fī Ma'rifa al-Siyar wa al-Akhbār*　28, 203, 204, 250, 251, 281
北部山岳地域（上地域）（Bilād al-'Ulyā）　31, 103, 110, 111, 113, 114, 115, 125, 132, 138, 145, 152, 156, 159, 163, 190, 193, 250, 261, 265, 281
ホダーバフシュ・バトナ図書館　Khudābakhsh Batnah　224
ホラーサーン　Khurāsān　198
ポルトガル　228
ホルムズ　Hurmuz　20, 146

マ

マァリブ　Ma'rib　142, 258, 261, 277
マァルーフ　ma'lūf　70
マイト　Mayṭ　51, 62
マウザゥ　Mawza'　107, 123, 138, 142, 205, 260, 272
マウラー　mawlā　246
マウル　Mawr　142, 205
薪　ḥaṭab　47, 155, 163, 251, 280
マグリブ　Maghrib　29, 78, 130, 212
マスウード　al-Mas'ūd Yūsuf b. al-Kāmil　16, 178, 252
マスウード一世　al-Malik al-Mas'ūd Ḥasan　21, 244
マスウード二世　al-Malik al-Mas'ūd Abū al-Qāsim　31, 217, 219, 224
マスチック　muṣṭakā　40, 51, 275
マズハフ　al-Mazḥaf　136
マスルール　Masrūr　175
混ぜ乳　qaṭīb　277
マッカ　Makka　10, 16, 20, 22, 52, 54, 68, 106, 107, 110, 117, 122, 123, 124, 125, 132, 136, 139, 142, 143, 144, 160, 190, 193, 195, 198, 199, 208, 211, 212, 223, 224, 257, 258, 264, 272
マッカ・シャリーフ政権　129, 254
マディーナ　al-Madīna　125, 136, 139
マドァジュ　'A. M. al-Mad'aj　204
マドナン　Madnan　180
マドラサ　madrasa　119, 163, 186, 207, 209, 245
『眼の慰み』　*Qurra al-'Uyūn fī Akhbār al-Yaman al-Maymūn*　31, 177, 228, 229, 238, 256
マハーリブ　al-Maḥālib　108, 121, 124, 144, 258
マーハル　Māhar　177
マファーリース　al-Mafālīs　102, 131, 136, 255, 256, 275
マフジャム　al-Mahjam　47, 102, 104, 107, 108, 113, 114, 121, 123, 124, 138, 144, 199, 200, 251, 257, 259, 260, 262, 263, 266, 277
マフジューブ　S. Maḥjūb　64, 65
マフディー朝　13, 112, 178, 195
マフマンダール　mahmandār　155, 252
マフムード・グール　Maḥmūd al-Ghūl　213
マムルーク　mamlūk　17, 71, 72, 78, 167, 175, 176, 177, 178, 182, 183, 184, 185, 187, 199, 245, 248

ヒスバ　ḥisba　57, 271
『被造物の驚異』　*'Ajā'ib al-Makhlūqāt*　28, 206
羊　ghanam　25, 41, 42, 47, 51, 62, 70, 113, 156, 159, 172, 262, 265, 270, 271, 276, 278, 282
　アラビア――　'arabīya　44, 59, 60
　バラービル――　barābir　43, 44, 51, 62, 109, 159, 275, 278
必要品　ḥawā'ijkhānāh, khānāh, ḥawā'ij　155, 161, 162, 249, 251
必要品館　ḥawā'ijkhānāh　46, 74, 152, 153, 154, 156, 161, 162, 163, 164, 172, 249, 251, 253, 254, 277
　ムザッファル一世の――　al-ḥawā'ijkhānāh al-Muẓaffarīya　153
ヒッリーヤ　al-Hillīya　16
ヒドマ　khidma　243, 249
ヒブシー　'A. M. al-Ḥibshī　30, 31, 209, 210, 215, 216, 218, 223, 224, 225, 226, 227, 228, 240, 241, 281
ヒムヤル王国　194
ヒムル　ḥiml　274
ヒヨコマメ　ḥummuṣ　37, 52, 53, 272, 275
ビラール　Bilāl　182
ヒーリー　Hīlī　51
ピリ・レイス　Pîrî Reis　118
ビルク　al-Birk　255
ヒルダ　al-Ḥirda　257, 263
ヒンツ　W. Hinz　119, 270, 274, 282
ピント　K. C. Pinto　118
ビンロウジ　fūfal　52, 273, 275

フ

ファーカヌール　Fākanūr　51
ファキーフ　faqīh　27, 31, 72, 75, 76, 77, 49, 184, 197, 207, 214, 229, 278, 282
ファース　Fās　212
ファーティマ家のダァワの拠点　maqarr al-da'wa al-Fāṭimīya　109
ファーティマ朝　195, 196, 245, 250, 253, 262, 268
ファーディル　al-Fāḍil 'Abd al-Raḥīm　196, 253
ファーヒル　al-Fākhir　245
ファーヒル　Fākhir al-Ashrafī　175
ファフド王国立図書館　Maktaba al-Malik Fahd al-Waṭanīya　205
ファフル・アッディーン　Fakhr al-Dīn Abū Bakr　15, 16
ファルサフ　farsakh　106, 119, 120, 121, 132, 139, 256, 258, 262, 263
ファルサフ IM　106, 119, 120, 121, 131, 133, 255, 256, 263
ファールス　Fārs　68
フィシャール　Fishāl　107, 123, 124, 259
フィーフィー　M. Y. al-Fīfī　177, 245, 249, 284
フィールーザーバーディー　al-Fīrūzābādī　171, 247
フィルス　fils　277
『付加されたる報酬』　*al-Faḍl al-Mazīd 'alā Bughya al-Mustafīd fī Akhbār Madīna Zabīd*　31, 227, 228, 238
武器館　ṣilāḥkhānāh　153, 154
ブクール　buqūl　40
布告書　marsūm　87
フサイニー　al-Ḥusaynī　30, 49, 221, 222, 238, 261, 265
フサイン系　al-Ḥusaynī　221
フサーム・アッディーン　Ḥusām al-Dīn Rāshid b. Shujay'a　159
フサーム・アッディーン　Ḥusām al-Dīn Lu'lu'　16
フーズィスターン　Khūzistān　162
フスタート　al-Fusṭāṭ　122
フダイダ　al-Ḥudayda　264
フッカーゥ　fuqqā'　61, 76, 157, 270
ブドウ　'inab　75
　干し――　zabīb　50, 75, 260
フトバ　khuṭba　16, 20, 283, 284
プトレマイオス　Ptolemy　28, 206
フーハ　al-Khūkha　264
ブハール　buhār　272, 275, 276
ブライヒー　al-Burayhī　31, 225, 238
『ブライヒー史』　*Ṭabaqāt Ṣulaḥā' al-Yaman*　31, 225

172
料理人の――　al-khuddām al-ṭabbākhīna　183
ハーティム族　Banū Ḥātim　202, 203
ハディーライン　Khadīrayn　275
バトゥール　baṭūl
→ハーディム
ハドラマウト　Ḥaḍramawt　17, 41, 110, 125, 142, 143, 144, 159, 160, 182, 199, 226, 229, 260, 261, 264, 276, 278, 283
バドル・アッディーン　Badr al-Dīn al-Ḥasan　15, 16
バドル族　Banū Badr　220
バトン・ジャービル　Baṭn Jābir　257
ハーナ　khāna, khānāh　152, 153, 154, 155, 159, 164, 253, 254, 271
バナー　Banā　260
バナナ　mawz　60, 276
『花嫁の冠』　*Tāj al-'Arūs min Jawāhir al-Qāmūs*　174, 248
バーブ・アルマンダブ海峡　Bāb al-Mandab　43, 106, 123, 131, 132, 138, 176, 199, 257, 278
ハフス朝　3
ハブーディー朝　159
ハマー　Ḥamā　206
ハマウィー　Nūr al-Dīn 'Alī b. Iyās al-Ḥamawī　76
バー・マフラマ　Bā Makhrama　31, 208, 225, 229, 230, 238, 248
ハーミリー　'A. 'A. 'A. al-Khāmirī　215
ハムダーニー　al-Hamdānī　6, 27, 69, 70, 80, 111, 123, 141, 193, 194, 242, 262
ハムダーン朝　13, 112
ハラージュ　kharāj　6, 81, 111, 205
ハラーズ　Ḥarāz　132
バラ水　māward, mā' ward　67, 68, 76, 267
ハラド　Ḥaraḍ　16, 124, 138, 139, 144, 205, 255, 260, 284
パリ　Paris　207, 209, 222
ハリー　Ḥalī b. Ya'qūb　124, 139, 144, 160, 172, 212, 250, 255, 257
バリーグ・アッディーン　Balīgh al-Dīn al-Hādī b. Rājiḥ　160
ハリース　harīs　74
宴席のハリーサ　harīsa al-sumāṭ　74
バリード　barīd　258
バルバラ　Barbara　43, 44
バルヒー　al-Balkhī　259
バルヒー学派　The Balkhī School　118, 141, 144, 145, 146, 259
ハルフ　al-Ḥarf　215
ハワーイジュカーシュ　ḥawā'ijkāsh　46, 155, 156, 157
バワーリド　bawārid　271
パン　khubz　25, 26, 59, 73, 74, 163
製――所　makhbaz　156, 157
――切り人　qaṭṭā'　157
――職人　khabbāz　26, 157
ハンフル　Khanfur　260
ハンマーム　ḥammām　280

ヒ

ピアメンタ　M. Piamenta　202, 267, 268, 275
東アジア　212
東アフリカ　10, 22, 41, 43, 51, 54, 62, 109, 123, 130, 142, 159, 169, 170, 172, 173, 174, 176, 177, 178, 181, 183, 187, 188, 191, 211, 212, 245, 246, 257, 269, 274, 278
『庇護されたるイエメンにおける播種時期の知識に関する一章』　*Faṣl fī Ma'rifa al-Matānīm wa al-Asiqā fī al-Yaman al-Maḥrūsa*　213, 272
ビザンツ帝国　197, 285
ビーシャ　Bīsha　261
ヒジャーズ　al-Ḥijāz　17, 122, 125, 144, 198, 272, 276
ヒジャーズィー　Badr al-Dīn Ḥasan b. 'Alī al-Ḥijāzī　76
ヒジャーズィー　M. Ḥijāzī　209, 210
『ヒジュラ暦 11 世紀におけるサナア日誌』　*Yawmīyāt Ṣan'ā' fī al-Qarn al-Ḥādī 'Ashar*　230
秘書官　kātib al-sirr　78, 211
ピスタチオ　fustuq　67, 76, 110

乳香　lubān　273, 275
鶏　dajāj　47
ニンニク　thawm　60, 109

ヌ

ヌビア　al-Nūba　170, 172, 247
ヌール・アッディーン　Nūr al-Dīn
　→マンスール一世
ヌワイリー　al-Nuwayrī　154, 209, 210, 211, 220, 252

ネ

『願いの終わり』　*Nihāya al-Arab fī al-Funūn al-Adab*　154, 209, 210
『願いの極み』　*Ghāya al-Amānī fī Akhbār al-Qa ṭr al-Yamānī*　31, 61, 111, 230, 231, 244, 261
『年代記』　*Ta'rīkh al-Yaman fī al-Dawla al-Rasūlīya*　30, 138, 222, 223, 238, 246

ノ

『農業の知識に関する素晴らしき知恵』　*Milḥ al-Malāḥa fī Ma'rifa al-Filāḥa*　28, 202
飲み会　majlis al-sharāb　61
乗物館　rakabkhānāh　153, 154

ハ

配合香辛料　aṭrāf al-ṭīb　52, 53, 60, 61, 66
ハイス　Ḥays　107, 123, 131, 205, 260, 272
バイト・アルファキーフ　Bayt al-Faqīh　224
ハイワーン　Khaywān　258
バー・カッダーム　Muḥammad b. 'Umar Bā Qaḍḍām　229
バグダーディー　al-Baghdādī　63, 269
バグダード　Baghdād　63, 64, 122, 130, 141, 197
バクラ　baqla　267
ハクル・カターブ　Ḥaql Qatāb　111
ハサン系　al-Ḥasanī　203, 255
ハージブ　ḥājib　78, 266
バジル　rayḥān　52, 53, 68, 268
ハースィブ　Sharaf al-Dīn al-Ḥāsib　163
ハズラジー　al-Khazrajī　30, 31, 40, 75, 76, 77, 173, 176, 180, 202, 208, 214, 217, 218, 219, 220, 223, 225, 226, 228, 230, 239, 241, 261
パセリ　baqdūnas　40
ハダウィー　Ibrāhīm b. Aḥmad b. Tāj al-Dīn al-Hadawī　249
バター油脂　samn　53, 106, 109, 162, 170, 262, 269, 272, 274, 276
　エジプト——　Miṣrī　271
蜂蜜　'asal, 'asal naḥl　25, 37, 50, 59, 66, 67, 73, 106, 160, 162, 163, 275, 276
　ウスキー——　'usqī　262
ハッジャ　al-Ḥajja　142
ハッジャーフィー　Burhān al-Dīn al-Ḥajjāfī　76
ハーッジュ　Muqbil al-Ḥājj　231
ハッダール　Muḥammad b. 'Abd Allāh al-Haddār　225
ハッビー　Muḥsin b. Mahdī b. Ḥusayn al-Ḥabbī　231
馬丁　suwās　181
ハーディ＝ギルバート　C. Hardy-Guilbert　283
ハーディス　al-Ḥādith　125, 136, 257, 264
ハティーブ　D. al-Khaṭīb　64, 65
ハーディム　khādim　61, 74, 88, 157, 163, 167, 169, 170, 171, 172, 173, 174, 176, 177, 180, 183, 184, 185, 186, 187, 242, 243, 245, 246, 247, 248, 265, 270
　牛とともにある——　khādim fī al-thīra　247
　中国の支配者の——　khādim ṣāḥib al-Ṣīn　246
　——たちの教育者　sā'is al-khuddām　173
　——たちの教師　mu'allim al-khuddām　173
　——による被雇用者　arbāb al-khuddām　181
　——筆頭　al-khādim al-muqaddam

デリー・サルタナ朝　3, 254
典範　ḍarība　25, 26, 73, 276, 280, 282
デンプン　nashā　25, 47, 60, 66, 67, 73, 163, 280
デンマーク王立図書館　Det Kongelige Bibliotek　206

ト

ドイツ　224, 227, 228
唐　249
陶器，陶磁器　fakhkhār　74, 106, 156, 263, 273
　一般――　kharajī　74
　泉州積出――深皿　mathārid Zaytūnī　74
　中国――　Ṣīnī　52, 74, 109, 151, 254, 273, 274
トゥグタキーン　Ṭughtakīn b. Ayyūb　15
トゥジービー　*Ibn Razīn al-Tujībī*　269
『道程』　*al-Sulūk fī Ṭabaqāt al-'Ulamā' wa al-Mulūk*　28, 29, 30, 195, 207, 223, 229, 278
東南アジア　51, 52, 54, 80, 109, 123, 151, 269, 275
動物性油脂　wadak　51, 62, 269
ドゥムルワ　al-Dumluwa　87, 88, 102, 139, 175, 245, 246, 262
トゥーラーン・シャー　Tūrānshāh b. Ayyūb　13, 15, 112, 196
トゥール　al-Ṭūr　129
ドゥンブ入江　Khawr al-Dunb　273
特別食　khāṣṣ, ṭa'ām al-khāṣṣ　73, 79, 158
トプカプ宮殿博物館付属図書館　Topkapı Sarayı Müzesi Kütüphanesi　63, 211
『友との絆』　*Wuṣla ilā al-Ḥabīb Waṣf al-Ṭayyibāt wa al-Ṭīb*　64, 65, 66, 67, 68, 69, 157, 267

ナ

ナーイブ　nā'ib　16, 175, 284
ナキーブ　naqīb　180
ナジャーブ　najāb　135, 136
ナジャーフ家　Banū Najāḥ　177
ナジャーフ朝　107, 123, 131, 177, 178, 195, 244, 248, 250
ナジュド　Najd　142
ナジュラーン　Najrān　199, 202, 258, 262
ナーシリー　Muwaffaq al-Dīn 'Alī b. Muḥammad al-Nāshirī　76
ナスィーフ　A. S. al-Naseef　213, 240
ナースィル　al-Malik al-Nāṣir Muḥammad　206
ナースィル　Muḥammad Nāṣir　219
ナースィル（ジャラール・アッディーン）　al-Malik al-Nāṣir Jalāl al-Dīn Muḥammad　20, 21, 175, 252
ナースィル一世　al-Malik al-Nāṣir Aḥmad　30, 218, 221
ナースィル二世　al-Malik al-Nāṣir Aḥmad　107
ナスビ　bādhinjān　46, 163, 277
ナスル・アッラーフ　N. Nasrallah　270, 282
ナスル朝　3
ナツメグ　jawzā'　51, 274
ナツメヤシ　tamr, nakhl　40, 41, 106, 108, 142, 162, 178, 266, 271, 272, 274, 275, 277
　スィゥル・――　thi'l　106, 263
　マッカ・――　Makkī　263
『ナバテアの農業』　*al-Filāḥa al-Nabaṭīya*　269
ナフラ　Nakhla　276
南部山岳地域　6, 17, 51, 102, 103, 105, 107, 108, 109, 111, 112, 113, 114, 115, 125, 131, 138, 139, 190, 207, 213

ニ

ニザーフ・アルバサンドゥード　niẓāḥ al-basandūd　61
ニザーム・アッディーン　Niẓām al-Dīn al-Mukhtaṣṣ b. 'Abd Allāh al-Muẓaffarī　175, 245
ニスバ　nisba　41, 47, 69, 194, 202, 207, 220, 230, 265, 274, 279
肉桂　qirfa　51, 60, 61, 275

『知識の光』　*Nūr al-Ma'ārif fī Nuẓum wa Qawānīn wa A'rāf al-Yaman fī al-'Ahd al-Muẓaffarī al-Wārif*　8, 10, 11, 12, 17, 21, 22, 23, 24, 25, 26, 28, 35, 36, 41, 42, 46, 47, 49, 51, 53, 54, 57, 58, 59, 60, 61, 62, 66, 67, 68, 70, 71, 72, 73, 77, 80, 85, 87, 102, 105, 113, 114, 117, 118, 119, 125, 129, 134, 136, 152, 153, 154, 155, 157, 164, 167, 169, 171, 172, 174, 178, 179, 180, 182, 193, 205, 246, 247, 248, 250, 251, 252, 253, 254, 257, 260, 262, 263, 266, 268, 273, 276, 277, 279, 282, 283
チーズ　jubn　60, 277
乳　ḥalīb　47, 163
地中海　5, 54
『地中海』　5
『地名辞典』　*Mu'jam al-Buldān*　27, 125, 197, 198, 256
『地名ニスバの書』　*al-Nisba ilā al-Mawāḍi' wa al-Buldān*　230
チャード　silq　40, 279
中央アジア　54, 130, 211
中間道　al-wusṭā　123, 124, 258
中国　al-Ṣīn　20, 36, 52, 74, 109, 146, 273
中国船団（あるいは中国へ向かう船団）　marākib al-Ṣīn　273
厨房　maṭbakh　37, 46, 106, 107, 152, 154, 155, 156, 157, 158, 163, 164, 251, 253, 254, 271, 280
　アシュラフ一世に由来する特別なる聖なる――　al-maṭbakh al-karīm al-khāṣṣ al-Ashrafī　153
　一般向け――　al-maṭbakh al-kharajī　156
　特別な――　al-maṭbakh al-khāṣṣ　156
調達命令書　istid'ā', mustad'ā'　35, 40, 87, 102, 280
『著述家たるイエメンの諸王の出来事に関する高価なる首飾り』　*al-'Iqd al-Thamīn fī Akhbār Mulūk al-Yaman al-Muta'akhkhirīn*　203, 241
チョードリー　K. N. Chaudhuri　5, 10
『地理学』　*Taqwīm al-Buldān*　28, 206, 257, 258

ツ

ツェッタースティン　K. W. Zettersteen　201
漬物師　kamākhī　157

テ

手当て　rātib　37, 47, 57, 61, 73, 87, 88, 158, 160, 161, 162, 163, 249, 251, 280
低地イエメン　al-Yaman al-Asfal　111, 261
ディーナール　dīnār　46, 47, 62, 78, 133, 134, 135, 157, 163, 171, 172, 173, 182, 183, 184, 185, 186, 242, 243, 266, 272, 275, 276, 277
ティーニー　Muwaffaq al-Dīn 'Alī al-Ṭīnī　76
ティハーマ　Tihāma　13, 16, 17, 30, 41, 71, 72, 102, 104, 106, 107, 108, 112, 113, 114, 115, 121, 123, 124, 125, 131, 132, 138, 143, 160, 162, 199, 205, 210, 212, 213, 216, 217, 247, 250, 251, 259, 260, 263, 264, 272, 274, 279
ディマシュキー　al-Dimashqī　28, 205, 206, 241
ディヤーゥ　Ḍiyā'　173, 183
ディルハム　dirham　156, 270, 277
鄭和　228, 246
ディーワーニー　dīwānī　134, 135
『出来事』　*al-Tawqī'āt fī Taqwīm*　30, 217, 218, 239
『出来事の宝庫の要約に関する観察の楽しみ』　*Nuzha al-Abṣār fī Ikhtiṣār Kanz al-Akhbār*　204
『適正と情報』　*Kifāya wa al-I'lām fī man waliya al-Yaman wa sakana-hu fī al-Islām*　218, 219, 220
鉄　ḥadīd　274
デュカテ　G. Ducatez　285
デュセーヌ　J. Ducène　214
テュービンゲン　Tübingen　224, 227, 228
テュルク　Turk　57, 176, 201, 248, 285

タ

タァカル　al-Ta‘kar　47, 107, 108, 251, 262, 277
ダァワ　da‘wa　262
大英図書館　The British Library　194, 196, 201, 204, 224, 238, 280
大王の王座　kursī malik kabīr　107
タイッズ　Ta‘izz　17, 20, 30, 36, 42, 61, 68, 72, 85, 102, 105, 108, 109, 110, 111, 112, 113, 114, 122, 123, 124, 125, 130, 131, 132, 133, 134, 135, 136, 143, 144, 145, 146, 162, 163, 178, 190, 199, 205, 207, 212, 217, 224, 225, 246, 249, 257, 260, 261, 262, 264, 265, 266, 274, 278, 280
タイッズの城砦の穀倉（タイッズの穀倉）　ahrā’ ḥiṣn Ta‘izz (ahrā’ Ta‘izz)　249, 262
退廃の徒　ahl al-fasād　138
タイム　ṣa‘tar　60, 61
大モスク付設図書館（サナア）　al-Maktaba al-Gharbīya bi al-Jāmi‘ al-Kabīr (Ṣan‘ā’)　216, 281
大モスク付設ワクフ図書館（ザマール）　Maktaba al-Awqāf bi al-Jāmi‘ al-Kabīr (Dhamār)　281
『大旅行記』*Tuḥfa al-Nuẓẓār fī Gharā’ib al-Amṣār wa ‘Ajā’ib al-Aṣfār*　29, 211, 212
タウィーラ地方　Bilād al-Ṭawīla　261
タージュ・アッディーン　Tāj al-Dīn Badr b. ‘Abd Allāh al-Muẓaffarī　175, 245, 252
タシュタダール　ṭashtadār　155, 185, 252
ターナ　Tāna　250
タバーラ　Tabāla　258
ターヒル朝　31, 192, 224, 226, 227, 228, 244, 260, 262, 266, 267, 279
『ターヒル朝の歴史に関する光輝く首飾り』　*al-‘Iqd al-Bāhir fī Ta’rīkh Dawla Banī Ṭāhir*　226
ダフラク島　Dahlak　20, 51, 129, 170, 172, 257
卵　bayḍ　25, 47, 60, 66, 67, 102, 163, 257, 277
ダマスカス　Dimashq　64, 122, 130, 206, 210, 211
タマネギ　baṣal yābis　60
『賜物』　*Kitāb al-‘Aṭāyā al-Sannīya wa al-Mawāhib al-Hannīya fī al-Manāqib al-Yamanīya*　20, 29, 174, 214, 239
タマリンド（ḥumar）　ḥumar　50, 88, 106, 273, 275
タマリンド（thamara）　thamara　52, 273, 275
タラーイゥ　Ṭalā‘i’ b. Ruzzīk　195,
盥館　ṭashtakhānāh　153, 154, 163
ターリー　ṭārī　47, 48, 73
タール　qaṭrān　265, 280
タワーシー　ṭawāshī　47, 88, 162, 163, 167, 173, 174, 175, 176, 186, 187, 245, 246, 252, 265, 277
　中国の支配者の使者である――　al-ṭawāshī rasūl ṣāḥib al-Ṣīn　246
タワーシー・アズィーズ・アッダウラの御方　jiha al-ṭawāshī ‘Azīz al-Dawla Rayḥān al-Luqmānī　87
タワーシー・アフマドの御方　jiha al-ṭawāshī Aḥmad b. Maysar　158
タワーシー・アンバルの御方　jiha al-ṭawāshī (Shujā‘ al-Dīn) ‘Anbar　155, 157, 186, 187, 251
タワーシー・イフティヤール・アッディーンの御方　jiha al-ṭawāshī Ikhtiyār al-Dīn Muḥsin al-Ashrafī　47
タワーシー・シャフィーゥ・アッドゥムルウィーの御方　jiha al-ṭawāshī Shafī‘ al-Dumluwī　155
タワーシー・ラディー・アッディーンの御方　jiha al-ṭawāshī Raḍī al-Dīn Fakhr　162, 173
炭酸カリウム　ushnān　51, 268, 274
タンジェ　Ṭanja　211
ダンロップ　M. Dunlop　206

チ

『知恵の秘密』　*Sarā’ir al-Ḥikma*　194
チェレビ　D. Chelebi　63, 64

ス

酢　khall　60, 270
ズアール　al-Dhu'āl　102, 106, 144, 205, 260, 272
ズィー・アッスファール　Dhī al-Sufāl　131, 245
スィカーゥ　siqā'　61, 157,
　砂糖の――　siqā' sukkar　163
スィクジャビーン（スィクバージュ）　sikjabīn (sikbāj)　61,
スィッライン　al-Sirrayin　139
ズィマーム　zimām　175, 245
ズィヤード朝　247
スィラー　Silā, al-Silā　52, 273
スィラーフ　Abū al-Su'ūd Shihāb al-Dīn Ṣilāḥ b. 'Abd Allāh al-Mu'ayyadī　175
スィラーフダール　ṣilāḥdārīya　253
スィラーフの御方　jiha al-Ṣilāḥ　175
スィーラーン島　Jazīra al-Sīlān　273
スィーリー　al-Sīlī　273
スィンダーン（スィンダーブール）　Sindān (Sindābūr)　273
スウェーデン　206
スース　al-Sūs　162
スースィー　Sūsī　162
スッリーヤ　surrīya　178, 179
スティーヴンソン　T. H. Stevenson　286
ズハール山　Jabal Dhukhār　262
スービヤー（スビーヤ，スービーヤー）　sūbiyā (subīya, sūbīyā)　61, 76, 157, 250, 251
　イエメン風――　sūbiyā Yamanīya　69
ズファール（ズファール・アルハブーディー）　Ẓufār (Ẓufār al-Ḥabūḍī)　52, 171, 199, 212, 273
スーフィー　sūfī　216, 229
スフトゥール　suḥtūr, sukhtūr　62, 162, 249, 269, 271
ズブハーン　al-Dhubhān　102, 264
スフール　suḥūr　271
スミス　G. R. Smith　27, 31, 62, 120, 174, 199, 203, 213, 221, 227, 228, 230, 241, 246, 259, 273, 274, 284
ズライゥ家　Banū Zuray'　246
ズライゥ朝　13, 112, 171, 195, 246, 253, 285
スライヒー　'Alī b. Muḥammad al-Ṣulayḥī　30, 177, 222
スライフ家の玉座　kursī al-malik li Banī al-Ṣulayḥī　109
スライフ朝　108, 123, 177, 178, 222, 243, 252, 262, 277
スライマーン族　Banū Sulaymān　255
スライマーンの母　umm Sulaymān　184
スラヴ人　Ṣaqāliba　173
スリランカ　211
スルタンの道　al-ṭarīq al-sulṭānī　107
スルタンの幹線路　al-jādd al-sulṭānīya　123
スルドゥド　Surdud　24, 144, 205, 272
スレイマニエ図書館　Süleymaniye Kütüphanesi　199, 211
スンマーク　summāq　52, 53

セ

政庁　dīwān　172, 253, 276, 278
聖なる御門　al-bāb al-karīm　254
セズギン　F. Sezgin　211
石灰　nūra　52
石灰石を取り扱う職人　al-ṣāni' al-munawwar　182
セッケン　ṣābūn　53, 54, 268, 272, 274
浙江省　74
セナイアン　M. A. R. al-Thenayian　258
セルジューク朝　266
泉州　Zaytūn　52, 74

ソ

象　fīl 254
ソーセージ（スジュク）　sujāq (sucuk)　58, 61
ソマリア　274
ソルガム　dhura　108, 262, 277
ソルボンヌ大学　Université Parìs-Sorbonne　9

ジャバラ　Jabala b. al-Ayham　285
シャヒード　al-Shahīd
→マンスール一世
シャーフィイー派　al-Shāfi'īya　27, 31, 61, 112, 195, 196, 197, 204, 207, 210, 220, 221, 226, 229, 281
シャフィーゥ　Shafī'　185
シャフワーン　Shahwān b. Manṣūr　159
ジャマール・アッディーン　Jamāl al-Dīn 'Alī b. 'Abd Allāh　159, 203, 250,
シャムス・アッディーン　Shams al-Dīn 'Alī　15
シャムス・アッディーン　M. Ḥ. Shams al-Dīn　221
シャムス・アッディーン　Shams al-Dīn Mughlṭāy al-Duwaydār　163
シャムルーフ　N. A. al-Shamrookh　8, 9, 50, 170, 273, 276
シャラーイフ　sharā'iḥ　59
シャラフ・アッディーン　Sharaf al-Dīn Mūsā　15
シャラフ・キルハーフ　Sharaf Qilḥāf　261
シャリーフ　sharīf　28, 79, 159, 160, 162, 164, 203, 204, 221, 249, 250, 255, 281
ジャーリヤ　jāriya　167, 169, 170, 171, 172, 173, 176, 177, 178, 179, 187, 242, 247
シャルジー　al-Sharjī　76
シャルジャ　al-Sharja　139, 255, 257, 264
シャワーニー（税，船団）　shawānī　53, 272
ジャンク船の船主　nākhūdha al-zank　246
（アミール・）ジャーンダール　（amīr）jāndār　78, 79, 155, 252, 266
ジャンブ　Janb　159
13 世紀世界システム　4, 5
修道所　ribāṭ　247
シュクル　shuqr　60, 61, 68, 70, 77, 102
ジュッダ　Judda　142, 144, 212
ジュール　Jūr　68
ジュンディー　jundī　135
小アジア　211
ショウガ　zanjabīl　50, 60, 61, 106, 273, 275
使用人　ḥāshiya　47, 164, 173, 181, 183, 184, 186, 187, 243, 251, 277, 280
　厩舎の――　ḥāshiya al-īsṭabl　252
『商人のアラビア』　*L'Arabie marchande: État et commerce sous les sultans rasūlides du Yémen (626-858/1229-1454)*　10
諸館　buyūt, buyūtāt　153, 154, 157, 172, 183, 184, 243, 253, 254
書記　kātib　59, 74, 75, 153, 155, 161, 167, 187, 212, 220, 222, 251, 253, 271,
諸政庁の――たち　kuttāb al-dawāwīn　75
『書記官提要』　*Mulakhkhaṣ al-Fiṭan*　8, 10, 23, 30, 49, 51, 170, 171, 180, 221, 222, 251, 265, 272, 276
『諸政庁の諸規則』　*Kitāb Qawānīn al-Dawāwīn*　154, 253
『諸地域道里一覧』　*Masālik al-Abṣār fī Mamālik al-Amṣār*　29, 122, 210, 211
シーラーズ　Shīrāz　130
ジラーブ船　jilāb　257
シリア　al-Shām　28, 53, 54, 122, 130, 197, 204, 206, 208, 209, 211, 264, 285
『時流の厳選』　*Kitāb Nukhba al-Dahr fī 'Ajā'ib al-Barr wa al-Baḥr*　28, 205, 206
私領地　milk　176, 186, 187, 205
シールクーフ　Shīrkūh　195
沈香　'ūd　254
『真珠の首飾り』　*al-'Uqūd al-Lu'lu'īya fī Ta'rīkh al-Dawla al-Rasūlīya*　30, 78, 133, 174, 180, 181, 218, 219, 223, 266, 278
『信頼』　*al-Mu'tamad fī al-Adwiya al-Mufrada*　27, 199, 241
『人類史概要』　*Mukhtaṣar Ta'rīkh al-Bashar*　207

Allāh　209
ザーヒル二世　al-Malik al-Ẓāhir Yaḥyā　222
サビル山　Jabal Ṣabir　266
サファー　M. al-Safā　200, 241
サファヴィー朝　179, 182, 185
サファド　Ṣafad　206
ザファール　Ẓafār　112, 207, 262
ザーフィル　al-Ẓāfir Ismā'īl　195
ザーフィル二世　al-Ẓāfir 'Āmir　226
サブーラ　sabūla　77, 266
サフラン　ṣa'farān　40, 52, 60, 61, 68, 275
サブリー　Shihāb al-Dīn Aḥmad b. Abī Bakr al-Ṣabrī　76
『様々な工芸品に関する発明』　*al-Mukhtara' fī Funūn min al-Ṣun'*　200
ザマール　Dhamār　111, 112, 113, 114, 123, 125, 132, 144, 145, 199, 215, 258, 259, 261, 262, 281
サムアーニー家　al-Sam'ānī　197
サーラ　al-Sāra　276
サラート山脈　Jibāl al-Sarawāt　108, 142, 143, 144, 264
サラーフ・アッディーン　Ṣalāḥ al-Dīn Yūsuf b. Ayyūb　13, 195, 196, 253
サラーマ　al-Salāma　130
サーリヒーヤ　M. 'I. Ṣāliḥīya　227
サーリム　Sālim b. Idrīs al-Ḥabūḍī　159
サーリム・アッディーン　Ṣārim al-Dīn　175, 246
サルタ　salṭa　70
サワー　al-Sawā　102, 262
サワーキン　al-Sawākin　129, 212
サワード　Sawād　269
山岳道　ṭarīq al-jibāl　123, 258
ザンギー朝　249
サンクトペテルブルク　St. Pétersbourg　206
サンジャル　Sanjar　78
ザンジュ　Zanj　170, 171
サンブーサク　sanbūsak　60, 61, 270

シ

シェルホド　J. Chelhod　227, 228
塩　milḥ　59, 60, 270, 277, 279
塩漬け魚　ṣayd māliḥ, mumallaḥ　41
ジズル族　al-Jizlī　169, 248
『時代の贈物』　*Tuḥfa al-Zamān fī Ta'rīkh al-Yaman*　30, 208, 223, 230
仕立屋　khayyāṭ　187, 251
シトロン　uturunj　77
ジハード　jihād　177
シハーブ・アッディーン　Shihāb al-Dīn al-Wazīr　257
シバーム　Shibām　258
ジブラ　Jibla, Dhū Jibla　51, 102, 108, 109, 125, 131, 199, 212, 262, 274, 277
シフル　al-Shiḥr　20, 41, 142, 143, 159, 171, 200, 260, 283
シブル・アッダウラ　Shibl al-Dawla Kāfūr　163
清水和裕　4, 179
ジムダール　jimdār　173, 183, 184
ジャァル　Ja'r　180
シャイフ　shaykh　28, 79, 156, 159, 180, 181, 206, 207, 219, 242, 244, 247, 248, 255, 260, 281
シャーウィシーヤ　shāwishīya　78, 266
ジャウハル　Jawhar　175
ジャウフ　al-Jawf　261
麝香　zabād　267, 274
麝香鹿香　musk　76
ジャーズィム　M. 'A. Jāzim　22, 23, 47, 119, 155, 157, 174, 179, 204, 205, 216, 248, 254, 256, 261, 266, 268, 271, 273, 277, 279, 280
ジャナディー　al-Janadī　27, 28, 30, 194, 196, 197, 207, 208, 214, 223, 225, 226, 229, 240
ジャナド　al-Janad　16, 17, 102, 109, 112, 123, 131, 132, 136, 143, 180, 194, 199, 205, 207, 245, 255, 256, 259, 262, 264, 274
ジャハーフィル族　al-Jaḥāfil　21, 138, 244, 255

サ

サァダ　Ṣa‘da　112, 123, 125, 132, 144, 193, 199, 256, 258, 260, 261, 276
サァバート　Tha‘bāt　61, 105, 131, 181
サイ　karkadan　254
サイード　M. Sa‘īd　284
サイード　A. F. Sayyid　211
ザイド派　al-Zaydīya　8, 28, 31, 32, 61, 192, 203, 204, 230, 260, 281
ザイド派イマーム勢力　8, 13, 17, 21, 22, 31, 111, 112, 113, 114, 129, 132, 138, 145, 152, 159, 164, 190, 202, 203, 258, 260, 278, 281
サイフ・アッディーン　Sayf al-Dīn al-Ṭughrīl　175
ザイヤーン朝　3
ザイラゥ　Zayla‘　43, 44, 51, 62, 142, 170, 212, 257, 269, 278
ザイラーク魚　ẓayrāk　40, 60, 270
サカーサク族　Banū Sakāsak　207
ザクロ　rummān　67, 88, 106, 162, 261
ザクロ風　rummānīya　67
サージェント　R. B. Serjeant　8, 9, 44, 213, 221, 285
ザッバーラ　Ṣafī al-Islām Aḥmad b. ‘Alī Zabbāra　227
サデ　N. Sadek　218
サティート　saṭīṭ　59
砂糖　sukkar　46, 47, 50, 51, 54, 62, 66, 67, 163, 250, 262, 274, 276
　赤——　aḥmar　47, 108, 276
　ウシャルの——　sukkar al-‘Ushar　262
　——液　jullāb　59, 66, 67
　白——　abyaḍ　25, 37, 60, 66, 73, 108, 163, 267, 270
　モガディシュ——　sukkar Maqdishī　62
砂糖菓子　ḥalwā　25, 46, 47, 58, 59, 66, 67, 68, 69, 73, 158, 164, 187, 250, 268, 269
　——職人　ḥalawānī　47, 157, 163
　——の場　majlis al-ḥalwā　75, 77
　——の館　bayt al-ḥalwā　37, 156, 157
　セッケン風（砂糖菓子）　ṣābūnī, ṣābūnīya　66, 67, 268,
　中間（砂糖菓子）　mutawassaṭ　73
　特別（砂糖菓子）　khāṣṣ　73
　ハラーワ・ダジャージュ　ḥalāwa dajāj　68
サトウキビ　qaṣab al-sukkar　108, 262, 273
　——圧搾所　ma‘ṣara　108
佐藤次高　247
サナア　Ṣan‘ā’　8, 13, 17, 20, 21, 27, 28, 69, 108, 110, 111, 112, 113, 123, 125, 132, 138, 143, 144, 175, 186, 193, 194, 195, 199, 200, 202, 212, 216, 217, 227, 230, 256, 258, 260, 261, 262, 264, 281
『サナア史』　*Ta’rīkh Madīna Ṣan‘ā’*　27, 194, 195, 264
『サナア史補遺』　*Kitāb al-Ikhtiṣāṣ: Dhayr Ta’rīkh Madīna Ṣan‘ā’ li al-Rāzī*　195
サナア大学　Jāmi‘a Ṣan‘ā’　215, 224
サハーウィー　al-Sakhāwī　224, 226
ザバディー　zabadī　25, 26, 37, 60, 88, 282
サハラト族　al-Saḥratī　169, 248
サービク・アッディーン　Sābiq al-Dīn b. al-Juzarī　163
ザビーディー　al-Murtaḍā al-Zabīdī　174, 248
ザビード　Zabīd　13, 17, 31, 41, 71, 72, 88, 102, 103, 104, 106, 107, 108, 112, 113, 114, 121, 122, 123, 124, 125, 130, 131, 132, 133, 134, 135, 136, 138, 139, 141, 143, 144, 145, 146, 162, 172, 176, 178, 190, 195, 199, 205, 207, 212, 214, 215, 218, 219, 223, 224, 225, 226, 227, 228, 245, 247, 250, 252, 255, 256, 257, 258, 259, 260, 262, 263, 264, 272, 273, 279, 281
『ザビード史』　*Ta’rīkh Madīna Zabīd*　31, 224
ザーヒリー　al-Ẓāhirī　252
ザーヒル　al-Malik al-Ẓāhir Ghāzī　253
ザーヒル一世　al-Malik al-Ẓāhir ‘Abd

クトゥナ　Kutna　258
クーファ　Kūfa　198
クマール　Qumār　273
クマール沈香の葉　waraq Qumārī　51, 274
クミン　kammūn　40, 44, 51, 270, 274, 275
グラーフィカ　Ghulāfiqa　41, 106, 113, 123, 132, 260, 279
グラーム　ghulām　75, 153, 156, 157, 159, 167, 172, 179, 180, 181, 182, 185, 187, 242, 243, 244, 252
　インドから運ばれる――たち　ghilmān ḥawdar yujlabūna min al-Hind　180
　廐舎の――たち　ghilmān al-isṭabl　185, 242, 252
　ロバ引きの――たち　ghilmān al-baghla　181
栗山保之　8, 49, 74, 272, 276
クルーケン　B. E. Croken　133
クルド　Kurd　21, 245, 248
クルト朝　3
クルミ　jawz　60, 75, 109
黒キャラウェイ　karāwayā aswad　44, 110
クローブ　qurunful　51, 275
軍楽器，軍楽隊　ṭablkhānāh　155, 251, 252
軍楽器館　ṭablkhānāh　153, 154, 155, 158

ケ

ケイ　H. C. Kay　27, 196, 241
迎賓館　dār al-ḍayf　36, 72, 73
ケシ　khishkhāsh　44, 47, 109, 262
『傑作』　*Ṭurfa al-Aṣḥāb fī Maʻrifa al-Ansāb*　28, 139, 200, 201, 255
ゲニザ文書　The Cairo Genizah　8
『絢爛』　*Bahja al-Zaman fī Taʻrīkh al-Yaman*　29, 208, 209, 210

コ

交易離散共同体　Trade Diaspora, Trading Diaspora　5
紅海　6, 8, 10, 21, 43, 44, 53, 54, 106, 114, 123, 125, 129, 142, 151, 162, 170, 187, 191, 257, 263, 264, 270, 272, 277, 278, 279
高貴なる御門　al-bāb al-sharīf, al-abwāb al-sharīfa, abwāb-hu al-saʻīda　155, 159, 250, 254, 276
　気高きスルタンの――　al-bāb al-sharīf al-sulṭānī al-ashrafī　263
高原道　al-ṭarīq al-ʻulyā　123
高地イエメン　al-Yaman al-Aʻlā　111, 261
行程日数　117, 118, 121, 122, 133, 134, 136, 137, 138, 139, 140, 144, 145, 146, 190, 255, 256
コーガン　L. Kogan　240
黒人　Aswad　245, 247
コショウ　filfil　40, 51, 59, 60, 61, 163, 254, 273, 275
古代南アラビア諸王国　27, 193
国庫　khizāna　28, 76, 164, 176, 182, 184, 185, 186, 187, 205, 246, 249, 251, 272, 281
粉挽き人　ṭaḥḥān　157
コーヒー　qahwa　230
ゴヘヌール　D. T. Gochenour　31
ゴマ　juljlān　50, 108
ゴマ油　salīṭ, shīraj　25, 37, 47, 50, 59, 60, 62, 66, 67, 73, 106, 109, 163, 269, 274
小麦　burr　41, 47, 50, 54, 59, 157, 261, 265, 270, 279, 280, 282
　アラビア――　ʻarabī　88
　クサイバ――　Quṣaybī　262
　――粉　daqīq　25, 26, 59, 60, 159, 280
米　urz　37, 41, 47, 51, 54, 55, 59, 162, 265, 275, 279
　ハラジー　kharajī　41
　ブルージー　burūjī　41
御門の諸政庁　dawāwīn al-bāb　254
『古来の二つの宝石』　*al-Jawharatayn al-ʻAtīqatayn*　194
コリアンダー　kazbara　44, 59, 60, 61, 109, 163
ゴールデン　P. G. Golden　213, 240

カフターン　Qaḥṭān　201, 285
カフマ　al-Qaḥma　20, 121, 123, 144
カフラ　qafla　60, 270, 282
カフリーヤ　al-Qaḥrīya　136, 205, 223
カーフール　Abū al-Musk Kāfūr al-Wazzān　246
カマラーン島　Kamarān　257
カマール・アッディーン　Kamāl al-Dīn al-Nāhiḍ b. Aḥmad　182
上地域　Bilād al-'Ulya
→北部山岳地域（上地域）
カラークーシュ（カラームーシュ） qarāqūsh (qarāmūsh)　61
カラグラーム　qaraghulām　174
カラシ　khardal　44, 60, 61, 109
カリフ　khalīfa　3, 16, 17, 20, 22, 77, 143, 144, 146, 196, 283, 285
『カリフたちや諸王の出来事に関するつくられたる黄金』 *al-'Asjad al-Masbūk fī Akhbār al-Khulafā' wa al-Mulūk*　219
『カリフたちや諸王の伝記集に関するつくられたる黄金と磨かれたる宝石』 *al-'Asjad al-Masbūk wa al-Jawhar al-Maḥkūk fī Ṭabaqāt al-Khulafā' wa al-Mulūk*　239
『カリフたちや諸王の出来事に関するつくられたる黄金と結ばれたる宝石と磨かれたる緑石』 *al-'Asjad al-Masbūk wa al-Jawhar al-Maḥbūk wa al-Zabarjad al-Maḥkūk fī Akhbār al-Khulafā' wa al-Mulūk*　239
カーリミー商人　Kārimī　129, 276
カリーン　al-Qarīn　264
カルカシャンダ　Qalqashanda　220
カルカシャンディー　al-Qalqashandī　30, 175, 178, 207, 211, 220, 238, 247, 251, 252, 256
カルダモン　hāl, hayl　51, 274
『完史』 *al-Kāmil fī al-Ta'rīkh*　204
慣習　'āda　25, 26, 73, 181, 276, 282
カンショウ　sunbul　51, 275
関税　'ushr　62, 170, 171, 172, 244, 247, 269, 272, 276
カンマート　qammāṭ　42, 62, 73, 156, 157, 172

キ

キーシュ　Kīsh　52, 54, 68, 197
犠牲獣　uḍḥīya, laḥm　158, 181, 187, 278
北アフリカ　211
キターラ　qiṭāra　59
キナーナ族　Banū Kināna　255
キナーニー　Badr al-Dīn Ḥasan b. Mūsā al-Kinānī　160
ギブ　H. A. R. Gibb　174
キャラウェィ　karāwayā　44, 60, 61, 110
厩舎　isṭabl　185, 242, 253, 277, 280
宮廷への食材供給記録　25, 35, 36, 37, 40, 44, 46, 50, 51, 53, 54, 55, 58, 87, 102, 105, 114
給与　jāmikīya　47, 78, 117, 134, 139, 140, 141, 151, 157, 161, 162, 169, 172, 173, 182, 183, 184, 185, 186, 187, 242, 243
『教示』 *al-Tabṣira fī 'Ilm al-Nujūm*　28, 43, 44, 201, 241, 275
凝乳　qanbarīs　60, 106, 270
清木場東　249
キーラート　qīrāṭ　270, 277, 282
ギリシア人　Rūmīyāt, Rūmīya　177
キルワ　Kilwa　212
キング　D. A. King　213
近代世界システム　4
キンマ　tanbūl　52

ク

『食い道楽に関する食膳の残滓』 *Faḍāla al-Khiwān fī Ṭayybāt al-Ṭa'ām wa al-Alwān*　269
クウェート　227
クサイバ　al-Quṣayba　102, 108, 262
クサイル　al-Quṣayr　272
クサイル文書　The Qusayr Documents　53, 264, 272
鎖帷子館　zaradkhānāh　153
グズ　Ghuzz　202, 245
グッズィー　Muḥammad b. 'Abd al-Jalīl al-Ghuzzī　225

ウマル　'Umar al-mu'adhdhin'　184
ウマル　'Umar b. al-Khaṭṭāb　285
ウラマー　'ulamā'　8, 31, 196, 197, 207, 214, 216, 220, 223, 225, 229, 230, 286
ウリ　biṭṭīkh　162
運搬人　ḥammāla　181

エ

エジプト　Miṣr　10, 12, 15, 16, 29, 30, 43, 50, 51, 52, 53, 54, 55, 65, 68, 109, 122, 130, 136, 139, 146, 162, 164, 177, 178, 189, 190, 191, 195, 204, 206, 207, 208, 209, 211, 220, 222, 245, 248, 250, 253, 254, 275, 276, 285
エジプト国立図書館　Dār al-Kutub wa al-Wathā'iq al-Qawmīya　64, 200, 203, 208, 210, 214, 215, 216, 217, 222, 268
『エジプトのワズィールたちの出来事に関する時代の逸話』　*al-Nukat al-'Aṣrīya fī Akhbār al-Wuzarā' al-Miṣrīya*　196
エチオピア　al-Ḥabasha　20, 129, 169, 170, 171, 172, 177, 243, 248, 276
越州窯　74
エリシェ　L. Héricher　280
塩化アンモン石　nushādir　51, 274
沿岸道　al-sāḥilīya　123

オ

『王冠の書』　*Iklīl*　27, 193, 194
『黄金』　*al-'Asjad al-Masbūk fī man waliya al-Yaman min al-Mulūk*　30, 112, 218, 219, 220, 239, 245, 261, 283, 284
応接館　mahmakhānāh　153, 154, 155, 253
王の御門　bāb al-malik　254
王の館　dār al-malik　72
大麦　ḥinṭa　157, 279
オグズ　Oghuz　285
オスマン朝　4, 13, 63, 192, 270, 271
オックスフォード大学　University of Oxford　202
オマーン　'Umān　273
『織糸』　*Kitāb al-Simṭ al-Ghālī al-Thaman fī Akhbār al-Mulūk min al-Ghuzz bi al-Yaman*　28, 174, 202, 203, 241, 250, 263, 278
オリーブ　zaytūn　53, 62
オリーブオイル　zayt　52, 53, 60, 62, 269, 274

カ

カァバ　Ka'ba　283, 284
海岸道　ṭarīq tihāma　123
ガイスィー　Fāḍil al-Ghaythī　248
カイロ　al-Qāhira　122, 195, 204, 210, 220, 221, 222, 229, 231, 268
カウス風　kaws　43
カウラム　al-Kawlam　273
カウル　al-Kawr　142
カーエン　C. Cahen　8, 221
楽士　muṭrib　78, 183
歌手　maghānī, qiyān　78, 81, 178, 183
『果樹や香草に関する農民たちの望み』　*Bughya al-Fallāḥīn fī al-Ashjār al-Muthmira wa al-Rayḥān*　29, 213, 275, 279
カシュラマシュ　qashlamash　61
カーズィー　kādhī　77, 102, 266
カースィム　Muḥammad b. Ḥasan b. Yaḥyā Qāsim　213
カズヴィーニー　al-Qazwīnī　28, 206
カターダ家　Banū Qatāda　160
ガッサーナ　Ghassāna　212
かつてのイエメンの諸王の玉座　kursī mulūk al-Yaman fī al-qadīm　111
カーディー　qāḍī　75, 79, 112, 133, 163, 180, 182, 196, 220, 229, 253, 257, 266
　イエメン王国の大――　al-quḍāt al-akbar fī al-mamlaka al-Yamanīya　112
カディード・アルアダス　qadīd al-'adas　62
カート　qāt　230
カドラーゥ　al-Kadrā'　102, 108, 121, 123, 124, 136, 144, 257, 259
カニー　Qanī　142
カブ　lift　60

199
イブン・アルフマーム　Shams al-Dīn ‘Alī b. al-Humām　163
イブン・アルムジャーウィル　Ibn al-Mujāwir　27, 41, 49, 50, 53, 70, 107, 119, 120, 121, 131, 132, 133, 180, 198, 199, 229, 237, 242, 253, 256, 258, 260, 263, 274
イブン・サイード・マグリビー　Ibn Sa‘īd al-Maghribī　28, 207
イブン・サムラ　Ibn Samra　27, 196, 214, 242
イブン・ジュザイィ　Ibn Juzayy　212
イブン・ダッアース　Sirāj al-Dīn Abū Bakr b. Da‘‘ās　72, 77, 162, 163, 249, 266
イブン・バットゥータ　Ibn Baṭṭūṭa　29, 51, 78, 211, 212, 240, 257, 260
イブン・ハーティム　Ibn Ḥātim　28, 202, 221, 241, 250, 278
イブン・ハディル　Badr al-Dīn Muḥammad b. Aḥmad b. Khaḍir　249
イブン・ハーラワイフ　Ibn Khālawayh　193
イブン・ブトラーン　Ibn Buṭlān　248
イブン・マージド　Ibn Mājid　274
イブン・マンズール　Ibn Manẓūr　171, 247
イブン・マンマーティー　Ibn Mammāṭī　154, 253
イマーム　imām　194, 206
イラク　al-‘Irāq　54, 122, 130, 141, 193, 204, 211, 285
イラン　Īrān　54, 194, 211
イラン式簿記術　283
イルジュ　‘ilj　171, 247
イル・ハーン朝　3, 81, 254
インド　al-Hind　10, 43, 51, 54, 79, 80, 109, 123, 129, 130, 171, 180, 204, 211, 224, 226, 269, 270, 272, 273, 275, 276
インドシナ半島　273
インド事務所図書館　The India Office Library　218
インド洋　5, 6, 8, 9, 10, 12, 21, 22, 35, 36, 43, 49, 50, 52, 53, 54, 55, 80, 81, 85, 87, 102, 104, 106, 109, 110, 114, 117, 123, 130, 132, 142, 146, 151, 162, 164, 170, 187, 189, 191, 270, 272, 276, 277
インド洋海域世界　5, 8, 114, 286
飲料館　sharbkhānāh　152, 153, 154, 156, 157, 158, 163, 164, 172, 243

ウ

ヴァリスコ　D. M. Varisco　9, 22, 40, 202, 213, 214, 217, 265, 275, 279
ヴァレ　E. Vallet　5, 9, 10, 21, 22, 23, 24, 30, 32, 49, 50, 80, 85, 130, 136, 141, 143, 179, 192, 201, 205, 221, 254, 257, 272, 276, 280, 282, 283
ウイキョウ　shamār　110
ヴェーア　H. Wehr　270, 279
ウォーラーステイン　I. Wallerstein　4
ウカーナ　‘Uqāna　178
ウキーヤ（ウーキーヤ）　uqīya (ūqīya)　60, 66, 67, 169, 248, 270
ウサービー　al-Wuṣābī　29, 215, 216, 239
ウサーブ　Wuṣāb　16, 29, 180, 215, 244, 275
『ウサーブ史』　*Ta’rīkh Wuṣāb al-musammā al-I‘tibār fī al-Tawārīkh wa al-Āthār*　29, 181, 215, 216, 244
牛　baqar　74
ウジュマーン家　Āl al-‘Ujmān　139
ウスターダール　ustādār　16, 153, 163, 252, 284
ウトユート　al-Wuṭyūṭ　216, 217, 239
『ウトユート史』　*Ta’rīkh al-Mu‘allim Wuṭyūṭ*　30, 200, 216, 274
ウナーミル　Unāmir　196
ウプサラ　Uppsala　201
ウプサラ大学図書館　Uppsala universitetsbibliotek　199
馬　khayl　176, 200, 254, 259, 273, 283
ウマイヤ朝　268
ウマーラ　‘Umāra　27, 123, 153, 195, 196, 226, 242
ウマリー　Ibn al-Faḍl Allāh al-‘Umarī　29, 53, 54, 122, 124, 175, 178, 210, 211, 220, 240, 247, 248, 251, 252

wa al-Ḥiṣād　214

イ

イエメン・アイユーブ朝　13, 15, 16, 22, 112, 124, 145, 164, 178, 188, 199, 202, 244, 252, 253, 272, 284
イエメン研究センター　Markaz al-Dirāsāt wa al-Buḥūth al-Yamanī　8
『イエメン史』　*Kitāb Ta'rīkh al-Yaman*　27, 109, 123, 131, 139, 153, 170, 177, 195, 196, 243, 252, 256, 262
『イエメン史に関する時代の情報』　*Anbā' al-Zaman fī Ta'rīkh al-Yaman*　230
イエメンの舌　lisān al-Yaman　193
イエメンの支配者の宝物庫　khizāna ṣāḥib al-Yaman　262
イエメンの母　umm al-Yaman　111
『イエメンのファキーフたちの伝記集』　*Ṭabaqāt Fuqahā' al-Yaman*　27, 196, 197
『イエメンの名士たちの伝記集に関する美しく壮麗なる首飾り』　*al-'Iqd al-Fākhir al-Ḥasan fī Ṭabaqāt Akābir Ahl al-Yaman*　219
『イエメンの名士たちの伝記集に関する時代の旗幟の典型』　*Ṭirāz A'lām al-Zaman fī Ṭabaqāt A'yān al-Yaman*　208, 219
イエメン風シャシュ　shash Yamanī　69
イエメン・フランス研究所　Centre français d'archéologie et de sciences sociales　8, 21, 281
イエメン模式図　118, 141, 142, 143, 144, 145, 146, 190, 272
『イエメンを統治した者の出来事に関する時代の果実』　*Fākiha al-Zaman fī Akhbār man waliya min al-Yaman*　219
イクター（制）　iqṭā'　9, 15, 16, 176, 178, 186, 188, 191, 199, 205, 246, 251, 252, 263, 284, 285
衣装館　farshkhānāh　153, 154
イスカーフ　Abū Bakr b. Karam al-Iskāf　181
イスタンブル　İstanbul　197, 208, 211, 231
イスマーイール・アクワゥ　Ismā'īl b. 'Alī al-Akwa'　214, 215
イスマーイール派　al-Ismā'īlīya　31, 202, 262
一般食　kharajī, ṭa'ām al-'āmma　73, 79, 158
『一般的な料理の性質の書』　*Kitāb Waṣf al-Aṭ'ima al-Mu'tāda*　63
イッブ　Ibb　68, 109, 123, 225, 262, 265
イード　'īd　263, 278
　——・アルアドハー（犠牲祭）　'īd al-aḍḥā　278
　——・アルフィトル（断食明けの祭り）　'īd al-fiṭr　44, 48, 278
イトナ　'Iṭna　257
イドリース・アルハムズィー　Idrīs al-Ḥamzī　28, 203, 204, 221, 241, 250, 251, 281
イフタール　ifṭār　271
イフティハール・アッディーン　Iftikhār al-Dīn Yāqūt b. 'Abd Allāh al-Muẓaffarī　174
イフティヤール・アッディーン　Ikhtiyār al-Dīn Muḥsin al-Ashrafī　47
イブン・アッダイバゥ　Ibn al-Dayba'　31, 177, 196, 219, 224, 225, 226, 227, 228, 230, 238
イブン・アブド・アルマジード　Ibn 'Abd al-Majīd　29, 208, 209, 210, 226, 240, 278
イブン・アルアスィール　Ibn al-Athīr　204, 207
イブン・アルアディーム　Ibn al-'Adīm　64, 65
イブン・アルアフダル　Ibn al-Ahdal　30, 207, 208, 223, 229, 238
イブン・アルキフティー　Ibn al-Qifṭī　197, 198
イブン・アルジャッザール　Ibn al-Jazzār　65
イブン・アルバイタール　Ibn al-Bayṭār

246
アブー・アブドゥッラーフ　Abū ʻAbd Allāh al-Ḥusayn b. Salāma　247
アブー・アルフィダーゥ　Abū al-Fidā'　28, 111, 206, 207, 240
アブー・イナーン　Abū ʻInān Fāris　212
アブー・バクル　Abū Bakr b. ʻUmar b. Ẓafar　25
アフィーフ・アッディーン　ʻAfīf al-Dīn Abū al-Ṭayyib ʻAbd Allāh　229
アフサン　M. M. Ahsan　68
アフジュル　al-Ahjur　213
アフダル　al-Malik al-Afḍal al-ʻAbbās　20, 23, 29, 40, 119, 146, 204, 213, 214, 215, 218, 240, 255, 275, 279, 283
『アフダル文書集』　*The Manuscript of al-Malik al-Afḍal al-ʻAbbās b. ʻAlī b. Dā'ūd b. Yūsuf b. ʻUmar b. ʻAlī Ibn Rasūl*　23, 24, 29, 81, 117, 119, 125, 129, 134, 205, 212, 213, 214, 217, 240, 256, 259, 272, 282
アブド　ʻabd　74, 78, 153, 156, 157, 159, 167, 169, 170, 171, 172, 173, 176, 177, 178, 179, 180, 181, 183, 184, 185, 187, 243, 245, 247, 248
　剣持ちの――たち　ʻabīd al-silāḥ　181
アブド・アルアズィーズ　ʻAbd al-ʻAzīz　64
アブドゥーリー　J. ʻAbdūlī　284
アフマド　M. ʻA. Aḥmad　284
アブヤート・アルフサイン　Abyāt al-Ḥusayn　223
アブヤン　Abyan　138, 139, 196, 245, 261
アブー＝ルゴド　J. L. Abu-Lughod　4, 189
アフワーブ　al-Ahwāb　107, 123, 212, 257, 264
アフワル　Aḥwar　260
アミール　amīr　15, 16, 28, 51, 75, 79, 158, 159, 160, 163, 175, 177, 180, 181, 202, 203, 204, 214, 215, 229, 246, 247, 249, 250, 251, 255, 266, 277, 278, 284, 285
　――・ダブルハーナ　amīr ṭablkhāna　251
　軍楽器持ちの――　amīr ṣāḥib ṭablkhāna　252
　巡礼の――　amīr al-ḥajj　122
アミール　Muḥammad ʻAbd al-Khāliq al-Amīr　227
アムシャーティー　Amshāṭī　248
アムハラ族　al-Amḥarī　169, 248
アムラーン　ʻAmrān b. Riḍwān　184
アムリー　Ḥ. ʻA. al-ʻAmrī　195, 280
アーモンド　lawz　25, 37, 47, 67, 75
アヤロン　D. Ayalon　170
アーラ　al-ʻĀra　43, 131, 132, 257
『アラビア半島誌』　*Kitāb Ṣifa Jazīra al-ʻArab*　27, 69, 125, 141, 193, 194, 257, 258
アラブ　ʻArab　131, 201, 220, 245, 247, 248, 250, 255, 268, 285
アラブ連盟写本研究所　Maʻhad al-Makhṭūṭāt al-ʻArabīya　214, 215, 231
アラム・アッディーン　ʻAlam al-Dīn Sanjar al-Shaʻbī　111, 202
アリー　ʻAlī b. Maʻlā　181
アリー家　Āl ʻAlī　138, 139
アルシャーニー　al-ʻArshānī　195
アルメニア人　al-Armanīyāt, Armanī　177, 245
アルワー　Arwā　108
アレクサンドリア　al-Iskandarīya　220
アレクサンドリア図書館　al-Maktaba al-Iskandarīya　197
アレッポ　Ḥalab　64, 197, 198, 253
アロエ　ṣabir　274
アワーディル　al-ʻAwādir　196
アワーン　ʻAwān　142, 143
アンスィー　Shams al-Dīn ʻAlī b. Yaḥyā al-ʻAnsī　249
アンダルス　al-Andalus　269
アンチモン　rāsikht　51, 274
アンブロジアーナ図書館　Biblioteca Ambrosiana　221
『アンワーや播種，収穫に関する諸章』　*Fuṣūl Majmūʻa fī al-Anwā' wa al-Zurūʻ*

索　引

＊原則として，本文と注に記載があるもののみを挙げた。
地図や図表に含まれる語については採録していない。

ア

アイザーブ　‘Aydhāb　20, 129, 136, 139, 257
アイユーブ家　Āl Ayyūb　244
アイユーブ家　Banū Ayyūb　15, 16, 204, 206, 244, 248, 284, 285
アイユーブ朝　13, 15, 27, 28, 64, 65, 69, 70, 112, 124, 154, 155, 164, 174, 189, 190, 194, 195, 196, 203, 246, 250, 253, 254, 255, 264, 268, 284
青野菜　khuḍra　40, 47
アカネ　fūwa　85, 131, 136, 242, 276
アサディーヤ軍　al-Asadīya　261
アサド・アッディーン　Asad al-Dīn Muḥammad　17, 249, 278
アサド・アルイスラーム　Asad al-Islām　244
アサル　M. B. ‘Asal　218
アジャブ　ajab　77, 266
アシュラフ一世　al-Malik al-Ashraf ‘Umar　9, 20, 22, 28, 30, 40, 43, 47, 138, 153, 155, 162, 175, 178, 184, 186, 199, 200, 201, 202, 214, 216, 217, 241, 244, 275, 279
アシュラフ二世　al-Malik al-Ashraf Ismā‘īl　29, 30, 75, 218, 220, 222, 239, 284
アシュラフ・ハリール　al-Malik al-Ashraf Khalīl　64
アーシュール　S. ‘A. ‘Āshūr　230
アズィーズ　al-Malik al-‘Azīz ‘Uthmān　253
アズィーズ・アッダウラ　‘Azīz al-Dawla Rayḥān al-Luqmānī　265
アズィーズィー　Burhān al-Dīn Ibrāhīm b. Abī Bakr al-‘Azīzī　76
アーズィブ　‘Āzib　172
アスカル　‘Askar b. al-Naṣr al-Ḥamawī　197
アスバヒー　‘Afīf al-Dīn ‘Uthmān b. Abī al-Aṣbaḥī　76
アズハル大学　Jāmi‘a al-Azhar　224
アズヤブ風　azyab　43
アスワド族　Banū al-Aswad　180
アック　‘Akk　264
アッサル　‘Aththar　144
アッバース家　Banū ‘Abbās　179
アッバース朝　3, 4, 6, 13, 16, 17, 70, 112, 143, 173, 179, 182, 185, 189, 192, 219, 222, 268, 283, 285
アディード　al-‘Aḍīd ‘Abd Allāh　196
アディーラ　‘adīla　51, 274
アーディル（サラーフ・アッディーン）al-Malik al-‘Ādil Ṣalāḥ al-Dīn Abū Bakr　20, 175, 184, 185, 186, 187, 242, 252
アデン（港）　‘Adan　6, 8, 9, 13, 16, 29, 31, 35, 36, 41, 43, 44, 47, 49, 50, 51, 53, 54, 55, 61, 68, 74, 102, 103, 104, 106, 109, 110, 112, 113, 114, 115, 123, 125, 130, 131, 132, 133, 134, 135, 138, 139, 143, 144, 145, 146, 151, 162, 170, 171, 172, 190, 191, 195, 199, 201, 205, 207, 208, 212, 219, 221, 224, 228, 229, 230, 237, 251, 253, 254, 255, 257, 258, 260, 261, 262, 263, 264, 265, 269, 272, 274, 275, 276, 277, 278, 283, 285
アデン港課税品目録　8, 12, 22, 35, 49, 50, 51, 53, 54, 55, 74, 110, 169, 173, 177, 178, 180, 265, 274, 275, 283
『アデン史』　*Ta’rīkh Thaghr ‘Adan*　31, 225, 229, 230, 248
アドナーン　‘Adnān　255
アニス　yansūn　52, 53
アブー・アッドゥッル　Abū al-Durr Jawhar b. ‘Abd Allāh al-Mu‘aẓẓamī

著者紹介

馬場多聞（ばば・たもん）

九州大学大学院人文科学府博士後期課程修了。博士（文学）。

現在，九州大学大学院人文科学研究院助教。

主な論文に，「ラスール朝史料における東アフリカ」（『史淵』154, 2017 年），「中世イスラーム世界における乳香」（『嗜好品文化研究』2, 2017 年）など。

宮廷食材《きゅうていしょくざい》・ネットワーク・王権《おうけん》
イエメン・ラスール朝と13世紀の世界

2017年 3 月30日　初版発行

著　者　馬場　多聞

発行者　五十川　直行

発行所　一般財団法人　九州大学出版会
〒814-0001　福岡市早良区百道浜3-8-34
九州大学産学官連携イノベーションプラザ305
電話　092-833-9150
URL　http://kup.or.jp
印刷／城島印刷㈱　製本／篠原製本㈱

ISBN 978-4-7985-0200-7